普通高等教育经管类专业系列教材

应用统计学

（第六版）（微课版）

卢冶飞　主　编
王治皓　廖科智　副主编

清华大学出版社
北　京

内 容 简 介

本书结合作者多年的教学实践经验和国内外优秀统计学教材的成果，在内容上包括描述统计方法、推断统计方法及社会经济管理中常用的一些统计方法；在写法上与计算机紧密结合，大部分统计方法都给出了 Excel 与 R 语言的具体操作方法与数据分析结果的解析；在编排上把 Excel 与 R 语言在统计学中应用的具体操作集中在第 11 章与第 12 章阐述，保证了应用统计学理论学习的连贯性；将相关章节中演绎统计方法例题的演算与第 11 章中运用 Excel 和第 12 章运用 R 语言进行数据处理的例题进行呼应，既简化了统计方法的演绎过程，又自然而然地引导学生运用 Excel 或 R 语言进行快捷的数据处理。

本书在尽量保持系统性的基础上，结合中国社会经济管理的实际，尽力做到清晰、易懂，使其能适用于非数学专业的学生。

本书配套的教学大纲、电子课件、习题答案、案例库、上机实验数据及处理结果、各章案例及参考答案，以及曾获浙江省统计调查大赛一等奖的若干作品，可以上 http://www.tupwk.com.cn/downpage 网站下载，也可以扫描前言中的二维码获取。扫描前言中的视频二维码可以直接观看教学视频。

本书封面贴有清华大学出版社防伪标签，无标签者不得销售。
版权所有，侵权必究。举报：010-62782989，beiqinquan@tup.tsinghua.edu.cn。

图书在版编目(CIP)数据

　　应用统计学：微课版 / 卢冶飞主编. -- 6 版. --
北京：清华大学出版社，2025.6. --（普通高等教育经管类专业
系列教材）. -- ISBN 978-7-302-69204-1
　　I. C8
　　中国国家版本馆 CIP 数据核字第 2025RL7168 号

责任编辑：胡辰浩
封面设计：周晓亮
版式设计：恒复文化
责任校对：成凤进
责任印制：宋　林

出版发行：清华大学出版社
　　　　网　　址：https://www.tup.com.cn，https://www.wqxuetang.com
　　　　地　　址：北京清华大学学研大厦 A 座　　　邮　　编：100084
　　　　社　总　机：010-83470000　　　　　　　　邮　　购：010-62786544
　　　　投稿与读者服务：010-62776969，c-service@tup.tsinghua.edu.cn
　　　　质　量　反　馈：010-62772015，zhiliang@tup.tsinghua.edu.cn
印 装 者：三河市龙大印装有限公司
经　　销：全国新华书店
开　　本：185mm×260mm　　印　张：23.5　　字　数：558 千字
版　　次：2012 年 3 月第 1 版　2025 年 6 月第 6 版　印　次：2025 年 6 月第 1 次印刷
定　　价：79.80 元

产品编号：108350-01

第六版前言

统计信息是社会经济信息的主体,人们从事经济研究和各种社会经济管理活动,都应学会运用统计工具,掌握基本的统计理论和方法,这样才能做好工作。因此,统计学是各大院校经济管理类专业不可或缺的一门专业基础课程。我国传统的统计学教材,往往从统计理论的角度出发,内容抽象,但逻辑推理与论证严密。可这样的统计学教材内容略显枯燥、生硬,而且需要学生具有扎实的数学基础知识,以及一定的抽象思维、逻辑推理和计算能力,学生不容易自学。

应用统计学可以从实际出发,通过案例讲故事式地阐明统计理论和方法。那该如何运用案例,将学生引入应用统计学领域,帮助学生构建统计学的知识体系和领悟统计思想,并掌握基本的统计理论和方法,使学生具有运用统计方法解决实际问题的能力呢?这需要具有统计学知识体系的教师们有的放矢地、耐心地积累我国社会经济实践中的统计案例,然后精心地把抽象、枯燥、生硬的统计理论与方法融入案例中,或者引入来自实践的案例,让学生轻松建立统计思想,掌握如何应用统计学的概念、理论与方法来解决社会经济中的各种问题。换句话说,就是要编写出以学生为中心的应用统计学教材。

当申报的《应用统计学》被立为2009年度浙江省高校重点教材建设项目(项目号:ZJB2009037)后,我们秉着以学生为中心的目的精心进行编写,于2012年3月付印出版。我们对首版就能有幸入选"十二五"普通高等教育本科国家级规划教材与浙江省"十二五"优秀教材而感到欣慰。

我们对本书的前五版得到认可,并获积极的反响而向广大读者表示感谢;对在前五版使用过程中反馈的宝贵意见与建议做了梳理,并进一步思考了许多细节问题。第六版在保留了前五版的叙述风格与可读性的基础上,内容更加系统、紧凑与充实。比如,相关章节中演绎统计方法例题的演算与第11章中运用Excel进行数据处理的例题做了更好的呼应,既简化了统计方法演绎过程,又自然而然地引导学生运用Excel统计软件进行快捷的数据处理;进而继续思考与吸收每一版使用过程中反馈的宝贵意见,努力使本版内容更加完善。本书配套的案例库进一步完善,更好地支持开展案例教学,更有利于开放教学。本书与时俱进,更改了Excel统计软件的使用版本,增加了R语言在统计学中的应用,补充了新近的浙江省统计调查大赛的部分优选作品;为更便捷高效地开展教学活动,充实了电子课件,配备了微课视频。概括而言,本书具有以下几个特点。

第一,本书将统计理论与方法置于社会经济背景下展开讨论,使统计学的应用性得以自然呈现。这有利于学生更切实地理解统计理论与方法,使其在学习统计学的理论与方法的同时，自然地吸收具体领域的知识，便于提高学生的学习兴趣，避免死记硬背，拓展教学空间。比如，在第1章中，统计指标体系的阐述安排了工业企业生产经营活动过程及结果的描述，使读者可以简约地了解工业企业统计的全貌，使统计指标体系概念具体化，且借机补充了经济、管理类专业学生的知识点，促进不同学科知识的融合。

第二，每章都以经典案例的形式开头，举例有的放矢，将抽象的统计学理论与方法融入来自实践的案例中，同时强调运用Excel来解决这些实际问题的方法。这种方式不仅有利于学生深切体会到统计学源于实践、用于实践，而且有利于他们理解统计理论，举重若轻地构建统计学的知识体系，还有利于提高学生运用统计方法解决实际问题的能力。如统计分组，通过"中国A股房地产上市公司财务负责人年薪"的举例，演绎出两种分组结果，分析其作用与优缺点，总结如何具体问题具体分析，如何恰当取舍，揭示事物的本质，在此基础上归纳统计分组的知识体系；运用Excel或R语言进行分组数据处理，使枯燥、烦琐的数据处理变得生动有趣又便捷，以引导学生积极运用统计软件进行数据处理，提高其数据处理的能力。

第三，运用框架图，帮助学生理解抽象的概念。由于统计学有些概念较抽象，不容易理解，因此本书充分利用图表的优势，构建概念框架图，帮助学生理解抽象、难懂的概念，领会统计思想。

第四，每章内容都设有本章小结。由于本书的部分内容有一定难度，不容易把握重点，因此，为了帮助学生理清思路，我们对每章内容都进行了小结，以便学生理解和掌握。

第五，配套的案例与上机实验数据及处理结果有利于教师在教学中开展案例教学。每章的练习题不仅设计了帮助读者理解、掌握统计基本理论和方法的思考题、选择题与计算分析题，还安排了便于在教学中实践统计学应用的案例分析题，这些练习提高了读者运用统计基本理论与方法来解决实际问题的能力。精选的配套案例题与本书提供的从易到难的三级案例库，能支持教师开展案例教学，尤其是从学生统计调查研究竞赛获奖作品与作者科研成果中精选提炼的案例，极具现实感，能激发学生关注现实社会、经济与生活，引发其思考、调研现实问题。

此外，本书在局部内容上存在亮点。例如，在数据获取上，系统地阐述了获取原始数据的科学方法与次级数据的来源渠道，内容具体实用，引领前沿。如具体给出政府机构与国际组织的次级数据网站；国内外出色的专业研究机构提供次级数据的公司或网站；顺应大数据时代背景，展望革命性的可扩展标识语言，思考部门统计与行政记录孤岛问题等；因素分析方法破解了同度量因素固定期的确定的难题。

在实际使用中，由于微软已终止对Excel 2010的服务支持，考虑到Excel版本的更新与我国用户的实际使用情况，本书选择采用Excel 2016作为实例操作的软件。Excel 2016在功能上相较于早期版本有了显著提升，尤其是在数据处理、图表绘制和动态分析等方面更加高效，同时其与Windows系统和Office套件的兼容性依然保持良好，能够满足绝大多数用户的需求。这一版本目前在我国具有较高的普及率，操作界面更加现代化，适合教学和实际工作应用，因此被本书选为主要演示工具。

此外，本书特别加入了第12章"R语言在统计学中的应用"。选择R语言主要基于其开源性质和广泛的应用场景。R语言作为一种专为统计学和数据科学设计的开源工具，在数据分析、可视化以及统计建模方面具有极强的灵活性和适用性。企业信息系统中开源ERP的广泛使用也说明了开源技术的巨大潜力，而R语言作为一种典型的开源统计工具，既契合了开源技术的趋势，又为用户提供了深入探索和自定义分析的可能性。

在本次修订中，邀请了承接我课的同事——王治皓、廖科智两位博士来担任本书的副主编。王治皓、廖科智具备深厚的经济学与统计学理论基础，能够娴熟运用多种统计软件，在数据处理和分析领域积累了丰富的经验。他们的专业背景和实践能力，使他们成为本书副主编的理想人选。王治皓修订了第8章"相关分析和回归分析"，增加了回归模型的稳健性检验，使本章内容更趋完善，还撰写了第12章"R语言在统计学中的应用"；廖科智修改了第11章"Excel在统计学中的应用"，使得本书能够跟得上时代的技术发展。两位副主编的加入，不仅提高了本书内容的深度与广度，还使其更能适应当下统计学教学和技术发展的需求，为读者提供更全面、更实用的学习资源。

本书共分12章，第1、2、3、10章由卢冶飞编写；第4、5、6、7章由孙忠宝编写；第8、9章由卢冶飞、蒋烨编写，第8章由王治皓修订；第11章由朱海华编写，廖科智修改；第12章由王治皓编写、廖科智审核。全书由卢冶飞担任总纂并定稿。本版配备的微课视频由王治皓、廖科智制作完成。在本书的修改过程中，得到了金鑫、傅阳、卢狄的帮助，在此深表谢意。本书在编写过程中参阅了大量的统计学教材及有关论著，在此谨向文献的作者表示衷心的感谢！

由于我们水平有限，书中难免有不足之处，恳请专家和广大读者批评指正。我们的电话是010-62796045，信箱是992116@qq.com。

本书配套的教学大纲、电子课件、习题答案、案例库、上机实验数据及处理结果、各章案例及参考答案，以及曾获浙江省统计调查大赛一等奖的若干作品，可以上http://www.tupwk.com.cn/downpage网站下载，也可以扫描下方左侧的二维码获取。扫描下方右侧的二维码可以直接观看教学视频。

扫描下载 扫一扫

配套资源 看视频

卢冶飞

2025年3月

目 录

第1章　绪论 ……………………… 1
- 1.1　统计的含义 ……………………… 2
- 1.2　统计学的研究对象及其特点 ……… 3
- 1.3　统计学在经济研究和管理中的应用 ……………………………………… 4
- 1.4　统计学的基本范畴 ………………… 7
  - 1.4.1　统计学的基本概念 …………… 8
  - 1.4.2　统计思想的概念框架 ………… 10
  - 1.4.3　统计数据的研究过程 ………… 11
- 1.5　描述统计与推断统计 ……………… 13
  - 1.5.1　描述统计 ……………………… 13
  - 1.5.2　推断统计 ……………………… 15
- 1.6　计算机在统计中的应用 …………… 16
  - 1.6.1　计算机在描述统计中的应用 … 17
  - 1.6.2　计算机在推断统计中的应用 … 17
  - 1.6.3　计算机在统计分析中的应用 … 17
- 本章小结 ………………………………… 17
- 练习题 …………………………………… 18

第2章　数据与数据收集 ………… 21
- 2.1　数据 ………………………………… 21
  - 2.1.1　数据的测量尺度 ……………… 21
  - 2.1.2　统计数据的常用类型 ………… 23
- 2.2　数据的收集 ………………………… 25
  - 2.2.1　原始数据的收集 ……………… 25
  - 2.2.2　次级数据的收集 ……………… 34
- 本章小结 ………………………………… 39
- 练习题 …………………………………… 39

第3章　数据整理 ………………… 44
- 3.1　数据整理概述 ……………………… 44
  - 3.1.1　数据整理的步骤 ……………… 45
  - 3.1.2　数据分组 ……………………… 45
  - 3.1.3　数据汇总 ……………………… 48
- 3.2　数据整理结果的描述：统计指标 … 57
  - 3.2.1　总量指标 ……………………… 58
  - 3.2.2　平均指标 ……………………… 59
  - 3.2.3　相对指标 ……………………… 60
- 3.3　数据整理结果的描述：统计表和统计图 ……………………………… 65
  - 3.3.1　统计表 ………………………… 65
  - 3.3.2　统计图 ………………………… 66
- 本章小结 ………………………………… 69
- 练习题 …………………………………… 70

第4章　数据分布特征的度量 …… 74
- 4.1　集中趋势的度量 …………………… 74
  - 4.1.1　众数 …………………………… 75
  - 4.1.2　中位数 ………………………… 76
  - 4.1.3　算术平均数 …………………… 78
  - 4.1.4　调和平均数 …………………… 81
  - 4.1.5　几何平均数 …………………… 82
  - 4.1.6　众数、中位数和平均数的比较 … 83
- 4.2　离散程度的度量 …………………… 84
  - 4.2.1　极差 …………………………… 85
  - 4.2.2　异众比率 ……………………… 85
  - 4.2.3　四分位差 ……………………… 85
  - 4.2.4　平均差 ………………………… 87
  - 4.2.5　方差和标准差 ………………… 88

		4.2.6　离散系数 ·················· 90
	4.3　偏态和峰态的度量 ················ 90
		4.3.1　矩的基本形式 ················ 91
		4.3.2　偏度系数 ·················· 92
		4.3.3　峰度系数 ·················· 92
	本章小结 ························· 94
	练习题 ·························· 94

第 5 章　参数估计 ···················· 98

	5.1　抽样调查的一般问题 ················ 98
		5.1.1　抽样调查的概念、特点和作用 ···· 98
		5.1.2　抽样推断的几个基本概念 ······· 100
		5.1.3　抽样分布理论 ················ 102
	5.2　参数估计 ······················· 111
		5.2.1　参数估计的一般问题 ··········· 112
		5.2.2　一个总体参数的区间估计 ······· 115
		5.2.3　两个总体参数的区间估计 ······· 120
		5.2.4　样本容量的确定 ··············· 128
	5.3　抽样设计 ······················· 131
		5.3.1　抽样设计的基本原则 ··········· 131
		5.3.2　抽样组织设计 ················ 132
	本章小结 ························· 138
	练习题 ·························· 139

第 6 章　假设检验 ···················· 144

	6.1　假设检验的基本问题 ················ 144
		6.1.1　假设的陈述 ·················· 144
		6.1.2　两类错误与显著性水平 ········· 147
		6.1.3　检验统计量与拒绝域 ··········· 148
		6.1.4　利用P值进行决策 ············· 150
	6.2　一个总体参数的检验 ················ 152
		6.2.1　总体均值的检验 ··············· 153
		6.2.2　总体成数的检验 ··············· 157
		6.2.3　总体方差的检验 ··············· 158
	6.3　两个总体参数的检验 ················ 160
		6.3.1　两个总体均值之差的检验 ······· 160
		6.3.2　两个总体成数之差的检验 ······· 165
		6.3.3　两个总体方差比的检验 ········· 167
	本章小结 ························· 170
	练习题 ·························· 170

第 7 章　方差分析 ···················· 175

	7.1　方差分析的一般问题 ················ 175
		7.1.1　方差分析的基本概念 ··········· 176
		7.1.2　方差分析的基本思想 ··········· 177
		7.1.3　方差分析检验的一般形式及基本假定 ·········· 177
	7.2　单因素方差分析 ··················· 178
		7.2.1　分析步骤 ···················· 178
		7.2.2　方差分析表 ·················· 180
		7.2.3　方差分析中的多重比较 ········· 181
	7.3　双因素方差分析 ··················· 182
		7.3.1　双因素方差分析及其类型 ······· 182
		7.3.2　无交互作用的双因素方差分析 ··· 183
		7.3.3　有交互作用的双因素方差分析 ··· 185
	本章小结 ························· 188
	练习题 ·························· 188

第 8 章　相关分析和回归分析 ········· 193

	8.1　相关分析 ······················· 194
		8.1.1　相关关系的概念和种类 ········· 194
		8.1.2　相关分析的图表和意义 ········· 195
		8.1.3　简单线性相关 ················ 198
	8.2　线性回归分析 ···················· 200
		8.2.1　回归分析 ···················· 200
		8.2.2　一元线性回归模型 ············· 203
		8.2.3　多元线性回归模型 ············· 207
	8.3　回归模型的统计检验和预测 ········· 210
		8.3.1　模型的拟合优度检验 ··········· 210
		8.3.2　模型的显著性检验 ············· 212
		8.3.3　解释变量的显著性检验 ········· 213
		8.3.4　预测 ························ 214
	8.4　回归模型的稳健性检验 ············· 216
		8.4.1　回归模型的多重共线性检验 ····· 217
		8.4.2　回归模型的异方差检验 ········· 218
		8.4.3　回归模型的自相关检验 ········· 219
		8.4.4　其他模型设定与数据问题 ······· 221
	8.5　非线性回归分析 ··················· 222
		8.5.1　双曲线 ······················ 222
		8.5.2　幂函数曲线 ·················· 222
	本章小结 ························· 223

| 练习题 · 224

第9章 时间序列分析 · · · · · · · · · · · · · · 229

9.1 时间序列的编制 · 230
    9.1.1 时间序列的概念和意义 · · · · · · 230
    9.1.2 时间序列的种类 · · · · · · · · · · · · · 231
    9.1.3 时间序列的编制原则 · · · · · · · · 232
9.2 时间序列的对比分析 · · · · · · · · · · · · · · 233
    9.2.1 发展水平与平均发展水平 · · · 233
    9.2.2 增长量和平均增长量 · · · · · · · · 236
    9.2.3 发展速度和增长速度 · · · · · · · · 237
    9.2.4 平均发展速度与平均增长速度 · · 239
9.3 时间序列的成分及其分析 · · · · · · · · 240
    9.3.1 时间序列的成分 · · · · · · · · · · · · · 240
    9.3.2 时间序列的分解模型 · · · · · · · · 241
    9.3.3 长期趋势分析 · · · · · · · · · · · · · · · 242
    9.3.4 季节成分分析 · · · · · · · · · · · · · · · 247
    9.3.5 循环成分与不规则成分分析 · · · 250
9.4 时间序列的预测方法 · · · · · · · · · · · · · · 250
    9.4.1 趋势外推法 · · · · · · · · · · · · · · · · · · 251
    9.4.2 移动平均预测 · · · · · · · · · · · · · · · 252
    9.4.3 指数平滑预测 · · · · · · · · · · · · · · · 254
    9.4.4 预测误差 · 257
本章小结 · 258
练习题 · 258

第10章 统计指数 · 262

10.1 统计指数的概念和类别 · · · · · · · · · · 262
    10.1.1 统计指数的概念 · · · · · · · · · · · · 262
    10.1.2 统计指数的分类 · · · · · · · · · · · · 263
10.2 总指数的编制 · 264
    10.2.1 个体指数与总指数性质
           及其关系 · 264
    10.2.2 总指数的编制方法 · · · · · · · · · · 265
    10.2.3 直接影响统计指数功能发挥的
           基本要素 · 272
10.3 几种重要的常用指数 · · · · · · · · · · · · · 273
    10.3.1 零售价格指数 · · · · · · · · · · · · · · 273
    10.3.2 消费价格指数 · · · · · · · · · · · · · · 274
    10.3.3 股票价格指数 · · · · · · · · · · · · · · 275

10.4 指数分析法 · 276
    10.4.1 指数体系及其作用 · · · · · · · · · · 276
    10.4.2 因素分析法 · · · · · · · · · · · · · · · · · 277
本章小结 · 286
练习题 · 286

第11章 Excel在统计学中的应用 · · · · · 290

11.1 Excel统计功能介绍 · · · · · · · · · · · · · · 290
    11.1.1 统计函数 · · · · · · · · · · · · · · · · · · · 290
    11.1.2 数据分析工具 · · · · · · · · · · · · · · 290
    11.1.3 统计图表 · · · · · · · · · · · · · · · · · · · 292
11.2 用Excel进行统计数据的
     整理与显示 · 292
    11.2.1 数据排序 · · · · · · · · · · · · · · · · · · · 293
    11.2.2 频数分布函数 · · · · · · · · · · · · · · 293
    11.2.3 数据透视表 · · · · · · · · · · · · · · · · · 293
    11.2.4 统计图 · 294
11.3 用Excel工作表函数描述
     统计量 · 296
    11.3.1 用Excel工作表函数描述
           集中趋势 · 298
    11.3.2 用Excel工作表函数描述
           离中趋势 · 298
    11.3.3 用Excel工作表函数描述
           分布形态 · 299
11.4 抽样推断 · 300
    11.4.1 抽样与抽样分布 · · · · · · · · · · · · 300
    11.4.2 参数估计 · · · · · · · · · · · · · · · · · · · 301
    11.4.3 假设检验 · · · · · · · · · · · · · · · · · · · 302
11.5 方差分析 · 304
    11.5.1 单因素方差分析 · · · · · · · · · · · · 304
    11.5.2 双因素方差分析 · · · · · · · · · · · · 306
11.6 用Excel进行相关与回归分析 · · · 308
    11.6.1 用Excel进行相关分析 · · · · · · 310
    11.6.2 用Excel进行回归分析 · · · · · · 310
11.7 时间数列分析 · 313
    11.7.1 用Excel作趋势图直接预测 · · · 314
    11.7.2 利用移动平均分析工具
           进行预测 · 316

11.7.3 使用直线函数LINEST和趋势函数TREND进行线性预测 … 317
11.7.4 指数平滑法与预测 … 319
本章小结 … 320
练习题 … 321

第12章 R语言在统计学中的应用 … 325

12.1 R语言与RStudio初步介绍 … 325
　12.1.1 R语言的安装与使用 … 326
　12.1.2 RStudio的安装与使用 … 326
　12.1.3 R语言脚本文件的新建、编辑与保存 … 327
　12.1.4 在RStudio中设定工作文件夹 … 327
　12.1.5 程序包的源设置与加载 … 328
　12.1.6 在RStudio中查看帮助文档 … 329
12.2 用R语言进行数据的初步处理与显示 … 330
　12.2.1 数据的读取与保存 … 330
　12.2.2 数据的图形化展示 … 335
12.3 用R语言描述统计量 … 337
　12.3.1 用R语言描述集中趋势 … 337
　12.3.2 用R语言描述离中趋势 … 339
　12.3.3 用R语言描述分布形态 … 341
12.4 抽样推断 … 342
　12.4.1 抽样与抽样分布 … 342
　12.4.2 参数估计 … 343
　12.4.3 假设检验 … 346
12.5 方差分析 … 348
　12.5.1 单因素方差分析 … 348
　12.5.2 双因素方差分析 … 350
12.6 用R语言进行相关与回归分析 … 351
　12.6.1 用R语言进行相关分析 … 351
　12.6.2 用R语言进行回归分析 … 353
　12.6.3 用R语言进行回归预测 … 355
　12.6.4 用R语言进一步检验分析 … 356
12.7 时间数列分析 … 357
　12.7.1 用R语言绘制趋势图直接进行预测 … 357
　12.7.2 利用移动平均分析工具进行预测 … 359
　12.7.3 利用自回归分析工具进行预测 … 360
本章小结 … 361
练习题 … 362

参考文献 … 363

附录A　标准正态分布表 … 364

附录B　χ^2分布表 … 364

附录C　t分布表 … 364

附录D　F分布表 … 364

第 1 章

绪 论

【案例】为了落实教学组织纪律，提高教学质量，××大学教务处要求，课程主讲教师平时记录每位同学听课、作业等学习情况，在每门课程结束后，填写教学质量分析表。以下是一份××大学应用统计学课程考试质量分析表。

××大学课程考试质量分析表

教师姓名		教师职称		所在学院		经贸学院
课程名称		应用统计学		考试学期		
课程总学时	40	本学期学时	40	考试形式		闭卷笔试
授课各班级		财管、旅管、国贸等专业		学生总人数		422
一、试卷分析：						
试题来源	自拟	试题题量	较大	试题难度		中上
二、考试成绩及分布：						

考试卷面成绩			学期总评成绩		
分数/分	人数/人	百分比/%	分数/分	人数/人	百分比/%
100～90	23	5.45	100～90	23	5.45
89～80	96	22.75	89～80	98	23.22
79～70	116	27.49	79～70	115	27.25
69～60	113	26.78	69～60	158	37.44
59～40	61	14.45	59～40	17	4.03
39～0	13	3.08	39～0	11	2.61
合计	422	100.00	合计	422	100.00

三、考试成绩结果分析和意见：

最终成绩以期终考试成绩(占60%)为基础，结合平时听课(占20%)与平时作业(占20%)情况综合评定。期终考试采用闭卷笔试的方式，试卷题量较大，涉及概念、基本知识与综合分析题，计算题难度适中。422位学生卷面平均成绩仅70分，成绩分布处于右偏(分布图略)，且有17.53%的学生不及格。卷面失分主要分布在概念、基本知识与综合分析3类题型上，尤其是概念表达的严谨性、准确性不甚理想。卷面成绩处于右偏分布的主要原因是，文科生的计算题得分不尽如人意，也因此财管(2)、旅管(1)、国贸(3)及国贸(4)班的成绩相对差些

(续表)

课程考试质量分析提醒教师至少有3个问题要引起注意：①概念题的失分，反映学生对概念的理解欠严谨、准确，这要求教师研究如何让学生严谨、准确地理解概念；②文科生在计算题得分上不尽如人意，这需要教师认真研究如何教授文理兼招、数学基础参差不齐的学生的应用统计学课；③比较卷面成绩的分布与学期总评成绩的分布，教师需要研究试卷内容的恰当性与教学组织的合理性

教师签名： 日 期：

四、基层教学负责人意见：

签 名： 日 期：

五、教学院长意见：

签 名： 日 期：

注：1. 此表一式两份，学期考试结束后由课程主讲教师填写；
　　2. 经基层教学负责人签署意见后交学院教务秘书；
　　3. 再经教学院长签署意见后由教务秘书汇总，一份交还教师保存，另一份由学院统一装订存档，以备教务处或督导组检查。

1.1 统计的含义

本章的开篇案例中课程主讲教师所做的教学活动，如平时对每位学生的听课、作业等学习情况进行记录，登记卷面考试成绩，统计评定每位同学的课程总成绩，分类汇总学生的卷面考试成绩与课程总成绩，分析成绩得失分的情况与原因，揭示教学中存在的问题等，为进一步采取措施来提高教学质量提供了切实有效的信息。课程考试质量分析表上报学院教务管理部门，为各级教务管理部门了解教学情况、开展有效的教学管理提供了基础资料。这项教学活动过程的组织工作、数据处理都很简单，形成的活动成果(统计资料)——课程考试质量分析表也直观、简单明了。不难想到，课程主讲教师对如何评定每位同学的课程总成绩、填写课程考试质量分析表等一系列的教学活动，事前一定有所安排，整个过程按照一定的程序、方法进行。其程序与方法虽然简单，但蕴含着一定的统计学问。

据2024年3月9日国家统计局发布的数据：2024年2月份，全国居民消费价格指数(CPI)同比上涨0.7%，环比上涨1.0%，……。我们自然会联想到，全国居民消费品如此之多，许多消费品的价格随时在变化，统计部门是怎么收集这繁多且千变万化的消费品价格数据以计算CPI的呢？显然，这比本章开篇案例的统计复杂得多，每位消费者每次发生的交易事件是无法被一一记录的，因此我们需要接受统计学理论和方法的指导，在全国布点定时地跟踪记录部分有代表性的消费品价格数据，再进行汇总计算推得结果(具体参见第10章的内容)。

联系以上的事实，我们很容易理解"统计(statistics)"一词有统计活动(统计工作)、统计资料(统计数据)和统计学三重含义。

统计活动是对各种统计数据进行收集、整理、分析、推断，并加以描述和显示的活动。统计资料是通过统计活动所获得的、能够说明现象总体某种特征的数据，以及与之相联系的文字、图表等资料的总称，是统计活动的成果。统计学则是指导统计活动的理论和方法，是关于如何收集、整理、描述和显示数据的特征，分析和探索(或推断)客观现象总体数量特征、数量关系与数量规律性的科学。由于统计学的研究领域或对象的内涵极为丰富，客观的事物又难以全面笃定把握，因此，从广义上讲，统计学是收集、分析、描述和解释数据的科学与艺术。

统计的三重含义是密切联系的。首先，统计活动与统计资料的关系是统计工作与成果的关系。一方面，统计资料的需求支配着统计活动的布局；另一方面，统计活动的好坏又直接影响着统计资料的数量和质量。其次，统计活动与统计学的关系是统计实践与统计理论的关系。统计理论是统计活动经验的总结，只有当统计活动发展到一定程度，才可能形成独立的统计学；统计活动的发展又需要统计理论的指导，统计学研究大大促进了统计工作水平的提高。

1.2 统计学的研究对象及其特点

统计学的研究对象是指统计研究所要认识的客体，其客体是大量现象的数量方面的总体特征。现象有自然现象和社会经济现象，所以，统计学的研究对象是社会经济、自然现象总体的数量特征。可见，统计学的研究领域或对象的内涵极为丰富。

不是任何客体都可以运用统计学的方法加以认识，也不是任何大量现象的数量方面的事物都必须运用统计学的方法加以认识。统计学的研究对象具有数量性、总体性、具体性和变异性四大特点。

数量性指统计研究的是客观事物数量方面的特征，包括如下几方面。

(1) 数量多少。

(2) 现象之间的数量关系。

(3) 质量互变的数量界限。

统计学属于定量分析的范畴。定量分析是认识客观事物不可或缺的方面，它可以使我们更精确、更具体、更深刻地把握事物的性质、特征及其变化规律。如证券投资，谁都知道其风险高，收益大；风险低，则收益小，可是又都希望能够在较低的风险程度下取得较高的投资回报率，那么风险和收益之间究竟具有什么样的联系呢？通过观察，获取大量的数据资料，建立一定的统计模型可以找出它们之间数量关系的规律性。如股价走势问题，可以通过构建资本资产定价模型研究股价波动规律，投资者可以根据股价波动规律，发现股价升、降的转折点，进行低吸高抛，实现较低的风险程度下取得较高的投资回报率的期望。

总体性指统计学研究的是由许多各不相同的个别事物组成的具有某一共同特征的整体。总体性表明统计学研究的对象不是某一个个体，而是由大量个体组成的整体性事物的某些特点。

具体性表明统计学研究的数量都是客观存在的数量。即具体事物在一定时间、地点、条件下的数量表现，是具体的、实实在在的、有具体实物内容或计量单位的数据，不是抽象的量。这是统计学与数学的一个重要区别。因此，人们说，数学家可以端坐家中，凭借纸、笔和聪明的大脑，从假设的命题出发而推导出漂亮的结果。而统计学家则必须深入实际收集数据，才能有所作为，没有大量数据的归纳，统计学家就得不出任何有益的结论。

变异性指统计学研究的是大量个体之间存在数量差异的整体性事物。如果一批物件的重量都一样，一群人的学历都相同，用不着统计就能知道这批物件的重量情况，这群人的学历状况。然而现实中群体现象总是由许多数量特征各异的个体组成，而这些千差万别的个体数量特征下却掩盖着群体现象的某一数量规律性。如掷硬币或骰子，谁都知道随机地掷一次是无法确定结果的，即每一次抛掷都结果各异，但如果我们反复不断地掷，当抛掷次数足够多时就会发现规律，即硬币出现正面或反面、骰子出现任一点数的机会都是均等的，这就是掷硬币和骰子的数量规律。统计学就是要揭示大量有差别个体数量特征下掩藏着整体性事物的某一数量特征及其规律性。

1.3 统计学在经济研究和管理中的应用

最成功的管理者和决策制定者是那些能够理解信息并有效利用信息的人。统计学的应用极为广泛，为了大致了解统计学在经济管理中的应用，我们通过以下几个方面进行阐述。

1. 个人理财中的统计

买卖股票已经逐渐成为人们生活中投资理财的方式之一，人们都希望自己能低价买，高价卖，获取差价收益；或能适时地买入绩优稳健成长的上市公司股票，将来获得丰厚的回报。

股价与宏观经济形势、股市的运行状态、公司的质地等因素有关。判断宏观经济形势涉及诸多因素，若进入国家统计局网站，可以查询到不同区域社会经济运行与发展情况的统计数据与一些经济走势统计图。这些数据传递的信息能帮助我们了解区域的社会经济运行与发展情况。具体来说，2009年8月开始，国家统计局每月11日左右集中发布我国经济运行的月度统计数据。2024年2月份，我国居民消费价格指数(CPI)环比上涨1.0%，同比上涨0.7%，工业生产者出厂价格指数(PPI)同比下降2.7%，……。CPI、PPI的高低与变化走势，直接影响国家的宏观经济调控措施的出台与力度，影响投资的方向与取舍。2024年9月13日，上证指数收于2704.09点，从2021年9月13日的3723.84点下跌了1019.75点，跌幅为27.38%；……。2007年10月17日上证指数收于6124.04点，比2005年6月6日的998.23点上涨了5125.81点，涨幅达413.49%，……。这些风险的变化趋势数据有助于我们了解股市系统性风险的变化，判断买卖股票的时机。贵州茅台是品牌国酒，于2001年8月27日上市，可以查到其1998年以来历年的净利润增长率、净资产收益率、净资产增长率等财务指标与其股票市场上的股价、市盈率，并将其与行业平均水平比较，有助于我们判断贵州茅台股票的相对投资价值。

2. 会计中的统计

企业会计进行产品成本核算时，为了确定单位产品成本中的材料成本，除不能互相替换的存货项目及为特定项目生产和存放的存货需要运用个别辨认法外，常常采用统计平均法(加权平均法、移动平均法)核算材料的加权平均单位成本，将其与用于该产品的材料量相乘，除以产品的产量，计算得出产品的单位材料成本。

会计师为能估计某一特定类型产品与产量相联系的生产成本，常常搜集某一特定制造业的产量与总成本的若干数据组，求出关于产量与成本的估计的回归方程，做诸如产量已知情形下的总成本预测和生产每件产品的可变成本预测，分析总成本变动中产量变动影响的程度等。

3. 审计中的统计

会计师事务所对客户进行审计时要用统计抽样方法。例如，注册会计师确定列示在客户资产负债表上的应收账款金额是否真实可靠、内容完整。客户应收账款的业务量通常很大，验证每一笔应收账款需要一定的时间和费用，所以审计人员不逐笔验证客户的应收账款业务，只从账户中随机抽取一个子集作为样本，在查看样本账户的准确性后，得出有关列示在客户资产负债表上的应收账款金额是否可以接受的结论。

4. 财务管理中的统计

在公司的日常运营中，现金流量管理是最重要的经营活动之一。是否能够保证公司拥有足够的现金收入，以满足目前和未来的偿债义务，决定着公司的财务风险状况。现金流量管理的一个关键因素是对应收账款的分析和控制。通过度量未付款发票的平均期限和资金数额，管理人员能够预测可用现金并监控应收账款状态的变化。公司设置了如下目标：未付款发票的平均期限不应超过45天；超过60天的未付款发票的资金数额不应超过所有应收账款总额的5%。

在最近对应收账款的总结中，统计未付款发票期限的结果如下。

平均数：40天。
中位数：35天。
众数：30天。
超过60天的占3%。

平均数、中位数、众数这些数据(统计指标)的含义与计算参见第4章的内容。

这些统计指标表明，未付款发票的平均数(即平均期限)是40天，没有超过45天；而中位数表明有一半的发票已经超过35天没有付款；发票期限最高的频数——众数为30天，表明一张未付款发票的最普通时间长度是30天；应收账款总额中只有3%超过60天，低于5%的要求。基于这些统计信息，管理人员可以感到满意，因为应收账款和收入现金流都处于控制之中。

5. 储存管理中的统计

在企业的成千上万种库存物资中，少数几种库存量占大部分，并占用了大部分资金。有效的仓储管理，需要对库存物品的平均资金占用额进行分析，以了解哪些物品占用资金多，以便实行重点管理。具体做法如下。

首先，收集每种库存物品的平均库存量、每种物品的单价等数据；然后，对收集来的数据资料进行整理，分别将平均库存乘以单价，计算各种物品的平均资金占用额，并按平均资金占用额的大小进行排序，观察累计品目百分数和平均资金占用额累计百分数。将累计品目百分数为5%～15%，而平均资金占用额累计百分数为60%～80%的物品，确定为A类；将累计品目百分数为20%～30%，而平均资金占用额累计百分数也为20%～30%的物品，确定为B类；其余为C类，编制ABC分析表。当然，将ABC分析的结果绘成以累计品目百分数为横坐标，以累计资金占用额百分数为纵坐标的ABC分析图，会更直观明了。

ABC分析法理顺了品目繁多的库存物品，明确了重点，这样就可以权衡管理力量与经济效果，对三类库存物品进行有区别的管理，达到以下目的：①压缩总库存量；②解放被占压的资金；③使库存结构合理化；④节约管理力量。

6. 生产管理中的统计

控制图在质量管理中有着极为广泛的应用。人们利用控制图，科学地区分正常波动和异常波动，及时调整消除异常波动，实现对工序过程的质量波动性进行控制，使生产过程处于受控状态。例如，假定有一台250克的软饮料灌装机，定期从产品中选择一些听装饮料作为样本，计算出样本灌装量的平均值。这一平均值($\bar{x}$)标在一张$\bar{x}$控制图上。当该数值位于控制上限以上时，则表明产品灌装过量；当该数值位于控制下限以下时，则表明产品灌装不足；当$\bar{x}$的值位于控制图的控制上限和控制下限之间时，表示处于"控制"状态，则允许连续生产。这样，$\bar{x}$控制图就能帮助确定何时必须调整和修正生产过程。

7. 市场营销中的统计

市场营销要求企业以市场需求为导向，需要实施有效的市场调研，通过统计调查，能深入研究消费心理、消费习惯，以及消费行为的特征、变化和趋向；通过深入研究其他商贸企业促销措施成败概率和实际效果，通过分析各类商品销售额和促销活动的统计资料，能更好地理解促销活动和销售额之间的关系。这样的分析对制定各种产品未来的市场营销战略大有裨益。

8. 国际贸易中的统计

无论是国际贸易的一些基本概念、理论分析还是政策分析，都大量运用统计学知识。例如，借助统计指数计算体现交换福利的贸易条件，而在计算价格指数时主要采用派氏指数法，相关的数据收集多采用海关的编码分类抽取一定的样本进行统计；在计算贸易依存度指标时，需要结合多种统计方法收集和整理大量相关数据，既涉及进出口贸易额数据，又涉及生产总值等数据；比较优势理论通过计算机会成本这一指标进行数据论证，要素禀赋学说通过要素密集度和要素丰裕度两个相对指标的计算来确定贸易伙伴国之间的比较优势，产业内贸易理论借助产业内贸易指数验证一国国际分工及对外贸易的深度，并且借助规模报酬和规模经济等指标说明产业内贸易的必要性；在国际贸易政策分析中通常结合进出口额及关税税率等数据，利用加权算术平均数法进行核算，分析各国关税水平。

9. 金融中的统计

根据《金融统计管理规定》，中国人民银行总行定期公布全国性金融统计资料，即月后20日内通过新闻媒体和中国人民银行网站，向全社会公布月度金融机构货币供应量、信贷收支及资产负债主要指标等金融统计资料。依据金融、经济统计资料，通过一定的计量方法，我们可以分析信贷规模和货币供应量与经济活动之间的关系，并解释其对实体经济的作用，帮助理解我国货币政策传导机制，以更好地把握货币政策调控目标的货币供应量和信贷规模。

假如某公司准备投资5000万元的金融资产(股票、外汇等)，其1个月后损失超过50万元的可能性有多大？能有90%的把握保证损失不会超过多少？实际上，这是风险预测：判定在持有期末，因资产价格的变化造成的损失超过限定额度的概率，并且以给定的置信度确定持有期末可能损失的最大额度。如果要限定1个月后损失超过50万元的可能性不大于1%，那么初始投资额最多应为多少？这是一个投资决策问题：限定能承受的损失额度，并使得在持有期末的可能损失不超过限定额度的概率低于某个非常低的水平，然后在这样的要求下决定初始投资额度。这显然是运用统计方法解决金融中的问题。

10. 经济研究中的统计

由于现代经济发展日益错综复杂，经济学研究又不断深化，对分析精确性的要求越来越高，因此，现代经济学在研究方法上大量运用统计学、计量经济学的方法，进行经济数量关系的分析。比如，人们经常要求经济学家对未来的经济或其某一方面的发展做出预测。在预测时需要用到各种统计数据，还要有适当的统计方法。例如，在预测通货膨胀率时，经济学家利用诸如生产者价格指数、失业率、制造业开工率等指标的统计数据，把这些统计指标输入预测通货膨胀率的计算预测模型中，进行运算、分析与解释。

统计方法在经济管理中应用的例子不胜枚举。总之在宏观经济管理中，政府会进行大量的统计调查和统计分析预测：GDP增长及其走势；产业结构状况及其变动趋势；每月的居民消费价格指数及由此可反映出的通货膨胀情况；房屋动工数量及货币回笼速度等统计指标。政府依据统计数据制定宏观经济政策，并利用统计数据评价与检查施政的绩效。在工商企业管理中，管理人员经常需要在未来条件不确定的情况下，做出牵涉资金数额巨大甚至是有关企业生死存亡的重大经营决策，而在日常的经营管理中，更时时面临着各种各样的决策问题。利用统计决策模型，则可以降低决策风险，做出明智的选择。

1.4 统计学的基本范畴

统计学的基本范畴是阐明各个统计方法所蕴含的统计思想的核心概念，通常称其为统计学的基本概念。统计学的基本概念是统计认识的基本工具，深刻理解统计学的基本概念，是学好应用统计学这门课程的基础。

1.4.1　统计学的基本概念

构成统计学基本范畴的基本概念，即统计学的基本概念，包括统计总体、样本和总体单位、统计标志与变量、统计指标与指标体系等。

1. 统计总体、样本和总体单位

统计总体是指统计所要研究对象的全体，它是由客观存在的、具有某种共同性质的许多个别事物构成的整体，简称总体或母体；构成总体的每一个别事物称总体单位，也称为个体。总体中总体单位的数量称为总体容量。

最常见的总体是由自然物体组成的总体。例如，要研究全国的人口状况，则全国人口就是总体，每一个人是总体单位。又如，要研究一批产品的质量状况，则该批产品就是总体，每件产品是总体单位。可见，总体单位与总体的关系是个别与整体的关系，它们是相互依存的。

如果总体中只包含有限可数个单位数，则称该总体为有限总体；如果总体单位数是无限的，即总体容量为无穷大，则称该总体为无限总体。例如，全国的人口、某种产品产量等都是有限总体；而宇宙中的星球、海洋中的鱼则可看作无限总体。

统计总体和总体单位的确定取决于统计研究的目的。研究目的不同，统计总体往往也不同。例如，研究目的是了解全国工业企业的状况，则总体是全国所有工业企业组成的集合，每一个工业企业是一个总体单位；若研究目的是了解某企业职工的工资收入状况，则该企业的全部职工构成总体，每个职工就是总体单位。

样本是从总体中抽取一部分个体所组成的集合。样本中所包含的个体数，称为样本容量或样本单位数。

样本是与总体相对应的概念。总体是在一个特定研究中所有个体组成的集合，样本是总体的一个子集，是总体的代表和缩影。总体是要研究的对象，而样本则是所要观察的对象，对样本进行观察的目的是要对总体的数量特征做出估计与判断。

总体与样本也取决于统计研究的目的。例如，一个国家进行人口普查，以了解本国某一时点的人口状况，则一个国家该时点的所有人口是一个总体。但如果要从历史上动态考察该国人口变化规律，则若干时点上的人口总体就成为样本，动态上的人口总体才是与之相对应的总体。

2. 统计标志与变量

统计活动的研究对象虽然是统计总体，但是，必须从组成该总体的各个个体认识入手，如考察各个个体与总体研究目的相联系的某些特征，考察这些特征在总体中各个个体间的分布情况，以及蕴含在一个个带有一定偶然性的个体结果中的偶然现象之必然规律。例如，人口普查是为了考察全体国民的性别、民族、年龄、文化程度、职业等特征上的分布状况及其变化规律，为此，我们必须从对每个国民的性别、民族、年龄、文化程度、职业等具体表现的登记入手；又如，对工业企业总体进行调查，是为了考察不同行业、资产规模、职工人数、产值、利润等特征上企业数量的分布情况及其演变规律，所以必须从对每个企业所属行业、资产规模、职工人数、产值、利润等具体表现的登记入手。因此，要研究统计总体的数量特征，需要从对统计总体各单位的属性或特征，以及各个总体单位在某些属性或特征上的具体表现的观察开始。

总体各单位所共同具有的属性或特征称为统计标志，简称标志，它是说明总体单位属性或特征的名称。而标志在各总体单位的具体表现则称为标志表现。例如，对于人口总体，性别、民族、年龄、文化程度、职业等都是标志，而张三是男性，汉族，25岁，大学毕业，现从事会计工作则分别是上述各标志的一个具体表现。又如，对于某区域工业企业总体，企业所属的行业、资产规模、职工人数、总产值、利润都是标志，而强盛电视机厂属于电子行业，拥有资产总额2亿元，职工3000人，营业收入4亿元，净利润4000万元则分别是上述各标志的标志表现。

由于总体是由同类事物的全体构成的，所以在一个总体中必然有些标志在各个个体上的标志表现都相同，这样的标志称为不变标志。例如，在全国人口总体中，国籍这一标志就是不变标志，这是由于每个人的国籍相同这一共性(即同质性)特征把每个人集合在一起构成了全国人口这一总体。显然，一个总体至少有一个不变标志。

总体中必然有些标志在各个总体单位上的标志表现是不同的，这样的标志称为可变标志，它们正是统计活动所要考察的对象。例如，人口总体中，性别、年龄、民族、文化程度、职业都是可变标志，因为每个人在这些标志上的标志表现会有不同(即差异性)。一个总体至少有一个可变标志。同时，构成总体的总体单位必须是大量的，才能规避由于各种偶然因素的干扰产生差异性而得出错误的结论。大量性、同质性和差异性是总体必须同时具备的3个基本特性。

总体中的可变标志是统计活动的基础和依据。为了能够使用数学方法，每个可变标志都可以视为变量，用 x 或 y 表示，而各个总体单位在可变标志上的标志表现则可看成该变量的各个取值，即变量值。实际上，统计活动研究总体是研究总体中的某个变量，该变量的全部取值是统计活动的考察对象，因而，变量的全部取值也可以构成总体。

3. 统计指标与指标体系

统计指标是统计活动按照一定的统计方法，对总体单位数、总体各单位的标志表现进行记录、核算、汇总、综合而形成的，用于反映统计总体某一综合数量特征的科学范畴。它一般包括指标概念和指标数值两个方面，此外，还包括计算方法、计算单位、时间规定性和空间规定性，因此，一个完整的统计指标由以上6个要素组成。需要说明的是，在讨论统计理论时和在统计设计阶段，统计指标是指说明总体数量特征的名称。当然，根据样本中各单位的标志表现计算的是样本指标，样本指标是用来推断总体指标的。

统计指标具有数量性、综合性和具体性的特点。也就是说，它是许多个体现象具体数量综合的结果，可以说明一定的、具体的总体现象的数量特征。

统计指标是统计学中最重要的基本概念之一。统计正是用统计指标对总体的现状、发展变化、内部结构及其与外部的数量关系进行计量描述及分析研究的。统计指标在经济分析和管理决策中占有中心地位。

统计指标按所反映总体的内容和数量性质的不同，分为数量指标和质量指标。数量指标是说明总体现象的规模大小和数量多少的指标，一般用绝对数来表示，如企业总数、利润额等。质量指标是说明总体内部、总体之间数量关系或总体单位水平的指标,是数量指标的派生指标,一般用相对数和平均数形式表示,如平均工资、价格水平、人口密度等。

统计指标按其计量单位的不同,可分为实物指标和价值指标。实物指标是根据事物的自然属性,采用自然物理单位计量的指标。实物指标的最大特征是具体明了,可直观地反映事物发展的规模和水平,是计算其他指标的基础。但计量不同事物现象的实物指标不能直接相加,缺乏综合概括能力。价值指标是以货币单位计算的统计指标,又称货币指标。其最大特点是综合性和概括能力强,但比较抽象,同时受价格水平的制约。此外,还有以劳动时间(即定额工时)为单位的劳动量指标。由于各企业的定额水平不同,该指标往往仅限于企业内部使用,不适合用于进行企业间的汇总。

一个统计总体往往有许多数量特征,可以从多方面、多角度、多层次来描述。但一个统计指标只反映其中一方面的一个特征,要全面反映总体各方面的特征,就必须构造和使用一系列相互联系的指标。这种反映同一总体现象的一系列相互联系的统计指标所形成的体系,称为统计指标体系。

例如,工业企业生产经营活动的过程既是供、产、销的过程,也是产品的价值形成与实现的过程,同时又是企业的资金周转过程,如图1-1所示。全面反映一个工业企业生产经营活动的过程及结果,就需要由工业企业的总产值(C_1+C_2+V+M)、增加值(C_2+V+M)、销售额、原材料消耗及库存、利润总额、工资总额、劳动生产率、资金利润率等一系列统计指标组成的指标体系来完成。

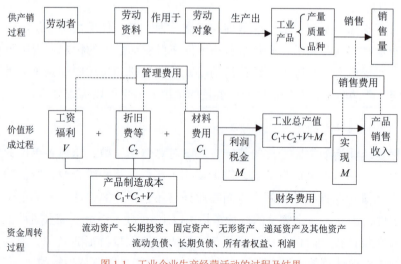

图1-1　工业企业生产经营活动的过程及结果

1.4.2　统计思想的概念框架

构成统计学基本范畴的统计总体、样本和总体单位、统计标志与变量、统计指标与指标体系等基本概念能清晰地勾勒出统计的基本思想,如图1-2所示。

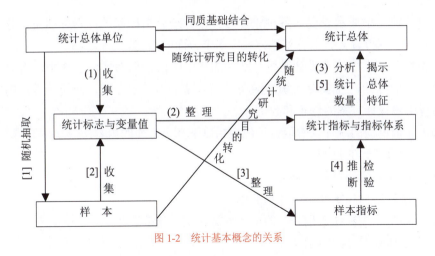

图 1-2 统计基本概念的关系

注：(1)→(2)→(3)勾勒的是全面调查下数据的收集、整理和分析路径；[1]→[2]→[3]→[4]→[5]勾勒的是抽样调查下数据的收集、整理和分析路径。

图1-2清晰地表明：统计总体是统计所要研究的对象，统计活动的目的是认识统计总体的数量特征。统计总体由总体单位构成，两者互相依存；统计标志说明总体单位的某种共同的属性或特征；统计指标说明总体的某一数量特征；统计指标体系则是多方面、多角度、多层次地描述统计总体的多重数量特征。统计指标由统计标志表现(变量值)整理所得，统计指标体系由反映同一总体现象的一系列相互联系的统计指标构成。

统计可以收集总体的全部单位的数据来认识总体的数量特征，也可以通过从总体中随机抽取一部分个体进行观察，达到认识统计总体数量特征的目的。

1.4.3 统计数据的研究过程

一项统计活动是依据该项统计活动的目的和任务，在对统计活动的内容和程序做出通盘考虑和安排的基础上，从收集统计数据(原始数据或次级数据)开始，进而对其进行整理加工，经过分析，得出结论。显然，对统计数据的研究过程可概括为：统计设计；统计数据收集；统计数据整理；统计数据分析与解释；统计资料的提供。从这5个基本环节实现统计信息、统计咨询和统计监督3种职能，如图1-3所示。

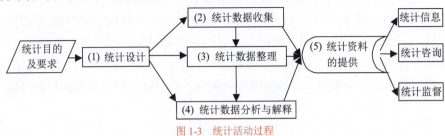

图 1-3 统计活动过程

1. 统计设计

统计设计是统计工作的第一个工作阶段，是根据统计研究对象的性质和研究的目的，对统计工作的内容和程序进行通盘考虑和安排。

统计设计的结果通常表现为各种设计方案，如统计指标和统计指标体系、分类目录、统计报表制度、调查方案、汇总整理方案等诸多方面的内容。

从认识顺序来讲，统计设计是统计活动的第一阶段，但在实际工作中，有时并不被认为是统计活动的开始，而表现为统计活动连续活动中的一个环节，即统计设计的修正与统计活动过程中对设计方案的修正和改进。

例如，一个单项的统计全阶段设计应包括以下几个方面的内容。

(1) 明确规定统计的目的。
(2) 确定统计研究的对象与单位。
(3) 进行统计指标和统计指标体系的设计。
(4) 进行与统计指标体系相联系的统计分类和统计分组设计。
(5) 收集统计数据方法的设计。
(6) 统计数据汇总整理的设计。
(7) 确定为达到统计研究目的所需要的分析。
(8) 统计力量的组织与安排。
(9) 统计活动各个部门的协调。

2. 统计数据收集

统计数据收集是按照统计设计的要求，有针对性地获取所需要的数据的环节，是统计数据整理与分析的基础。数据收集是否准确、及时、完整，直接影响统计分析质量的高低。如果收集的数据失真，则会导致错误的分析结论。

3. 统计数据整理

统计数据整理是根据统计研究的目的和要求，对收集的数据进行审核、分类、加工、汇总和显示，使零散的资料条理化、系统化、综合化，成为能反映总体特征的统计数据的环节，也称为统计整理环节。整理结果表现为统计表、统计图或统计指标。

4. 统计数据分析与解释

统计数据分析是对加工整理好的统计资料，围绕统计研究所确定的任务，运用各种统计分析方法进行研究，得出有用的定量结论的环节，也称为统计分析环节。数据分析的实质旨在揭示研究对象的基本特征和发展规律性，并做出科学的判断和结论。统计分析是理性认识阶段，是统计发挥作用的关键环节。数据解释是对整理和分析的数据或有关数量结果进行说明，即说明为什么会得出这些数据，这些数据的含义分别是什么，从中能得出哪些具有规律性的结论，需要进一步探讨哪些问题等。数据解释是对数据分析的深化。

5. 统计资料的提供

提供统计资料是统计信息社会化的重要步骤，在全面分析、系统搜集整理各种统计信息的基础上，建立数据库和信息库，以灵活多样的方式向社会提供资料。

总之，统计数据的研究过程是通过这5个环节，从定性到定量，再到更高的定性，最后达到对社会经济和自然现象本质与规律性的认识。与此同时，统计随之实现统计信息、统计咨询与统计监督三大统计职能。

1.5 描述统计与推断统计

统计数据研究经过5个环节，各个环节需要运用不同的统计方法。综合来看，统计研究过程的起点是反映总体单位的统计数据，终点是揭示客观现象总体数量特征、数量关系，探索其数量规律性。如果要通过收集总体的全部单位的数据来认识总体的数量特征，就需要将收集的数据进行加工整理，通过表格、图形或数值形式对其进行恰当、科学的描述，其被称为描述统计；如果获得的只是样本数据，那么要揭示总体数量特征、数量关系，探索其数量规律性，就要运用概率论的理论，并根据样本信息对总体进行科学推断，其被称为推断统计。因此，贯穿于统计数据研究过程的统计研究方法主要有描述统计与推断统计两大类，它们是将数据转为有意义的、易于理解的统计信息的方法。

1.5.1 描述统计

描述统计是研究如何取得反映客观现象的数据，并将收集的数据进行加工处理，通过表格、图形或数值形式显示，进而通过综合、概括与分析得出反映客观现象总体的数量特征、数量关系与数量规律的统计方法。

我们再回头看本章的开篇案例，课程主讲教师所做的课程成绩的统计活动，就是用描述统计方法对学生的应用统计学课程学习成绩的数量特征给予综述。在此案例中，主讲教师运用观测法，记录每位学生的各种学习成绩——收集数据；计算评定学生的学期总成绩，然后分组、汇总，得出各组成绩的学生人数，以表1-1(实际工作中，直接填入课程考试质量分析表)与图1-4(实际工作中，考虑到成绩分布比较简单与课程考试质量分析表的空间有限，省略了分布图)反映学生的成绩分布，用卷面平均成绩70分，不及格的学生占17.53%等统计指标揭示学生成绩的总体数量特征——统计数据加工整理、显示；撰写考试成绩结果分析与意见——统计数据分析与解释。

表1-1 经贸学院××级学生应用统计学的成绩分布表

考试卷面成绩			学期总评成绩		
分数/分	人数/人	百分比/%	分数/分	人数/人	百分比/%
100~90	23	5.45	100~90	23	5.45
89~80	96	22.75	89~80	98	23.22
79~70	116	27.49	79~70	115	27.25
69~60	113	26.78	69~60	158	37.44
59~40	61	14.45	59~40	17	4.03
39~0	13	3.08	39~0	11	2.61
合计	422	100.00	合计	422	100.00

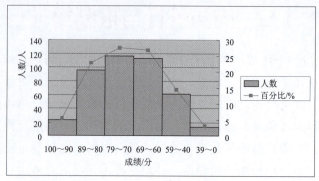

图1-4 应用统计学卷面成绩分布

虽然本章的开篇案例是个非常简单的统计描述案例,但它让我们切实地看到了描述统计的过程与主要内容。首先要通过一定的行之有效的调查方法,收集我们关注的标志在各个总体单位中的表现,然后对这些数据进行汇总、归纳和计算,将原始资料整理成有条理的能够说明被研究的统计总体数量特征的统计指标,并运用相应的统计表、统计图将这些结果表现出来,进而进行分析与解释。

在描述统计过程中,收集统计数据可以通过查阅与询问的方式获得人们已经加工的资料,当我们需要的统计数据不能从已加工资料中获取时,可以运用大量观测(调查)法、统计实验法[1]等统计研究的方法获得;在统计数据整理阶段有统计审核法、统计分组法、统计汇总法等方法,而数据整理结果的显示有统计表、统计图或统计指标等形式;统计数据的分析又有综合指标法、统计模型法等基本方法。描述统计的过程与主要内容如图1-5所示。

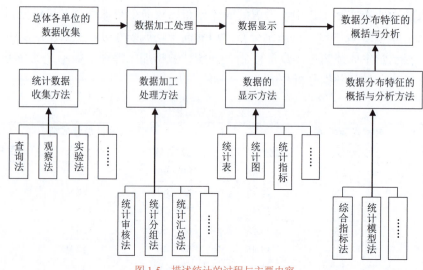

图1-5 描述统计的过程与主要内容

描述统计方法的使用非常广泛,绝大多数的报纸、杂志、公司报告和其他出版物上的统计信息以易于读者理解的方式披露,将数据以表格、图形或数值的形式表现出来,都是

---

[1] 凡是在获得数据的过程中,不对调查对象数据产生的条件施加任何控制而获得数据的方法,称为观测(调查)法。凡是在获得数据的过程中,对数据产生的条件实施了控制而获得数据的方法,称为实验法。社会经济现象的统计数据收集都只能运用观察法。

在运用描述统计的方法。从现实情况来看，人们开始关注描述统计的拓展与表述，对描述统计方法的兴趣也在不断提高。

1.5.2 推断统计

推断统计主要研究如何根据样本数据来推断总体的数量特征。它的内容主要包括参数估计的方法、假设检验的方法、方差分析的方法、相关与回归分析的方法等。

在很多情形下，出于对时间、费用和其他因素的考虑，只能对样本进行调查，利用样本数据来估计总体的数量特征。比如，新宇高科电器有限责任公司是生产节能灯泡的电器公司，为了提高A种灯泡的使用寿命，产品设计部开发出一种新型灯丝的灯泡。为了评估新灯丝的优点，用生产出的80只新灯丝灯泡组成样本，并进行测试，记录每只灯泡在灯丝被烧断之前的使用小时数。记录的样本测试结果列示于表1-2。

表1-2　新宇高科电器有限责任公司80只新灯丝灯泡的使用寿命　　　单位：小时

1036	988	1125	995	1088	1065	1023	1075	1002	994
1047	968	1183	1058	1142	1098	945	1126	1036	987
1046	976	1087	984	1224	998	1032	1153	1103	958
1153	994	1039	1006	1214	1076	986	1078	1048	1126
1216	1122	1096	1035	1004	1053	1004	1094	1080	994
964	975	1185	1021	1007	948	1024	1136	1083	1120
1113	997	1005	1088	997	1034	985	1093	1004	1082
1047	984	1136	989	1073	1102	976	1097	1005	1152

新宇高科电器有限责任公司的产品设计部门希望利用样本数据对用新灯丝生产的所有灯泡总体的使用寿命进行推断。产品设计部门将进行测试记录的80只灯泡的使用寿命相加再除以80，计算出80只灯泡的平均使用寿命为1055小时，他们可以用这一样本结果估计灯泡总体的可能平均使用寿命或其可能平均使用寿命的区间。灯泡总体的平均使用寿命推断统计过程如图1-6所示。

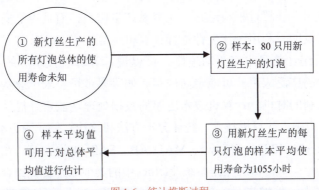

图1-6　统计推断过程

统计利用样本对总体的特征进行推断时，通常需要相应地注明统计质量与精度。产品设计部门用样本结果估计灯泡总体的平均使用寿命为1055小时的同时，计算得出估计精度为±15小时的概率为95%。这样就可以估计得出，有95%的把握新灯泡总体的平均使用寿命在1040小时和1070小时的区间内。

新宇高科电器有限责任公司产品设计部利用样本数据对用新灯丝生产的所有灯泡总体的使用寿命进行推断，我们能初步领会推断统计是在对样本数据进行统计描述的基础上，对统计总体的未知数量特征做出以概率形式表述的推断。其过程可用图1-7表示。

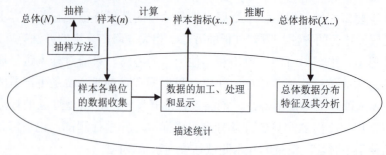

图 1-7　推断统计的过程

由于样本包含的总体信息必然不完备，用其推断总体难免有误差，为了使这种误差尽可能小，或将其控制在可以接受的范围内，统计学就需研究抽取样本的方法、推算的方法，以及推断误差的计算与控制的方法，以使推算结果的准确性尽可能满足要求，且失误尽可能小。

描述统计和推断统计是统计方法的两个组成部分，描述统计是整个统计学的基础，推断统计则是现代统计学的主要内容，从描述统计发展到推断统计是统计学发展成熟的重要标志。利用样本数据来估计总体的数量特征等的推断统计是统计学的一个主要贡献，它的作用越来越被人们重视。

1.6　计算机在统计中的应用

统计学的研究目标是在大量观察的基础上，揭示总体数量特征与数量关系的规律。统计数据整理与统计分析都需要对大量数据进行处理，使用手工操作对统计数据进行加工、分析不仅费时又费力，计算过程很乏味，还容易产生错误，而且手工操作对有些"海量"数据的处理是不可及的。利用统计软件进行计算机运算，极大地节省了时间，运算不易产生错误，且加快了统计信息生产流动速度，可以说，计算机技术和统计软件强大的数据处理能力使统计学的广泛应用从可能走向现实。如股票市场要求迅速从交易的数据中获得有关信息，抓住赢利的时机，计算机技术迅速的数据处理功能正好提供了这种可能性。因此，在统计学的应用中，计算机技术、统计分析方法和统计软件成为必不可少的工具。

统计软件有Excel、SPSS、EViews、MATLAB、SAS和R语言等。在众多的数据处理软件中，Excel由于能够与Windows操作系统及Office中的其他软件良好结合，而且普及面广、使用简便、功能强大、能够满足一般统计分析的需要，成为本书编纂中数据处理的重要工具。

本版除Excel软件外，还选择了R语言作为数据处理的重要工具。因为R语言作为一款专为统计分析和数据可视化而设计的开源软件，具有灵活性与扩展性、强大的图形功能、开源与社区支持等独特优势，能为应对复杂数据分析任务提供更加科学、高效的解决方案。

1.6.1 计算机在描述统计中的应用

利用计算机和互联网可以进行网上调查，快速、准确地收集原始数据和次级数据，无时空和地域限制，具有传统调查无法比拟的优越性。然后利用统计软件可以迅速对统计数据进行有效性检查、筛选、排序及分组整理等工作，使统计数据系统化、条理化，符合统计分析的要求；利用统计软件中丰富的统计表和统计图的制作与编辑功能，可以形象、直观地将统计数据的分布特征和规律性显示出来，易于读者理解；利用统计软件中强大的函数功能和分析工具，可以及时、准确地计算，并提供有关统计数据的分布特征值，如均值、方差、标准差、偏度、峰度等指标。

1.6.2 计算机在推断统计中的应用

利用统计软件中的随机数和抽样工具，可以方便地实施随机抽样、等距抽样等抽样方法，快速得到研究问题所需要的样本量。然后根据样本数据，利用统计软件中的参数估计和假设检验工具或公式与函数，对总体参数快速进行点估计、区间估计、假设检验、稳健性检验等。

1.6.3 计算机在统计分析中的应用

利用统计软件中的方差分析、相关分析、回归分析和时间序列分析工具，可以轻松地测定出变量的聚散状况，抑或变量间的相关关系和相关程度，测定出现象的发展水平、发展速度、长期趋势、季节变动等，并能快速得到回归方程、趋势方程和季节指数，对未来做出预测。

总之，计算机在统计中的应用，有助于提高统计活动的效率，特别是对于一些数据量较大、难以用手工完成的统计活动，计算机更能体现出它的优越性。

本书在第11章讲解了Excel的操作步骤，对大部分统计方法给出了Excel的计算过程和结果解释。

本章小结

统计学是收集、分析、表述和解释数据的科学与艺术。要有效地从事经济研究与管理，应用统计学不可不学。

运用统计学的方法研究经济、管理问题，不仅要学好统计学知识，也需要学好经济学、管理学及其背景知识，并需要具备一定的计算机技术和统计软件的运用能力，善于将统计学与经济学、宏观经济分析与微观经济分析等结合。

构成统计学基本范畴的基本概念，包括统计总体、样本和总体单位、统计标志与变量、统计指标与指标体系等。这些基本概念清晰地勾勒出统计的基本思想与统计数据的研究过程。统计总体是由总体单位构成的，两者互相依存。统计标志说明总体单位的某种共同特征。统计指标是说明总体的某一数量特征(统计指标体系可以从多方面、多角度、多层次来描述统计总体的多重数量特征),由统计标志表现(变量值)整理所得。统计从研究总体单位入手,目的是认识统计总体的数量特征。它可以通过收集总体的全部单位的数据来认识总体的数量特征,也可以利用样本数据来估计总体的数量特征。从这些概念的关系中可发现,统计数据的研究过程包括统计设计、统计数据收集、统计数据整理、统计数据分析与解释和统计资料的提供5个环节。

描述统计研究如何取得反映客观现象的数据,并将收集的数据进行加工处理,通过表格、图形或数值形式显示,进而通过综合、概括与分析得出反映客观现象总体的数量特征、数量关系与数量规律。推断统计主要研究如何根据样本信息来推断总体的数量特征,它是在对样本数据进行统计描述的基础上,对统计总体的未知数量特征做出以概率形式表述的推断。

统计现代化是通过计算机的应用而实现的。掌握计算机和统计软件的操作是未来开展统计活动的必备技能。

练习题

一、思考题

1. "统计"一词有哪几种含义?它们之间是什么样的关系?
2. 如何认识统计的作用?
3. 总体、总体单位、标志与指标之间的相互关系如何?
4. 什么是统计指标体系?它有哪些表现形式?
5. 为什么说描述统计是统计学的基础?

二、选择题

1. 统计学研究对象的数量性包括( )。
   A. 数量的多少　　　　　　　　B. 现象之间的数量关系
   C. 质量互变的数量界限　　　　D. 数量的规律
2. 统计总体的基本特征是( )。
   A. 同质性、数量性、变异性　　B. 数量性、具体性、综合性
   C. 大量性、同质性、差异性　　D. 总体性、社会性、大量性
3. 现有200家公司每位职工的工资资料,如果要调查这200家公司的工资水平情况,则统计总体为( )。
   A. 200家公司的全部职工　　　　B. 200家公司
   C. 200家公司全部职工的工资　　D. 200家公司每位职工的工资
4. 一个统计总体( )。
   A. 只能有一个标志　　　　　　B. 可以有多个标志
   C. 只能有一个指标　　　　　　D. 可以有多个指标

5. 若进行全市百货商店售货人员工作情况研究，则总体单位是(　　)。
   A. 所有百货商店　　　　　　　　B. 一个百货商店的所有售货员
   C. 一个百货商店　　　　　　　　D. 每位售货员
6. 以产品等级来反映某种产品的质量，则该产品等级是(　　)。
   A. 数量标志　　　　　　　　　　B. 数量指标
   C. 品质标志　　　　　　　　　　D. 质量指标
7. 某工人月工资为1550元，工资是(　　)。
   A. 品质标志　　　　　　　　　　B. 数量标志
   C. 变量值　　　　　　　　　　　D. 指标
8. 某班4名学生金融考试成绩分别为70分、80分、86分和95分，这4个数字是(　　)。
   A. 标志　　　　　　　　　　　　B. 指标值
   C. 指标　　　　　　　　　　　　D. 变量值
9. 对某工业企业生产进行调查，得到以下资料，其中的统计指标有(　　)。
   A. 某企业为亏损企业　　　　　　B. 实际产值1100万元
   C. 职工人数10000人　　　　　　D. 某企业为股份制企业
   E. 机器台数750台
10. 在全市科技人员调查中，(　　)。
    A. 全市所有的科技人员是总体　　B. 每一位科技人员是总体单位
    C. 具有高级职称的人数是数量指标　　D. 具有高级职称的人数是质量指标
    E. 科技人员的平均年龄是变量

三、简答题

1. 20××年1月，对100位基金经理进行了一次抽样调查，调查结果显示：40%的基金经理认为他们自己的股票投资厉害或比较厉害，预期当年的股东权益回报率为20%；40%的基金经理认为消费类股票极有可能是当年股票市场的主导板块；100位基金经理对房地产类股票大约需要多长时间才能恢复上涨的回答是平均时间为2年。

   (1) 列举两种描述统计。
   (2) 对所有基金经理总体对当年的股东权益的可能回报率做出推断。
   (3) 对房地产类股票恢复上涨的时间长度进行推断。

2. 一家公司欲检验一个新的电视商业广告的效果。作为检验的一部分，商业广告在其电视台晚间8点的当地新闻节目中播出。一周后，一个市场调查公司进行了电话调查，以获取记忆率信息(观众记忆看过广告的百分比)和对广告的印象。

   (1) 这项研究的总体是什么？
   (2) 这项研究的样本是什么？
   (3) 在这种情况下为什么要使用样本？请说明理由。

3. 某传媒公司每周进行一次全国电视节目收视率的调查。该调查的统计数据显示每一个主要电视节目的观众规模。对电视节目与观众市场份额进行排序，每周公布一次。

   (1) 该传媒公司试图度量什么？

(2) 总体是什么？

(3) 在这种情况下为什么要用样本？

(4) 基于该传媒公司的研究，可以进行何种决策和行动？

4. 6名学生考试成绩的样本值(分)为：72，65，82，77，90，76。下列表述中，哪些是正确的？哪些受到怀疑？为什么？

(1) 6名学生样本的平均成绩是77分。

(2) 参加考试的所有学生平均成绩是77分。

(3) 参加考试的学生成绩的估计值是77分。

(4) 参加考试的学生中大多数人的成绩在70分至85分。

(5) 学生成绩在65分至90分。

5. (1) 写出某电视机厂、某高等学校、某医院等单位中你所熟悉的统计总体和总体单位。

(2) 写出电视机、大学生、医生等总体单位的品质标志和数量标志，以及不变标志和可变标志。

第 2 章

数据与数据收集

【案例】浙江省某副省长曾多次指示,应重点研究如何激活企业R&D投入。2005年初,我们承担了《浙江省企业R&D投入分析及相关政策措施研究》课题,认为研究如何激活企业R&D投入,先要理清浙江省企业R&D投入与企业技术来源构成的情况,并联系经济发展水平,与相关地区和国家比较……

用事实说话——查找数据记录的事实!我们理清企业获取技术来源的途径,设计反映企业R&D投入与企业技术来源构成情况的指标后,查阅统计年鉴、R&D资源清查资料、经济普查资料、有关的在线数据库,收集中国及国内各省(直辖市)区与国际上不同国家如OECD各国的R&D投入数量、结构、强度等数据,比较分析浙江省企业R&D投入的情况;直接到有关政府统计部门与主管部门收集企业各种技术来源的投入量与结构等数据,并选择40家典型企业,深入调查检验R&D投入的统计数据的可靠性,以全面深入地揭示浙江省企业R&D投入情况,为激活企业R&D投入相关政策措施的研究提供支持。

在应用经济研究中,数据是支持课题研究的基石。那么,什么样的数据能反映出什么样的事实,如何查找反映有关事实的数据呢?在本章中,我们将讨论可用于统计分析的数据类型,并说明如何取得这些数据。

2.1 数据

统计数据简称数据。数据是所收集、分析、汇总的,用以描述和分析事物特征的数字或事实。统计数据的研究,首先涉及的是数据的测度。在统计数据的收集、处理和分析中,不同特点的统计数据形成不同的类型,需要采用不同的统计方法将数据转为有意义的、易于理解的统计信息。那么,统计数据有哪些类型,应如何测度呢?

2.1.1 数据的测量尺度

总体单位的特性各具特点,体现在标志表现上为:有的只能用文字表示,如性别、民族、文化程度、职业、所属行业等；有的需要用数值表示，如年龄、资产规模、职工人数、产值、利润等。进一步分析用文字表示的标志表现时发现，又有如性别、民族、职业、所属行业等平行分类或分组的测度，亦有如文化程度等可以测度次序差，并可比较高低的测度。而进一步分析用数值表示的标志表现时发现，也有对事物类别或次序之间间距的测度与对事物之间比值的测度之别，前者如气温，后者如长度、重量、面积、体积、压力等。这就是说，对客观事物的观测需要适当采用不同的测量尺度。按照对客观事物测度的程度或精确水平来划分，可将计量尺度从低级到高级、由粗略到精确分为定类尺度、定序尺度、定距尺度、定比尺度4种。

1. 定类尺度

定类尺度又称名义尺度或列名水平。如果数据是用来确认个体属性的标签或名称，则该变量的测量尺度称为名义尺度。这类变量的测量尺度可以将客观事物按照某种属性进行平行分类或分组，因此，我们更喜欢称其为定类尺度。如人口总体中的性别标志，其标志表现只能为男或女；工业企业总体中的所属行业标志，其标志表现只能为机械工业、电子工业、化学工业、冶金工业等。这种既无数量大小又无顺序好坏，只说明总体单位所属类别的描述，是对事物的一种最粗略、计量精度最低或最基本的测度，是其他计量尺度的基础，主要用于非参数的统计推断。其主要特征体现为以下几点。

(1) 只能区分事物的类别，但无法比较类间的大小。
(2) 对事物的区分必须符合穷尽和互斥的要求。
(3) 对其进行分析的统计量主要是频数或频率。

2. 定序尺度

定序尺度又称顺序尺度或有序水平。如果数据显示名义数据的性能，以及数据的顺序或等级之间的差别，则该变量的测量尺度称为顺序尺度。顺序尺度能测量事物之间等级或顺序的差别，因此我们更喜欢称其为定序尺度。定序尺度不用数量大小而只用顺序等次来说明总体单位属性顺序。它不仅可以测度类别差，而且可以测度次序差，并可比较大小或好坏。比如，企业按规模分为大、中、小、微4类，学习成绩划分为优、良、中、及格、不及格5等。这些标志的具体表现之间有好坏、优劣、次序关系，但没有数量关系。定序尺度的计量精度要优于定类尺度。

3. 定距尺度

定距尺度又称间隔尺度或差距尺度。如果数据具有顺序数据的性能，并可以按某一固定单位表示数值间的间隔，则该变量的测量尺度称为间隔尺度。间隔尺度能测度事物类别或次序之间的间距，因此，我们更习惯称其为定距尺度。有些标志用数值表示其标志表现，其数值不存在绝对零点，如气温0℃并不表示没有温度。这类标志虽然其标志表现为具体数据，但其数值之间不存在比例换算关系。如气温20℃并不表示比气温10℃热一倍，但气温20℃与10℃之间的温差却和气温10℃与0℃之间的温差相等。又如，学生的统计学考试成绩，100分并不表示比50分掌握的知识多一倍，0分也不表示没有知识。它是一种较定类尺度和定序尺度更为高级、更为精确的计量尺度。其主要特征体现以下几点。

(1) 不仅能区分事物的类别、进行排序、比较大小，而且可以精确地计量大小的差异，即可以进行加减运算，但不能进行乘除运算。

(2) 没有绝对零点，即可以任意一个零为起点。这里的"零"表示一个数值，即"0"水平，而不表示"没有"或"不存在"。

4. 定比尺度

定比尺度又称比率尺度或比例尺度。如果数据具有间隔数据的所有性能，并且两个数值之比是有意义的，则该变量的测量尺度称为比率尺度。它能测度事物之间的比值，所以常称其为定比尺度。定比尺度可用于参数与非参数统计推断。对于大多数标志，其数值都存在绝对零点，如长度、重量、面积、体积、压力等。这种数量标志的数值除了具有定距尺度数值的全部特性以外，数值之间还存在比例关系的特性。如重量60公斤是20公斤的3倍，高度2米是1米的2倍等。虽然定比尺度与定距尺度同属于一个等级的计量尺度，但其功能要比定距尺度强一些。其主要特征体现为以下几点。

(1) 除能区分类别、进行排序、比较大小、求出大小差异、可采用加减运算外，还可以进行乘除运算。

(2) 具有绝对零点，即"0"表示"没有"或"不存在"。

(3) 所有统计量均可对其进行分析。

上述4种计量尺度对客观事物的度量层次是由低级到高级、由粗略到精确逐步递进的。高层次的计量尺度可以度量低层次的计量尺度，但不能反过来。各种测量尺度适用于对不同类型的客观事物的度量，测量尺度决定了数据中蕴涵的信息量，也在一定程度上表明了适用的数据描述和统计分析方法。

2.1.2 统计数据的常用类型

统计数据的收集、处理与分析，都与数据的特征密切相关。从统计数据的收集来看，要知晓数据从什么途径获取，是利用已存在的数据(次级数据)，还是直接通过观察或实验获取的原始数据；为了便于统计数据的处理，需要区别品质型数据与数值型数据；为了便于统计分析，有必要区分截面数据与时序数据，等等。

1. 原始数据与次级数据

从统计数据获取途径来看，收集数据的工作通常有两类：一类是对现象进行实验与观察，直接取得所需要的数据，这种途径得到的数据称为原始数据或第一手数据；另一类是通过查阅或询问获得他人已经加工、整理的可使用的现存数据，这种途径得到的数据称为次级数据或第二手数据。

通过实验与观察的方式获得的原始数据分别为实验数据与观察数据。

在一项实验性的统计研究中，首先要确定感兴趣的主要变量，然后控制一个或多个其他变量，以便获得它们如何影响主要变量的数据。例如，一个制药公司可能会进行一项实验，以获得一种新药是如何影响血压的情况。在研究中，血压是感兴趣的主要变量，新药的剂量是影响血压的另一个变量，实验希望能找出新药的剂量与血压之间的因果关系。为了获得有关新药效果的数据，研究人员选择一些高血压病人组成样本，控制新药的剂量，不同的高血压病人组给予不同的药剂水平，然后收集每组服药前后的血压数据。实验数据的统计分析将会有助于了解新药是如何影响血压的。

在观测性统计研究中，并不是有目的地去控制感兴趣的变量。通常统计调查是观测性研究中最常用的方法。例如，在一个征求顾客意见的调查中，首先要明确研究的问题，然后设计调查问卷，选择一些人作为样本。一些饭店利用观测研究来获取顾客对饭店的食品质量、服务和就餐环境等方面的数据。饭店设计调查问卷，再请客户根据自己的感受对食品质量、服务态度、服务效率、卫生状况和管理水平这5个变量按优秀、良好、满意和不满意的等级顺序打分，由此获得的数据能帮助该饭店的管理人员评估饭店的经营质量。

次级数据是他人对所收集的原始资料加工整理而成的数据。利用现成的、已经处理的第二手资料，能节省人力、物力、财力，且节省时间，是一个比较理想的方法。它不仅使得动态比较成为可能，也适应了经济全球化的潮流和信息社会的时代特征。不过，我们需要明白，任何已有的资料都是为了某种目的而收集并通过一定的方法整理汇编出来的，有时难免不能满足我们特定研究的需要。因此，利用第二手资料时，需要谨慎考虑研究的适用性。如在引用时，不能只看统计指标的名称，还必须注意统计指标的含义、计算口径和计算方法等内容。尤其要注意的是，如果这种第二手资料不能直接使用，则需要进一步加工处理，如将次级数据进行新的方向分析等，生成符合研究要求的新的统计数据；如果对这种第二手资料有怀疑，则仍然需要收集原始的第一手资料进行检验证明。

2. 品质型数据与数值型数据

根据不同的统计标志体现在标志表现上的特征不同，可归为两类：一类是品质标志，它可以描述总体单位的属性(或品质)特征，只能用文字表示，不能用数值表示；另一类是数量标志，它可以描述总体单位的某种数量特征，能用数值表示。因此，数据可以划分为品质型数据与数值型数据。品质型数据用于反映每一个体属性的标签或者名称，它由定类尺度和定序尺度来计量，其统计分析极其有限，通常只是通过记录每一品质分类中观察值的比例来汇总。为了使用数学方法，往往需要先将其品质型数据数量化。对于定类尺度，如果是非此即彼型的，其数量化的方法是分别用数值1和0表示某种特征或状态的有无。如用1表示合格品，用0表示不合格品；用1表示城镇居民，用0表示非城镇居民，等等。定序尺度变量数量化的方法是用自然数1、2、3等或字母A、B、C等来分别表示各个次序的等级。即使品质型数据用自然数表示，对其进行加、减、乘、除等数学运算也是没有意义的。数值型数据是表示大小或多少的数值。数值型数据既可以用定距尺度度量，又可以用定比尺度度量，可直接使用数学方法处理，得到有意义的结果。

数据的不同类型，其实也是变量的不同类型。为了将品质型数据与数值型数据加以区别，有时称品质型数据为虚拟变量。通过对品质型数据的数量化，使得所有数据都成为可用数值表示的变量。因此，按照变量取值是否具有连续性，可将变量分为离散变量和连续变量两种。如果变量取值只能是一些间断的离散数值，则该变量称为离散变量；如果变量的取值可以是某一区间的任意数值，则该变量称为连续变量。例如，人口总数、企业总数、机器台数、汽车辆数等都是离散变量，而总产值、人均收入、利润率等都是连续变量。显然，定类尺度和定序尺度变量只能是离散变量，而定距尺度和定比尺度变量既有离散变量也有连续变量。其中，计数的变量如人数和机器台数都是离散变量，而计量的变量如产值、汽车耗油量等则都是连续变量。离散变量可以取有限个数值，而且其数值都可以以整数位断开，并可以一一列举。连续变量可以取无穷多个值，而且其取值是连续不断的，不能一一列举。对于不同变量类型的数据，其在数学处理上有所不同。

3. 截面数据与时序数据

为了便于统计分析，有必要对截面数据与时序数据进行区分。截面数据收集的是在同一时间对同一总体内不同单位的数量进行观测而获得的数据，推而广之也指对一些同类现象在相同或近似相同的时间上收集到的数据。它描述的是在相同时间状态下同类现象的数量特征在不同空间状态下的差异情况。时序数据是时间序列数据的简称，是指在不同的时间对同一总体的数量进行观察而获得的数据。它描述的是现象某一方面(或几方面)的数量特征随时间而变化的情况。例如，当教育部决定将各高校的后勤社会化时，某从事饮食业的企业家认为这是一个很好的投资机会，他经调查获得10组高校人数与周边饭店的季营业额的数据资料(见表8-1)，构成截面数据；而2008年至2023年我国各年的国内生产总值就是时序数据(见表9-1)。

随着统计水平与数据处理能力的提高，最近几十年发展起来的新的统计方法——面板数据分析方法将截面数据与时序数据综合起来进行分析。因此，通常将截面数据与时序数据综合起来的一种数据类型称为面板数据。

2.2 数据的收集

去哪里寻找有用的分析统计数据，是经济和社会问题研究中的基础问题之一。有时人们并不是为分析的理论框架构建发愁，而是苦于"无数可算"。如前所述，从统计数据获取的途径来看，收集数据可以通过实验与观察直接取得所需要的数据(原始数据)，或通过查阅或询问获得现存数据(次级数据)。那么，如何获取所需要的原始数据或次级数据呢？

2.2.1 原始数据的收集

对社会经济管理现象而言，原始数据几乎都是观察数据，而观察数据主要通过组织多种形式的统计调查来获取。

1. 统计调查的概念

统计调查是根据统计研究的目的和任务，在对统计工作内容和程序做出通盘考虑和安排的基础上，运用科学的方式与方法，有计划、有组织地向各总体单位收集资料的过程。

与一般调查(如事件调查、新闻或背景调查、刑事案件调查)相比，统计调查的特点在于调查对象在调查之前便已确定，统计调查的任务在于根据已设计的统计指标体系收集资料。

2. 统计调查的方式

统计调查的组织形式有多种，常用的统计调查组织方式有定期统计报表制度、普查和抽样调查。在我国，通常将概率抽样称为抽样调查。非概率抽样方式的抽样调查，通常包括重点调查、典型调查、方便抽样调查与判断抽样调查等。

改革开放前，我国国家统计系统的统计调查方式基本上是以全面调查、全面报表、层层汇总为特征的调查体系。改革开放后，我国逐步改革统计调查方式体系，初步建立了以周期性普查为基础，抽样调查为主体，重点调查、全面报表、科学估算等为补充的多种方法综合运用的统计调查方式体系。而在现实的社会经济生活中，当研究人员对某些社会经济现象感兴趣，欲揭示其数量特征，却没有次级数据存在时，常常使用一些非概率抽样技术选取样本，展开调查，以了解总体的情况。其常用的非概率抽样技术有方便抽样、判断抽样等。

1）定期统计报表制度

定期统计报表制度是一种严格按国家有关法律法规的规定，基层单位和下级主管机关按照统一规定的表格形式、内容、报送程序和报送时间，定期向上级机关和国家报送数据资料的报告制度。以全面调查、全面报表为特征，定期统计报表制度所提供的国民经济和社会发展基本统计资料，是国家与各级政府机关了解国民及区域经济发展情况、指导工作、制定政策或措施的重要依据，是基层企事业单位进行生产业务领导和管理的重要依据。其信息传递路径与作用如图2-1所示。

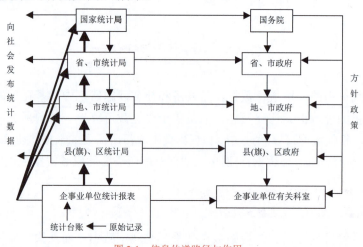

图2-1 信息传递路径与作用

(1) 定期统计报表制度的内容如下。

① 报表目录。报表目录指的是应报送报表的表号、报表名称、报表期别、报表日期、编报单位范围、报送时间、报送份数，以及有关填写和报送报表的说明一览表。

② 表式。表式即报表的具体格式、要求填报的指标及应填报的各项补充资料。

③ 填表说明。填表说明就是填写报表时应遵守的事项，包括统计范围、统计目录、指标解释等。

(2) 定期统计报表的资料来源。企事业单位的原始记录和统计台账都是统计报表所需资料的重要来源，也是统计报表的基础工作。

① 原始记录。原始记录是基层单位采用一定的表格形式，对生产经营活动所做的最初记录，是未经加工整理的第一手资料。原始记录应用的范围很广，它可以随生产经营活动的不同而记载不同的内容。它的种类、内容、格式可根据具体情况由企事业单位确定，其内容一般可包括三方面要素：一是时间，即生产经营活动发生的时间；二是包含的项目，即生产经营活动的具体内容；三是数量和计量单位，即生产经营活动成果的数量和其相应的计量单位。

原始记录有两种基本形式：一种是综合原始记录，即在一张原始记录表格上反映较多的项目，对产品、生产工人、生产设备等进行多方面登记，满足多方面的需要，如以企业个人或班组的生产记录单，综合记录个人生产产量、质量等，如图2-2所示；另一种是专用原始记录，即用于反映某单位经营活动的记录，如领料单、考勤单、产品入库单等，如图2-3所示。

部		工票				编　号：QSR08-04
时产定额		20　年　月　日　班				制表部门：计划生产部门
时产定额						

机床型号：　　　　　　　　姓名：　　　　　　　　工号：

型号及零件	工序	领料数			质量情况						丢失	折合工时	暂停时间				
		接上班	自领	交下班	合格品	回用品	返修品	自检		废品				机修	电修	调正	待料	待检查	其他
								合格	报废	因工	因料	上工序								

调度员：　　　　　　　　检验员：　　　　　　　　班长：

图 2-2　生产记录单

交库单位：　　　　　　　　交货日期：　　　　　　　　仓库：

产品编号	产品名称	规格	单位	检验结果		交付数量	实收数量	单价	金额
				合格	不合格				
备注									

记账：　　　　　　　　检验：　　　　　　　　仓库：　　　　　　　　经手：

图 2-3　产品入库单

② 统计台账。统计台账是介于原始记录和统计报表之间的汇集资料的形式，是原始资料经过初步汇总整理，按先后顺序予以登记所形成的表册。企业可根据管理的需要，设置各种形式的统计台账，如车间统计台账、现金收支台账等。

统计台账具有如下3点作用。

一是随时集中记录各项原始资料，便于检查对比，及时发现错误，以保证资料的准确性。

二是可以提高报表的准确性。建立统计台账，把编制报表所需逐日逐次记录资料的工作分散到平时去做，能缩短期末编制时间。

三是可以随时反映生产经营活动情况，有利于及时研究分析其变动趋势和发展规律，有利于加强经营管理。

2) 普查

普查是为了某种特定目的而专门组织的一次性全面调查，用于调查某些不能够或不适宜用定期报表制度方式收集的资料，以查清重要的国情、国力。一次重大的国情、国力普查，需要花费较多的人力、财力、物力和时间，调查登记的时间虽然并不是很长，但是复杂细微的准备工作和数量巨大的数据处理工作往往需要较长的时间。通常，人口普查、经济普查的准备工作需要3年或更长的时间，数据处理也需要相当长的时间。所以，普查不宜经常进行，只能较长时间进行一次，在我国，除经济普查5年进行一次外，其余各种普查10年进行一次。普查可以摸清一个国家的国情、国力，取得许多专项问题的详细资料，以作为国家制定有关政策或措施的重要依据。如为了全面掌握我国第二产业和第三产业的发展规模、结构和效益等信息，建立健全覆盖国民经济各个行业的基本单位名录库(含编码)及其数据库系统，我国展开了第一次经济普查工作，确定普查的标准时点为2004年12月31日，时期资料为2004年度，普查的主要内容包括单位标志、从业人员、财务收支、资产状况，以及企业的主要生产经营活动和生产能力，主要原材料和能源消耗及科技开发的投入状况等。经过1年的精心准备，经济普查的各项准备工作就绪，上千万普查人员全部到位，于2004年12月31日展开"入户调查"，2005年1月1日开始登记，登记以后，有关普查机构收集这些审查表，审核、录入、汇总，最后层层往上级普查机构上报，国家汇总，直至2005年下半年报出基本的普查重要数据，2006年才形成详细的数据表。这次经济普查对研究制定国民经济和社会发展规划，优化经济结构，改进宏观调控，开拓新的就业渠道，提高人民生活水平，全面建设小康社会，具有重要意义；对改革统计调查体系，完善国民经济核算制度，健全统计监测和预警、预报系统，发挥了重要作用。

普查数据具有全面、系统、准确、可靠的特点，因此，它可以为其他调查方式提供基本的参照依据。如2005年12月我国发布的首次经济普查结果显示，2004年GDP现价总量为159878亿元，比年报快报核算数增多2.3万亿元，相对差幅达16.8%。根据国家统计局公告的内容可知，经济普查反映的GDP数据变化是多年累积的结果。为保持GDP数据的历史可比性，按照国际惯例，对2004年以前一定年度GDP历史数据进行了修订。

综上所述，普查具有以下4个特点。

(1) 普查通常是一次性的或周期性的。

(2) 普查一般需要规定统一的标准调查时间，以保证普查结果的准确性，避免调查数据的重复与遗漏。

(3) 普查的数据一般比较准确，标准化程度也较高，因此，它可以为其他调查方式提供基本的参照依据。特别是普查数据能与抽样调查的数据资料相互验证，以提高调查质量，保证调查精度在合理的范围之内。

(4) 普查适用的范围比较狭窄，只能调查一些最基本、最一般的现象。

3) 抽样调查

抽样调查是对样本单位进行调查的一种专门组织的非全面调查。从总体中抽取样本的方法有随机抽样与非随机抽样两类。

(1) 随机抽样也叫概率抽样，即按随机原则从统计总体中抽取部分单位进行实际调查，并依据样本信息对总体数量特征做出具有一定可靠程度的估计判断，从而达到对总体的认识。有关抽样调查的概念、特点和作用，如何进行抽样设计，如何实现随机抽样，如何从样本得到数据来推算总体的数量特征等内容详见第5章。

(2) 非随机抽样也叫非概率抽样，即调查研究人员根据自己对事物的了解或基于简便，从总体中抽取一些单位作为样本。常用的非概率抽样技术有判断抽样、方便抽样等。重点调查与典型调查就是判断抽样运用的典型范式。

① 重点调查。重点调查是了解基本情况的非全面调查。它是在所要调查对象的全部单位中选择一部分重点单位进行调查。所谓重点单位，是指其标志值在所研究总体的标志值总量中占有较大比重的单位。这些重点单位只是总体全部单位中的一小部分，但其标志值之和在所研究总体的标志值总量中所占的比重相当大，因此，我们只对这些重点单位进行调查，就能掌握总体标志总量的基本情况。如欲了解我国汽车生产的基本情况，只需对一汽集团、上海汽车、东风汽车与长安汽车等几个主要的汽车生产基地了解即可。重点调查的优点在于花较少的人力、物力和时间就可获得总体基本情况的资料，它可用于不定期的一次性调查，也可用于经常的连续性调查。一般来说，当调查目的只是了解发展趋势、水平或比例，而总体中存在重点单位时，便可采用重点调查。综上所述，重点调查是为了解统计总体的基本情况，从全部总体单位中选择少数重点单位进行调查的非全面调查。

② 典型调查。典型调查是根据调查目的和要求，从研究对象中有意识地选择有代表性的单位，进行深入调查的方法。典型调查的首要问题是如何挑选典型。一般来说，典型调查是根据调查目的，在对调查对象进行分析研究的基础上，有意识地选择有代表性的单位，进行深入调查。其目的主要在于了解与统计数字有关的、生动的具体情况，如为了解某项经济政策的绩效，选出先进的、中等的和后进的典型，进行较深入的分析。显然，典型调查的效果，在很大程度上取决于调查者的主观判断。如果调查者对情况熟悉，研究问题的态度又比较客观，便可以使典型调查在了解、掌握整个总体的基本情况上取得较好的效果。反之，则将出现较大的偏差。

典型调查可用于分析出现的新情况和新问题，寻找其发生原因、变化趋势等事物的本质和规律性，以寻求加以解决的对策和措施，达到以点带面的效果。

在现实中，非概率抽样调查多用于探索性研究和预备性研究，以及总体边界不易划定、难以实施概率抽样的研究，或因研究者的时间与人力、物力有限时采用。关于方便抽样与判断抽样的内容见第5章。

以上各种调查方式有各自的特点，由于社会经济现象的复杂性和研究任务的多样性，我们应根据研究需要和实际条件灵活地结合应用各种调查方式。调查方式的分类如图2-4所示。

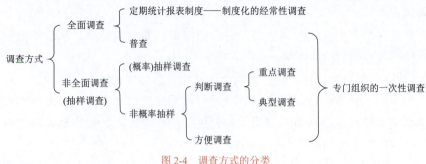

图 2-4 调查方式的分类

3. 统计调查方案

统计调查是一项科学、周密、细致、复杂的工作，为了使调查顺利进行，取得预期效果，事先应制定统计调查过程的指导性文件，即统计调查方案。设计统计调查方案时，应考虑以下6个方面。

1) 确定调查目的

确定调查目的是指明确地规定调查目的，即需要摸清的情况或需要解决的问题。确定调查目的是统计调查中最根本的问题。调查目的决定着调查工作的内容、范围、方法和组织。例如，全国人口普查的目的是查清我国的人口数，查清我国人口的地区分布、年龄分布和社会经济结构情况，为统筹安排人民的物质文化生活，以及制定人口政策和人口规划提供可靠的资料。

2) 确定调查对象和调查单位

调查对象就是要进行调查研究的总体，确定了调查对象也就明确了调查的范围。调查单位就是在调查工作中，应该登记其标志的那些总体单位。例如，要了解企业职工的性别、年龄、工种、文化程度等现状，企业全体职工就是调查对象，而每个职工就是调查单位。应当注意的是，不要把调查单位与填报单位互相混淆。调查单位是被调查总体中要登记其标志的单位，而填报单位则是负责上报调查资料的单位。

3) 确定调查内容

调查内容是根据调查目的和任务而确定的需要向调查单位了解的情况和问题，是调查单位所要填写的项目，一般用标志及标志值表示。如调查企业职工的状况，登记标志有年龄、工龄、性别、职称、民族、文化程度和工资等。

确定调查内容是调查方案设计时要慎重考虑的问题，确定是否适当、合理，关系着整个统计研究工作的质量。确定调查内容时要注意以下方面：①既要考虑需要，又要考虑可能，还要考虑代价，在满足调查目的前提下，尽可能少而精；②调查项目的含义必须明确，使答案具有明确的表达形式，如数字式、是否式或文字式等，以免使被调查者产生不同理解而给出不同的答案和表达形式，造成汇总的困难；③要注意项目及其指标之间的关联性，以便对资料进行对照和审核。

4) 确定调查时间和调查期限

调查时间是指调查资料所属的时期或时点。从性质上看，有的数字资料是反映研究对象在某一时点上的状况，则应该规定统一的标准时点，如人口数、存款余额等，这种现象是无法累加的；有的数字资料是反映一段时期的成果，则应该规定资料的起止时间，如销售额、利润额等。

调查期限是指调查活动的起止时间，调查期限的确定是为了及时取得资料。任何一项调查都应在保证资料准确性的前提下，尽可能地缩短调查活动过程的时间。

5) 确定调查方式和调查方法

确定调查方式和调查方法就是根据研究需要和实际条件，确定采用什么调查方式和方法采集数据。如采用定期统计报表制度、普查、概率调查和非概率调查中的哪一种方式，还是几种方式相结合。在实际工作中，不论采用哪种方式组织调查，都要运用具体的调查方法进行统计数据的采集。常用的调查方法包括访问调查、邮件调查、电话调查、电脑辅助电话调查(CATI调查)和网络调查等。确定调查方法就是确定采用哪一种调查方法，或是哪几种方法相结合。如我国第一次经济普查规定对法人单位、产业活动单位采用普查的方式，对个体经营户采用普查辅以典型调查的方式，具体收集数据一律采用访问调查的方法。

6) 制订调查的组织实施计划

调查的组织实施计划包括调查活动的组织机构、调查时间、调查步骤、经费预算与来源、文件准备、人员培训安排和调查方式方法、资料报送方法等。为了保证调查的顺利进行，在调查活动开始前，一定要认真研究，做好充分准备。

4. 统计调查工具

调查表与调查问卷是向调查者收集资料的主要工具。调查内容通常以调查表与调查问卷的形式表现，所以它们是调查方案的核心。

1) 调查表

调查表是把所要调查的项目按照一定的结构和顺序排列制成表格，其作用在于能够条理清晰地表述调查内容，便于填写，且便于调查后对资料进行整理。调查表由表头、表体、表脚3部分组成。表头在调查表的上方居中，标明调查表的名称，左上角填写有关报告单位的名称、地址、隶属关系等情况，右上角一般注明表号、制表单位、批准备案文号等。表体是调查表的主体部分，表现为表格形式，调查的具体内容列于表格内。表脚一般填写调查人员或填报人员姓名、签章，以及单位负责人的姓名、签章等。

调查表的形式有单一表和一览表两种。每份单一表只登记一个调查单位的资料。在调查项目较多时使用单一表，便于分类和整理，图2-2所示便是一张单一表。每份一览表可登记多个调查单位的资料，却不能容纳较多的调查内容。一览表适用于调查项目不多的调查，便于资料的对比和汇总，图2-3所示便是一张一览表。

为了保证调查资料的正确性和统一性，必须附上必要的填表说明，内容包括调查表中各个项目的解释，如对于数字的计算方法及填表时应注意的事项等。填表说明要简明易懂。

2) 调查问卷

调查问卷是把所要调查的内容以问题及其可能的答案按照一定的结构和顺序排列所形成的问答卷。它是管理学科调查收集数据的最主要工具。

调查问卷的基本结构一般包括4个部分，即开头部分、调查内容、编码和结束语。其中，调查内容是问卷必不可少的核心部分，其他部分则根据设计者的需要进行取舍。

小型的问卷调查，其问卷的设计相对简单。问卷结构包括标题、导言和问题部分。导言的目的是请求被调查者合作，说明调查的目的和意义。导言不能太长，说清楚我是谁，我要干什么，并表示谢意即可。问题部分的内容一般包括两大类：一是调查对象的相关背景资料(如性别、年龄、职业等)；二是调查对象的意见、态度与行为倾向等。整个问卷的长度一般不要超过一页纸，面谈的时间不超过半小时，电话访问的时间也应控制在10分钟之内。当然这不是绝对的。书面问卷的排版应该简洁清晰，这样有利于受访者填写。本章末尾附"大学管理机制的调查问卷"，仅供参考。

大型的问卷调查，其构成调查问卷的3个基本部分(开头部分、调查内容、编码)大都具备。开头部分包括标题、开场白、填表说明和问卷编号等内容。调查内容包括甄别部分、主体部分、背景部分和调查过程记录共4个部分。甄别部分是对被调查者进行筛选，确定合格的被调查者，从而满足调查研究的需要。主体部分是调查者根据调查目的所设计的一系列问题、备选答案、指导语及编码等，问题与备选答案是调查问卷的主体，其设计是否准确、科学、易懂，将直接影响数据收集的质量；指导语就是填答说明，用来指导被调查者填答问题的各种解释和说明；编码是因为在大规模问卷调查中，调查资料的统计汇总工作十分繁重，借助于编码技术和计算机，则可大大简化这一工作。背景部分是被调查者个人的基本情况，它是对问卷进行分析研究的重要依据。调查过程记录是调查问卷的重要组成部分，能如实反映调查询问的进行过程，其与调查工作相结合，形成密不可分的统一体。结束语是在问卷末尾对被调查者再次表示感谢，或对被调查者征询问卷设计和问卷调查的意见和感受。

问题的设计是整个研究过程中很关键的一环，它从根本上影响着获取信息的质量。那么，该如何设计问题呢？

问题的形式包括开放式问题、封闭式问题和半封闭式问题3种。

开放式问题由被调查者自己填写答案，调查者不对问题提供任何具体答案。这种提问方式可用于调查者想深入了解被调查者的意见、建议，也可用于不想因为限定答案而出现诱导的错误情况。开放式问题对于调查者进行后期资料整理不是很方便，很难进行编码整理，而且有时会因为填写费时费力而被调查者拒绝。

封闭式问题是将所提问题可能的答案或者主要答案全部列出，供被调查者选择的一种提问方式。这种提问方式有利于调查者整理资料和后期数据，也有利于被调查者填答。封闭式问题的设计比较困难，可能出现被调查者对列出的答案都不满意的情况，这样就会影响结果的准确性。限定答案的同时，其实也限定了调查的深度和广度。

半封闭式问题既给出可能的答案，也让被调查者进行补充回答。它结合了开放式问题和封闭式问题的优点和缺点，适合于对问题没有绝对把握的调查，可以避免一些重大的遗漏。

答案的设置形式有是否式、单选式、多选式、限选式、排序式、标度式、列表式、填空式、自由式等，以适用为好。

设置哪些问题，则取决于研究的目标需要收集哪些数据。通常了解或熟悉研究对象是提出问题的前提，对变量(特征)之间相互关系的猜想，是成功设计问题的关键。答案的设置及其形式的选择则取决于问题的特性。

设计问题(含备选答案)需要注意以下事项。

(1) 问卷问题与答案的设置应预先考虑数据处理的方法。

(2) 所选问题一定是能获得真正需要和可靠信息的问题，否则不应设置在问卷中。

(3) 问题的不同提法，可能导致不同的回答，要避免诱导性的问题。

(4) 对于"怀疑得不到诚实回答"的问题，应当在问卷的不同位置设置相同、相近、相反的问题，以求相互验证。

(5) 对于得不到诚实回答而又必须了解的数据，可以通过变换问题的提法来获得相应的数据，或者通过了解相对数据来判断总体的情况。

(6) 答案的设置应遵循穷尽原则和互斥原则，即所列选项要包括对问题所有可能的回答，且不同选项之间互不重叠、互不包容。

(7) 注意措辞，表述用词要准确，用语要含义明确、通俗易懂。

问卷中的问题排列要注意其内容的逻辑顺序与灵活机动。问题的排列次序会影响被调查者的兴趣、情绪，进而影响其合作积极性。比如，从填答的难易程度来看，问卷的开头部分应安排比较容易的问题，中间部分最好安排一些核心问题，但应属于事实性问题且十分容易回答，而属于个人敏感性问题的背景资料可以安排在最后部分。从时间上看，调查内容则应该先过去，再现在，后未来。问题与问题之间要注意内在联系与逻辑性。问卷排版的布局要求整齐、美观，便于阅读、作答和统计。总之，一份好的问卷应对问题及其排列做出精心的设计。

问卷设计一定要通过小规模访谈来修改，样本数不宜太多，也不要太少，通常选择20～100份，直至确定没有必要再进一步修改后定稿，交付打印，正式投入使用。

5. 统计调查误差

无论采用什么途径或哪种调查方式、方法及调查工具，调查结果所得的统计数据与总体客观真值之间总会存在差异，这种差异称为统计调查误差。它一般有两种：一种是人为的因素造成的登记性误差和系统性误差；另一种是随机抽样的随机因素使样本各单位结构对总体各单位结构的代表性差别，而引起的样本指标与全体指标之间的绝对离差的随机性的代表性误差。

登记性误差是由于调查过程各个环节上的工作不准确(如计量、登录、计算等方面错误)而造成的，但这绝不是指故意性行为。有意识地虚报、瞒报、拒报、迟报、伪造、篡改等都是违法行为，这是不允许的，由此造成的误差不属于登记性误差。登记性误差在全面调查和非全面调查中都存在。为了保证统计资料的准确性，应采取措施避免和尽量减少登记性误差。系统性误差是由于从构成总体的所有个体中选取部分个体时没有遵守随机原则，而是主观地或部分主观地从总体中选取个体，如故意多选有利的单位或不利的单位进行调查，并以这些调查单位的统计资料计算出的指标值来对总体实际数量做出判断所造成的一种误差。随机性的代表性误差是在遵守随机原则的前提下，由于样本的指标值(样本统计量)是随着抽到的样本不同而变化的，在没有登记性误差和系统性误差的条件下，样本指标与总体指标之间存在的差异。这种误差是抽样调查本身所固有的，无法消除。抽样调查中产生的随机性的代表性误差也叫抽样误差，虽然不可避免，但可以进行计算与控制。正是因为这个原因,抽样调查在整个调查方法体系中占据主导地位。

需要提醒的是,尽管全面调查中只存在登记性误差,而随机抽样的非全面调查既存在登记性误差,又存在代表性误差,但是非全面调查的抽样调查的误差不一定比全面调查的误差大。这是因为当全面调查的总体单位特别多时,所产生的登记性误差也会随之增大。此外还需要注意,对非随机抽样的非全面调查是不能利用概率的原理估计代表性误差的。

2.2.2 次级数据的收集

在实际工作中,由于受到很多因素的制约,亲自做调查、收集原始数据有一定的困难,有时也没有必要,因为有关统计部门和机构会发布统计资料,或先前的有关研究工作人员已经揭示了有关现象的数量特征,使得许多重要的信息存在于可以方便取得的公开数据库中。因此,从获得数据的时效性、调查研究的成本及现存信息的应用等方面考虑,应选用次级数据。那么,哪些途径可以得到次级数据,这些数据能通过什么方式收集呢?

次级数据的资料来源包括政府部门的报告、工商业界的研究、文件记录数据库、企业组织资料,以及图书馆中的书籍与期刊等。它们存在于各政府统计机构或团体组织建立的数据库,以及专为研究提供次级数据的信息服务公司、图书馆中,可利用网络收集或查阅统计年鉴、统计公报与相关书籍和期刊,或询问有关部门来获得所需要的次级数据。

展望未来,可扩展的标记语言正在吹响信息革命的号角,它的革命性的优点赋予数据访问平台强大的灵活性,使得次级数据的查询、整合非常便利。

1. 官方统计网站的次级数据

电子时代提供了一种能获取大量信息而又廉价和便捷的途径。借助一幅标出经济数据源的线路图和网络航行技巧,就可以访问各个站点,发现丰富的数据、信息。互联网是查找次级数据必不可少的渠道,由于大部分统计数据都由政府提供,因而第一个需要访问的当然是政府机构和国际组织网站。

1) 世界各国政府统计局的次级数据

进入中国国家统计局(http://www.stats.gov.cn)网站首页,单击数据查询选项,进入国家数据页面,再单击国际数据选项,可以进入世界各国政府统计局的网站,查找有关的次级数据。

2) 联邦统计局的次级数据

美国联邦统计(https://www.usa.gov/statistics)所链接的发布统计信息的政府机构超过70个。统计数据按主题或机构编排,全部内容均可搜索。如要获取美国政府统计数据,可以从"白宫新闻发布室"(The White House Briefing Room)起步,网址为https://www.whitehouse.gov/briefing-room/。该网页会链接访问联邦政府的各主要统计部门,例如,劳工统计局网站(http://stats.bls.gov)提供了常用劳工数据的入口,具体内容包括就业与失业、价格与生活条件、工资补偿、生产率和技术。劳工资料还可以从当前人口调查中获取,而工资统计数据则可以从当前就业统计调查中获得。金融信息源是美联储的经济数据库(http://research.stlouisfed.org/fred2),它提供美国经济与金融的历史数据,包括每天的利率、通货与商情指标、汇率、收支余额和价格指数等。此外,管理与预算办公室(https://www.gpo.

gov/searchresults?indexCatalogue=new%2Dsearch%2Dindex&searchQuery=us+budget&wordsMode=0)或(http://www.actess.gpo.gov/usbudgeffindex.html)还提供联邦预算信息和其他有关文件。

3) 联合国统计机构的次级数据

联合国统计署的网站是一个全球统计数据中心，主要用于收集、整理、传播统计信息，统计资料由世界各国和地区的统计部门按约定的统计方法和格式汇集起来并综合整理，用统一的标准加以对比。该数据库分为多个部分，其中部分是免费的，网址为https://unstats.un.org/home/。

4) 世界银行的次级数据

进入世界银行的在线数据库，如世界银行在线图书馆(World Bank E-library)的网址http://www.worldbank.org/elibrary，全球经济监控(在线数据库)(Global Economic Monitor)的网址https://databank.worldbank.org/source/global-economic-monitor-(gem)，资源入口的网址https://www.worldbank.org/en/home，可以找到有关世界银行(World Bank)的次级数据。

5) OECD提供的次级数据

经济合作与发展组织(OECD)提供了25个在线统计数据库(http://www.oecdchina.org/)，数据不仅来自OECD的38个成员国，还来自其他非成员国家。此外，OECD还提供了国际能源组织的7个数据库。具体数据库为：农业与食品统计、银行收益统计、教育一览统计、就业和劳动力市场统计、工业和服务业指数、机构投资者统计、保险统计、全球发展统计、OECD全球直接投资统计、国际贸易商品统计、全球化衡量统计、经合组织经济展望数据库、工业和服务业结构统计、全球移民统计、国际贸易和竞争指数、主要经济指标数据库、国际贸易月度统计、国民账户数据库、经合组织成员国税收统计、OECD科学技术及开发数据库、服务业统计、社会支出数据库、OECD工业结构分析数据库、税收和工资统计、电信数据库等。

6) 国际货币基金组织的次级数据

登录网址http://www.imf.org/external/data.htm#data，可以进入国际货币基金组织的数据库，如国际收支统计(Balance of Payment Statistics，BOP)涵盖了170个国家的数据。涉及的数据有当前账户余额和构成、金融账户余额和构成等。国际金融统计(International Financial Statistics，IFS)提供来自超过200个国家的32 000个时间序列数据。IFS统计数据被定为国际和国内的财政标准。贸易方向统计(Direction of Trade Statistics，DTS)是贸易价值当前最全面的信息来源。它为国家与贸易伙伴之间的进出口项目提供超过100 000个时间序列。数据按国家组织来展示，并累计记入地区和全球表中。DTS收录了186个国家的自1980年以来的年度和季度数据。此外，中央情报局(CIA)世界大事记(https://data.imf.org/datasets)也提供范围很广的有关世界各国常规的经济数据和其他信息。

7) 中国国家统计局系统的次级数据

中国国家统计局负责组织领导和协调全国统计工作，是全国的统计数据汇集中心，因此，政府各级统计部门是次级数据的主要来源。中国国家统计局网站(http://www.stats.gov.cn)是国家统计局对外发布信息、服务社会公众的核心网络平台，由国家统计局网络信息管理协调小组办公室负责建设与维护。其宗旨是及时、准确地发布最新、最全面的统计信息，为社会公众提供完善周到的统计服务。输入网址(http://www.stats.gov.cn)，进入中国国家统计局网站首页，单击左上方的统计数据，进入新页面，再单击数据查询选项，或者直接单击右下方的数据查询，进入国家数据页面，该页面链接月度数据、季度数据、年度数据、普查数据、部门数据、国际数据等，单击相应栏目，即可查阅月度、季度、年度的国民经济和社会发展综合统计数据，普查数据和国际数据等。单击部门数据栏目，可链接国家各个部门的门户网站，但还不能逐一链接到各部门的统计数据库。单击统计公报，可以获取全国年度统计公报与全国各种普查公报，如人口普查公报、基本单位普查公报、经济普查公报、工业普查公报、农业普查公报、三产普查公报、R&D普查公报等。进入中国统计信息网(http://www.tjcn.org)，可查阅历年的《中华人民共和国国民经济和社会发展统计公报》，可下载Excel版(活数据)或PDF版的《中国统计年鉴》，与部分部门的统计年鉴，如劳动统计年鉴等；单击统计公报索引、统计年鉴索引可查阅各地历年的国民经济和社会发展统计公报，可下载Excel版(活数据)或PDF版的历年各地的统计年鉴，行业、专业的统计年鉴。我们还可以到中国统计资料馆查阅国家统计局公开的政府信息，若需要更及时、更详细的统计数据，则需要向相应的统计部门询问获取。

中国经济信息网(http://www.cei.gov.cn)向各界提供及时、可靠、权威的中国宏观经济统计资料。例如，《中国经济统计数据库》是中国经济信息网在长期历史积累的基础上，积极开拓新数据源，广泛采集国内外政府、权威机构发布的各类经济数据信息，通过专业化加工处理，按照科学合理的指标统计结构体系组织而形成的一个综合有序的、庞大的经济数据库群。它面向社会各界用户开放提供权威、全面、及时的经济类数据信息的基础资料库，其特点包括：指标涵盖国民经济各个方面，跟踪国民经济统计指标体系的修订；统计数据来源于国家正规统计渠道；统计数据在部委统计报表报出后及时更新；在统计数据入库前、后都进行严格规范的校对检验；根据用户需求组织数据源。

2. 可扩展商业报告语言提供的次级数据

可扩展商业报告语言(eXtensible Business Reporting Language，XBRL)是一种基于XML(eXtensible Markup Language)的可扩展标记语言，用于商业和财务信息的定义与交换。XBRL是一种关于对财务和商业报告数据进行及时、准确、高效和经济的存储、处理与重制，以及交流的、开放性的不局限于特定操作平台的国际标准。XBRL标准的制定和管理由XBRL国际联合会(XBRL International)负责。该联合会是一个由超过300家成员组成的非营利性国际组织，其成员包括注册会计师协会、银行、交易所、IT厂商、信息商等。

XBRL对公司业绩报告从文字内容到财务数据添加全球统一"标签"，任何使用者在互联网上通过查询"标签"可以快速提取所需公司信息，进行任意比较、分析和计算，并导入Excel等文档中，所有这些工作以往通过手工可能耗时数天、数周甚至更长时间，而在XBRL技术下最多几分钟就能完成。例如，沪深交易所已于2005年开始提供全部上市公司XBRL年度报告，进入上海证券交易所XBRL Online(http://listxbrl.sse.com.cn/)与深圳证券交易所XBRL上市公司服务平台(http://xbrl. cninfo.com.cn/XBRL/index.jsp)，可以快速、精确地搜索上市公司的财务报告信息，无须重复输入财务数据，将XBRL公司信息方便、快捷地导入具有良好动态分析功能的Excel财务报表分析模板，可以进行投资分析等各种分析。另外，也可以通过专业的财经网站查找全球上市公司的财务报告信息，例如，进入新浪财经网(https://finance.sina.com.cn/)、东方财富网(https://www.eastmoney.com/)、腾讯证券(https://stockapp.finance.qq.com/mstats/)，可以快速地搜索全部美股上市公司的财务报告信息。

3. 中国部门统计与行政记录的次级数据

  中国政府统计部门以外的其他各部门统计(简称部门统计)与行政记录的次级数据也是次级数据的一个重要来源。这些部门通过行政的、经济的等各种方式，在不同程度上拥有企事业单位的一些相关数据资料，如部门统计资料和部门行政记录资料等。一般各个部门、行业都有自己的统计部门，负责本部门内部的数据资料的收集、整理和分析工作。部门统计资料是了解该部门各个方面情况的最佳资料来源，若想了解保险行业发展的情况，则保险监督管理部门是最佳获取途径。另外，有些部门不仅有关于本部门情况的数据资料，而且还通过各种经济的、行政的或者法律的手段，同时拥有相关企业的某些方面的数据资料。例如，税务部门有各个企业获利和纳税情况的资料；证券监督管理部门有上市公司财务状况的数据资料；海关有通过海关从事进出口业务的企业的资料，对进出关境的货物进行统计调查和统计分析；国有资产监督管理部门掌握大量关于国有资产、国有企业方面的数据资料。

  工商行政管理部门是政府主管市场监督管理和行政执法的职能部门，主要负责企业登记和市场监督管理，以及商标、广告等注册和管理业务。部门中有关企业数据主要是行政记录数据，工商行政管理部门拥有企业名称、企业地址、企业性质、业主或法定代表人姓名、资本金、经营范围、经营期限、公司股东及资产负债、损益等关于企业基本情况方面的资料，并且对登记数据进行汇总整理形成具有一定综合性的数据资料，以及与广告、商标、商品质量相关的一些统计资料。

  银行因向客户提供信贷业务和其他服务业务而拥有相关的次级数据。例如，企业向银行申请贷款，必须提供一定的材料，如《企业法人营业执照》，所有开户行账号及存款余额情况，借款人的生产经营及年度财务收支计划，企业购销合同，借款人(出资人)最近3年的审计报告原件及随审计报告附送的资产负债表、损益表和现金流量表及其报表附注，借款人现有的负债清单及信用状况、市场供求、产品价格、行业状况分析资料。通过收集这些资料，银行就能掌握企业还贷能力、信用水平等基本情况。另外，银行一般都会建立客户信贷档案资料系统，用于记录其信用情况，以实现对客户基础信息、信用记录、信贷历史数据的管理和维护。因此，银行办理业务过程中搜集形成的有关企事业单位的数据资料，以及银行自行建立的企业信用档案资料都将构成相应的次级数据。

  技术监督部门是组织对产品质量实施监督抽查、查处制售假冒伪劣产品等违法行为、办理投诉案件等工作的质量监管部门，拥有企业产品质量方面的数据资料。一般情况下，这些资料是通过抽查的方式得到的，是关于部分企业、部分产品质量的数据。

  行业协会(由同一行业的企业法人、相关的事业单位法人和其他组织依法自愿组成的、不以盈利为目的的社会团体)有企业(行业方面的)数据资料，并且能提供相当具体的全国性或地区性的细分行业的数据资料。

  直接或者间接地拥有企事业单位资料的部门还有很多，如财政部门、对外经济贸易管理部门、各类行业的主管部门等。鉴于这些部门所拥有的数据资料具有特定性，或者是仅限于很窄的业务范围，而部门数据与行政记录数据源的交换受法律的限制与制度的控制，尤其是获取通过行政记录取得的数据源有许多困难，因此，官方统计如何肩负起各种不同来源的统计数据的协调与整合的任务，即搭建联通部门数据，将行政记录用于统计目的，以减轻调查对象的负担，节约全社会的统计经费，急需研究与行动。

4. 专为研究提供的次级数据

有出色的专为研究提供次级数据的公司或网站，如美国宾夕法尼亚大学沃顿商学院开发的沃顿研究数据中心(Wharton Research Data Services，WRDS)(https://wrds-www.wharton.upenn.edu/)，它整合了Compustat(标准普尔数据库)、CRSP(芝加哥大学证券价格研究中心数据库)、TFN(汤姆森金融网络)、TAQ(纽约交易所)等著名数据库产品，同时还提供包括CBOE在内的10个公开数据库。其中，美国著名信用评级公司标准普尔(Standard & Poor's)开发的Compustat数据库提供了北美地区及全球超过5万家上市及退市公司的基础财务数据、市场交易数据、公司养老金数据、标普指数和标普评级信息；美国芝加哥大学证券价格研究中心(Center for Research of Security Prices)开发的CRSP数据库是证券领域极具权威的数据库，收录了美国上市公司的股票价格和交易数据。

成都色诺芬信息技术有限责任公司推出的CCER经济金融数据库(http://www.ccerdata.cn/)是专门针对实证金融学、会计学和经济学研究需要而设计的数据库，它全面覆盖了中国宏观市场和微观市场的经济金融数据，目前其数据库数据主要分成四大模块：一带一路、标准数据、特供数据和数据定制。其中，标准数据库分为A股市场、港股市场、沪港通、深港通、新三板(中小企业)、货币市场、行业、宏观、期货、基金市场、债券市场、权证、央企高管、理财产品和海外上市15个版块；特供数据库又细分为中国工业企业数据库、海关进出口数据库、县级财政数据库、专利数据库、环境数据库和旅游数据库；一带一路数据库由一带一路沿线国家概况、数据服务、新闻资讯、政策环境组成，为实证研究提供高效多元的数据服务。如果有特殊的数据加工需求，可以在网页中与公司联系提供数据定制服务。另外，国泰安CSMAR数据库(https://www.gtarsc.com/)、锐思数据库(Resset，http://www.resset.cn/)、万德数据库(WIND，https://www.wind.com.cn/)、同花顺iFinD数据库(http://www.51ifind.com/)、CNRDS数据库(https://www.cnrds.com/Home/Login)等都提供了极为丰富的次级数据。

由于技术进步很快，上述信息源可能很快就会更新。拥有宝贵信息和数据资源的新网址每天都在涌现，而也有很多网址不断在消失。

5. 统计推算的次级数据

有时候，在研究社会经济现象的过程中，我们会遇到既无法收集到次级资料，也无法通过观察获取原始数据，可能需要利用现象之间的各种关系进行统计推算来获得数据的情况。

统计推算是指在科学的理论指导下，利用已知的某种统计信息，推算统计调查所需要的其他统计信息，以及利用现有的业务和管理资料而生成所需的统计数据。这是一种值得注意的、能够化解数据需求增加和统计力量矛盾的有效方法。它在经济统计中的应用主要有以下场合：由于统计基础薄弱不便于直接向小型基层单位进行直接的统计调查时；统计数据口径需要调整计算时；时间数列指标因各种原因造成缺失而需要补交时。此外，短周期统计数据的调查时，一般较少采用直接向调查单位进行原始统计调查的方法，而主要进行统计推算。

需要指出的是，科学推算一般是指抽样推断以外的科学推算。除了其应用领域主要是在非抽样调查方面以外，其理论基础也不是以数理统计为背景的，而是依据国民经济循环理论与经济指标之间存在的相关关系、平衡关系和因素关系进行统计推算的。

本章小结

数据是所收集、分析、汇总的，用以描述和分析事物特征的数字或事实。可以用定类尺度、定序尺度、定距尺度、定比尺度4种测量尺度中适用的测量尺度来取得特定变量的数据。当数据是用来确认个体属性的标签或名称时，相应变量的测量尺度称为名义尺度(又称定类尺度)。该测量尺度可以确定客观事物属性类型或组别。如果数据显示名义数据的性能和数据的顺序或等级之间的差别，则该测量尺度是顺序尺度(又称定序尺度)，它能测定事物之间等级或顺序差别。如果数据具有顺序数据的性能，并可以按某一固定单位表示数值间的间隔，则该测量尺度是间隔尺度(又称定距尺度)，它能测度事物类别或次序的间距。如果数据具有间隔数据的所有性能，并且两个数值之比是有意义的，则该测量尺度是比率尺度(又称定比尺度)，它能测度事物之间的比值。收集数据需要根据统计标志描述的总体单位特性，用适用的测量尺度类型来度量其标志表现。

根据统计分析的目的不同，数据可以分为品质型数据与数值型数据。品质型数据是用于反映每一个体属性的标签或名称，它既可以用定类尺度也可以用定序尺度来度量，既可以是非数值型的也可以是数值型的数据。数值型数据是表示大小或多少的数值，它既可以用定距尺度也可以用定比尺度度量，可直接使用数学方法处理，得到有意义的结果。

数据可以从已存在的来源中收集次级数据，或通过统计调查获取新的原始数据。利用次级数据需要谨慎考虑研究的适用性，统计调查关键要科学合理地制定调查方案。研究问题时采用截面数据、时序数据还是面板数据，取决于需要与可能。

需要考虑的是，由于数据和统计分析结果是用于管理决策的，因此管理人员必须清楚获得数据所必需的时间和成本。在所有的情况中，都必须意识到统计分析在决策制定过程中的贡献，使数据收集和统计分析所付出的成本低于利用这些信息制定一个好的决策所节省的费用。基于获得数据的时效性、调查研究的成本及现存信息的应用等方面的考量，利用次级数据，尤其是公开数据库实为明智之举，实际上，只有次级数据的来源已经全用完了，或重要的数据不易从次级数据中获取，才考虑进行调研，收集原始数据。

可扩展的标记语言将实现次级数据的即要即得，这将极大地方便数据用户提取与分析数据。

练习题

一、思考题

1.什么是统计调查？统计调查方案应包括哪些内容？

2. 如何正确地选择调查的方式和方法？抽样调查、重点调查和典型调查这3种非全面调查的区别是什么？

3. 设计问卷最重要的两个依据是什么？为什么问卷设计一定要通过小规模访谈来修改？

4. 什么是统计调查误差？统计调查误差是否越小越好？

5. 什么是次级数据？运用次级数据需要注意哪些方面？你能列出哪些获取次级数据的渠道？

二、选择题

1. 统计调查按对象包括的范围不同，可分为(　　)。
   A. 统计报表和专门调查　　　　　　　B. 全面调查和非全面调查
   C. 经常性调查和一次性调查　　　　　D. 直接观察法、报告法和采访法

2. 抽样调查的优越性表现在(　　)。
   A. 经济性　　　　　　　　　　　　　B. 时效性
   C. 准确性　　　　　　　　　　　　　D. 全面性
   E. 灵活性

3. 对全国工业企业的设备进行普查，全国每个工业企业是(　　)。
   A. 调查对象　　　B. 调查单位　　　C. 填报单位

4. 调查时间的含义是(　　)。
   A. 调查资料所属时间　　　　　　　　B. 进行调查的时间
   C. 调查进行的起止时间　　　　　　　D. 调查时实际登记的时间

5. 某市进行工业企业生产设备状况普查，要求在7月1日至7月5日全部调查完毕，则这一时间规定是(　　)。
   A. 调查时间　　　B. 调查期限　　　C. 标准时间　　　D. 登记期限

6. 重点调查的目的是(　　)。
   A. 调查一定时点上现象的总量　　　　B. 掌握总体的基本情况
   C. 调查确定一定时期的工作重点　　　D. 补充全面调查的不足

7. 重点调查中的重点单位是指(　　)。
   A. 这些单位在全局中举足轻重
   B. 这些单位数量占总体全部单位总量的很大比重
   C. 这些单位的标志总量占总体标志总量的很大比重
   D. 这些单位是工作中的重点单位

8. 制定一个周密的统计调查方案，应确定(　　)。
   A. 调查目的和调查对象　　　　　　　B. 调查单位和填报单位
   C. 调查项目和调查表　　　　　　　　D. 调查资料的使用范围
   E. 调查时间和时限

9. 统计报表的特点有(　　)。
   A. 自上而下统一布置　　　　　　　　B. 自下而上填报
   C. 按规定时间送出　　　　　　　　　D. 按照统一的表式和项目填报

10. XBRL的主要运用领域是(   )。
   A. 企业管理领域 B. 审计领域
   C. 企业信用等级评估领域 D. 证券市场领域
   E. 贸易与纳税领域 F. 金融行政领域

三、分析题

1. 指出下列每一个变量是品质型数据还是数值型数据,并说明每一个变量的测量尺度:
   (1) 年销售额;
   (2) 雇员等级(从1到9级);
   (3) 每股盈余;
   (4) 支付方式(现金、汇票、本票和支票等票据、信用卡)。

2. 欲对中国上市公司独立董事的效用进行分析,你需要查看哪些数据?你将如何获得这些数据?

3. 一家大公司的老总提议给一个有才干的下属加年薪5万元,以避免其跳槽到其他公司。为确定这一加薪标准是否合适,需要使用哪些外部与内部数据来源?

4. 你所在公司的市场调研小组提出了一种新型方便食品的销售计划,并声称要占领年轻人市场的很大份额。在做出将新产品投放市场决定并进行投资之前,你需要查看哪些数据?你将如何获得这些数据?

5. 表2-1为1995年至2004年浙江省大中型工业企业各种技术来源的投入统计表,表中的数据是时序数据、截面数据还是面板数据?表中列示两列2003年的数据,为什么?现要求你反映浙江省企业R&D投入情况,你还需要收集哪些数据?你将如何获得这些数据?

表2-1 1995年至2004年浙江省大中型工业企业各种技术来源投入统计表

项目	年份										
	1995年	1996年	1997年	1998年	1999年	2000年	2001年	2002年	2003年	2003*年	2004年
GDP	3524	4146	4638	4988	5365	6036	6748	7796	9395		11243
科技经费内部支出	15.74	12.64	14.69	15.73	16.97	29.72	36.20	39.68	43.35	81.1	115.0
内部支出中R&D支出	3.15	4.35	5.20	5.04	5.16	13.5	15.18	18.42	20.82	37.27	66.2
技术改造经费支出	62.73	69.87	74.23	85.48	99.23	93.57	87.29	134.88	143.15	221.5	232.8
技术引进经费支出	12.53	30.86	13.07	5.09	21.24	19.15	13.5	23.05	25.07	41.0	15.2
消化吸收经费支出	0.29	0.76	0.63	0.32	0.95	0.68	1.66	2.38	1.49	2.0	3.5
购买国内技术经费支出	1.77	1.22	1.075	1.12	1.77	1.19	0.9	1.1	2.62	3.5	4.1

* 2003年大中型工业企业科技统计口径做了调整,"2003*"及其右边的数列为新口径下的数据。

数据来源:《中国科技统计年鉴》,中国统计信息网。

四、案例分析题

关于个人所得税的起征点过低是否引发逃税的问题，有很多文章议论到"个人所得税的起征点过低是引发逃税的主要原因"。你相信这种说法吗？这种议论可否作为决策的依据？为什么？你如何用科学的方法获取数据，验证"个人所得税的起征点过低是引发逃税的主要原因"这一观点，为税务决策提供参考？

问卷

大学管理机制的调查问卷

为使您工作心情更佳，学校管理更有效，大家的工作更有成效，特进行此次问卷调查。该调查为无记名调查，您的诚实回答不会对您造成任何伤害。谢谢您的配合！

1. 您的工作岗位是_____。
   1) 管理人员　　　　2) 教师　　　　3) 实验室(资料室)人员
2. 您的职称或职务是_____。
   1) 教授　　　　2) 副教授　　　　3) 讲师　　　　4) 助教
   5) 校级领导　　6) 院级领导　　7) 学科级领导　　8) 一般职员
3. 您工作的自主、独立程度(请在轴的适当位置画上符号，教学任务在轴上打"△"，科研任务打"×"，科研方向打"√")。

   组织安排　1——2——3——4——5→自主选择

   受制于他人　1——2——3——4——5→独立开展
4. 组织对您的工作进行计划、监督和控制的程度是_____。
   1) 组织对您的工作进行严格的计划　　2) 组织对您的工作进行严格的监督和控制
   3) 上级要求汇报工作　　　　　　　　4) 上级常对您的工作进行检查
5. 您与同事工作关系主要建立在(按主次排序)：
   ①(　　); ②(　　); ③(　　); ④(　　); ⑤(　　); ⑥(　　); ⑦(　　)。
   1) 上级行政命令　　　　　　　　　　2) 规章制度约束
   3) 经济利益的刺激　　　　　　　　　4) 相互理解
   5) 个人的责任心与自我约束　　　　　6) 共同的理念和目标
   7) 对工作的内容和工作方式的共识
6. 您认为同事之间相处_____。
   1) 不论年龄大小，职务职称高低，大家平等相处
   2) 年龄相差大对平等相处有妨碍
   3) 职务高低不同，使相处存在等级感
   4) 职称高低不同，对平等相处有妨碍

7. 您认为学校、学院办事(按主次排序)：

   学校：① (　　)；② (　　)；③ (　　)；④ (　　)。

   学院：① (　　)；② (　　)；③ (　　)；④ (　　)。

   1) 按规定的办事程序办　　　　2) 很多事没有章法，管理很随意

   3) 没有认真执行规章制度　　　4) 执行政策时，容易受人情干扰

8. 请将您所在学校的决策权控制情况填入表2-2。

表2-2　学校决策权控制情况

内容	决策者							
	教育部	校行政	校学术机构	院行政领导	院学术机构	学术权威个人	一般教师	不清楚
教学计划								
课程设置								
教材选用								
教学内容与方法								
人才培养								
教师聘任								
教师晋升								
教师待遇								
院系领导选择								
院系学术规划								
学校学术规划								

第 3 章

数据整理

【案例】 在第1章的案例中,主讲教师需要在计算评定学生的成绩后,将其分组、汇总,得出学生的成绩分布,以表1-1(统计描述的表格法)与图1-4(统计描述的图形法)加以显示,直观地反映学生的成绩分布,并用422位学生卷面平均成绩70分、有17.53%的学生不及格等统计指标(统计描述的综合指标法),描述学生成绩的总体数量特征,以比较好地理解课程考试情况,整体把握课程的教学质量,为深入分析教学中存在的问题,总结教学经验,改善教学组织,进一步提高教学质量提供有用的信息。

这个案例是一个简单的案例,仅把握422位学生的成绩特征。对于如此小规模的数据集,只要把评定成绩整理成成绩分布表、成绩分布图与有关的统计指标后,学生成绩的总体数量特征就得以呈现。而统计调查所收集到的往往是中等或大规模的数据集,要直接把握其整体的数量特征显然是困难的,必须对其进行加工整理,使之条理化,才能显示出现象的数量分布特征。

统计收集到的数据有不同的类型,统计研究的目的亦各不相同,本章讨论的就是应该用怎样的方法,对收集到的大量原始数据,或次级数据进行恰当的加工整理与显示,以满足统计分析的需要。

3.1 数据整理概述

数据整理就是根据统计研究的目的,对统计调查所收集到的大量原始数据(包括次级数据),用科学的方法进行加工整理,使之条理化、系统化,为统计分析做好准备。统计调查取得的原始数据是反映总体单位特征的,是零散的、非系统的,而统计分析所需要的是能反映总体特征的数据，因此需要进行统计数据的整理；某些已经加工过的次级数据，往往由于原数据在分组方法、总体范围、指标含义或计算方法等方面有所不同，不能满足研究统计分析的需要，所以也要按照要求进行再加工。

3.1.1 数据整理的步骤

数据整理是一项细致、复杂的工作，必须有计划、有组织、有步骤地进行。原始数据整理的主要步骤如下。

第一步，对原始数据进行审核和订正。在汇总前，要对统计调查数据进行审核，审核它们是否准确、及时、完整，以便发现问题和及时加以纠正。

第二步，对原始数据进行分组。根据统计研究目的，选择合适的标志，对原始数据进行分组或分类。数据分组是数据整理的关键，其恰当与否直接关系到整理结果所显现出的"总体数量分布特征"能否显示现象的根本特征。

第三步，对各项指标进行汇总和计算。在分组的基础上，计算各组的总数和合计总数，计算各组指标和综合指标等。

第四步，编制统计表与绘制统计图。将汇总的结果用统计表与统计图的形式，简明清晰地表现出来。

次级数据的整理首先需要谨慎地考虑研究的适用性，注意统计指标的可比性，只有将适用、可比的指标编入统计表、绘成统计图才能支持统计分析。

3.1.2 数据分组

1. 分组的意义

分组是指根据事物内在的特点和统计研究的需要，将统计总体按照一定的标志区分为若干组成部分的一种统计方法。其目的是把同质总体中具有不同性质的单位分开，把性质相同的单位合在一起，以便进一步运用各种统计方法研究现象的数量表现和数量关系，从而正确地认识事物的本质及其规律。例如，国民经济按三次产业划分，把整个国民经济划分成3种类型，以研究国内生产总值和劳动力在三次产业间的分布及变化，这不仅显示了产业结构的状况，而且揭示了产业结构的演变趋势，以及这种演变与经济发展间的内在联系；要了解公司职工情况，除了对该公司职工总数有了解外，还应将全体职工按工作性质分为徒工、技工、工程技术人员和管理人员等组，以便进一步了解公司职工的内部结构与各类职工的变动情况；为了研究国民收入在国民之间的分配问题，统计学家洛伦兹把人口按收入分组，将人口收入比重分布与各组人口比重分布联系起来，提出了著名的洛伦兹曲线。意大利经济学家基尼根据洛伦兹曲线提出判断分配平等程度的指标——基尼系数[1]。按照一般理解，基尼系数为0.2～0.3表示收入分配相对合理，为0.4～0.5则意味着收入差距较大，而超过了0.5就代表收入差距悬殊。通常把0.4作为收入分配差距的"警戒线"。

总之，数据分组是贯穿于整个统计工作过程的重要方法，它的主要作用有以下几个方面。

(1) 划分现象的类型。
(2) 研究现象的内部结构。
(3) 分析现象之间的依存关系。

2. 分组标志的选择

数据分组的关键在于分组标志的选择。分组标志是指将统计总体划分为各个不同性质的组所采用的标准或根据。总体单位有许多标志，分组标志选择的正确与否，关系到能否正确地反映总体的数量特征。这是因为当选择某一分组标志时就突出了现象在这方面的差异，掩盖了现象在其他方面的差异，从而可能得出不同的结论。而同一研究目的和任务并不是只有一个分组标志可以反映，因此就有一个选择分组标志的问题。只有选择最恰当的分组标志，才能使分组的结果正确反映现象的本质特征。

如何选择最恰当的分组标志，使数据整理的结果能显示现象的本质特征？这不仅要根据研究问题的目的选择分组标志，而且要考虑现象所处的具体历史条件或经济条件。例如，以某市所有商业企业为一个统计总体，如果为了研究不同经济类型的商业企业的经营比重及其所起的作用，则应按企业的所有制形式这一标志进行分组；如果为了研究商业企业的规模，则应选择商业企业的销售额、职工人数等标志进行分组；如果为了研究经济效益的情况，则应按实现的净资产利润率等相关标志进行分组。社会经济现象随着时间、地点条件的不同而变化。同一分组标志在过去适用，但现在不一定适用；在这一场合适用，

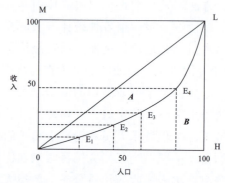

---

[1] 如上图所示，横轴代表收入获得者在总人口中的百分比，纵轴显示的是各个百分比人口所获得收入的百分比。比如，将衡量社会财富的百分比矩形的高分为5等份，每一等份为20个单位的社会总财富；在矩形的长上，将100个家庭从最贫者到最富者从左至右排列，也分为5等份，第一等份代表收入最低的20个单位的家庭。在这个矩形中，将每一部分的家庭所拥有财富的百分比累计起来，并将相应的点画在图中，便得到了一条曲线，它就是洛伦兹曲线。将洛伦兹曲线与45°线之间的部分 A 叫作"不平等面积"，当收入分配达到完全不平等时，洛伦兹曲线成为折线OHL，OHL和45°线之间的面积"$A+B$"叫作"完全不平等面积"。不平等面积与完全不平等面积之比，即"$A/(A+B)$"为基尼系数，用G表示。基尼系数(G)是衡量一个区域(如一国人民贫富差距)的标准。显然，基尼系数不会大于1，也不会小于0。

但在其他场合不一定适用。例如，为了研究企业的规模与其他因素之间的关系，就需要将企业按规模分组。反映企业规模的标志很多，如生产能力、职工人数、固定资产价值、产值、销售收入等。在技术不发达的条件下，用职工人数的多少来表示企业的规模大小比较恰当；而在技术进步的历史时期或技术装备比较先进的条件下，采用固定资产的价值更恰当。

注意：统计分组的一个重要原则就是必须保证总体中的任何一个总体单位或任何一个原始数据都能归于某一个组且仅能归于某一个组，即保证不重不漏。

3. 分组的形式

按照分组标志的多少，分组有简单分组和复合分组两种形式。总体按一个标志进行分组称为简单分组。例如，本章3.1.3节例3.1中杭州西湖西山路的一家饭店为了揭示饭店食物质量状况，按饭店食物质量进行分组。

这种按一个标志进行分组比较简单，它只能说明现象在某一方面的分配状况或联系。有时用一个标志分组还不足以说明问题，可以用两个或两个以上的标志层叠起来进行分组，这种分组叫作复合分组。例如，为了掌握某地高等院校在校本科学生的基本状况，可以同时按学科、性别两个标志层叠进行分组。

第一层标志(学科)的分组：　　　理科　　　　　文科
第二层标志(性别)的分组：　　男生　女生　　男生　女生

这种分组有助于深入、细致地分析事物，说明简单分组所不能说明的问题。复合分组必须在总体单位数很多的条件下才适合采用，所选择的分组标志不能过多，一般选2～3个标志，否则会使分组资料看起来过于繁杂，不能得到规律性的认识。

4. 分组体系

为了认识某一社会经济现象的全貌，通常需要采用一系列相互联系、相互补充的标志对现象进行多种分组，形成分组体系。例如，对国民经济总体进行统计研究，必须通过对企业按所有制形式、部门、产业、地区等进行多种分组，形成国民经济分组体系，并且根据需要可以在所有制形式、部门、产业、地区等第一层分组的基础上，再进一步按企业规模将其划分成大、中、小型，使我们对国民经济总体的认识更加全面而深入。

数据分组体系有两种形式：平行分组体系与复合分组体系。

平行分组体系是对同一总体选择两个或两个以上标志分别进行简单分组。例如，例3.1中杭州西湖西山路的这家饭店按照服务、食物质量、价格与气氛等标志进行分组的分组体系，就是由4个简单分组形成的平行分组体系。

复合分组体系是由复合分组形成的分组体系。建立复合分组体系，应根据统计分析的要求，在选择分组标志的同时，确定它们的主次先后顺序。首先按其主要的标志对总体进行第一次分组，然后按次要的标志对第一次所分的组再进行第二次分组，依次按所有分组标志分至最后一层为止。

在统计实践中，采用哪一种分组、哪一种分组体系，以及如何组合使用，取决于统计总体的特征与研究问题的需要。

3.1.3 数据汇总

1. 数据汇总的组织与技术

数据汇总的组织是解决在一定的统计管理体制下,对原始数据采用何种纵向(自下而上,参见图2-1的粗线部分)汇总方式进行汇总的问题,即是采用逐级汇总还是集中汇总,抑或是两者结合的综合汇总。

逐级汇总是按照一定的统计管理体制,将统计调查资料自下而上逐级汇总并逐级上报,直至最高机构。我国现行的统计报表制度主要采用这种汇总形式,一些专门调查也常采用这种形式。

集中汇总是指将统计调查资料直接集中到组织统计调查的最高机构或某一级的统计机构统一汇总。集中汇总可分为超级汇总和越级汇总。超级汇总是在自下而上的汇总过程中,越过一切中间层次,将统计调查资料由基层直接上报到组织统计调查的最高机构统一汇总。越级汇总是在自下而上的汇总过程中,越过一定中间层次而进行的汇总,介于逐级汇总和超级汇总之间。

综合汇总是将逐级汇总与超级汇总两种形式结合使用的方式,即将各级所需要的最基本的统计指标实行逐级汇总,同时又将全部原始数据集中到最高机构进行超级汇总。我国人口普查资料的汇总曾采用这种组织形式。

换句话说,数据汇总的组织关系着数据汇总的效率和效果,因此,对原始数据如何组织汇总需要根据实际情况与具体需要决定。

统计汇总技术是指将同级单位(横向)的统计调查数据进行汇总的方法,也称横向汇总法。它分为手工汇总技术与计算机汇总技术。

横向汇总的具体步骤如图3-1所示,具体介绍如下。

图3-1 横向汇总的具体步骤

1) 设计汇总方案

汇总方案是根据调查目的与分析要求对统计调查资料的汇总所做的计划和安排。例如,汇总工作的组织领导,有关部门的配合、协调与责任,汇总的具体时间安排,组织形式与技术,资料审核的要求和方法,需汇总的指标、分组标志与分组体系,汇总资料的报送程序和发表方式,并设计好一整套空表与填表说明等。

2) 汇总前的审核与处理

对于通过调查取得的原始数据,主要从完整性与准确性两个方面审核;对于取得的次级数据,应着重审核数据的适用性和时效性。

3) 数据录入

如果采用手工汇总则不需要录入数据,可直接进入下一步骤。手工汇总方法通常有划记法、分票法、折叠法与过录法4种。若采用计算机汇总,则数据录入的质量直接关系到整个汇总工作的成败。控制数据录入质量的方法，通常有重复录入法、检验平衡项目法与预值控制法3种。

4) 归集资料并汇总

根据汇总方案中确定的分组汇总表和汇总技术，将调查数据按照组别进行归集与汇总，计算出各组的合计数与总的合计数，并填入分组汇总表。

5) 汇总后的审核

汇总后的审核通常有复算审核(对每一个数值进行复核计算)、表表审核(将不同表格中出现的同一项目的汇总数值进行对照，确认是否相符)与表实审核(利用调查者已有的经验或已有的统计、会计业务核算资料，进行对照比较，检查汇总结果是否正确)三种方法。

对于大型的数据集，则利用计算机对数据进行整理。需要选用合适的软件，按编码录入文字信息，输入原始数据，由计算机帮助完成数据的编辑、审核、纠错、制表绘图与计算统计指标。

关于如何利用计算机对数据进行整理参见第11章的内容，这里我们先学习数据整理的理论与方法。

2. 次数分配

1) 次数分配的概念与种类

将总体中的所有单位按一定标志分组整理，并将各组按一定顺序排列，形成总体中各个单位在各组间的分布，称为次数分配或分配数列。它是一种数据的表格汇总方法。

次数分配由总体分组和各组相对应的分配次数两个要素构成。各组单位的次数称为频数；各组次数占总次数的百分比称为频率，见表3-1。次数分配是数据整理的一种重要形式，它可以反映总体中所有单位在各组间的分布状况和分布特征。研究这种分布特征是统计分析的一项重要内容。

表3-1 ××频数分布表

分组	频数	频率/%
合计		100

*注：在任何频数分布中，频数的总和等于观察值的数目，频率的百分数总和等于100。

次数分配按照分组标志的不同，可分为品质型分配数列和数量型分配数列两种。前者是按品质标志分组形成的分配数列，后者则是按数量标志分组形成的分配数列。无论是频数还是频率，都可以说明各组的品质标志或数量标志值出现的频繁程度。

2) 分配数列的构建和解释

对于品质型分配数列，只要确定了分组标志，即可确定组数。如果分组标志选得好，分组标准定得恰当，则事物性质的差异表现就比较明确，总体中各组的划分较易解决。因而品质型分配数列一般比较稳定，通常能准确地反映总体的分布特征。而对于数量型分配数列，选择了分组标志后，还要考虑组数、组距和组限等问题。由于确定了数量型分组标志后,事物性质的差异表现不甚明确,决定事物性质的数量界限往往因人的主观认识而异,因此,按同一数量标志分组,有出现各种次数分配的可能。数量型次数分配的关键问题是怎样使其能比较准确地反映总体的分布特征。

下面我们通过引用具体的例子来说明如何通过数据汇总来构建和解释品质型次数分配与数量型次数分配。

(1) 品质型数据次数分配。

① 频数分布。

【例3.1】坐落于杭州西湖西山路的一家饭店通过调查问卷的方式来调查顾客对饭店的服务、食物质量、价格与气氛的看法。每一个属性分别以极好(1)、非常好(2)、良好(3)、一般(4)和较差(5)的标准来评价。60份饭店食物质量状况的问卷结果如表3-2所示。

表3-2　饭店食物质量状况调查的样本数据

3	1	2	3	4	2	1	2	1	2	3	2	1
1	2	2	2	4	2	1	2	2	1	3	2
1	2	4	2	2	3	3	3	2	1	2	1
2	1	3	2	1	1	2	3	1	2	2	4
1	4	2	1	2	4	1	2	2	1	2	2

解: 为了构造这些数据的频数分布,我们统计每一个属性的出现次数,结果列于表3-3。

表3-3　饭店食物质量状况的频数分布

饭店食物质量	频数/人
极好	18
非常好	27
良好	9
一般	6
较差	0
合计	60

表3-3这个频数分布说明了60份答卷的样本中,顾客对该饭店食物质量的评价"非常好"排在首位,"极好"排在第二,"良好"排在第三,"一般"排在第四,没有评价"较差"的。频数分布还揭示了顾客对饭店食物质量的认可程度。

频数分布表明了在几个互不重叠的组别中每一组项目的个数。当各组的项目个数多,且数据不规整时,我们不易从频数分布中清晰而准确地观察到总体的分布特征。因此,我们往往对各组的百分数频数(即频率)更感兴趣。表3-4给出了顾客对该饭店食物质量评价数据的频率分布。

表3-4　饭店食物质量状况的频率分布

饭店食物质量	频率/%
极好	30
非常好	45
良好	15

(续表)

饭店食物质量	频率/%
一般	10
较差	0
合计	100

在表3-4中,我们可以看到有45%的顾客对该饭店食物质量的评价为非常好,30%的顾客评价为极好。我们还可以看到评价为非常好(含)以上的比例达75%,良好(含)以上的比例达90%。

在实际统计工作中,我们无须将频数分布与频率分布分别列示,而是合并到一张分布表,如把表3-3与表3-4合并列示成表3-5。

表3-5 饭店食物质量状况分布表

饭店食物质量	频数/人	频率/%
极好	18	30
非常好	27	45
良好	9	15
一般	6	10
较差	0	0
合计	60	100

② 条形图与饼形图。

为了使描述的统计数据更直观,甚至更形象生动,我们常常进一步通过图形来描绘已经汇总的品质型数据的频数分布与频率分布。图形的横轴规定用来标记数据的分组,纵轴上标出频数、频率的刻度。对于品质型数据,应将这些长条分隔开,以强调每一组是相互独立的这一事实。图3-2、图3-3分别是坐落于杭州西湖西山路的一家饭店食物质量状况评价情况的频数分布条形图与频率分布饼形图。

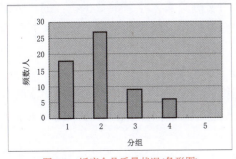

图 3-2 饭店食品质量状况(条形图)

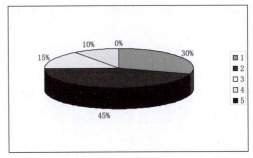

图 3-3 饭店食品质量状况(饼形图)

(2) 数量型数据次数分配。

① 频数分布。

【例3.2】我们于2011年3月2日从中银国际网上交易信息的高管列表中,收集到90家2010年房地产上市公司财务负责人的年薪。表3-6中的数据就是90家中国A股房地产上市公司2010年财务负责人年薪(人民币万元)的数据。

表3-6　2010年90家中国A股房地产上市公司财务负责人年薪数据

单位：万元

320	16	6	11	19	12	22	33	28	135	33	41	37	120	22	60	118	13
15	20	12	71	129	20	20	31	36	130	24	13	20	50	81	27	11	18
54	56	29	14	24	17	55	54	86	5	20	34	240	13	15	62	15	22
133	100	65	30	17	20	28	25	200	30	20	42	49	20	35	44	10	19
79	178	10	14	30	7	26	18	40	14	15	96	15	14	28	14	18	43

*注：为了简便，表中数据做了四舍五入的取整。

解： 首先，将原始资料按顺序排列。将表3-6中的90家中国A股房地产上市公司财务负责人年薪的数据按从大到小(降序)的顺序排列，结果列于表3-7中。

表3-7　2010年90家中国A股房地产上市公司财务负责人年薪数据排序表

单位：万元

320	133	100	71	55	44	37	33	29	26	20	20	19	17	15	14	12	10
240	130	96	65	54	43	36	31	28	25	20	20	18	16	15	14	12	10
200	129	86	62	54	42	35	30	28	24	20	20	18	15	14	13	12	7
178	120	81	60	50	41	34	30	28	24	22	20	18	15	14	13	11	6
135	118	79	56	49	40	33	30	27	22	22	19	17	15	14	13	11	5

然后，将各个数据按其数值大小归入相应的组内。确定数量型数据频数分布的组时，需要下列3个步骤。

第一步，确定组数，即确定互不重叠的组的个数。

第二步，确定组距，即确定每一组的宽度。

第三步，确定组限，即确定每组变量值两端的界限。

下面我们根据表3-7中的数据构建频数分布来理解这些步骤。

我们若把表3-7中相同的数据归入同一组，分组的结果是共有57组。不难想象，90个数据归成57组，这样的频数分布是难以显现这些公司财务负责人年薪的数量特征的，分组的效果自然不好。因此，一般对于离散型变量，且变量值又比较少的情况，适宜编制单项变量次数分配，如班级学生的年龄分布适宜编制单项变量数列(即以一个变量值表示一个组而编制的变量数列)。

我们若以一定的年薪区间作为分组的数量标准，对于表3-7中的数据编制组距次数分配数列(即以一个变量值的一定范围表示一个组而编制的变量数列)，这时，我们需要考虑如何确定组数、组距与组限。

从表3-7的数据可知，90家房地产上市公司财务负责人年薪范围为5万元到320万元。假如我们从年薪0开始，以10为组距，对表3-7的这些上市公司财务负责人年薪数据进行等距分组(即每组的组距相等，组距=上限-下限)，则仍然有"0~10""10~20"…"310~320"等32组，且其间有许多组的频数为零。显然这样的频数分布同样是难以显现这些公司财务负责人年薪的数量特征的。倘若我们从年薪0开始，进行不等距分组(每组的组距不相等)，将其分成"0~100""100~320"两组，结果10万元以下频数低的数据特征与10万元至40万元的频数高的数据特征被掩盖了，这样同样不能较好地反映这些公司财务负责人年薪的数量特征，显然也不是一个好的分组。

通过分析90家公司财务负责人的年薪数据，我们判断年薪60万元以下的组距为10比较好，年薪60万元至100万元似乎取组距为20比10好，而年薪100万元以上的组距应该扩大到100更好，照此分组得表3-8的次数分布(还没有考虑第4列)。

表3-8 2010年90家中国A股房地产上市公司财务负责人年薪整理表

年薪/万元	公司数/家	频率/%	频数密度
0～10	3	3.33	0.3
10～20	28	31.11	2.8
20～30	19	21.11	1.9
30～40	10	11.11	1.0
40～50	6	6.67	0.6
50～60	5	5.56	0.5
60～80	5	5.56	0.25
80～100	3	3.33	0.15
100～200	8	8.89	0.08
200以上	3	3.33	0.03
合计	90	100.00	—

分析表3-8频数和频率分布可知："60～80"组出现频数5次，频率为5.56%；"100～200"组频数为8次，频率为8.89%。乍一看8次多于5次，8.89%大于5.56%，但是考虑组距后发现，"60～80"组的年薪相距20万元，而"100～200"组的相距100万元，显然前一组比后一组年薪出现的公司密度要高。可见，以上的频数分布与频率分布都没有准确描述出90家房地产上市公司财务负责人年薪的分布状况。所以，要正确认识90家房地产上市公司财务负责人年薪分布特征，需要消除由组距不等造成的影响，即需要将各组的频数除以相应各组的组距，计算频数密度，得出表3-8第4列的数据。频数密度的计算公式如式(3.1)所示。

$$频数密度 = 频数 \div 组距 \tag{3.1}$$

显然，例3.2中表3-8的频数分布表，让我们对2010年90家中国A股房地产上市公司财务负责人的年薪分布有了以下真切而深刻的理解。

第一，其最频繁的年薪集中在10万元和20万元之间，90家中有28家落在这个区间，占总数的31.11%；20万元至30万元的居其次，有19家，占总数的21.11%；30万元至40万元的有10家，占11.11%。

第二，公司财务负责人年薪在10万元以下与60万元以上的公司相对较少。

第三，观察频数密度(即这类公司出现的单位频度)分布，公司财务负责人年薪在10万元至20万元、20万元至30万元、30万元至40万元的频数密度值分别是2.8、1.9和1.0，10万以下与60万元至100万元的频数密度在0.15和0.3之间，而100万元以上的频数密度在0.03和0.08之间；10万元至20万元的频数密度约为20万元至30万元年薪的频数密度的1.47倍，约为200万元以上年薪的频数密度的93.33倍。

综上信息可知，房地产上市公司财务负责人的年薪最频繁地集中在10万元和20万元之间，其年薪达到20万元至30万元或达到30万元至40万元是比较有可能的，越往上越难，能给付100万元以上年薪的公司很少,能给付200万元以上年薪的公司更是少之又少。

我们需要注意到,例3.2中90家房地产上市公司财务负责人的年薪额分布是不均匀的。这就是说,如果原始数据分布并不均匀、对称,就应根据原始数据的特点与事物性质变化的数量界限来确定组数、组距与组限。

如果原始数据分布比较均匀、对称,即中间数值次数多,大小极端值次数少,则可考虑用斯特吉斯(H. A. Sturges)组数经验公式(3.2)帮助确定近似组数。

$$近似组数 = 1 + 3.322 \lg n \qquad (3.2)$$

式中,n表示总次数,lg表示以10为底的对数。

若$n=100$,则近似组数$=1+3.322\lg 100=7.644$,可考虑分8组。

组数确定后,就可进一步用式(3.3)确定近似组距。

$$\begin{aligned}近似组距 &= (数据最大值 - 数据最小值) \div 组数 \\ &= 全距 \div 组数\end{aligned} \qquad (3.3)$$

求得近似组距后,可以根据构建频数分布的偏好取整为更方便的值。例如,若近似组距为9.29,则可以简单地取整为10,因为10作为组距构建频数分布时更方便。

如果事前对原始数据的分布状况是否均匀、对称等全然不知,就需要对数据进行探索性分析。茎叶图是探索性数据分析的好工具,将在随后的统计图中进行介绍。

一般来说,在编制组距数列时,首先要找出全部变量的最大值和最小值的距离(即全距),以及大多数变量值集中在什么范围内,然后考虑组数和组距的问题,使分组的结果能把所有变量值全部包括进去,且能比较明显地反映出总体的实际分布情况。

在实践中,组数与近似组距要通过反复试验确定。由经验可知,使用5~20个组为好。对于数据项比较少的数据集,用5或6组就可以汇总数据。对于数据项比较多的数据集,通常需要更多的组数。总之,以能归纳出原始数据的分布特征或区分现象的类型与性质为原则。

组限是指每组变量值两端的界限。其中,每组的起点值称为下限,每组的终点值称为上限。对于离散型变量,相邻两个组的上下限可以分别为两个不同的数值,也可以为相同的数值;对于连续型变量,相邻两个组的上下限必须重叠,并执行"上限不在本组内"的规则。如年薪20万元的归入"20~30"组,不归入"10~20"组,其余类推。

当原始数据中出现特大或特小的变量值(即极端值)时,为了不使组数增加或将组距不必要地扩大,可将最前组或最后组采用"××以下"或"××以上"的形式表示。具有这种形式的组叫开口组,开口组是指只有上限缺下限,或只有下限缺上限的组。比如,对某地区工业企业按职工人数分组,如表3-9所示。表3-9中的第一组10人以下,与最末一组10000人以上都是开口组。

表3-9 某地区某年工业企业按职工人数分组表

职工人数/人	企业数/个
10以下	300
10~100	500
100~1000	2000

(续表)

职工人数/人	企业数/个
1000~10000	280
10000以上	20
合计	3100

综上所述可知，选择等距还是不等距分组，是否需要设置开口组这种分组形式，主要根据研究的目的与观察值的特点决定。不等距分组的目的在于区分现象的类型与性质，不等距分组的组距应根据事物性质变化的数量界限来确定；而等距分组主要反映观察值在总体内均匀分布现象的分布特征。从数据汇总处理的方便性看，采用等距分组，明显更便于比较各组次数和绘图，也更便于进行结构和对比分析。所以，只要条件允许，应该尽量采用等距分组。

需要说明的是，将原始数据编制成组距式次数分配数列后，各总体单位的标志值被抽象化，通常用各组的组中值作为其代表值。如表3-8中的数据，它已经把每家公司财务负责人的具体年薪抽象化，没有了说明各组工资水平的单项数据，只是用每一组的组中值分别代表相应各组的年薪水平。

组中值是各组上限和下限之间的中点数值，其计算公式如式(3.4)所示。

$$组中值=(上限+下限)\div 2 \qquad (3.4)$$

开口组的组中值可参照相邻组的组距来决定，当计算出的假定上、下限超越实际可能的极限时，应当将假定的上、下限限定在极限值上。例如，表3-9中第4组的组距为10 000-1000=9000(人)，则假设第5组开口组的组距也是9000人，其上限应为19 000人，组中值为(10 000+19 000)÷2=14 500(人)。第2组的组距为90人，若假设第1组开口组的组距与第2组相同，则开口组的下限会出现负值(10-90=-80)，这显然与实际情况不符，因此，第一组的下限应该为0，则第一组的组中值为(0+10)÷2=5(人)。

用组中值来代表各组变量值的一般水平，是基于观察值在各组内是均匀分布或以组中值为中点，各数值对称地分布在组中值两边的假设。而实际情况与假设有些出入。如表3-8中，在"0~10"万元的组内共有3家公司，实际上这3家公司财务负责人的年薪分别为5万元、6万元、7万元，而在组距数列中，具体的年薪被抽象化了，我们只能判断有3家公司的财务负责人的年薪落在"0~10"万元的组内。在实际工作中，尽管其大多数可能偏于上限或下限，也可能在组内均匀分布，当我们根据组距数列判断各组内各单位的分布时，只好假定总体单位在各组内是均匀分布的。这种假定显然与实际情况有所出入。我们的原则是，只要这种误差不影响所研究事物的特性和规律性，统计就接受这种误差。

考虑到用组中值进行进一步数学运算的方便，组限的选择应尽量取整数，如以"0"或"5"为尾数。

② 直方图。直方图是常用的数量型数据的图形描述方式，频数分布、频率分布、频数分布密度等资料都可以构建直方图。由于本题的90家房地产上市公司财务负责人年薪的分配数列是不等距分组的，因此需要构建年薪频数密度的直方图(年薪额变量放置在横轴上，将年薪频数密度放置在纵轴上)，如图3-4所示。

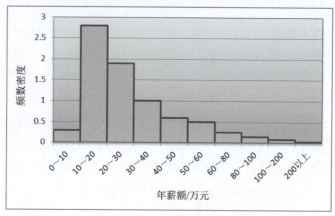

图 3-4 2010 年中国 A 股房地产上市公司财务负责人年薪分布

通过图 3-4 的频数密度分布图，我们可以对 2010 年中国 A 股房地产上市公司财务负责人的年薪分布特征一目了然。

③ 累积分布与累积曲线。对上述年薪分布略加变化，便可以得到数量型数据的另一种表格汇总方式——累积频数分布与累积频率分布。累积频数分布表示的是小于或等于每一组上限的数据项个数，而不是每一组的频数。累积频率分布是表示小于或等于每一组上限的数据项的百分数。表 3-10 给出了 2010 年 90 家中国 A 股房地产上市公司财务负责人年薪的累积频数分布与累积频率分布。

表3-10 2010年90家中国A股房地产上市公司财务负责人年薪累积分布表

年薪/万元	累积公司数/家	累积频率/%
0～10	3	3.33
10～20	31	34.44
20～30	50	55.55
30～40	60	66.66
40～50	66	73.33
50～60	71	78.89
60～80	76	84.45
80～100	79	87.78
100～200	87	96.67
200以上	90	100.00

通过累积分布表(表 3-10)，我们可以获得另一种理解 2010 年中国 A 股房地产上市公司财务负责人年薪分布特征的信息。如这 90 家公司中年薪 60 万元以下的有 71 家，占总数的 78.89%。累积曲线(图 3-5)则让我们对 2010 年中国 A 股房地产上市公司财务负责人年薪分布的累积特征一目了然。

当然，我们也可以把表 3-8 频数分布归纳成表 3-11 的次数分布，只是表 3-11 比表 3-8 的年薪分布信息更为综合。如果按表 3-11 分组，我们就观察不到 10 万元至 20 万元、20 万元至 30 万元、30 万元至 40 万元的年薪频数分布信息，因此也就形成不了房地产上市公司财务负责人年薪最频繁地集中在 10 万元和 20 万元之间，达到 20 万元至 30 万元或达到 30 万元至 40 万元是比较有可能的这一颇有价值的认识。

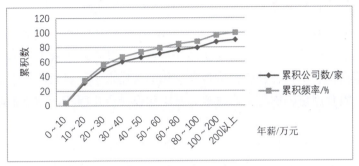

图 3-5　2010 年 90 家中国 A 股房地产上市公司财务负责人年薪的累积曲线

表3-11　90家中国A股房地产上市公司财务负责人年薪

年薪/万元	公司数/家	频率/%	频率密度
0～10	3	3.33	0.30
10～40	57	63.33	1.90
40～100	19	21.12	0.32
100～200	8	8.89	0.08
200以上	3	3.33	0.03
合计	90	100.00	—

根据例3.2的数据汇总可知以下两个方面。

第一，在不等距分组情况下，各组次数受组距大小影响。要比较各组次数或分析总体结构，须计算频数密度，消除由组距不等造成的影响，以确切地归纳出原始数据的分布特征。对于等距分组，可以直接依据频数、频率比较各组次数或分析总体结构描述总体数据的分布特征。

第二，数量型次数分配组数的确定是一个复杂问题。分组时，如果扩大组距，减少组数，则会将不同性质的单位归并在一组中；反之，若缩小组距，增加组数，又会将属于同类的单位划分到不同的组中，显示不出现象的分布特征。因此，必须根据资料的具体内容、变量值的分散程度与特点等因素，以能归纳出原始数据的分布特征，或区分现象的类型与性质为原则来确定组数、组距与划定组限。

3.2　数据整理结果的描述：统计指标

通过各种尺度计量形成的统计数据，经过统计整理，形成能够反映总体某些数量特征的规范有序的数据——统计指标。为了更全面地对总体特征进行描述，需要进一步计算其他种类的统计指标来概括数据。

在第1章中，已经给出了统计指标的概念与种类，在此，我们就统计指标的具体内容和计量方法展开讨论。统计指标根据具体内容和计量方法上的不同，一般可以分为总量指标、平均指标和相对指标3类，分别用来概括反映总体的数量多少、现象之间的数量关系与现象的一般水平。

3.2.1 总量指标

总量指标反映被研究总体的单位总数或其某种标志的总量。它以最直观、最基本的形式反映现象或事物的数量多少,有明确的计量单位,其指标数值表现为绝对数。在社会经济领域,总量指标表明具体社会经济现象总体的规模水平。例如,一个国家或地区的人口、耕地面积、粮食产量、国民生产总值、基本建设投资总额等,一个企业的职工人数、工业总产值、工资总额、利润总额等,都是总量指标。

总量指标按其反映的内容不同,可分为总体单位总量和总体标志总量。总体单位总量表明总体单位数的多少,它是总体单位数的总和,又称总体总量或总体单位数。总体标志总量是总体内各个单位某标志的标志值之和,又简称标志总量,用来说明总体数量特征的规模。

总体单位总量和总体标志总量两种指标并不是永远不变的,两者随着统计研究目的的变动而不同。研究目的如果不是某一企业的工资总额和工资水平,而是某市企业的平均职工人数,则总体单位总量就是全市的企业数,总体标志总量就是全市所有企业的职工总人数。明确总体单位数和标志总量之间的差别,对计算和区分相对指标和平均指标具有重要作用。

总量指标按其反映的时间状况不同,可分为时期总量和时点总量。时期总量又称时期指标,是反映社会经济现象在一段时期内发展变化的总量指标,如国内生产总值、产品产量、商品销售额等。性质相同的时期指标的各期数值可以累计相加。例如,某产品年产量是各季产量之和,各季产量为相应各月产量之和等。时点总量也称时点指标,是反映社会经济现象在某一时刻的状态的总量指标,如年末人口数、年末净资产总额、商品库存量等。不同时点指标数值相加没有意义。例如,各月月末职工人数相加不等于年末职工人数,也不等于全年职工人数。

由于时期指标与时点指标所反映现象的时间状况不同,因此两者在调查登记方法的选用、时间序列的编制、序时平均数的计算上有异,所以,区分、识别时期指标与时点指标是必要的。

总量指标不仅是反映社会经济发展情况的基本指标,还是计算相对指标和平均指标的基础。

总量指标的计算方法,一般有直接计算法和间接计算法两种。

直接计算法就是对调查所得的总体单位(样本总体常用 n 或 f 表示)、总体单位诸标志值(样本总体单位标志值常用 x 表示,全部总体单位标志值则用 X 表示)进行汇总。其计算公式(以样本总体为例)如式(3.5)、式(3.6)、式(3.7)所示。

样本总体单位总量:

$$n = \sum f = f_1 + f_2 + \cdots + f_i + \cdots \tag{3.5}$$

样本总体标志总量:

$$\sum x = x_1 + x_2 + \cdots + x_i + \cdots \tag{3.6}$$

或

$$\sum xf = x_1f_1 + x_2f_2 + \cdots + x_if_i + \cdots \tag{3.7}$$

推算法是根据各种关系或非全面调查资料推算总量指标的方法，包括平衡关系推算法、抽样推算法、因素关系推算法、比例关系推算法、插值估算法等。如只对进货做数量金额式明细登记的商店，根据期初库存数加本期进货数等于本期发货数加期末库存数的平衡关系，通过盘点倒轧当期销售数；随机抽样调查得到样本指标后，运用估计推断的方法推算总量指标；人们利用平均发展速度这一因素关系，根据期初总量指标、平均发展速度来推算估计期末的总量指标；人们可以根据历史的广告投入量与销售额的关系，利用插值估算法估计实现一定的销售额，大约需要多少广告投入量等。

计算总量指标并不是一个单纯的技术加总过程，而是确定现象的社会经济范畴和含义的问题。因此，计算总量指标时，必须先对各个指标进行经济理论分析，明确指标的含义，确定指标的性质、内容和统计的方法，科学地划定总量指标的核算范围等，否则就无法正确地进行计算。

3.2.2 平均指标

平均指标是概括地反映现象的一般水平的综合指标。它是一个代表值，经常被作为评价事物和决策的数量标准或参考。

平均指标有静态平均与动态平均之别。关于动态平均数参见第9章的相关内容。

静态平均指标(以下简称平均指标)是总体内各单位某一数量标志表现的一般水平。其计算公式如式(3.8)所示。

$$\text{平均指标} = \text{总体标志总量} \div \text{总体单位数} \tag{3.8}$$

式(3.8)中分子的标志值来自分母的各总体单位，两者一一对应。

平均指标把总体各单位某一数量标志的差异抵消掉后，用一个一般水平来代表总体这一数量标志的水平。它可以使得原本不可比的现象变得可比。如研究某企业职工的工资水平，既不能以个别职工的工资额表述，也不能以全部职工的工资总额来说明，因为个别职工的工资因工作性质、业务熟练程度不同而有所不同；而工资总额是随企业职工人数的变化而变化的。要正确地反映企业职工总体的工资水平，只有将所有职工的工资加以平均，以人均工资水平综合反映全体职工工资的一般水平。

可见，平均指标具有以下两个特点。

(1) 它抽去了数量标志在总体单位之间的数值差异。

(2) 它是一个代表值，用以反映总体某一数量标志的一般水平。

也正是平均指标的第二个特点，使其在认识社会经济现象中起着特有的作用。例如，用来揭示数据的必然性特征；常被作为评价事物和决策的数量标准或参考；利用其进行数量上的推算；等等。但平均指标的第一个特点表明其不能揭露现象的内部特征。因此，在运用平均指标时要特别仔细，不能仅凭总平均指标简单地做出结论。表3-12为某公司基期和报告期职工工资水平的有关统计数据。

表3-12 某公司基期和报告期职工工资统计表

职工组别	基期				报告期			
	人数/人	比重/%	工资总额/元	平均工资/元	人数/人	比重/%	工资总额/元	平均工资/元
	f_0	$\dfrac{f_0}{\sum f_0}$	$\bar{x}_0 f_0$	$\bar{x}_0$	f_1	$\dfrac{f_1}{\sum f_1}$	$\bar{x}_1 f_1$	$\bar{x}_1$
老职工	100	62.50	500000	5000	80	40	404000	5050
新职工	60	37.50	180000	3000	120	60	420000	3500
合计	160	100.00	680000	4250	200	100	824000	4120

*注：报告期是要通过比较说明问题的时期，基期是指用来作为比较的基准时期。

在表3-12中，如果仅从总平均工资看，基期至报告期从4250元下降到4120元，似乎工资水平有所下降。但从各组职工的工资水平看，报告期比基期平均工资都有一定提高。为什么会出现这种"反常"现象呢？

这是由于工资水平较高的老职工所占比重从62.50%下降到40%，而工资水平相对较低的新职工的比重却由37.50%上升到60%，即各组单位在总体中的比重(权)发生了变化。因此，结果是虽然各组职工的平均工资都有所提高，但公司的总平均工资反而下降了。

由此可见，比重结构对总平均数存在影响的情况下，仅仅用总平均数说明问题是不够的，可能会掩盖内部真实情况，需用组平均数补充。

此外，从平均指标已看不到总体中的典型事例，运用平均指标要注意与典型事例和具体分析相结合。关于如何联系平均指标的两个特点，测度数据集的分布特征参见第4章的相关内容。

3.2.3 相对指标

除平均指标外，两个互有联系的指标对比所得的结果都是相对指标。

对比和鉴别是人们认识事物的重要方法。相对指标反映两个互有联系的社会现象数量的对比，使人们从现象间数量对比关系中清晰地认识事物。它把绝对数值概括化和抽象化，使许多原来不便或无法直接比较的现象找到共同的基础，转变成科学对比分析。由于研究的目的和任务的不同，对比的基准不同，相对指标种类繁多，若按用途分类概括则包括：计划完成程度相对指标、结构相对指标、比例相对指标、比较相对指标、强度相对指标和动态相对指标6种。各指标反映的内容不同，说明的问题各异，计算方法也各有不同，分别介绍如下。

1. 计划完成程度相对指标

计划是连接目标和行动的桥梁，是企业单位管理的抓手。计划完成程度相对指标是考察计划完成情况的指标。例如，预算管理通过预算使企业的目标得以细化，将预算的执行情况与细化的目标进行对比，检查预算(计划)的执行情况，总结超额完成计划的经验和未完成计划的教训，指导以后更好地完成预算。

计划完成程度相对指标亦称计划完成率，是某种社会经济现象在某一时期的实际完成数与计划完成数对比所得到的比值，常以百分数来表示，如式(3.9)所示。

$$计划完成程度(\%) = \frac{实际完成累计数}{计划任务数} \times 100\% \tag{3.9}$$

计划指标的表现形式有总量指标、相对指标、平均指标3种，其计划完成程度的计算方法各不相同。

1) 计划指标为总量指标

以总量指标为形式的任务，由于计划任务的需求和制订方法不同，因此有两种不同的检查方法，即累计法与水平法。

(1) 累计法。其适用于计划指标是按计划期进行累计的情况。累计法就是把计划期内累计实际完成数与计划规定数进行对比，以表示整个计划期该项指标的完成程度。它常用于短期(年、月、日)计划的检查，也可用于计划任务按各年总和下达的长期计划(5年计划、10年计划、20年规划)的检查。检查的内容有计划执行进度、数量上是否完成、时间上是否提前等。

例如，某企业某年计划利润额为200万元，到6月底，实现利润100万元，全年实际完成利润240万元。实际与计划相比，从上半年看，年利润实际与计划一致，完成了50%；从全年看，实际比计划利润超额完成20%，即该企业超额20%完成了年利润计划。

若需从时间上检查是否提前完成，提前多少时间，一般的方法是将计划全部时间减去从计划执行之日起至累计实际完成量已达到计划任务时止这段时间之后的时间，即为提前完成计划的时间。

(2) 水平法。对于在各年之间呈现递增或递减趋势较为明显的社会经济现象，在制订长期计划时，往往仅列出在整个计划期的最后一年要求达到的规定水平。这类指标的计划完成情况需采用水平法检查，即用计划期最后一年的实际完成数与计划期规定同期应达到的水平相比，如式(3.10)所示。

$$计划完成程度(\%) = \frac{计划期最后一期实际完成数}{计划期末规定达到的水平} \times 100\% \tag{3.10}$$

例如，甲企业计划"十三五"期末达到年创利润400万元，若2020年实际实现利润500万元，则甲企业的利润计划完成程度为125%，即超额完成25%。

用水平法从时间上检查计划完成情况时，只要从计划期内任何一年任何一月算起，连续累计12个月的总量达到最后一年规定的水平，就算完成了计划，所余时间即为提前完成计划的时间，简称为提前期。如前述甲企业若从2018年10月至2019年9月连续12个月的利润已达到400万元，则可认为甲企业2019年9月底已完成了"十三五"利润目标计划，提前期为1年零3个月。

2) 计划指标为相对指标

计划指标为相对指标时，计划完成程度指标的计算视计划指标本身特点不同而异。这里的特点是指计划指标的形式是提高百分之几还是降低百分之几。

(1) 以提高百分之几下达计划的指标，意味着计划指标以最低限额的形式下达。如产品产量、劳动生产率、利润等指标，这类指标一般越大越好，因此，总是希望在原来的基础上有所提高，往往计划要求至少提高百分之几来下达任务。

例如，计划规定企业劳动生产率提高5%，实际执行结果比去年提高了10%，则这个企

业劳动生产率计划完成程度为

劳动生产率计划完成程度(%) = (100% + 10%) ÷ (100% + 5%) × 100% ≈ 104.76%

该企业超额4.67%完成了劳动生产率提高任务。

(2) 以降低百分之几下达计划的指标,即计划指标是以最高限额的形式表达,如可比产品成本降低计划、原材料消耗计划等,这一类指标的计划完成相对数越小越好。百分之百意味着恰好完成计划;比百分之百低了百分之几,即为超额完成计划百分之几。

例如,计划规定企业可比产品成本降低2%,实际执行结果降低了3%,则该企业可比产品成本降低计划完成程度为

可比产品成本降低计划完成程度(%) = [(100% − 3%) ÷ (100% − 2%)] × 100% ≈ 98.98%

该企业超额1.02%完成了成本降低任务。

以上所说的计划指标为相对指标,是指当不知道计划的总量指标或平均指标,而仅有计划要求提高或降低百分之几的情况下,如何求计划完成百分数的问题。

必须注意的是,不能用实际提高的百分数与计划任务要求提高的百分数直接对比。如前例中不能以10%是5%的2倍,而认为劳动生产率超额100%完成了计划任务。同样,也不能以实际降低的百分数与计划任务要求降低的百分数直接对比,即不能以3%是2%的1.5倍,而认为可比产品成本超额50%完成计划任务。

3) 计划指标为平均指标

计划任务以平均指标形式下达时,计划完成程度指标的计算公式如式(3.11)所示。

$$计划完成程度(\%) = \frac{实际平均指标}{计划平均指标} \times 100\% \tag{3.11}$$

2. 结构相对指标

结构相对指标是表明总体各部分数值在总体中所占比重的相对数,通常以百分数表示,它以科学的分组法为基础说明总体的构成。总体中所有各部分比重之和必等于100%。例如,分配数列中的频率就是一种结构相对指标。

结构相对指标能够说明一定时间、地点条件下的总体结构特征。

3. 比例相对指标

比例相对指标是反映总体内部各部分之间的数量比例关系的相对数。根据比例相对指标数值的大小或繁简情况,可用百分数、一比几、几倍或几比几等形式表示。若要反映总体中若干部分的比例关系,也可采用连比的形式。究竟采用何种形式,应以能够清楚明了地进行比较为决定原则。

比例相对指标是结构性比例指标,与结构相对指标的主要区别在于揭示经济现象的方法不同,侧重点也有所差别。在计算比例相对指标时,计算公式中的分子和分母可以互换,而结构相对指标则不能。

4. 比较相对指标

比较相对指标表明不同总体在同一时间两个同类现象的数值对比关系的相对数。它说

明某一经济现象在同一时间内单位与单位、地区与地区、国家与国家之间的相对状况和差异程度。比较相对指标可以用百分数表示，也可以用倍数表示。例如，某年丰润叉车厂的全员劳动生产率是60 000元，而同年强盛叉车厂的全员劳动生产率为66 000元，两者相比强盛叉车厂的全员劳动生产率为丰润叉车厂的110%或1.1倍。

比较相对指标中用来比较的指标通常用绝对数对比，也可用相对数或平均数对比。比较相对指标的分子、分母亦可以互换，从不同的角度说明问题。

5. 强度相对指标

强度相对指标是两个性质不同但有联系的总量指标之比，是一种依存关系的相对指标，以反映现象的强度、密度、普遍程度、利用程度或效益等。例如，粮食产量与人口总数相比得到的人均粮食产量，净资产利润率等都是强度相对指标。大多数强度相对指标是一个"名数"，而且是由形成强度相对指标的分子与分母的原有计量单位组合而成的复合单位——"复名数"来表示。

强度相对指标比绝对数更能确切地反映经济发展水平，便于在不同国家、不同地区、不同部门进行比较，以反映经济发展的差别情况。因此，强度相对指标在社会经济生活中应用广泛。强度相对指标有正指标和逆指标之分。一般常用的指标形式称为正指标，将正指标计算公式中的分子和分母互换即为逆指标。有时，由于角度不同，逆指标可能比正指标更能说明问题。

需要指出的是，有些强度相对指标常以"平均"来称呼，其表现形式与平均数十分相似，因此容易混淆，实际上两者在性质上是不同的。平均数是同一总体的标志总量与总体单位数之比，是同一总体内各单位的不同标志值的平均，指标的分子分母不可互换，而强度相对指标则不然。

6. 动态相对指标

动态相对指标是同一现象两个不同时期的数值对比，它用来说明某一现象发展变化的方向和程度。这个相对数也称"发展速度"，可以百分数或倍数表示，其计算公式如式(3.12)所示。

$$动态相对指标(发展速度)=\frac{报告期水平}{基期水平}\times 100\% \qquad (3.12)$$

动态相对指标应用广泛，尤其是在编制时间序列、计算各种动态指标和指数等方面。关于动态相对指标的内容参见第9章。

前述6种相对指标，是从不同的角度反映现象之间的数量对比关系，构成了完整的对比分析方法。

构建、计算与运用相对指标时，应注意以下4点。

1) 正确选择对比的基数

相对指标的基数是进行对比的依据和标准。若对比基数选择不当，相对指标就不能揭示现象之间真实的内在关系，甚至产生误导。反映就业水平的失业率指标，应当选择失业人口数与有就业劳动能力的人口数进行对比，而不能将其与总人口数这一包括婴儿、老人等无就业劳动能力的人口指标进行对比。

2) 两个对比指标必须具有可比性

相对指标是两个有关系指标的对比,保持对比指标数值的可比性是正确计算和运用相对指标的前提。所谓可比性,是指两个对比指标所包含的经济内容、范围、计算方法、计量单位和时间规定、空间规定等方面的一致性。例如,我国实行了新的企业财务制度,企业的利润、产品成本等有关指标所包含的经济内容及其指标的计算方法等都有较大的变动。因此,将变化前后的有关指标进行直接对比,则不能说明问题。

又如,时期指标和时点指标之间的对比,前者反映一段时间过程的总量,后者反映瞬间的静止现象。由于两者的时间规定性不同,不能直接对比,而是需要将时点指标按其在相应一段时间间隔内进行平均,进行时期化后才有可比性。如资金利润率指标,分子利润是时期总量,如果以期末净资产额这一时点数为分母进行直接对比,则很不妥当,应用期内净资产平均余额进行对比。

实际工作中,许多情况下对比指标的所有条件很难做到完全一致,若一定要求完全一致,将大大缩小相对指标的运用范围,只能酌情处理。例如,资金利润率指标中的资金占用额,一般是采用月初、月末时点指标的平均值计算资金平均占用额,精确到天是不现实的。若依据上市公司披露的报表,则只能以季初、季末时点指标的平均值近似代替。相对指标的这一特点,在运用中应当引起注意。

3) 相对指标与对比基数结合使用

相对数是两个有关指标的对比,表明现象之间的联系和变动程度,使人们从比较中得到清晰的认识。但相对指标本身已经脱离对比基准所反映的现象的规模、水平的具体内容,而只是一个抽象的数值。为了进一步说明问题,相对指标最好能与其对比基数结合起来运用,使人们形成完整清晰的概念。以我国国内生产总值的变化为例,如表3-13所示。

表3-13 我国国内生产总值

项目	1978年	1979年	2022年	2023年
国内生产总值/亿元	3 645.20	4 062.60	1 204 724.00	1 260 582.10
比上一年增长/%		11.45		4.64
比上一年增加/亿元		417.40		55 858.10

从表3-13中列出的两个相对指标看,1979年比上一年增长11.45%,而到了2023年,其比上一年的增长仅为4.64%。由此可见,作为相对指标的增长速度大大放慢。但是,从国内生产总值总量的角度来看,1978年的国内生产总值仅为3645.2亿元,1979年虽然高速增长,但国内生产总值仅增加417.4亿元;而2022年国内生产总值达1204724亿元,2023年虽然仅增长4.64%,但国内生产总值却高达1260582.1亿元,增加了55858.1亿元。从上述例子可以明显地看出,单独使用相对指标,有时不能全面完整地反映事物,而可能提供失真甚至虚假片面的信息。与对比基准结合使用,可以有效地克服相对指标单独使用的这一不足。

4) 多种相对指标结合使用

一种相对指标只能说明现象某一方面的情况,各种相对指标恰当地配合使用,才能多角度、全面地反映现象变化的过程结果及其规律性。例如,某企业某年的单位产品成本为其历史最低水平的上一年的90%。这一指标仅说明企业当年在降低产成品成本方面又取得了显著成绩，但并不能说明该企业的该项指标处于同行业的何种水平，如果要说明还必须使用比较相对指标。如果比较相对指标表明该企业相当于同行业平均水平的101%，则能反映出该企业当年还仅处于行业的一般水平，尚未进入先进行列，企业在降低产品成本方面仍需继续努力。

3.3 数据整理结果的描述：统计表和统计图

统计表和统计图是描述统计数据的重要方式。前者使统计结果精确、简洁地表达，后者更具有直观、形象的效果，这已在前面各个例子中有所体现。

由于前面各个例子已对统计表和统计图做了一定的具体应用，因此这里着重对它们的设计与应用做总括介绍。

3.3.1 统计表

统计表是通过纵横交叉的线条所绘制的、符合一定要求的表格来表现统计资料的一种形式。它能够系统、合理地组织统计资料，用数据代替文字描述，便于统计结果的精确、简洁表达和对比分析。那该如何恰当地将纵横交叉的线条绘制成有如此妙用的统计表呢？

1. 统计表的设计

设计良好的统计表可以使统计资料表现充分、明显而又深刻、有力，还可以避免冗长的叙述。统计表的结构形式见表3-14，表的各个组成部分做了标注。

表3-14 我国2023年年底城乡人口数

按城乡分组	人数/万人	比重/%
城镇	93 267	66.16
乡村	47 700	33.84
合计	140 967	100

（横行标题 → 主词栏；纵栏标题、指标数值 → 宾词栏；表题、注释已标注）

注释→ *本表各年人口未包括中国香港地区、澳门地区和台湾地区的人口数据。

1) 从统计表的结构看，包括表题、横行标题、纵栏标题和指标数值4个要素

(1) 表题。表题是统计表的名称，位于表上方的正中央，用来概括说明统计表所反映的统计资料的内容。表题的内容要简明扼要，使人一看可知表的内容。

(2) 横行标题。横行标题是横行的名称，一般写在表的左方栏，用来说明统计数据反映的总体及其分组名称。

(3) 纵栏标题。纵栏标题是纵栏的名称，用来说明统计指标的名称，一般位于表的上方栏。

(4) 指标数值。指标数值列在各横行标题和纵栏标题的交叉处，统计表中任何一个指标数值的内容都由横行标题和纵栏标题所限定。

2) 从统计表的内容看，包括主词和宾词两部分

(1) 主词。主词是统计表所要说明的总体及其分组，它可以是各个总体单位的名称、总体的各个组，或者是总体单位的全部。分组形式不同对统计表的具体格式有相应的要求。通常根据主词是否分组和分组的程度不同，可以设计成简单表(主词未经过分组的统计表)、分组表(主词按一个标志进行分组的统计表)和复合表(主词按两个或两个以上标志进行复合分组的统计表)。

(2) 宾词。宾词是说明主词的各项指标，包括指标名称和指标数值。宾词指标的设计可简单设计(宾词各指标平行排列)或复合设计(宾词各指标结合起来进行层叠设置)。

一般主词列在表的左方，宾词列在表的右方。若这样排列使统计表显得过于狭长或过于宽短时，也可以将主词与宾词合并排列或变换位置排列。

2. 编制统计表的注意事项

(1) 表号是表的编号，要写在表的上方、表题的左方。表号一般以在文章中出现的先后顺序编列。有了表号的表可独立移动，方便编辑。

(2) 统计表的各种标题要简明、确切，概括地反映出资料的主要内容，特别是表题的表述，应十分确切明了。内容应紧凑而富有表现力，避免过长和琐碎。

(3) 表的左右两端不画纵线，即采用"开口"表式；表的上下端基线要画粗线，表内如有两个以上的不同内容应用双线隔开。表的各纵列之间要用线条隔开，标题(横行、纵栏)与数字之间、数字与总计之间、横行标题与纵栏标题之间要用线条隔开。

(4) 表中的主词各行和宾词各栏，一般应按先局部后整体的原则排列，即先列项目，后列合计。当没有必要列出所有项目时，可以先列总计，而在所列的项目前冠以"其中"字样。

(5) 统计表的栏数较多时，通常要加编号。

(6) 表中数字应该填写整齐，对准位数。当数字为0或数字太小可略而不计时，要写上"0"；当缺乏某项资料时，用符号"…"表示；不应有数字时用符号"—"表示；表中遇到相同数据不能用"同上""同下""同左""同右"等写法，而应写明具体数据。

(7) 必须注明计量单位。如果全表数字资料都用一种计量单位时，可以在表头的右上方注明。如果表中需要分别注明不同单位时，横行的计量单位可以专设计量单位栏，纵栏的计量单位可与纵栏标题写在一起，用小字标明。

(8) 必要时，表的下端应注明表中的某一点需要借助文字加以补充说明的内容、资料来源、发出日期、制表人和单位负责人签署信息等，以示负责。

3.3.2 统计图

统计图是依据数字资料应用点、线、面、体、色彩等绘制成整齐而又规律、简明而又数量化的图形。一图知万言，一张简单的图形，就可以把一大堆数据中有用的信息概括地表现出来，因此，统计图在统计资料整理与分析中占有重要地位。

在第1章的开篇案例分析，以及本章的例3.1与例3.2的次数分配的描述中，运用了统计

图，使我们对成绩的分布、饭店食品质量状况与房地产上市公司财务负责人年薪分布状况一目了然。在这3个例子中，我们用到了条形图、直方图、曲线图与饼图，这些只是统计图的部分类型的某种表达。现实中，由于研究目的的不同与统计内容的多样性，需要用各种形式的统计图来描述统计数据。

统计图所用的图形种类繁多，Excel等统计软件都具有极强的绘图功能，可以根据软件给出的各种图例，选择你想要的图形类型进行绘制。这里只介绍统计图的构成与几种常用统计图的类型及其运用。

1. 统计图的设计

了解统计图的构成与制图要点是设计统计图的基础。统计图一般由图号及图题、图目、图形、图注等要素组成。各要素的直观意思如图3-6所示。

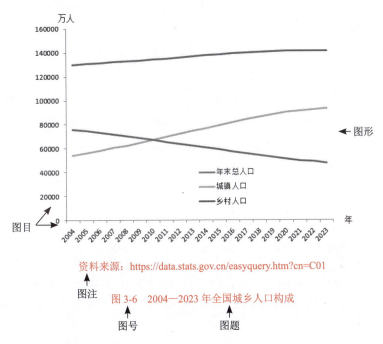

图 3-6　2004—2023 年全国城乡人口构成

构造统计图各要素的含义如下。

(1) 图号及图题：统计图的名称为图题。图题的文字应该简要，要能扼要地叙述统计图的内容，使人一见便知图要显示的是何事、何物，发生在何时、何地。图号是图的序号，一般以在文章中出现的先后顺序编列。有了序号的图可独立移动，方便编辑。图号与图题文字置于图的正下方，居中。

(2) 图目：图目是写在图形线条上的各种不同类别、名称或时间、空间的统计数量，即坐标的各种单位名称。在统计图的横坐标与纵坐标上都要有一定的距离表示各种单位，这些单位称为图尺，可用算术单位、对数单位、百分数单位等，根据资料的情况加以选用。整个图尺大小要包括所有的数据值，如果数据值大小相差悬殊，图尺可用断尺或对数法等方法，进行技术处理，减少图幅，增强图形效果。制图必须注意一个基本问题：要恰当地确定图中的尺度与坐标，切不能让统计图的直观效果歪曲了真实情况。

(3) 图形：图形是图的主要部分，一般除图形线外，应尽量避免书写文字。不同的结果用不同的图形线表示，以示区别，各种图形线的含义用文字表明，选图中或图外适当的位置表示，使整个图形和谐美观且醒目。

(4) 图注：凡图形或其局部或某一点，需要借助文字或数字加以补充说明的，均称为图注。它可以帮助读者理解图形所示的资料，提供统计图的使用价值。图注部分的文字要少、小，保持与整个图形的协调。

2. 统计图的种类

统计图的种类很多，如单击Excel的图表导向，就会跳出14种标准类型，自定义图则更多。常用的统计图包括：条形图、圆形图、茎叶图、直方图、曲线图和散点图等。

通常表示事物各组成部分构成情况的资料可用圆形图；频数分布资料可用直方图；资料内容各个独立的可用条形图；需要对数据集进行探索性分析的可用茎叶图；表示事物数量发展过程的连续型资料可用曲线图；表示两种事物相关性趋势的可用散点。

除茎叶图与散点图外，其他4种图形在前述内容中已做说明，此处不再赘述。在Excel的图表导向中，没有茎叶图，而茎叶图是探索性数据分析的好工具，尤其在小规模数据集的情形。为了说明茎叶的使用，以表3-15的数据为例。表中是50名参加某市海关职位面试的人员对150个能力测验问题回答正确的结果，数据值代表回答正确的问题个数。

表3-15　能力测验问题回答正确的问题个数

112	115	72	76	69	91	97	102	107	81
73	95	92	141	76	81	86	80	73	106
126	84	128	119	118	113	127	98	124	75
82	68	104	98	132	115	134	106	83	95
92	100	108	85	96	94	100	106	92	119

构建茎叶图的思路是将数组中的数按位数进行比较，将数的大小基本不变或变化不大的位作为"茎"，放在竖线的左边，将变化大的位的数作为"叶"，放在竖线的右边，并按原来(表中)的顺序列在"茎"的后面，如图3-7所示。

```
茎 │ 叶 →
↓
 6 │ 9  8   ←两个叶
 7 │ 2  3  6  3  6  5
 8 │ 6  2  3  1  1  0  4  5
 9 │ 7  2  2  6  2  1  5  8  8  5  4
10 │ 7  4  8  0  2  6  6  0  6
11 │ 2  8  5  9  3  5  9
12 │ 6  8  7  4
13 │ 2  4
14 │ 1
```

图3-7　茎叶图

对图3-7茎叶图的每一行叶值排序，用一个长方形围住每个茎的叶值，如图3-8所示。

```
 6 | 8 9
 7 | 2 3 3 5 6 6
 8 | 0 1 1 2 3 4 5 6
 9 | 1 2 2 2 4 5 5 6 7 8 8
10 | 0 0 2 4 6 6 6 7 8
11 | 2 3 5 5 8 9 9
12 | 4 6 7 8
13 | 2 4
14 | 1
```

图 3-8　茎叶值排序图

若将图3-8的茎叶图按逆时针旋转90°，所得到的图形与以60～69、70～79、80～89等为组的直方图非常相似。可以从中统计出次数，计算出各数据段的频率或百分比，从而可以看出数据分布。

尽管茎叶图显示可能与直方图提供相同的信息，但它有两个优点：一是从统计图上没有原始数据信息的损失，所有的数据信息都可以从茎叶图中得到，因此常用于需要细致的分析统计阶段；二是茎叶图中的数据可以随时记录，随时添加，方便记录与表示。

当我们获取原始数据后，不能猜想这些数据的可能分布时，常用茎叶显示的方法制作茎叶图来探索分析数据。它适用于展示等级顺序和数据集的频数、频率结构。

当处理中、大规模数据集时，需要借助计算机和某些统计软件来制作茎叶图。

以上讨论的只是对一个变量的数据进行汇总的表格和图形方法，管理人员和决策者往往还对能帮助其理解两个或两个以上变量间关系的图形感兴趣。两个变量间关系的描述可用散点图，关于散点图的内容参见第8章；若展示3个变量之间的关系则可以用气泡图，绘制时将一个变量放在横轴上，另一变量放在纵轴上，而第三个变量则用气泡的大小来表示；而雷达图是显示多变量的常用方法，具体做法是先画个圆，将圆周按变量数等分，每个分点所在的半径表示一个变量的坐标轴，圆心至坐标轴点的距离表示每个变量值的大小，连接各坐标轴点，即得雷达图。各类图形请查看Excel的图表类型。

本章小结

直接解释未经组织的原始数据集，即便是规模适中的数据集，通常也十分困难。表格法和图形法提供了组织与汇总数据的方法，能够揭示出数据的规模与结构。频数分布、频率分布、条形图及饼形图是汇总品质型数据的表格与图形方法。频数分布、频率分布、频数密度分布、直方图、累积频数分布、累积频率分布和累积曲线是汇总数量型数据的方法。茎叶显示作为一种探索性数据分析技术，可用来汇总数量型数据。散点图是显示两个数量变量之间关系的图形方法，气泡图可展示3个变量之间的关系，而雷达图是显示多变量的常用方法。

统计指标以数值来概括数据，使对数据集特性的刻画更加深刻。总量指标能够反映现象的总规模和总水平，是我们认识事物的起点，是计算其他指标的基础，但是并没有揭示事物的内部联系和现象间的对比关系。相对指标能够通过两个数值之比揭示事物内部的联系和现象间的对比关系，但却将现象的具体规模或绝对水平抽象化，单纯用绝对数或单纯用相对数达不到对问题的全面认识。在应用绝对数时结合相对数，在应用相对数时注意它代表的绝对水平，才能得出正确的结论。平均指标是统计数据描述的重要内容，应重点掌握。

应用统计指标一定要注意指标的内涵与可比性，即使名称相同，若内涵不同，还是不可比的；要注意多种指标的结合使用，总量指标、相对指标、平均指标各有特点与优劣。因此，在应用统计指标分析说明或做判断时，一定要注意将各种指标结合使用。

运用计算机和统计软件、电子表格制作统计表、统计图形是一件既简单又方便的事，但是，如何运用统计表、统计图与统计指标描述数据，将一大堆数据中有用的信息概括地表现出来，这需要一定的技能及丰富的经验。

练习题

一、思考题

1. 什么是次数分配？它有哪两个组成要素，有什么作用？
2. 总量指标、相对指标和平均指标3类统计指标各反映了总体的哪些数量特征？
3. 计划完成程度指标是否是大于100%就超额完成计划任务？为什么？
4. 什么是统计表？它由哪些基本要素构成？
5. "人们越来越质疑，'平均工资'究竟在多大程度上能体现真实的工资水平？"对此，你怎么理解？请写一篇题为"浅议平均数的应用及其陷阱"的小论文，要求理论联系实际。

二、选择题

1. 统计整理的必要性在于(　　)。
   A. 原始资料分散、零碎、不系统
   B. 原始资料难以描述总体数量特征
   C. 次级资料不能满足统计分析的需要
   D. 承前启后作用
2. 统计分组对总体而言(　　)。
   A. 将总体区分为性质相同的若干部分
   B. 将总体区分为性质相异的若干部分
   C. 将总体单位区分为性质相同的若干部分
   D. 将不同的总体划分为性质相异的若干部分
3. 当变量值恰好为组限值时，统计上规定的处理原则是(　　)。
   A. 上限不在本组内
   B. 下限不在本组内
   C. 归入这一组的上限或下一组的下限都可以

4. 用组中值代表各组内的一般水平的假定条件是(　　)。
   A. 各组的频数均相等　　　　　　B. 各组的组距均相等
   C. 各组的变量值均相等　　　　　D. 各组频数在本组内呈均匀分布
5. 频数分布用来表明(　　)。
   A. 总体单位在各组的分布状况　　B. 各组变量值的构成情况
   C. 各组标志值的分布情况　　　　D. 各组变量值的变动程度
6. 多变量的图示方法是(　　)。
   A. 直方图　　　B. 条形图　　　C. 圆环图
   D. 散点图　　　E. 雷达图
7. 时点指标的特点有(　　)。
   A. 指标数值一般通过一次性登记得到
   B. 即使指标的性质相同，其指标数值相加也没有意义
   C. 指标数值大小与时点的时间间隔长短没有直接关系
8. 正确应用相对指标的前提条件是(　　)。
   A. 正确选择对比基期　　　　　　B. 两个对比指标具有可比性
   C. 相对指标与对比基数相结合　　D. 多种相对指标结合使用
9. 当统计表中某项数字缺乏时，应表示为(　　)。
   A. "…"　　　　　　　　　　　　B. "0"
   C. "—"　　　　　　　　　　　　D. "无"
10. 统计表主词各行与宾词各栏中合计的含义为(　　)。
   A. 先列项目，后列合计，各项目数据加和等于合计数
   B. 先列项目，后列合计，各项目数据加和小于合计数
   C. 先列合计，后列项目，各项目数据加和等于合计数
   D. 先列合计，后列项目，各项目数据加和小于合计数

三、练习题

1. 某班级40名学生，某门课程考试成绩如下：

87，65，86，92，76，73，56，60，83，79，80，91，95，88，71，77，68，70，96，69，73，53，79，81，74，64，89，78，75，66，72，93，69，70，87，76，82，79，65，84。

试根据以上资料编制开口组距为10的分配数列。

2. 宏发电脑公司在全国各地有36家销售分公司，为了分析各公司的销售情况，宏发公司调查了这36家公司上个月的销售额，所得数据如表3-16所示。

表3-16　36家销售分公司的销售额

单位：万元

60	60	62	65	65	66	67	70	71
72	73	74	75	76	76	76	76	77
78	78	79	79	80	82	83	84	84
86	87	88	89	89	90	91	92	92

对上面的资料进行适当分组，并编制频数分布表。

3. 对表3-17所示的职工家庭基本情况调查表中的答复进行逻辑检查，找出相互矛盾的地方，并进行修改。

表3-17　职工家庭基本情况调查表

姓名	性别	年龄	与被调查者的关系	工作单位	参加工作年月	职务或工种	固定工或临时工
刘　盛	男	46	被调查者本人	长城机电公司	1973.7	干部	临时
陈心华	女	43	夫妻	市第一针织厂	1975.4	工人	固定
刘淑影	女	20	长女	待业青年	1999	无	临时
刘平路	男	18	长子	医学院	2000	学生	无

4. 中国的百家姓，有大姓与小姓。请以班上同学作为样本，汇总姓氏数据。

(1) 构建姓氏的频率分布。

(2) 构建条形图。

(3) 构建饼形图。

(4) 根据这些数据，列出3个最常见的姓氏。

5. 请运用我国上市公司年度报告，对上一年某一行业的各上市公司的每股盈余与每股净资产数据进行整理。

(1) 构建汇总数据的频数分布。

(2) 构建频数分布。

(3) 构建累积频数分布。

(4) 构建累积频率分布。

(5) 构建描绘数据的直方图，评价频数分布的形态。

四、案例分析题

华科公司是一家专门经营进口医疗用品的公司，2010年该公司经营的商品有26个品种，共有44家客户购买其产品，年营业额为85 460 730万元人民币，具体数据如表3-18所示。管理部门希望使用这些样本数据，将公司的产品按照销售额分为ABC 3类，对不同类的产品和客户采用不同的管理方法，以降低库存资金占用率，提高对客户的服务水平。

表3-18　华科公司26个品种的销售额与客户购买额情况

商品名称	销售额/元	客户购买额/万元	商品名称	销售额/元	客户购买额/万元
1	44 000 000	A(1500)*、B(800)、C(600)、D(500)、F(300)、H(300)、I(200)、N(200)	14	1 500	X(0.1)、Y(0.05)
2	23 000 000	B(700)、C(500)、D(300)、G(200)、F(200)、H(200)、I(100)、N(100)	15	1 500	b(0.1)、c(0.05)
3	19 360 000	A(600)、B(800)、C(36)、D(100)、E(100)、F(100)、G(200)	16	1 300	d(0.1)、c(0.02)、e(0.01)
4	35 000	D(0.8)、F(0.5)、H(0.5)、I(0.4)、N(0.4)、J(0.2)、K(0.2)、L(0.2)、Q(0.1)、R(0.1)、S(0.1)	17	1 300	e(0.1)、c(0.02)、a(0.01)
5	20 000	F(0.1)、I(0.4)、N(0.4)、J(0.2)、K(0.2)、L(0.2)、Q(0.1)、R(0.1)、S(0.1)、U(0.1)、V(0.1)	18	1 000	X(0.05)、Y(0.03)、Z(0.02)
6	10 000	H(0.2)、I(0.2)、J(0.1)、K(0.1)、L(0.1)、M(0.1)、i(0.1)、h(0.1)	19	1 000	O(0.05)、c(0.03)、a(0.02)
7	8 000	L(0.4)、M(0.2)、h(0.1)、U(0.1)	20	800	T(0.05)、c(0.03)
8	5 000	T(0.1)、W(0.1)、X(0.1)、Y(0.2)	21	800	a(0.05)、c(0.03)
9	3 500	O(0.1)、P(0.1)、Q(0.1)、R(0.05)	22	600	v(0.05)、c(0.01)
10	2 800	U(0.1)、V(0.1)、W(0.08)	23	500	m(0.02)、c(0.03)
11	2 000	S(0.1)、V(0.05)、q(0.03)、r(0.02)	24	200	u(0.01)、c(0.01)
12	2 000	Z(0.1)、f(0.05)、g(0.05)	25	150	n(0.01)、c(0.005)
13	1 800	a(0.05)、k(0.05)、l(0.05)、m(0.03)	26	80	s(0.008)

＊注：A(1500)表示A客户购买1号商品1500万元，其余类推。

使用描述统计的表格与图形方法，帮助管理部门理清华科公司经营商品的主次，以及客户购买量的主次。报告至少应该包括以下几方面内容。

(1) 华科公司各商品按销售额和客户购买额的频数分布与百分数频数分布。

(2) 华科公司各商品按销售额和客户购买额的累积频数分布与累积相对频数分布。

(3) 条形图或饼形图显示A、B、C 3类商品和客户。

(4) 讨论ABC分类以后，华科公司库存管理与客户管理的可能效果。

第 4 章

数据分布特征的度量

【案例】 众欢超市需定期向不同的供货商订货，对订货后的交货时间(天)做记录，是超市管理的基础工作。为了评估和选择能够更好地保证按时供货的供货商，超市的采购部管理员会定期分析过去的交货时间数据，计算出反映数据分布特征的指标，据以评估和选择供货商。下面是A、B两家同类商品的供货商过去10次订货后的交货时间(天)记录。

A供货商：8，9，11，10，10，9，11，12，10，10。

B供货商：8，9，10，13，11，14，12，13，13，7。

超市的采购部管理员根据这些过去的交货时间数据，计算出A、B两家供货商订货后的平均交货时间分别为10天与11天，标准差分别约为1.2天与2.4天。根据这两个指标，超市的采购部管理员评估：A供货商比B供货商交货及时、稳定，在供应的货物质量与价格没有明显差异的情况下，更倾向于选择向A供货商订货。

通过第3章的学习，我们学会了利用数据的分组整理来大致了解数据分布的形状和特征，但要进一步概括反映数据分布的特征，还需要找到反映数据分布特征的相关代表值。数据分布的特征可从3个方面进行度量和描述：一是分布的集中趋势，反映各数据向其中心值靠拢或聚集的程度；二是分布的离散程度，反映各数据远离其中心值的状况；三是分布的形状，反映数据分布的偏态和峰态。这3个方面分别反映了数据分布特征的不同侧面，要全面把握数据分布的特征，需要同时对这3个特征进行描述和分析。

4.1 集中趋势的度量

集中趋势是指一组数据向某一中心值靠拢的程度，它反映了一组数据中心点的位置所在。集中趋势的度量也就是寻找反映数据一般水平的代表值或数据分布的中心值。描述集中趋势常用的代表值有众数、中位数、算术平均数、调和平均数和几何平均数。这些代表值有各自的计算方法和特点，选用哪一个代表值来反映数据的集中趋势，要根据所掌握的数据的类型和特点来确定。

4.1.1 众数

众数(mode)是一组数据中出现频数最多的变量值,用M_o表示。

从数据分布角度看,把出现频数最多的变量值作为众数,可以较好地代表一组数据的一般水平。众数主要用于度量分类数据的集中趋势,当然也适合作为顺序数据及数值型数据集中趋势的代表值。一般情况下,只有在数据量较大的情况下,众数才有意义。

【例4.1】为了掌握集市贸易上某种商品的价格水平,可以用市场上成交量最大的成交价格作为其价格的一般水平的代表,即用众数来代表。假定这种商品成交量最大的价格是8.5元,则众数是多少?

解:由于这种商品成交量最大的价格是8.5元,所以众数(M_o)为8.5元。M_o=8.5元就可以很好地代表该种商品价格的一般水平。

【例4.2】在某城市中随机抽取9个家庭,调查得到每个家庭的人均月收入数据如下(单位:元),试计算人均月收入的众数。

1280 850 1280 1280 850 960 1420 1250 1630

解:人均月收入出现频数最多的是1280元,因此,众数为M_o=1280元。

【例4.3】调查100名顾客所购饮料品牌的有关资料如表4-1所示,求众数。

表4-1 顾客购买饮料品牌资料

饮料品牌	人数/人
汇源果汁	15
百事可乐	20
可口可乐	35
娃哈哈	30
合计	100

解:由表4-1的资料观察可知,购买可口可乐的顾客最多,有35人,因此众数为"可口可乐"这一品牌,即M_o=可口可乐。这就是说,可以用"可口可乐"作为"饮料品牌"这一变量的一个概括性度量。

由众数的定义可知,在单项数列的情形下求众数,只需通过观察找出频数最多的变量值,该变量值即为众数。但在组距数列的条件下,则要先确定众数所在组,然后按近似公式(4.1)计算。

$$M_o = L + \frac{\Delta_1}{\Delta_1 + \Delta_2} \times d \tag{4.1}$$

式(4.1)中:M_o表示众数;L表示众数所在组的下限;Δ_1表示众数组频数与前一组频数之差;Δ_2表示众数组频数与后一组频数之差;d表示众数组组距。

【例4.4】表4-2为某企业职工月工资资料,求众数。

表4-2 某企业职工月工资资料表

职工月工资/元	职工人数/人
800~1000	10
1000~1200	20

(续表)

职工月工资/元	职工人数/人
1200~1400	50
1400~1600	30
1600~1800	10
合计	120

解： ① 确定众数组。由于1200~1400组频数最多，故该组为众数组。

② 根据近似公式计算众数值。

$$M_o = L + \frac{\Delta_1}{\Delta_1 + \Delta_2} \times d = 1200 + \frac{50-20}{(50-20)+(50-30)} \times 200 = 1200 + \frac{30}{30+20} \times 200 = 1320(元)$$

众数是一个位置代表值，它不受数据中极端值的影响。从分布的角度看，众数是具有明显集中趋势点的数值，一组数据分布的最高峰点所对应的数值即为众数。当然，如果数据的分布没有明显的集中趋势或最高峰点，众数也可能不存在；如果有两个或多个最高峰点，也可以有两个或多个众数。

4.1.2 中位数

中位数(median)是一组数据排序后处于中间位置上的变量值，用M_e表示。

中位数将全部数据等分成两部分，每部分各占50%的数据，一部分数据比中位数大，另一部分则比中位数小。中位数主要用于测度顺序数据的集中趋势，也适合作为数值型数据的集中趋势，但不适合分类数据。

根据未分组数据计算中位数时，要先对数据进行排序，然后确定中位数的位置，最后确定中位数的具体数值。中位数位次的确定公式如式(4.2)所示。

$$中位数的位次 = \frac{n+1}{2} \tag{4.2}$$

式(4.2)中：n为数据个数。

设一组数据为$x_1, x_2, \cdots, x_n$，按从小到大排序后为$x_{(1)}, x_{(2)}, \cdots, x_{(n)}$，则中位数的计算公式如式(4.3)所示。

$$M_e = \begin{cases} x_{\left(\frac{n+1}{2}\right)}, & n\text{为奇数} \\ \frac{1}{2}\left(x_{\frac{n}{2}} + x_{\frac{n}{2}+1}\right), & n\text{为偶数} \end{cases} \tag{4.3}$$

式(4.3)中：M_e为中位数。

【例4.5】 设有7个工人生产某产品，他们的日产量(件)分别为6，4，6，8，9，14，12，求中位数。

解： ① 将变量值按从小到大顺序排列：4，6，6，8，9，12，14。

② 确定中位数位次。

$$\frac{n+1}{2} = \frac{7+1}{2} = 4$$

③ 居于第四位的变量值8即为中位数。

如果将上例中的7个工人改为8个工人,他们的日产量(件)分别为6,4,6,8,9,14,12,15,则将变量值按从小到大顺序排列后为:4,6,6,8,9,12,14,15。

$$中位数位次 = \frac{n+1}{2} = \frac{8+1}{2} = 4.5,因此,中位数 = \frac{8+9}{2} = 8.5。$$

在单项数列资料的情况下,求中位数位次的公式如式(4.4)所示。

$$中位数位次 = \frac{\sum f + 1}{2} \tag{4.4}$$

【例4.6】在一项有关家电售后服务质量的调查中,随机抽取了200个家庭构成样本。服务质量的等级表示为:1.好;2.较好;3.一般;4.较差;5.差。调查结果的频数分布表如表4-3所示,试确定服务质量评价等级的中位数。

表4-3 家电售后服务质量等级评价的频数分布表

售后服务质量等级	户数/户	百分比/%	向上累积		向下累积	
			户数/户	百分比/%	户数/户	百分比/%
好	32	16	32	16	200	100
较好	48	24	80	40	168	84
一般	72	36	152	76	120	60
较差	30	15	182	91	48	24
差	18	9	200	100	18	9
合计	200	100	—	—	—	—

解:这是一个顺序数据,变量为售后服务质量等级,5个选项即为变量值。由于频数分布表已经按质量等级由高到低排序,因此只需计算出中位数位次,就可确定中位数。中位数位次=(200+1)/2=100.5。从累积频数中很容易看出,中位数在"一般"这一组中,因此中位数就是"一般"这一类别,即M_e=一般。

【例4.7】某班级21名大学生身高资料如表4-4所示,求中位数。

表4-4 某班级学生身高资料表

身高x/cm	人数f/人	人数累积	
		向上累积	向下累积
160	2	2	21
165	4	6	19
170	5	11	15
175	6	17	10
180	3	20	4
185	1	21	1
合计	21	—	—

解:① 确定中位数位次。

$$\frac{\sum f + 1}{2} = \frac{21+1}{2} = 11$$

② 确定中位数组:按人数向上累积(或向下累积)可知,中位数在第三组。

③ 确定中位数：中位数组只有唯一的变量值170cm，故M_e=170cm。

在组距数列的情况下，确定中位数组后，由于此时中位数组是一个区间，因此可用近似公式(4.5)计算中位数。

$$M_e = L + \frac{\frac{\sum f}{2} - S_{m-1}}{f_m} \times d \tag{4.5}$$

式(4.5)中：M_e表示中位数；L是中位数组的下限；$\frac{\sum f}{2}$表示中位数的位次(在组距数列情形，由于使用近似公式计算中位数，其中位数位次可近似按$\frac{\sum f}{2}$来确定，对中位数的计算结果影响不大)；S_{m-1}表示到中位数组的前一组为止的累积频数；f_m表示中位数组的频数；d为中位数组组距。

【例4.8】根据例4.4某企业职工月工资资料，求中位数。

解： 对表4-2的职工人数做向上累积，得出表4-5。

表4-5 某企业职工月工资资料

职工月工资/元	职工人数/人	向上累积
800～1000	10	10
1000～1200	20	30
1200～1400	50	80
1400～1600	30	110
1600～1800	10	120
合计	120	—

① 确定中位数位次。

$$\frac{\sum f}{2} = \frac{120}{2} = 60$$

② 确定中位数组。从向上累积栏中，找出首个大于或等于中位数位次60的组，可见中位数组为1200～1400元。

③ 按近似公式计算中位数值。

$$M_e = L + \frac{\frac{\sum f}{2} - S_{m-1}}{f_m} \times d = 1200 + \frac{\frac{120}{2} - 30}{50} \times 200 = 1320(元)$$

中位数容易理解，它是一个位置代表值，不受极端值的影响，在研究收入分配时特别有用。

4.1.3 算术平均数

算术平均数(arithmetic mean)是一组数据相加后除以数据个数而得到的结果，简称为均值(mean)。

算术平均数在统计学中具有重要地位，是集中趋势的最主要测度值，它主要适用于数值型数据，而不适用于定类数据和定序数据。根据所掌握数据是否分组，算术平均数有不同的计算形式。

(1) 由未经分组的数据计算平均数。设一组数据为 x_1，x_2，$\cdots$，x_n，数据的个数为 n，则算术平均数用 $\bar{x}$ (读作 x-bar)表示，计算公式如式(4.6)所示。

$$\bar{x} = \frac{x_1 + x_2 + \cdots + x_n}{n} = \frac{\sum_{i=1}^{n} x_i}{n} = \frac{\sum x}{n} \tag{4.6}$$

由公式(4.6)计算出的算术平均数称为简单算术平均数，通常来说，在不致引起混淆的情况下，公式中的下标常常省去。

例如，根据例4.2中的数据，计算9个家庭人均月收入的平均数为

$$\bar{x} = \frac{1280 + 850 + \cdots + 1250 + 1630}{9} = \frac{10\,800}{9} = 1200(元)$$

(2) 根据分组数据计算平均数。设数据被分成 k 组，各组的变量值(或组距式分组的组中值)分别为 x_1，x_2，$\cdots$，x_k，各组变量值出现频数分别用 f_1，f_2，$\cdots$，f_k 表示，则算术平均数的计算公式如式(4.7)所示。

$$\bar{x} = \frac{x_1 f_1 + x_2 f_2 + \cdots + x_k f_k}{f_1 + f_2 + \cdots + f_k} = \frac{\sum_{i=1}^{k} x_i f_i}{\sum_{i=1}^{k} f_i} = \frac{\sum xf}{\sum f} \tag{4.7}$$

由公式(4.7)计算的算术平均数称为加权算术平均数。在计算加权算术平均数时，用各组的组中值代表各组的实际数据，使用这一代表值时是假定各组数据在组内是均匀分布的，如果实际数据与这一假定相吻合，计算的结果还是比较准确的，否则误差较大。加权算术平均数其数值的大小不仅受各组变量值(或组距式分组的组中值) x_i 大小的影响，而且受各组变量值出现的频数 f_i (即权数大小)的影响。如果某一组的权数较大，则说明该组的数据较多，那么该组变量值的大小对平均数的影响就较大；反之则较小。实际上，公式(4.7)变形为公式(4.8)的形式，能更清楚地看出这一点。

$$\bar{x} = \frac{\sum_{i=1}^{k} x_i f_i}{\sum_{i=1}^{k} f_i} = \sum_{i=1}^{k} \left(x_i \frac{f_i}{\sum_{i=1}^{k} f_i} \right) = \sum \left(x \frac{f}{\sum f} \right) \tag{4.8}$$

当我们掌握的不是各组变量值出现的频数，而是频率时，可直接根据公式(4.8)计算平均数。

【例4.9】根据例4.4企业职工月工资资料，求算术平均数。

解：根据所给资料编制计算表，如表4-6所示。

表4-6 某企业职工月平均工资计算表

职工月工资/元	组中值 x	职工人数 f/人	xf	$\dfrac{f}{\sum f}$/%	$x \dfrac{f}{\sum f}$
800～1000	900	10	9000	8.33	75.00
1000～1200	1100	20	22 000	16.67	183.33

(续表)

职工月工资/元	组中值 x	职工人数 f/人	xf	$\dfrac{f}{\sum f}$/%	$x\dfrac{f}{\sum f}$
1200～1400	1300	50	65 000	41.67	541.67
1400～1600	1500	30	45 000	25.00	375.00
1600～1800	1700	10	17 000	8.33	141.67
合计	—	120	158 000	100.00	1316.67

根据公式(4.7)得

$$\bar{x} = \frac{\sum xf}{\sum f} = \frac{158000}{120} \approx 1316.67(元)$$

或根据公式(4.8)得

$$\bar{x} = \sum\left(x\frac{f}{\sum f}\right) = 1316.67(元)$$

平均数在统计学中具有重要的地位，它是进行统计分析和统计推断的基础。从统计思想上看，平均数是一组数据的重心所在，是数据误差相互抵消后的必然性结果。例如，对同一事物进行多次测量，若所得结果不一致，可能是由于测量误差所致，也可能是其他因素的偶然影响，利用平均数作为其代表值，则可以使误差相互抵消，反映出事物的必然性特征。

算术平均数有以下两个重要的数学性质。

(1) 各变量值与算术平均数离差之和等于零。

$$\sum(x-\bar{x}) = 0 \text{ 或 } \sum(x-\bar{x})f = 0。$$

证：$\sum(x-\bar{x}) = \sum x - n\bar{x} = \sum x - n\dfrac{\sum x}{n} = \sum x - \sum x = 0$

或

$$\sum(x-\bar{x})f = \sum xf - \sum \bar{x}f = \sum xf - \bar{x}\sum f = \sum xf - \frac{\sum xf}{\sum f}\sum f = \sum xf - \sum xf = 0。$$

(2) 各变量值与算术平均数的离差平方和为最小值。

$$\sum(x-\bar{x})^2 = \min \text{ 或 } \sum(x-\bar{x})^2 f = \min。$$

证：设 x_0 为不等于算术平均数 $\bar{x}$ 的任意值，则 $\bar{x} - x_0 = c \neq 0$。

$$\sum(x-x_0)^2 = \sum[x-(\bar{x}-c)]^2 = \sum[(x-\bar{x})+c]^2$$
$$= \sum[(x-\bar{x})^2 + 2c(x-\bar{x}) + c^2]$$
$$= \sum(x-\bar{x})^2 + 2c\sum(x-\bar{x}) + nc^2$$
$$= \sum(x-\bar{x})^2 + nc^2 > \sum(x-\bar{x})^2$$

故 $\sum(x-\bar{x})^2 = \min$，完全类似可证 $\sum(x-\bar{x})^2 f = \min$。

运用算术平均数时应注意：算术平均数受极端值影响较大，如果数据集中存在极端值，那么算术平均数所传达的信息可能是歪曲的。

4.1.4 调和平均数

调和平均数(harmonic mean)又称"倒数平均数",是各变量值倒数的算术平均数的倒数,用H表示,用于测度数值型数据的集中趋势。根据数据是否分组,调和平均数分为简单调和平均数和加权调和平均数两种计算形式。

(1) 对于未经过分组整理的数值型数据,其调和平均数使用公式(4.9)计算。

$$H = \frac{n}{\frac{1}{x_1} + \frac{1}{x_2} + \cdots + \frac{1}{x_n}} = \frac{n}{\sum \frac{1}{x}} \tag{4.9}$$

式(4.9)称为"简单调和平均数公式"。

【例4.10】 菜市场某种蔬菜早中晚的价格分别为0.50元/斤、0.40元/斤、0.30元/斤,某人早中晚各花1元钱购买该蔬菜,问其平均每斤花多少钱?

解:由于早中晚购买的斤数未知,不能用算术平均计算,而要用调和平均计算。

$$H = \frac{n}{\frac{1}{x_1} + \frac{1}{x_2} + \cdots + \frac{1}{x_n}} = \frac{3}{\frac{1}{0.50} + \frac{1}{0.40} + \frac{1}{0.30}} = \frac{3}{7.83} = 0.38(元/斤)$$

(2) 对于经过分组整理的数值型数据,其调和平均数使用公式(4.10)计算。

$$H = \frac{m_1 + m_2 + \cdots + m_n}{\frac{m_1}{x_1} + \frac{m_2}{x_2} + \cdots + \frac{m_n}{x_n}} = \frac{\sum m}{\sum \frac{m}{x}} \tag{4.10}$$

式(4.10)中:m为各组的标志总量。此公式称为"加权调和平均数公式"。

【例4.11】 某商品有三种不同的规格,销售单价与销售额如表4-7所示,求三种不同规格商品的平均销售单价。

表4-7 某商品三种不同规格的销售数据

商品规格	销售单价x/元/件	销售额m/元
A型	50	9 000
B型	60	9 600
C型	65	8 450
合计	—	27 050

解:根据表4-7的数据,需要用销售单价和销售额的数据先求出销售量,再用总销售额除以总销售量即得平均销售单价,即使用加权调和平均数公式来计算。

$$H = \frac{\sum m}{\sum \frac{m}{x}} = \frac{9\,000 + 9\,600 + 8\,450}{\frac{9\,000}{50} + \frac{9\,600}{60} + \frac{8\,450}{65}} = \frac{27\,050}{470} = 57.55(元)$$

注意:如果已知的是销售量的数据,则应使用加权算术平均数的公式计算。

在实际工作中,通常满足$m=xf$的条件,此时加权调和平均数是加权算术平均数的变形,则有

$$H = \frac{\sum m}{\sum \frac{m}{x}} = \frac{\sum xf}{\sum \frac{xf}{x}} = \frac{\sum xf}{\sum f} = \bar{x}$$

4.1.5 几何平均数

几何平均数(geometric mean)是 n 个变量值的连乘积的 n 次方根，用 G 表示，用于测度数值型数据的集中趋势。根据数据是否分组，几何平均数分为简单几何平均数和加权几何平均数两种计算形式。

(1) 对于未经过分组整理的数值型数据，其几何平均数使用式(4.11)计算。

$$G = \sqrt[n]{x_1 x_2 \cdots x_n} = \sqrt[n]{\prod_{i=1}^{n} x_i} \tag{4.11}$$

式(4.11)中：∏为连乘符号。此公式称为"简单几何平均数公式"。

(2) 对于分组的数值型数据，其几何平均数使用式(4.12)计算。

$$G = {}^{(f_1+f_2\cdots+f_n)}\!\sqrt{x_1^{f_1} \cdot x_2^{f_2} \cdots x_n^{f_n}} = \sqrt[\sum_{i=1}^{n} f_i]{\prod_{i=1}^{n} x_i^{f_i}} \tag{4.12}$$

式(4.12)中：f_i 为各组的频数；x_i 为单项式分组的变量值或组距式分组的组中值。此公式称为"加权几何平均数公式"。

几何平均数是适用于特殊数据的一种平均数，它主要用于计算平均比率。当所掌握的变量值本身是比率的形式时，应采用几何平均法计算平均比率。

【例4.12】某水泥生产企业2017年的水泥产量为500万吨，2018年与2017年相比增长率为6%，2019年与2018年相比增长率为9%，2020年与2019年相比增长率为16%。求各年的平均增长率。

解：通过给出的数据可知，各年与前一年相比的比值(即发展速度)分别为106%、109%、116%，则平均发展速度为

$$G = \sqrt[n]{x_1 \cdot x_2 \cdots x_n} = \sqrt[3]{106\% \times 109\% \times 116\%} \approx 110.25\%$$

年平均增长率为110.25%−100%=10.25%

例4.12不能用算术平均来计算，事实上，我们可以推导出平均增长率的如下计算公式。设开始的数值为 y_0，逐年增长率为 G_1，G_2，$\cdots$，G_n，第 n 年的数值为

$$y_n = y_0(1+G_1)(1+G_2)\cdots(1+G_n) = y_0 \prod_{i=1}^{n}(1+G_i)$$

从 y_0 到 y_n 用 n 年，每年的增长率都相同，这个增长率 G 就是平均增长率 $\bar{G}$，即上式中的 G_i 都等于 G。因此有

$$(1+G)^n = \prod_{i=1}^{n}(1+G_i)$$

$$\bar{G} = \sqrt[n]{\prod_{i=1}^{n}(1+G_i)} - 1$$

当所平均的各比率数值差别不大时，算术平均和几何平均的结果相差不大；如果各比

率的数值相差较大时，二者的差别就很明显。

【例4.13】一位投资者持有一种股票，在2017年、2018年、2019年和2020年收益率分别为25.5%、4.5%、2.1%、1.9%。计算该投资者在这4年内的平均收益率。

解：该投资者在这4年内的平均收益率为

$$\bar{G} = \sqrt[n]{\prod_{i=1}^{n}(1+G_i)} - 1 = \sqrt[4]{125.5\% \times 104.5\% \times 102.1\% \times 101.9\%} - 1 \approx 8.08\%$$

当然，几何平均数也可以看作算术平均数的一种变形。对式(4.11)两端取对数得

$$\lg G = \frac{1}{n}(\lg x_1 + \lg x_2 + \cdots + \lg x_n) = \frac{\sum_{i=1}^{n}\lg x_i}{n}$$

可以看出，几何平均数的对数是各变量值对数的算术平均。需要注意的是，当数据中出现零值或负值时不宜计算几何平均数。

【例4.14】某银行贷款期限为10年，年息是按复利计算的，年利率及有关资料如表4-8所示，求平均年利率。

表4-8 某银行贷款资料表

年利率/%	年数f/年	本利率x/%	x^f
6	2	106	1.1236
7	5	107	1.4026
8	2	108	1.1664
9	1	109	1.090
合计	10	—	—

解：该投资者在这10年内的平均收益率为

$$G = \sqrt[\Sigma f]{x_1^{f_1} x_2^{f_2} \cdots x_n^{f_n}} = \sqrt[10]{1.06^2 \times 1.07^5 \times 1.08^2 \times 1.09^1} = \sqrt[10]{2.003\,57} \approx 1.0720$$

平均本利率G=107.20%

平均年利率G=107.20%-1=7.20%

4.1.6 众数、中位数和平均数的比较

众数、中位数和平均数是集中趋势的3个主要测度值，它们具有不同的特点和应用场合。

1. 众数、中位数和平均数的关系

从分布的角度看，众数始终是一组数据分布的最高峰值，中位数是处于一组数据中间位置上的值，而平均数则是全部数据的算术平均。因此，对于具有单峰分布的大多数数据而言，众数、中位数和平均数之间具有以下关系：如果数据的分布是对称的，众数(M_o)、中位数(M_e)和平均数($\bar{x}$)必定相等，有$M_o=M_e=\bar{x}$；如果数据是左偏分布，说明数据存在极小值，必然拉动平均数向极小值一方靠，而众数和中位数由于是位置代表值，没有受极值的影响，因此三者之间的关系表现为$\bar{x} < M_e < M_o$；如果是右偏分布，说明数据存在极大值，必然拉动平均数向极大值一方靠，则有$M_o < M_e < \bar{x}$。上述关系如图4-1所示，其中横轴代

变量值，纵轴代表频数。

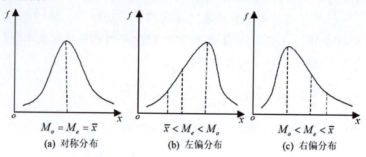

图 4-1　不同分布的众数、中位数和平均数

2. 众数、中位数和平均数的特点与应用场合

众数、中位数和平均数各自具有不同的特点，掌握它们之间的关系和各自的不同特点，有助于在实际应用中选择合理的测度值来描述数据的集中趋势。

众数是一组数据分布的峰值，它是一种位置代表值，不受极端值的影响。其缺点是具有不唯一性，一组数据可能有一个众数，也可能有两个或多个众数，也可能没有众数。众数只有在数据量较多时才有意义，当数据量较少时，不宜使用众数。虽然顺序数据及数值型数据也可以计算众数，但众数主要适合作为分类数据的集中趋势测度值。

中位数是一组数据中间位置上的代表值，与中位数类似的还有四分位数、十分位数和百分位数等，它们也都是位置代表值，其特点是不受极端值的影响。当一组数据的分布偏斜程度较大时，使用中位数也许是一个好的选择。中位数及其他分位数主要适合作为顺序数据的集中趋势测度值，虽然对于顺序数据也可以使用众数，但以中位数为宜。

平均数是针对数值型数据进行计算的集中趋势测度值，它充分利用了全部数据信息，是实际应用中最广泛的集中趋势指标之一。平均数主要适合作为数值型数据的集中趋势测度值，虽然数值型数据也可以计算众数和中位数，但以平均数为宜。当数据呈对称分布或接近对称分布时，3个代表值相等或接近相等，这时则应选择平均数作为集中趋势的代表值。但平均数的主要缺点是易受数据极端值的影响，对于偏态分布的数据，平均数代表性较差。因此，当数据为偏态分布，特别是当偏斜程度较大时，可以考虑选择众数或中位数等位置代表值，这时它们的代表性要比平均数好。

4.2　离散程度的度量

集中趋势反映的是各变量值向其中心值聚集的程度，而各变量值之间的差异状况则需要考察数据的分散程度。数据的分散程度是数据分布的另一个重要特征，它所反映的是各变量值远离其中心值的程度，因此也称为离中趋势。集中趋势的代表值——平均数，是对数据水平的概括性度量，但其代表性的优劣取决于离散程度的大小。一组数据离散程度越大，其平均数的代表性就越差；离散程度越小，其代表性就越好。

描述数据离散程度采用的度量值，根据所依据数据类型的不同主要有极差、异众比率、四分位差、平均差、方差和标准差、离散系数等。

4.2.1 极差

极差(range)又称"全距",是一组数据的最大值与最小值之差,用 R 表示。其计算公式如式(4.13)所示。

$$R = \max(x_i) - \min(x_i) \tag{4.13}$$

极差是描述数据离散程度最简单的测度值,计算简单,易于理解,但它容易受极端值的影响。由于极差只是利用了一组数据两端的信息,不能反映中间数据的分散状况,因而不能准确地描述出数据的分散程度。

4.2.2 异众比率

异众比率(variation ratio)是指非众数组的频数占总频数的比率,用VR表示。

异众比率的计算公式如式(4.14)所示。

$$\mathrm{VR} = \frac{\sum f_i - f_m}{\sum f_i} = 1 - \frac{f_m}{\sum f_i} \tag{4.14}$$

式(4.14)中: $\sum f_i$ 表示变量值的总频数, f_m 表示众数组的频数。

异众比率主要用于衡量众数对一组数据的代表程度。异众比率越大,说明非众数组的频数占总频数的比重越大,众数的代表性就越差;异众比率越小,说明非众数组的频数占总频数的比重越小,众数的代表性越好。异众比率主要适合度量分类数据的离散程度,顺序数据及数值型数据也可以计算异众比率。

【例4.15】根据表4-3中的数据,计算异众比率。

解:根据式(4.14)得

$$\mathrm{VR} = \frac{200-72}{200} = 1 - \frac{72}{200} = 0.64$$

这说明在所调查的200户当中,除对售后服务满意程度"一般"的户数外,其他户数占64%,异众比率比较大。因此,用"一般"来代表居民对售后服务的满意状况,其代表性不是很好。

4.2.3 四分位差

四分位差(quartile deviation)是第三个四分位数与第一个四分位数之差,也称为内距或四分间距,用QD表示。

四分位差的计算公式如式(4.15)所示。

$$\mathrm{QD} = Q_3 - Q_1 \tag{4.15}$$

四分位差是根据四分位数计算的,四分位数就是把各变量值按从小到大的顺序排列后处在四等分点上的各变量值,记作 Q_1、Q_2 和 Q_3。第一个四分位数 Q_1 也称为下四分位数,表明有四分之一的变量值小于 Q_1,第二个四分位数 Q_2 就是中位数 M_e,第三个四分位数 Q_3 也称作上四分位数,反映了有四分之一的变量值大于 Q_3。

四分位差反映了中间50%的数据的离散程度,其数值越小,说明中间的数据越集中;

数值越大，说明中间的数据越分散。四分位差不受极端值的影响。此外，由于中位数处于数据的中间位置，因此，四分位差的大小在一定程度上也说明了中位数对一组数据的代表程度。

四分位差主要用于度量顺序数据的离散程度。数值型数据也可以计算四分位差，但不适用于分类数据。

四分位数的计算方法完全类似于中位数。对于未分组的资料来说，Q_1的位次$=\dfrac{n+1}{4}$，Q_3的位次$=\dfrac{3(n+1)}{4}$；对于分组资料，第i个四分位数可按近似公式(4.16)计算。

$$Q_i = L_i + \dfrac{\dfrac{i\sum f}{4} - S_{mi-1}}{f_{mi}} \times d_i \quad (i=1,2,3) \tag{4.16}$$

式(4.16)中：L_i表示第i四分位数所在组的下限；f_{mi}表示第i四分位数所在组的频数；$\sum f$表示各组频数的总和；S_{mi-1}表示小于第i四分位数所在组的各组频数之和；d_i表示第i四分位数所在组的组距。

【例4.16】某百货公司所属各商店年销售额的组距资料如表4-9所示，试计算其四分位差。

表4-9　某百货公司所属商店年销售额资料

年销售额/万元	商店个数/个	向上累积
60～70	20	20
70～80	40	60
80～90	60	120
90～100	80	200
100～110	48	248
110～120	20	268
120～130	12	280
合计	280	—

解：Q_1的位次$\dfrac{\sum f}{4} = \dfrac{280}{4} = 70$，它说明$Q_1$位于80～90这一组，根据公式(4.16)有

$$Q_1 = 80 + \dfrac{70-60}{60} \times 10 \approx 81.67 (万元)$$

Q_3的位次$\dfrac{3\sum f}{4} = \dfrac{3 \times 280}{4} = 210$，它说明$Q_3$位于100～110这一组，由公式(4.16)有

$$Q_3 = 100 + \dfrac{210-200}{48} \times 10 \approx 102.08 (万元)$$

四分位差QD$=102.08-81.67=20.41$(万元)

由以上计算可以得出，有25%的商店销售额在81.67万元以下，而有25%的商店销售额在102.08万元以上，有50%的商店销售额介于81.67万元和102.08万元之间，四分位差为20.41万元，说明中间50%的商店年销售额比较集中。

四分位差是对极差的一种改进，与极差相比，四分位差不受极端值的影响，在反映数

据的离散程度方面比极差准确,具有较高的稳定性。但它和极差一样只用两个值来计算,不能充分反映变量值的一般变动。

4.2.4 平均差

平均差(mean deviation)是指各变量值与其算术平均数离差绝对值的平均数,记为MD。平均差根据所掌握的数据不同,可分为简单平均差和加权平均差。

(1) 在资料未分组的情况下,采用简单平均差的计算公式,如式(4.17)所示。

$$\text{MD} = \frac{\sum_{i=1}^{n}|x_i - \bar{x}|}{n} \tag{4.17}$$

(2) 在资料已分组的情况下,采用加权平均差的计算公式,如式(4.18)所示。

$$\text{MD} = \frac{\sum_{i=1}^{k}|x_i - \bar{x}|f_i}{\sum_{i=1}^{k}f_i} \tag{4.18}$$

【例4.17】 以例4.16中表4-9的资料,计算其平均差。

解: 先编制平均差计算表,如表4-10所示。

表4-10 某百货公司所属各商店年销售额平均差计算表

按年销售额分组/万元	组中值x	商店个数f/个	xf	|x-x̄|	|x-x̄|f
60~70	65	20	1 300	27.29	545.80
70~80	75	40	3 000	17.29	691.60
80~90	85	60	5 100	7.29	437.40
90~100	95	80	7 600	2.71	216.80
100~110	105	48	5 040	12.71	610.08
110~120	115	20	2 300	22.71	454.20
120~130	125	12	1 500	32.71	392.52
合计	—	280	25 840	—	3 348.40

算术平均数 $\bar{x} = \frac{\sum xf}{\sum f} = \frac{25\,840}{280} \approx 92.29$(万元)

由式(4.18)得平均差为

$$\text{MD} = \frac{\sum|x - \bar{x}|f}{\sum f} = \frac{3348.40}{280} \approx 11.96(\text{万元})$$

平均差以算术平均数为中心,反映了各变量值与算术平均数的平均差异程度,它能全面准确地反映一组数据的离散状况。平均差越大说明数据的离散程度越大,反之,则说明数据的离散程度越小。为了避免离差之和等于零而无法计算平均差这一问题,平均差在计算时对离差取了绝对值。以离差的绝对值表示总离差,不仅给计算带来了不便,而且也不是消除离差之和等于零的最好方法,因此在实际中应用较少。

4.2.5 方差和标准差

方差和标准差的思路与平均差基本相同，只是在数学处理方法上与平均差不同。平均差是通过取绝对值消去离差的正负号，而方差(或标准差)则是用平方的办法消去离差的正负号。

方差(variance)是指各变量值与其平均数离差平方的平均数，标准差(standard deviation)是方差的平方根。它们反映了每个数据与其算术平均数相比平均相差的数值，能准确地反映出数据的离散程度。因此，它们成了应用最为广泛的离散程度测度值。

1. 样本方差和标准差

样本方差记为S^2，根据未分组数据和分组数据计算样本方差的公式分别如式(4.19)与式(4.20)所示。

未分组数据：
$$S^2 = \frac{\sum_{i=1}^{n}(x_i - \overline{x})^2}{n-1} \tag{4.19}$$

分组数据：
$$S^2 = \frac{\sum_{i=1}^{k}(x_i - \overline{x})^2 f_i}{\sum_{i=1}^{k} f_i - 1} \tag{4.20}$$

样本方差用样本单位数n(或总频数$\sum_{i=1}^{k} f_i$)减1去除离差平方和，其中样本单位数减1即$(n-1)$(或$\sum_{i=1}^{k} f_i - 1$)称为自由度。自由度是指附加给独立的观测值的约束或限制的个数。样本方差的自由度为什么是$(n-1)$呢？因为在计算离差平方和$\sum_{i=1}^{n}(x_i - \overline{x})^2$时，必须先求出样本均值$\overline{x}$，而$\overline{x}$是附加给$\sum_{i=1}^{n}(x_i - \overline{x})^2$的一个约束，因此，计算离差平方和时只有$(n-1)$个独立的观测值。样本方差用自由度$(n-1)$去除，其原因主要是在抽样估计中，当我们用样本方差$S^2$去估计总体方差$\sigma^2$时，它是$\sigma^2$的无偏估计量。

与方差不同的是，标准差是具有量纲的，它与变量值的计量单位相同，其实际意义要比方差清楚。因此，在对实际问题进行分析时，更多地使用标准差。

方差开方后即得到标准差，相应的样本标准差计算公式分别如式(4.21)与式(4.22)所示。

未分组数据：
$$S = \sqrt{\frac{\sum_{i=1}^{n}(x_i - \overline{x})^2}{n-1}} \tag{4.21}$$

分组数据：
$$S = \sqrt{\frac{\sum_{i=1}^{k}(x_i - \overline{x})^2 f_i}{\sum_{i=1}^{k} f_i - 1}} \tag{4.22}$$

2. 总体方差和标准差

总体方差记为σ^2；μ记为总体平均数；N或$\sum F$记为总体总频数。根据未分组数据和分组数据计算总体方差的公式分别如式(4.23)与式(4.24)所示。

未分组数据：
$$\sigma^2 = \frac{\sum_{i=1}^{n}(X_i - \mu)^2}{N} \tag{4.23}$$

分组数据：
$$\sigma^2 = \frac{\sum_{i=1}^{k}(X_i - \mu)^2 F_i}{\sum_{i=1}^{k} F_i} \tag{4.24}$$

相应地，总体标准差的计算公式分别如式(4.25)与式(4.26)所示。

未分组数据：
$$\sigma = \sqrt{\frac{\sum_{i=1}^{n}(X_i - \mu)^2}{N}} \tag{4.25}$$

分组数据：
$$\sigma = \sqrt{\frac{\sum_{i=1}^{k}(X_i - \mu)^2 F_i}{\sum_{i=1}^{k} F_i}} \tag{4.26}$$

【例4.18】参考例4.17中表4-9的资料，计算其方差和标准差。

解：由例4.17知，$\mu = \bar{x} = 92.29$万元，计算过程见表4-11。

表4-11　某百货公司所属各商店年销售额方差和标准差计算表

按年销售额分组/万元	组中值X	商店个数F/个	XF	(X−μ)²	(X−μ)²F
60～70	65	20	1 300	744.51	14 894.88
70～80	75	40	3 000	298.80	11 957.76
80～90	85	60	5 100	53.08	3 188.65
90～100	95	80	7 600	7.37	587.53
100～110	105	48	5 040	161.65	7 754.12
110～120	115	20	2 300	515.94	10 314.88
120～130	125	12	1 500	1 070.22	12 839.33
合计	—	280	25 840	—	61 537.15

因此，由式(4.24)和式(4.26)可得总体方差和标准差为

$$\sigma^2 = \frac{\sum_{i=1}^{k}(X_i - \mu)^2 F_i}{\sum_{i=1}^{k} F_i} = \frac{61\,537.15}{280} \approx 219.78$$

$$\sigma = \sqrt{\frac{\sum_{i=1}^{k}(X_i - \mu)^2 F_i}{\sum_{i=1}^{k} F_i}} = \sqrt{219.78} \approx 14.82(万元)$$

4.2.6 离散系数

上面介绍的极差、四分位差、平均差、标准差和方差都是有量纲的量，它们的大小不仅取决于变量值本身水平的高低，还与计量单位密切相关。因此，对于平均水平不同或计量单位不同的不同组别的数据，是不能用上述离散程度的度量值直接比较其离散程度的。为消除变量值水平的高低和计量单位的不同对离散程度度量值的影响，需要计算离散系数。

离散系数(coefficient of variation)又称变异系数，是各变量数据的离散程度与其算术平均数的比值，用V表示。如将极差与其平均数对比，可得到极差系数；将平均差与平均数对比，可得到平均差系数；将标准差与平均数对比，可得到标准差系数。

最常用的离散系数是标准差系数，其样本总体离散系数与全及总体离散系数计算公式如式(4.27)与式(4.28)所示。

$$V_1 = \frac{s}{\bar{x}} \times 100\% \tag{4.27}$$

$$V_2 = \frac{\sigma}{\mu} \times 100\% \tag{4.28}$$

【例4.19】本章开篇案例的A、B两供货商交货期的算术平均数和标准差分别为$\bar{x}_A = 10$天，$S_A = 1.155$天；$\bar{x}_B = 11$天，$S_B = 2.404$天。求A、B的标准差系数。

解： 由已知条件可得它们的标准差系数分别为

$$V_A = \frac{s_A}{\bar{x}_A} \times 100\% = \frac{1.155}{10} \times 100\% = 11.55\%$$

$$V_B = \frac{s_B}{\bar{x}_B} \times 100\% = \frac{2.404}{11} \times 100\% \approx 21.85\%$$

计算结果表明，A供货商不仅平均交货期短于B供货商，而且其离散系数也比B供货商低，即其交货时间较B供货商稳定。所以，初步判断企业选择A供货商较为有利。

离散系数主要用于比较不同样本数据的离散程度。离散系数越小，说明其平均数的代表性越好；离散系数越大，则其平均数的代表性越差。

4.3 偏态和峰态的度量

平均指标和变异指标反映了分布的两种数量特征，即集中趋势和离散程度。就一个分布而言，这两种特征无疑是最基本、最重要的。但是，除集中趋势和离散程度外，分布还有形状方面的特征，偏度和峰度就属于这样的分布特征。相对于集中趋势和离散程度而言，偏度和峰度主要不是从变量值水平的角度考察分布的代表值或变异度，而是从整个分布图形的形状来考虑问题，因此，它们所反映的是"分布的形态特征"。为了掌握偏度和峰度指标的计算分析方法，首先必须理解有关"矩"的概念。

"矩"又称"动差"，它本来是一个力学概念，表示作用力、力臂与其平衡点之间的数量关系。统计学中借用并改造了这一概念，通过一系列的"矩"指标来描述分布的特征。实际上，前面的算术平均数、方差及平均差等，都可以看成矩的特例。矩有各种不同的形式。

4.3.1 矩的基本形式

在统计学中，定义变量x对常数a的"k阶矩"如式(4.29)所示。

$$\omega_k = \frac{\sum_{i=1}^{n}(x_i-a)^k}{n} \quad 或 \quad \omega_k = \frac{\sum_{i=1}^{n}(x_i-a)^k f_i}{\sum_{i=1}^{n} f_i} \tag{4.29}$$

式(4.29)中，k为任意正整数。若将上式中的离差项取为绝对值，则可得到变量x对常数a的"k阶绝对矩"。对常数a按不同的方式赋值，可以得到两种具体的矩指标形式。

1. 原点距

在矩的一般公式中，取$a=0$，可以得到变量x关于原点的k阶矩，即"k阶原点矩"，如式(4.30)所示。

$$\mu_k = \frac{\sum_{i=1}^{n} x_i^k}{n} \quad 或 \quad \mu_k = \frac{\sum_{i=1}^{n} x_i^k f_i}{\sum_{i=1}^{n} f_i} \tag{4.30}$$

显然，一阶原点矩就是变量的算术平均数，二阶原点矩就是变量平方的算术平均数。

2. 中心矩

在矩的一般公式中，取$a=\bar{x}$，可以得到变量x关于分布中心$\bar{x}$的k阶矩，即"k阶中心矩"，如式(4.31)所示。

$$m_k = \frac{\sum_{i=1}^{n}(x_i-\bar{x})^k}{n} \quad 或 \quad m_k = \frac{\sum_{i=1}^{n}(x_i-\bar{x})^k f_i}{\sum_{i=1}^{n} f_i} \tag{4.31}$$

显然，任何分布的一阶中心矩永远等于零，二阶中心矩就是分布的方差。中心矩与原点矩之间存在一定的关系，彼此可以互相换算。

中心矩有两个重要性质。

(1) 当分布对称时，必有

$$m_1 = m_3 = m_5 = \cdots = m_{2k-1} = 0 \ (k为任意正整数)$$

即，对称分布的所有奇数阶中心矩恒为零。

(2) 当分布为正态分布时，不仅所有奇数阶中心矩恒为零，而且还有以下重要性质。

$$m_{2k} = 1 \times 3 \times 5 \times \cdots \times (2k-1)\sigma^{2k} = (2k-1)!!\sigma^2$$

这表明，正态分布的所有偶数阶中心矩都是由其方差决定的。利用这一性质，我们可以很容易得到以下结果。

$$m_2 = \sigma^2, \ m_4 = 3\sigma^4, \ m_6 = 15\sigma^6 \ \cdots$$

依据分布的中心矩与原点矩之间的关系,还可以得到正态分布的所有各阶原点矩。显然,对于正态分布,矩的计算非常方便。我们只要知道了正态分布的平均数(数学期望)和方差,则所有其他的中心矩和原点矩都可以由此导出。

理论上说,一个分布在各方面的特征,可以由它的各阶矩给予完整描述。但实际上,我们一般只要用到分布的前四阶中心矩或原点矩,就足以刻画分布的主要特征了。统计中常常用三阶或四阶矩来刻画分布的形态特征。

4.3.2 偏度系数

偏度系数(coefficient of skewness)是变量的三阶中心矩与其标准差的三次方对比的结果,用 α 表示,反映分布的不对称方向和程度。其计算公式如式(4.32)所示。

$$\alpha = \frac{m_3}{\sigma^3} \tag{4.32}$$

式(4.32)中:σ^3 受计量单位影响的程度恰好与三阶中心矩相同,故用作除数,能够有效地消除此种影响。

按式(4.32)计算出来的偏度指标,其符号可以表明分布的偏斜方向,其绝对值大小则可以表明分布的偏斜程度。则有

$$\alpha \begin{cases} > 0, & \text{分布为右偏分布} \\ = 0, & \text{分布为对称分布} \\ < 0, & \text{分布为左偏分布} \end{cases}$$

偏度系数 α 的值没有一定的分界线,一般当 $|\alpha|$ 大于2,就算偏斜程度很大了。

4.3.3 峰度系数

分布的峰度是指分布图形的尖峭程度或峰凸程度。如果一个总体在众数周围的集中程度很高,其分布的图形就会比较陡峭;反之,如果总体在众数周围的集中程度较低,其分布图形就会比较平坦,如图4-2所示。峰度指标是反映这方面分布情况的一个数值特征。

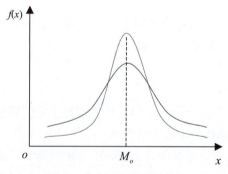

图 4-2 峰度不同的分布图形

经验数据观察表明,整个分布图形的尖峭程度与偶数阶中心矩的数值大小有关。在一般情况下,偶数阶中心矩的数值越大,分布图形越平坦;数值越小,分布图形越尖峭。如果将分布的四阶中心矩与标准差的四次方对比,这样得到的数值大小与峰度的高低能够保持一致,同时又恰好消除了计量单位对计算结果的影响。由此形成了峰度指标的基本构造

方式，但对于正态分布，这样计算的结果恒为一个常数 $\frac{m_4}{\sigma^4} = \frac{3\sigma^4}{\sigma^4} = 3$。

因此，将各种分布的峰凸程度都与正态分布相对比，可得峰度系数的定义与公式。

峰度系数(coefficient of kurtosis)是由变量的四阶中心矩与标准差的四次方进行对比的结果再减去3所得，用 β 表示，可以反映分布图形的尖峭程度。其计算公式如式(4.33)所示。

$$\beta = \frac{m_4}{\sigma^4} - 3 \tag{4.33}$$

按式(4.33)计算出来的峰度指标，可以用来判定分布的形态特征。其判别标准为

$$\beta \begin{cases} > 0, \text{分布为高峰度的分布} \\ = 0, \text{分布为正态峰度的分布} \\ < 0, \text{分布为低峰度的分布} \end{cases}$$

这里所说的峰度高、低，都是与具有相同标准差或方差的正态分布比较而言的。

当上面的峰度指标值小于 -1.2 时，分布曲线常常会由上凸变成下凹，也就是由钟形分布变成U形分布，此时的峰度实际上成为"凹度"。

【例4.20】根据例4.16中表4-9的资料，计算其分布的偏度系数和峰度系数。

解：先编制计算表，如表4-12所示。

表4-12　某百货公司所属各商店年销售额偏度系数和峰度系数计算表

组中值 X	商店个数 F /个	XF	μ	$(X-\mu)^2 F$	$(X-\mu)^3 F$	$(X-\mu)^4 F$
65	20	1 300	92.29	14 894.882	−406 481.329 8	11 092 875.49
75	40	3 000	92.29	11 957.764	−206 749.739 6	3 574 702.997
85	60	5 100	92.29	3 188.646	−23 245.229 34	169 457.721 9
95	80	7 600	92.29	587.528	1 592.200 88	4 314.864 385
105	48	5 040	92.29	7 754.116 8	98 554.824 53	1 252 631.82
115	20	2 300	92.29	10 314.882	234 250.970 2	5 319 839.534
125	12	1 500	92.29	12 839.329	419 974.458 1	13 737 364.53
—	280	25 840	—	61 537.15	117 896.16	35 151 186.95

由例4.18可知：$\sigma = 14.82$(万元)

由表4-12可得

$$m_3 = \frac{\sum (X-\mu)^3 F}{\sum F} = \frac{117\ 896.16}{280} \approx 421.06$$

$$m_4 = \frac{\sum (X-\mu)^4 F}{\sum F} = \frac{35\ 151\ 186.95}{280} \approx 125\ 539.95$$

将计算结果代入式(4.32)和式(4.33)得偏度系数和峰度系数为

$$\alpha = \frac{m_3}{\sigma^3} = \frac{421.06}{14.82^3} \approx 0.129\ 4$$

$$\beta = \frac{m_4}{\sigma^4} - 3 = \frac{125\ 539.95}{14.82^4} - 3 \approx -0.397\ 5$$

因 $\alpha = 0.129\ 4 > 0$，数值不是很大，说明分布略为偏斜(右偏)；$\beta = -0.3975 < 0$，说明分布属于低峰度，比具有同方差的正态分布略为平坦。

本章小结

在统计分析与决策中，我们需要将数据概括为几个数量特征，即现象的集中趋势、离中趋势和分布形态，以便能够对现象总体的数量规律性给以精确、简洁的描述。我们可以通过统计图表粗略地描述这些数量特征，也可以使用数据分布的测定指标来对总体的数量特征进行度量。本章从3个方面介绍了数据分布特征的度量：一是数据分布的集中趋势；二是数据分布的离散程度；三是数据分布的偏度和峰度。

(1) 集中趋势是一组数据向其中心值靠拢的倾向，它反映了数据聚集的中心所在。集中趋势的度量常用众数、中位数、算术平均数、调和平均数和几何平均数等指标来描述。

众数和中位数是位置平均数，不受数据中极端值的影响，主要用于反映分类数据和顺序数据的集中趋势；算术平均数、调和平均数、几何平均数是数值平均数，易受数据极端值的影响。算术平均数是使用最广泛和最重要的一种平均数，调和平均数常作为算术平均数的变形来使用，而几何平均数主要用于平均比率的计算。

(2) 离散程度是指一组数据远离其中心值的程度，也称离中趋势，可以反映数据之间的变异程度。离散程度的度量常用极差、异众比率、四分位差、平均差、标准差、方差和离散系数等指标来描述。

异众比率主要用于分类数据。四分位差主要用于度量顺序数据的离散程度。极差计算简单，易受极端值的影响，因而不能准确反映数据的离散程度，只是辅助指标。方差和标准差是实际中应用最广泛的度量离散程度的指标；而离散系数用来反映一组数据的相对变异程度，对不同组别的数据进行比较时，如果它们的平均数和计量单位不相同，则需用离散系数来比较它们的离散程度。

集中趋势和离散程度常常结合在一起使用，集中趋势是对数据的概括性度量，其代表性的优劣取决于离散程度的大小。一组数据的离散程度越大，其平均数的代表性就越差；反之，离散程度越小，其平均数代表性就越好。

(3) 偏度是指数据分布的偏斜方向和程度。峰度是指数据分布的尖峭状况和程度。偏度和峰度的度量常用偏度系数和峰度系数。

要全面把握数据分布的特征，需要同时对数据分布的集中趋势、离散程度、偏度和峰度这3个特征进行描述和分析。

练习题

一、思考题

1. 一组数据的分布特征可以从哪几个方面进行度量？
2. 第1章1.3中的"4.财务管理中的统计"，财务管理人员依据统计得出的未付款发票期限的若干统计指标，就能判断出应收账款和收入现金流都处于控制之中，这是为何？
3. 常用的标志变异指标有哪些？各种指标的作用和局限性如何？

4. 如何比较两个总体平均数的代表性？

5. 度量一组数据的偏度和峰度的指标是什么？该如何应用？

二、选择题

1. 权数对算术平均数的影响，实质上取决于(   )。
   A. 各组权数绝对值的大小   B. 各组权数是否相等
   C. 各组变量值的大小   D. 各组权数的比重

2. 已知5个水果商店苹果的单价和销售额，要计算5个商店苹果的平均单价，应采用(   )。
   A. 简单算术平均法   B. 加权算术平均法
   C. 加权调和平均法   D. 几何平均法

3. 当变量值中有一项为零时，不能计算(   )。
   A. 算术平均数   B. 中位数
   C. 几何平均数   D. 调和平均数

4. 如果分布是左偏的，则(   )。
   A. 众数＞算术平均数＞中位数   B. 众数＞中位数＞算术平均数
   C. 算术平均数＞中位数＞众数   D. 算术平均数＞众数＞中位数

5. 正态分布的峰度系数(   )零。
   A. 大于   B. 等于
   C. 小于   D. 大于或等于

6. 对于分类数据，主要使用(   )度量其离散程度。
   A. 众数   B. 异众比率
   C. 标准差   D. 方差

7. 当数据组高度偏态时，(   )更具有代表性。
   A. 算术平均数   B. 中位数
   C. 调和平均数   D. 几何平均数

8. 下列(   )必须计算离散系数比较两数列的离散程度大小。
   A. 平均数大的标准差亦大，平均数小的标准差亦小
   B. 平均数大的标准差小，平均数小的标准差大
   C. 两数列的平均数相等
   D. 两数列的计量单位不同
   E. 两数列的标准差相等

9. 平均指标与变异指标结合运用体现在(   )。
   A. 用变异指标说明平均指标代表性的大小
   B. 以变异指标为基础，用平均指标说明经济活动的均衡性
   C. 以平均指标为基础，用变异指标说明经济活动的均衡性
   D. 以平均指标为基础，用变异指标说明经济活动的节奏性
   E. 以平均指标为基础，用变异指标说明总体各单位的离散程度

10. 几何平均数主要适用于( )情况。

A. 标志值的代数和等于标志值总量

B. 标志值的连乘积等于总比率

C. 标志值的连乘积等于总速度

D. 具有等比关系的变量数列

E. 求平均比率时

三、计算题

1. 已知某工厂工人日产零件数的分组资料如表4-13所示。

表4-13　某工厂工人日产零件数的分组资料

日产零件数/件	工人数/人	工人比重/%
65	30	10
70	75	25
75	120	40
80	54	18
85	21	7
合计	300	100

试计算工人的平均日产量。

2. 甲、乙企业生产3种产品的单位成本和总成本资料如表4-14所示。

表4-14　3种产品的单位成本和总成本资料

产品名称	单位成本/元	总成本/元	
		甲企业	乙企业
A	15	2100	3255
B	20	3000	1500
C	30	1500	1500

哪个企业的总平均成本高？请分析其原因。

3. 将一笔钱存入银行，存期为10年，按复利计息。10年的利率分别为：第一年和第二年为5%，第三年至第五年为8%，第六年至第八年为10%，第九年和第十年为12%。求平均年利率。

4. 对10名成年人和10名幼儿的身高进行抽样调查，结果如表4-15所示。

表4-15　身高抽样调查结果　　　　　　　　　　　　　单位：cm

成年组	166	169	172	177	180	170	172	174	168	173
幼儿组	68	69	68	70	71	73	72	73	74	75

(1) 比较成年组和幼儿组的身高差异，应采用何种指标度量？为什么？

(2) 比较分析哪一组的身高差异大？

5. 某企业某月某日产量资料如表4-16所示。

表4-16　某企业某月某日产量资料

日产量分组/件	工人数/人
60以下	40
60～70	100
70～80	180
80～90	220
90～100	90
100以上	50
合计	680

要求：利用Excel计算下列统计指标。
(1) 计算众数和中位数。
(2) 计算算术平均数和标准差。
(3) 计算偏度系数和峰度系数。
(4) 对工人日产量的分布特征进行综合分析。

四、案例分析题

一种产品需要人工组装，现有3种可供选择的组装方法。为检验哪种方法更好，随机抽取15个工人，让他们分别用3种方法组装。表4-17记录了15个工人分别用3种方法在相同的时间内组装的产品数量。

表4-17　15个工人在相同时间内组装的产品数量　　　　　　　　　　　　单位：个

方法A	方法B	方法C
129	125	164
130	126	167
129	126	168
130	127	165
131	126	170
130	128	165
129	127	164
127	126	168
128	127	164
128	127	162
127	125	163
128	126	166
128	116	167
125	126	166
132	125	165

(1) 应采用什么方法来评价组装方法的优劣势？
(2) 如果让你选择一种方法，你会做出怎样的选择？试说明理由。

第 5 章

参数估计

【案例】 某网络游戏公司历经两年多的开发,推出了一款新的冒险性游戏,该游戏上市后立即引起轰动。运营一段时间后,一些网游爱好者对游戏女主角罗拉留着马尾辫的形象提出了批评。为了维持该游戏的吸引力,网络游戏公司考虑是否要去掉罗拉的马尾辫而设计一个新形象。

为此该公司随机抽取了200名网游爱好者进行调查,调查显示,其中有152名爱好者建议去掉罗拉的马尾辫,这一比率达到了76%,但这只是一个样本的估计,所以需要对估计的精度进行说明。基于该样本的结果和95%的置信水平,总体比率的区间为70.01%～81.92%,于是,网络游戏公司决定,去掉罗拉的马尾辫而设计一个新的罗拉形象。

本章的主要目的是解决如何基于样本的信息,对总体参数做出有一定精度的估计。

5.1 抽样调查的一般问题

从总体中抽取样本的方法有两种:一种是随机抽样,也称概率抽样,即按随机原则从研究对象整体中抽取部分单位进行实际调查,并依据样本信息对总体数量特征做出具有一定可靠程度的估计判断,从而达到对总体的认识;另一种是非随机抽样,也称非概率抽样,即调查研究人员根据自己对事物的了解或基于简便需求,从总体中抽取一些单位作为样本。非随机抽样不能利用概率的原理对调查结果做出推断。本章所讨论的抽样法是随机抽样。

5.1.1 抽样调查的概念、特点和作用

1. 抽样调查的概念

在统计调查中,为了取得某一现象总体的数量特征,我们可以对其进行全面调查,但

事实上，在许多情况下，由于种种原因，我们是不能或不便进行全面调查的。例如，对某批灯泡使用寿命的调查，我们不能把全部灯泡一一试验，因为该试验是破坏性的；又如对某公交车站顾客平均等待时间的调查，我们不能事先规定在该公交车站等车的顾客数量，理论上所有顾客都有可能到该公交车站等车，为便于处理，这一现象总体常常被当作无限总体对待，所以也不能进行全面调查；还有一些现象理论上虽然可以进行全面调查，但由于时间、人力、费用都消耗太大，因此进行全面调查既不方便也没有必要。那么有没有一种只对总体的部分单位进行调查，又能对总体的数量特征做出推断的方法呢？回答是肯定的，这就是抽样调查。所谓抽样调查，就是按随机原则从总体中抽取一部分单位进行调查，用调查所得的数值对总体数量特征做出推断的一种统计调查方法。抽样调查是现代推断统计的核心，其科学性和优越性使其无论是在自然科学领域还是在社会经济领域，都获得了极其广泛的应用。

2. 抽样调查的特点

抽样调查与其他非全面调查相比，具有以下3个显著特点。

(1) 遵循随机原则。所谓随机原则就是机会均等原则，即调查者不带任何主观倾向，完全凭偶然性抽取单位，使总体中每个单位被抽中的机会均等。随机原则是抽样调查的基本原则，只有按随机原则抽取样本单位，才能使样本的结构同总体结构相似，才能应用数理统计的原理对总体进行推断。

(2) 以部分推断总体。抽样调查的目的就是要对总体数量特征做出估计或某种判断，而且它是以概率论有关的分布理论为依据的估计，可以计算其可靠性和精确度。

(3) 抽样误差可以事先计算并加以控制。抽样调查以部分推断总体，难免会出现抽样误差。抽样误差是随机变量，即抽样误差是随机误差，其分布有一定的规律性，可以依据这种分布的规律性和具体的抽样条件计算抽样误差的大小并加以控制。它是对抽样推断精确度的一种量度。抽样误差越大，抽样推断的精确度越低；抽样误差越小，则推断的精确度越高。

3. 抽样调查的作用

抽样调查的以上特点，使其在经济管理领域中有着极其广泛的应用。

(1) 某些现象不可能采用全面调查时，可以通过抽样调查做出推断。有些现象要经过破坏性或消耗性的试验才能了解情况。例如，轮胎的行驶里程需要做破坏性的试验，无法采用全面调查。对某些无限总体不能采用全面调查，而只能从中抽取样本进行检验。例如，对于处于连续生产过程中的产品进行质量抽检，不能进行全面调查。

(2) 当某些现象没有必要采用全面调查时，也可通过抽样调查来做出推断。例如，对城市居民的家计调查和市场购买力调查等，完全可采用抽样调查，因为这样可节省大量的人力、物力和财力，并能达到事半功倍的效果。

(3) 抽样调查和全面调查相结合，可以相互补充，也可以对全面调查资料起到检验核对的作用。例如，我国每10年进行一次人口普查，中间进行一次人口抽样调查(抽样比例约1%)。抽样调查从内容上补充全面调查。又如，我国第5次人口普查时使用长表和短表两种调查表，短表调查项目少，人人都要登记；长表在短表基础上增加了很多项目，只供全国一小部分人口登记。这实际上就是在普查的同时进行抽样调查。

(4) 对某些总体的假设需要依靠抽样调查进行检验。例如，要检验一项工艺改革方案实施后，是否有明显效果，就需要对总体进行假设检验，以判断这一假设的真伪，以便做出决断。

(5) 抽样调查方法可以用于工业生产过程中的质量控制。在连续大量生产产品过程中进行抽样检验，观察工序过程是否正常，便于及时采取措施预防废次品的产生。

5.1.2 抽样推断的几个基本概念

1. 总体与样本

总体是根据研究目的确定的所要研究事物的全体，组成总体的个别事物称为总体单位。总体所包含的总体单位的个数称为总体容量，通常用大写的字母N表示。

样本是按随机原则从总体中抽取的那部分单位组成的集合。样本中所包含的单位个数称为样本容量，一般用小写的n表示。通常将样本容量小于30的样本称为小样本，将样本容量大于或等于30的样本称为大样本。与总体是唯一确定的不同，样本不是唯一的，从一个总体中可以抽取很多个样本，全部样本的可能数目与样本容量及随机抽样的方法有关。

2. 总体参数和样本统计量

总体参数是根据总体各单位的标志值或标志表现计算的，反映总体数量特征的综合指标，是抽样推断的对象。由于总体是唯一确定的，根据总体计算的总体参数也是唯一确定的，只不过通常是未知的。一个总体可以有多个参数，从不同的方面反映总体的综合数量特征。常用的总体参数有总体平均数、总体成数、总体方差、总体标准差等。

以X表示所研究的总体变量，$X_1, X_2, \cdots, X_N$表示总体各单位的变量值，则有以下公式。

总体平均数的公式为

$$\mu = \frac{\sum_{i=1}^{N} X_i}{N}$$

总体方差的公式为

$$\sigma^2 = \frac{\sum_{i=1}^{N}(X_i - \mu)^2}{N}$$

总体标准差的公式为

$$\sigma = \sqrt{\frac{\sum_{i=1}^{N}(X_i - \mu)^2}{N}}$$

设具有某种属性的总体单位数为N_1，则具有某种属性的总体成数为

$$\pi = \frac{N_1}{N}$$

总体成数方差的公式为

$$\sigma^2 = \pi(1-\pi)$$

总体成数标准差的公式为

$$\sigma = \sqrt{\pi(1-\pi)}$$

样本统计量是根据样本中各单位标志值或标志表现计算的样本指标，是样本变量的函数，用来估计总体参数。其计算方法是确定的，但它的取值随着样本的不同而发生变化，因此统计量是随机变量。与总体参数相对应，样本统计量有样本平均数、样本成数、样本方差、样本标准差等。

样本平均数的公式为

$$\overline{x} = \frac{\sum_{i=1}^{n} x_i}{n}$$

样本方差的公式为

$$s^2 = \frac{\sum_{i=1}^{n}(x_i - \overline{x})^2}{n-1}$$

样本标准差的公式为

$$s = \sqrt{\frac{\sum_{i=1}^{n}(x_i - \overline{x})^2}{n-1}}$$

样本成数的公式为

$$p = \frac{n_1}{n}$$

样本成数方差的公式为

$$s^2 = p(1-p)$$

样本成数标准差的公式为

$$s = \sqrt{p(1-p)}$$

3. 重复抽样与不重复抽样

重复抽样也称放回抽样，是指按随机原则从总体中抽取一个单位登记后，又放回总体参加下一次抽选的方法，同一单位有重复抽中的可能。在重复抽样的情况下，每次抽取的样本单位都是在完全相同的条件下进行的，总体容量N保持不变，每个单位被抽中的机会均等。其样本可能的数目是N^n。

不重复抽样也称不放回抽样，是指从总体中随机抽取一个单位登记后，不再放回总体参加下一次抽选的方法，每个单位最多只能被抽中一次。每抽一个，总体单位数就减少一个，因此各次样本单位被抽中的机会发生变化，第一个样本单位被抽中的机会是$\frac{1}{N}$，第二个样本单位被抽中的机会是$\frac{1}{N-1}$，以此类推。不重复抽样相当于一次从总体中抽出n个单位。在不重复抽样条件下,样本可能的数目为 $\dfrac{N!}{(N-n)!n!}$。

5.1.3 抽样分布理论

1. 抽样分布的概念

假设我们想估计总体的一个参数,如总体均值μ,可以用一个样本统计量进行估计,例如,用样本均值$\bar{x}$或样本中位数m。你认为对于μ的估计,哪一个是较好的?在回答这个问题之前,我们先来考虑下面的例子。

掷一枚均匀的骰子,并且让x等于掷出的点数。假设骰子被掷3次,产生了样本观察值2,2,6。此样本的均值是$\bar{x}=3.33$,样本的中位数是$m=2$。因为x的总体均值是$\mu=(1+2+3+4+5+6)\div 6=3.5$,你能够看到对于这个样本的3个观察值,样本均值$\bar{x}$比样本中位数更接近于$\mu$的估计。现在假设我们再掷骰子3次并且得到样本观察值3,4,6。这个样本的均值和中位数分别是$\bar{x}=4.33$和$m=4$,则此次中位数m更接近于μ。

这个简单例子说明:样本均值和样本中位数并不总是落在总体均值很近的位置。因此,我们不能仅仅根据一个样本去比较这两个样本统计量及任意两个样本统计量。相反,我们需要认识到样本统计量本身是随机变量,因为不同样本会导致样本统计量取不同的值。作为随机变量,判断和比较样本统计量必须要在其概率分布的基础上进行,即在大量重复抽样试验的基础上,得到统计量取值的集合及相应的概率,进而做出判断和比较。也就是说,样本统计量推断总体参数是利用样本统计量的抽样分布(简称抽样分布)进行的。那么,什么是样本统计量的抽样分布呢?让我们先来看一个例子。

【例5.1】设一个总体有4个个体,即总体单位数$N=4$,取值分别为:$X_1=1$,$X_2=2$,$X_3=3$,$X_4=4$。具体的可以视为一个黑布袋中有4个球,分别标明1、2、3、4号球。先看总体的分布状况,如图5-1所示。

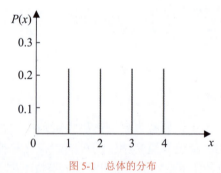

图 5-1 总体的分布

解: 可以看到总体分布为均匀分布,即x_i取每一个值的概率相同,$P(x)=0.25$。这样可以按下面的公式计算总体的均值和方差。

总体均值:$\mu = \dfrac{\sum\limits_{i=1}^{4} X_i}{N} = \dfrac{10}{4} = 2.5$

总体方差：$\sigma^2 = \dfrac{\sum_{i=1}^{4}(X_i-\mu)^2}{4} = \dfrac{5}{4} = 1.25$

若例5.1从该总体中采取重复抽样方法抽取容量为n=2的随机样本，即先摸出一个球，记下号码后放回袋中，再摸第二个球。我们来看看样本均值$\bar{x}$的抽样分布。

从总体中采取重复抽样方法抽取容量为n=2的随机样本，共有$4^2 = 16$个可能的样本。然后计算出每一个样本的均值$\bar{x}$，结果如表5-1所示。

表5-1　16个可能的样本及其均值$\bar{x}$和方差s^2

样本编号	样本单位	样本均值$\bar{x}$	样本方差s^2
1	1，1	1.0	0
2	1，2	1.5	0.5
3	1，3	2.0	2
4	1，4	2.5	4.5
5	2，1	1.5	0.5
6	2，2	2.0	0
7	2，3	2.5	0.5
8	2，4	3.0	2
9	3，1	2.0	2
10	3，2	2.5	0.5
11	3，3	3.0	0
12	3，4	3.5	0.5
13	4，1	2.5	4.5
14	4，2	3.0	2
15	4，3	3.5	0.5
16	4，4	4.0	0

由于每个样本被抽中的概率相同，均为1/16。

将样本均值经整理后得表5-2。

表5-2　样本均值$\bar{x}$的分布

$\bar{x}$的取值	$\bar{x}$的个数	$\bar{x}$取值的概率$P(\bar{x})$
1.0	1	1/16
1.5	2	2/16
2.0	3	3/16
2.5	4	4/16
3.0	3	3/16
3.5	2	2/16
4.0	1	1/16

下面把$\bar{x}$的分布绘制成图5-2。通过比较总体分布和样本均值的抽样分布，不难看出它们的区别。尽管总体为均匀分布，但样本均值的抽样分布在形状上却是对称的。

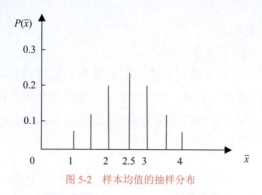

图 5-2 样本均值的抽样分布

可见，样本均值 $\bar{x}$ 的抽样分布说明 $\bar{x}$ 的值如何分布在总体均值 μ 附近，所以 $\bar{x}$ 的抽样分布提供了关于 $\bar{x}$ 与 μ 之间可能存在差别的信息，即 $\bar{x}$ 的抽样分布可以用来提供样本的均值 $\bar{x}$ 的值与总体均值 μ 的值之间差异的概率信息。这就是我们对样本均值 $\bar{x}$ 的抽样分布感兴趣的实际原因，因为当抽取一个简单随机样本，用样本均值 $\bar{x}$ 的值估计总体均值 μ 时，我们不能希望样本均值与总体均值相等。

样本均值抽样分布的形成过程可以概括成图5-3。

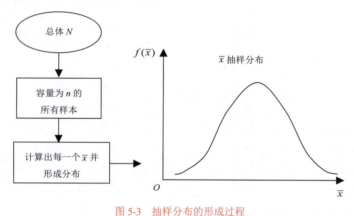

图 5-3 抽样分布的形成过程

所以，我们可以概括地说，抽样分布就是由样本n个观察值计算的统计量的概率分布。

2. $\bar{x}$ 抽样分布的形式

$\bar{x}$ 抽样分布的形式与原有总体的分布和样本容量n的大小有关。

如果原有总体是正态分布，那么无论样本容量的大小如何，样本均值的抽样分布都服从正态分布。

如果原有总体的分布是非正态分布，就要看样本容量的大小了。随着样本容量n的增大(通常要求n≥30)，不论原来总体是否服从正态分布，样本均值的抽样分布都将趋于正态分布，其分布的数学期望为总体均值 μ，方差为总体方差的 $1/n$。这就是统计上著名的中心极限定理。这一定理可以表述为：从均值为 μ、方差为 σ^2 的总体中，抽取容量为n的随机样本，当n充分大时(通常要求n≥30)，样本均值 $\bar{x}$ 的抽样分布近似服从均值为 μ、方差为 σ^2/n 的正态分布。该定理可用图5-4来说明。

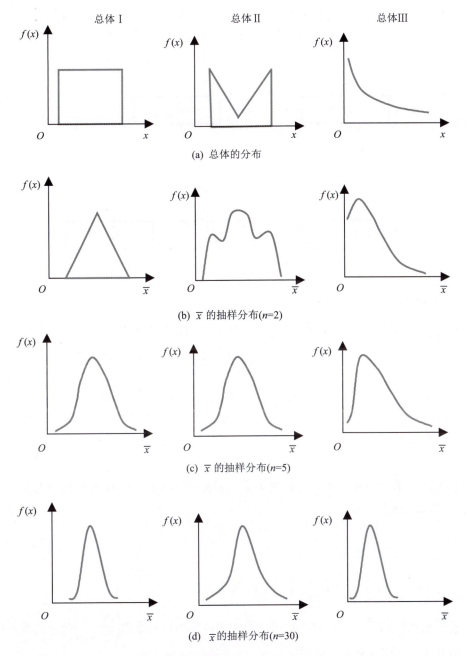

图 5-4 $\bar{x}$ 抽样分布趋于正态分布的过程

由例5.1可以看出，在从均匀分布的总体中(见图5-1)抽取样本容量$n=2$的样本，其样本均值$\bar{x}$的分布已经转换成对称的分布(见图5-2)。又由图5-4不难看出，不论总体是什么形状的分布(总体Ⅰ为均匀分布，总体Ⅱ为V形分布，总体Ⅲ为偏态分布)，当样本容量$n=2$时，样本均值$\bar{x}$的抽样分布已经明显改变形状；当$n=5$时，样本均值$\bar{x}$的抽样分布形状开始趋于正态；当$n=30$时，样本均值$\bar{x}$的抽样分布形状基本上没有差别，形成正态分布。

当总体分布不是正态分布，n为小样本时(通常$n<30$)，这时就不能按正态分布进行推断。

样本均值的抽样分布与总体分布的关系可以概括为图5-5。

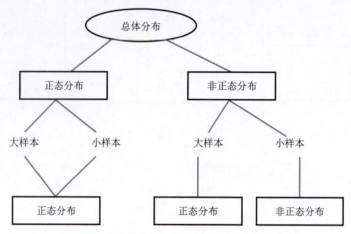

图 5-5　样本均值的抽样分布与总体分布的关系

3. $\bar{x}$ 抽样分布的特征

从统计推断的角度看，我们所关心的抽样分布的特征主要是均值和方差。这两个特征一方面与总体分布的均值和方差有关，另一方面也与抽样方法是重复抽样还是不重复抽样有关。

设总体共有N个单位，其均值为μ，方差为σ^2，从中抽取容量为n的样本，样本均值的数学期望(即样本均值的均值)记为$E(\bar{x})$，样本均值的方差记为$\sigma_{\bar{x}}^2$。则无论是重复抽样还是不重复抽样，样本均值的数学期望始终等于总体均值，即如式(5.1)所示。

$$E(\bar{x}) = \mu \tag{5.1}$$

而样本均值的方差则与抽样方法有关。在重复抽样条件下，样本均值的方差为总体方差的$1/n$，即如式(5.2)所示。

$$\sigma_{\bar{x}}^2 = \frac{\sigma^2}{n} \tag{5.2}$$

即$\bar{x} \sim N\left(\mu, \frac{\sigma^2}{n}\right)$，等价的有$\frac{\bar{x}-\mu}{\sigma/\sqrt{n}} \sim N(0,1)$。

在不重复抽样的条件下，样本均值的方差则需要用修正系数$\left(\frac{N-n}{N-1}\right)$去修正重复抽样时样本均值的方差，即如式(5.3)所示。

$$\sigma_{\bar{x}}^2 = \frac{\sigma^2}{n}\left(\frac{N-n}{N-1}\right) \tag{5.3}$$

即$\bar{x} \sim N\left\{\mu, \frac{\sigma^2}{n}\left(\frac{N-n}{N-1}\right)\right\}$。

这些结论可通过前面的例5.1进行验证。

16个样本均值的均值为$\frac{1.0+1.5+\cdots+3.5+4.0}{16} = \frac{40}{16} = 2.5 = \mu$

16个样本均值的方差为 $\sigma_{\bar{x}}^2 = \dfrac{\sum_{i=1}^{16}(\bar{x}_i - \mu)^2}{16} = \dfrac{10}{16} = \dfrac{1.25}{2} = \dfrac{\sigma^2}{n}$

通常情况下，N很大，($N-1$)几乎等于N，故修正系数也可简化为 $\left(1 - \dfrac{n}{N}\right)$，$\dfrac{n}{N}$称为抽样比。实际工作中，当抽样比小于5%时，$\left(1 - \dfrac{n}{N}\right)$近似于1，故修正系数往往可以忽略不计。

对于无限总体进行不重复抽样时，可以按重复抽样来处理，因为其修正系数 $\left(\dfrac{N-n}{N-1}\right)$ 趋向于1，此时样本均值的方差仍可按公式(5.2)计算。对于有限总体，当N很大而n很小时，其修正系数 $\left(\dfrac{N-n}{N-1}\right)$ 也趋向于1，这时样本均值的方差也可按公式(5.2)计算。

4. 样本成数的抽样分布

在许多情况下要用到成数估计，也就是用样本成数p去推断总体的成数π。所谓成数是指总体(或样本)中具有某种属性的单位数量与全部单位总数之比。例如，一个班级的学生按性别分为男、女两类，男生人数与全班总人数之比就是成数，女生人数与全班人数之比也是一个成数。又如，产品可分为合格品与不合格品，合格品(或不合格品)数量与全部产品总数之比就是成数。

成数问题适用于研究分类或定序的变量。就一个具有N个单位的总体而言，具有某种属性的单位个数为N_0，具有另一种属性的单位个数为N_1。我们将具有某种属性的单位数与全部单位总数之比称为总体成数，用π表示，则有 $\pi = \dfrac{N_0}{N}$，而另一种属性的单位数与全部单位数之比则为 $\dfrac{N_1}{N} = 1 - \pi$。相应的样本成数用p表示，同样有 $p = \dfrac{n_0}{n}$，$\dfrac{n_1}{n} = 1 - p$。

在重复选取容量为n的样本时，由样本成数的所有可能取值形成的相对频数分布，称为样本成数的抽样分布。

p的抽样分布是样本成数p的所有可能取值的概率分布。当样本容量很大时，样本成数p的抽样分布可用正态分布近似。对于一个具体的样本成数p，若$np \geq 5$和$n(1-p) \geq 5$，就可以认为样本容量足够大。

同样，对于p的分布，我们也需要知道p的数学期望(p的所有可能值的均值)和方差。可以证明，p的数学期望$E(p)$等于总体的成数π，则如式(5.4)所示。

$$E(p) = \pi \tag{5.4}$$

而p的方差则与抽样方法有关。设p的抽样方差为σ_p^2，在重复抽样条件下有式(5.5)。

$$\sigma_p^2 = \dfrac{\pi(1-\pi)}{n} \tag{5.5}$$

即 $p \sim N\left(\pi, \dfrac{\pi(1-\pi)}{n}\right)$。

在不重复抽样条件下，则用修正系数加以修正，有式(5.6)。

$$\sigma_p^2 = \dfrac{\pi(1-\pi)}{n}\left(\dfrac{N-n}{N-1}\right) \tag{5.6}$$

即 $p \sim N\left\{\pi, \dfrac{\pi(1-\pi)}{n}\left(\dfrac{N-n}{N-1}\right)\right\}$。

与样本均值分布的方差一样,对于无限总体进行不重复抽样时,可以按重复抽样来处理,此时样本成数的方差仍可按公式(5.5)计算。对于有限总体,当N很大,而抽样比$\dfrac{n}{N} \leq 5\%$时,其修正系数$\left(\dfrac{N-n}{N-1}\right)$趋于1,这时样本成数的方差也可以按公式(5.5)来计算。

5. 样本方差的抽样分布

要用样本方差s^2去推断总体方差σ^2,也必须知道样本方差的抽样分布。在重复选取容量为n的样本时,由样本方差的所有可能取值形成的相对频数分布,称为样本方差的抽样分布。

作为估计量的样本方差是如何分布的呢?统计证明,对于来自正态总体的简单随机样本,则比值$\dfrac{(n-1)s^2}{\sigma^2}$的抽样分布服从自由度为$(n-1)$的$\chi^2$分布,即如式(5.7)所示。

$$\chi^2 = \dfrac{(n-1)s^2}{\sigma^2} \sim \chi^2(n-1) \tag{5.7}$$

χ^2分布具有如下性质和特点。

(1) χ^2分布的变量值始终为正。

(2) $\chi^2(n)$的形状取决于其自由度n的大小,通常为不对称的右偏分布,但随着自由度的增大逐渐趋于对称,如图5-6所示。

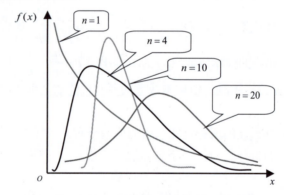

图 5-6 不同自由度的 χ^2 分布

(3) χ^2分布的期望值为$E(\chi^2) = n$。方差为$D(\chi^2) = 2n$(n为自由度)。

(4) χ^2分布具有可加性。若U和V为两个独立的χ^2分布随机变量,$U \sim \chi^2(n_1)$,$V \sim \chi^2(n_2)$,则$(U+V)$这一随机变量服从自由度为(n_1+n_2)的χ^2分布。

χ^2分布通常用于总体方差的估计和非参数检验等。用Excel函数f_x功能中的χ^2分布很容易得到显著性水平α的临界值。这样可以用χ^2分布来推断总体方差的区间。

下面将单总体参数推断时样本统计量的抽样分布形式概括为图5-7。

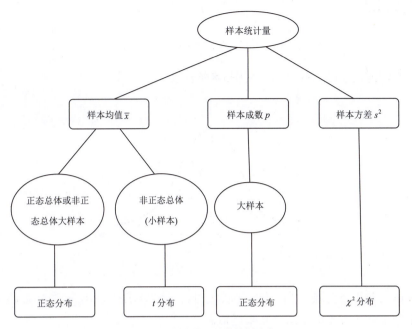

图 5-7　样本统计量的抽样分布

6. 两个样本统计量的抽样分布

在实际问题中,有时我们所研究的是两个总体,即总体1和总体2,所关心的总体参数主要是两个总体均值之差($\mu_1 - \mu_2$)、两个总体成数之差($\pi_1 - \pi_2$)、两个总体方差之比σ_1^2 / σ_2^2,相应地,用于推断这些参数的统计量分别是两个样本均值之差($\bar{x}_1 - \bar{x}_2$)、两个样本成数之差($p_1 - p_2$)、两个样本方差之比s_1^2 / s_2^2等。因此,需要分别研究两个总体参数推断时样本统计量的抽样分布,包括两个样本均值之差的抽样分布、成数之差的抽样分布、方差比的抽样分布等。

1) 两个样本均值之差的抽样分布

从两个总体中分别独立地抽取容量为n_1和n_2的样本,在重复选取容量为n_1和n_2的样本时,由两个样本均值之差的所有可能取值形成的相对频数分布,称为两个样本均值之差的抽样分布。

为推断两个总体的均值之差,我们需要独立地从两个总体中分别抽取样本。假定从总体1中抽取容量为n_1的样本,其样本均值为$\bar{x}_1$,从总体2中抽取容量为n_2的样本,其样本均值为$\bar{x}_2$。当两个总体都为正态分布时,即$X_1 \sim N(\mu_1, \sigma_1^2)$,$X_2 \sim N(\mu_2, \sigma_2^2)$,两个样本均值之差($\bar{x}_1 - \bar{x}_2$)的抽样分布服从正态分布,其分布的均值为两个总体均值之差,则如式(5.8)所示。

$$E(\bar{x}_1 - \bar{x}_2) = \mu_1 - \mu_2 \tag{5.8}$$

分布的方差$\sigma_{\bar{x}_1 - \bar{x}_2}^2$为各自的方差之和,则如式(5.9)所示。

$$\sigma_{\bar{x}_1 - \bar{x}_2}^2 = \frac{\sigma_1^2}{n_1} + \frac{\sigma_2^2}{n_2} \tag{5.9}$$

即有式(5.10)。

$$(\bar{x}_1 - \bar{x}_2) \sim N\left(\mu_1 - \mu_2, \frac{\sigma_1^2}{n_1} + \frac{\sigma_2^2}{n_2}\right) \tag{5.10}$$

两个样本均值之差的抽样分布可用图5-8来表示。

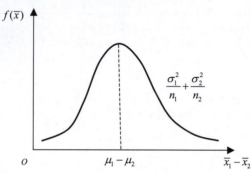

图5-8 两个样本均值之差($\bar{x}_1 - \bar{x}_2$)的抽样分布

两个总体为非正态分布，当n_1和n_2比较大时，一般要求$n_1 \geq 30$，$n_2 \geq 30$，两个样本均值之差的抽样分布仍然可以用正态分布来近似。

2) 两个样本成数之差的抽样分布

从两个服从二项分布的总体中，分别独立地抽取容量为n_1和n_2的样本，在重复选取容量为n_1和n_2的样本时，由两个样本成数之差的所有可能取值形成的相对频数分布，称为两个样本成数之差的抽样分布。

设两个总体都服从二项分布，分别从两个总体中抽取容量为n_1和n_2的独立样本，当两个样本都为大样本时，则两个样本成数之差的抽样分布可用正态分布来近似，其分布的均值和方差分别如公式(5.11)和公式(5.12)所示。

$$E(p_1 - p_2) = \pi_1 - \pi_2 \tag{5.11}$$

$$\sigma_{p_1 - p_2}^2 = \frac{\pi_1(1-\pi_1)}{n_1} + \frac{\pi_2(1-\pi_2)}{n_2} \tag{5.12}$$

3) 两个样本方差比的抽样分布

从两个正态总体中分别独立地抽取容量为n_1和n_2的样本，在重复选取容量为n_1和n_2的样本时，由两个样本方差比的所有可能取值形成的相对频数分布，称为两个样本方差比的抽样分布。

设两个总体都为正态分布，即$X_1 \sim N(\mu_1, \sigma_1^2)$，$X_2 \sim N(\mu_2, \sigma_2^2)$，分别从两个总体中抽取容量为$n_1$和$n_2$的独立样本，两个样本方差比$s_1^2 / s_2^2$的抽样分布，服从$F$分布，即有式(5.13)。

$$\frac{s_1^2}{s_2^2} \sim F(n_1 - 1, n_2 - 1) \tag{5.13}$$

下面介绍一下有关F分布的知识。

F分布是由统计学家费希尔(R.A.Fisher)提出的，所以以其姓氏的第一个字母来命名。

设U是服从自由度为n_1的χ^2分布的随机变量，即$U \sim \chi^2(n_1)$，V是服从自由度为n_2的χ^2分布的随机变量，即$V \sim \chi^2(n_2)$，且U和V相互独立，即有公式(5.14)。

$$F = \frac{U/n_1}{V/n_2} \sim F(n_1, n_2) \tag{5.14}$$

称F为服从自由度n_1和n_2的F分布，记为$F \sim F(n_1, n_2)$。

由前面介绍的样本方差的抽样分布可知，样本方差的抽样分布服从$\chi^2(n-1)$分布，则如式(5.15)和式(5.16)所示。

$$\frac{(n_1-1)s_1^2}{\sigma_1^2} \sim \chi^2(n_1-1) \tag{5.15}$$

$$\frac{(n_2-1)s_2^2}{\sigma_2^2} \sim \chi^2(n_2-1) \tag{5.16}$$

两个独立的χ^2分布除以自由度后相比即得到F分布，即有式(5.17)。

$$\left.\frac{(n_1-1)s_1^2}{\sigma_1^2(n_1-1)} \middle/ \frac{(n_2-1)s_2^2}{\sigma_2^2(n_2-1)} = \frac{s_1^2 \sigma_2^2}{s_2^2 \sigma_1^2} \sim F(n_1-1, n_2-1) \right. \tag{5.17}$$

F分布的图形如图5-9所示。

从图5-9可以看出，F分布的图形是右偏的。F分布除用于两个总体方差比的估计外，还广泛应用于方差分析和回归分析等。

除上面介绍的χ^2分布和F分布外，在参数估计和假设检验中我们还用到另一个重要的小样本分布，即t分布。有关它的知识将在下一节中进行介绍。

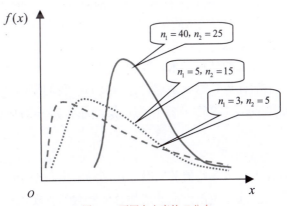

图5-9　不同自由度的F分布

5.2　参数估计

参数估计是推断统计的重要内容之一，就是在抽样及抽样分布的基础上，根据样本统计量来推断我们所关心的总体参数。本节将以抽样分布为基础，讨论参数估计的基本方法，内容包括：一个总体参数的估计，如总体均值的估计、总体成数的估计、总体方差的估计；两个总体参数的估计，如两个总体均值之差的估计、两个总体成数之差的估计、两个总体方差比的估计等。

5.2.1 参数估计的一般问题

1. 估计量与估计值

所谓参数估计也就是用样本统计量去估计总体的参数。例如，用样本均值$\bar{x}$去估计总体均值μ，用样本方差s^2去估计总体方差σ^2，用样本成数p去估计总体成数π等。如果将总体参数笼统地用一个符号θ来表示，参数估计也就是如何用样本统计量来估计总体参数θ。

在参数估计中，用来估计总体参数的统计量的名称，称为估计量，用符号$\hat{\theta}$表示。例如，样本均值、样本成数、样本方差等都可以是一个估计量。用来估计总体参数时计算出来的估计量的具体数值，称为估计值。例如，我们要估计一个班学生考试的平均分数，从中抽取一个随机样本，全班的平均分数是不知道的，称为参数，用θ表示，根据样本计算的平均分数$\bar{x}$就是一个估计量，用$\hat{\theta}$表示，假定计算出来的样本平均分数为80分，这个80分就是估计量的具体数值，称为估计值。

2. 点估计与区间估计

参数估计的方法有点估计与区间估计两种。点估计是选择一个适当的统计量作为总体未知参数的估计量，区间估计是给出总体参数估计的一个区间范围。

1) 点估计

点估计也称定值估计，就是利用样本估计量$\hat{\theta}$的值直接作为总体参数θ的估计值。比如，用样本均值$\bar{x}$直接作为总体均值μ的估计值，用样本成数p直接作为总体成数π的估计值，用样本方差s^2直接作为总体方差σ^2的估计值等。例如，我们要估计一个班学生考试成绩的平均分数，根据一个抽出的随机样本计算的平均分数为80分，我们就用80分作为全班考试成绩平均分数的一个估计值，这就是点估计。又如，我们要估计一批产品的合格率，根据抽样结果合格率为96%，将96%直接作为这批产品合格率的估计值，这也是一个点估计。

2) 区间估计

我们在用点估计值代表总体参数值的同时，还必须给出一个用于衡量点估计值可靠性的度量，也就是说，我们必须能说出点估计值与总体参数的真实值接近的程度。但遗憾的是，点估计难以做到这一点。因此需要进行区间估计，它是在点估计的基础上，给出总体参数估计的一个范围。

一般地，对于总体被估计参数θ，找出样本的两个估计量$\hat{\theta}_1$和$\hat{\theta}_2$（其中$\hat{\theta}_1 < \hat{\theta}_2$）使被估计的参数落在区间$(\hat{\theta}_1, \hat{\theta}_2)$内的概率为$(1-\alpha)$，其中$\alpha$为介于0与1之间的已知数，则有

$$P(\hat{\theta}_1 \leqslant \theta \leqslant \hat{\theta}_2) = 1 - \alpha$$

称$(\hat{\theta}_1, \hat{\theta}_2)$为总体参数的置信区间，$\hat{\theta}_1$为置信下限，$\hat{\theta}_2$为置信上限，$(1-\alpha)$为置信度，亦称置信水平或置信系数或置信概率，也即估计的可靠程度，α则称为显著性水平。

置信区间的大小可用来说明估计的精确度，而置信度的大小则用来说明估计的可靠性。然而在样本容量一定的前提下，两者是相互矛盾的：若置信度增加，则估计的区间必然增大，降低了精确度；若精确度提高，则区间缩小，置信度必然减小。要同时提高估计

的置信度和精确度,唯一的办法就是增加样本容量。

区间估计的真正含义:若做多次抽样,我们将得到多个置信区间,其中有的区间包含了总体参数的真值,有的区间没有包含总体参数的真值,大约有100×(1-α)%个区间包含了总体参数的真值。

以总体均值估计为例,实际上,我们可以求出样本均值$\bar{x}$落在总体均值μ的两侧任何一个抽样标准差值范围内的概率。但实际估计时,情况恰好相反。$\bar{x}$是已知的,而μ是未知的,也正是我们将要估计的。由于$\bar{x}$与μ的距离是对称的,如果某个样本的平均值落在μ的两个标准差范围内,反过来,μ也被包括在以$\bar{x}$为中心的左右两个标准差的范围之内。因此约有95%的样本均值会落在μ的两个标准差的范围内,换句话说,也就是约有95%的样本均值所构造的两个标准误差的区间会包含μ。通俗地说,如果我们抽取100个样本来估计总体均值,由100个样本所构造的100个区间中,约有95个区间包含总体均值,而另外约有5个区间则不包含总体均值,如图5-10所示。

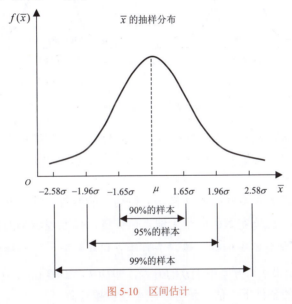

图 5-10　区间估计

在构造置信区间时,我们可以用所希望的值作为置信水平。比较常用的置信水平及正态分布曲线下右侧面积为$\alpha/2$时的临界值$z_{\alpha/2}$,如表5-3所示。

表5-3　常用置信水平的$z_{\alpha/2}$值

置信水平	α	α/2	$z_{\alpha/2}$
90%	0.10	0.05	1.645
95%	0.05	0.025	1.96
99%	0.01	0.005	2.58

一般情况下,标准正态分布的临界值$z_{\alpha/2}$可通过查标准正态分布的双侧临界值表得出,也可以利用Excel求出。

3. 评价估计量的优良标准

在参数估计中,我们用样本估计量$\hat{\theta}$作为总体参数θ的估计。实际上,用于估计θ的估计量有很多，例如，可以用样本均值作为总体均值的估计量，也可以用样本中位数作为总体均值的估计量等。那么，究竟用样本的哪种估计量作为总体参数的估计呢？我们自然要用估计效果最好的那种估计量。什么样的估计量才算是一个好的估计量呢？这就需要有一定的评价标准。统计学家给出了评价估计量的一些优良标准，主要有以下几个。

1) 无偏性

无偏性是指估计量抽样分布的数学期望等于被估计的总体参数。设总体参数为 θ，所选择的估计量为 $\hat{\theta}$，如果 $E(\hat{\theta}) = \theta$，则将 $\hat{\theta}$ 称为 θ 的无偏估计量。

图5-11给出了点估计量无偏和有偏的情形。

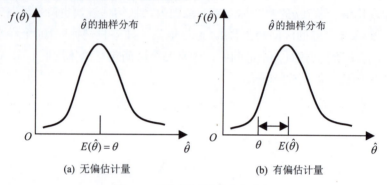

图 5-11　无偏估计量和有偏估计量

在讨论抽样分布时，我们曾经提到 $E(\bar{x}) = \mu$ 和 $E(p) = \pi$，同样可以证明，$E(s^2) = \sigma^2$。因此，$\bar{x}$，p，s^2 分别是总体均值 μ、总体成数 π、总体方差 σ^2 的无偏估计量。

2) 有效性

一个无偏的估计量并不意味着它非常接近被估计的参数，它还必须与总体参数的离散程度比较小。对于同一总体参数的两个无偏点估计量，标准差越小的估计量越有效。假定有两个用于估计总体参数的无偏估计量，分别用 $\hat{\theta}_1$ 和 $\hat{\theta}_2$ 表示，它们抽样分布的方差分别用 $D(\hat{\theta}_1)$ 和 $D(\hat{\theta}_2)$ 表示，如果 $\hat{\theta}_1$ 的方差小于 $\hat{\theta}_2$ 的方差，即 $D(\hat{\theta}_1) < D(\hat{\theta}_2)$，则 $\hat{\theta}_1$ 是比 $\hat{\theta}_2$ 更有效的一个估计量。在无偏估计的条件下，估计量方差越小也就越有效。

图5-12说明了两个无偏点估计量的抽样分布。可以看到，$\hat{\theta}_1$ 的方差比 $\hat{\theta}_2$ 的方差小，所以 $\hat{\theta}_1$ 的值比 $\hat{\theta}_2$ 的值更接近总体的参数。因此，$\hat{\theta}_1$ 比 $\hat{\theta}_2$ 更有效，是一个更好的估计量。

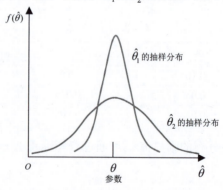

图 5-12　两个无偏点估计量的抽样分布

3) 一致性

一致性是指随着样本容量的增大，点估计量的值越来越接近被估总体的参数。换言之，一个大样本给出的估计量要比一个小样本给出的估计量更接近总体的参数。在介绍抽样分布时，曾给出样本均值抽样分布的标准差为 $\sigma_{\bar{x}} = \sigma/\sqrt{n}$。由于 $\sigma_{\bar{x}}$ 与样本容量的大小有关，样本容量越大，$\sigma_{\bar{x}}$ 的值就越小。因此可以说，大样本容量给出的估计量更接近于总体均值 μ。从这个意义上说，样本均值是总体均值的一个一致估计量。对于一致性，也可以用图5-13直观地说明它的意义。

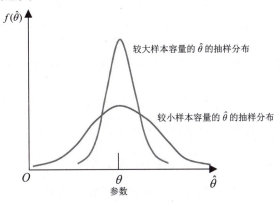

图 5-13　两个不同容量统计量的抽样分布

5.2.2　一个总体参数的区间估计

当我们研究一个总体时，所关心的参数主要有总体均值 μ、总体成数 π 和总体方差 σ^2 等。下面将介绍如何用样本统计量来构造总体参数的置信区间。

1. 总体均值的区间估计

在对总体均值进行区间估计时，需要考虑总体是否为正态分布、总体方差是否已知、用于构造统计量的样本是大样本还是小样本等几种情况。

1) 大样本的估计方法

当总体服从正态分布且 σ^2 已知时，或者总体不是正态分布但为大样本时，样本均值 $\bar{x}$ 的抽样分布均为正态分布，其数学期望为总体均值 μ，方差为 σ^2/n。而样本均值经过标准化以后的随机变量则服从标准正态分布，即如式(5.18)所示。

$$z = \frac{\bar{x} - \mu}{\sigma/\sqrt{n}} \sim N(0, 1) \tag{5.18}$$

根据式(5.18)和标准正态分布的性质可知，对于给定的置信水平 $(1-\alpha)$，可以查正态分布双侧临界值表得出相应的临界值 $z_{\alpha/2}$，使得

$$P(-z_{\alpha/2} < \frac{\bar{x} - \mu}{\sigma/\sqrt{n}} < z_{\alpha/2}) = 1 - \alpha$$

利用不等式变形可得

$$P(\bar{x} - z_{\alpha/2} \frac{\sigma}{\sqrt{n}} < \mu < \bar{x} + z_{\alpha/2} \frac{\sigma}{\sqrt{n}}) = 1 - \alpha$$

故而总体均值μ的置信水平为$(1-\alpha)$的置信区间为

$$\left(\bar{x} - z_{\alpha/2}\frac{\sigma}{\sqrt{n}}, \bar{x} + z_{\alpha/2}\frac{\sigma}{\sqrt{n}}\right)$$

即如式(5.19)所示。

$$\bar{x} \pm z_{\alpha/2}\frac{\sigma}{\sqrt{n}} \tag{5.19}$$

式(5.19)中：$\left(\bar{x} - z_{\alpha/2}\frac{\sigma}{\sqrt{n}}\right)$称为置信下限，$\left(\bar{x} + z_{\alpha/2}\frac{\sigma}{\sqrt{n}}\right)$称为置信上限。

α是事先所确定的一个概率值，也被称为风险值，它是总体均值不包括在置信区间的概率；$(1-\alpha)$称为置信水平；$z_{\alpha/2}$是标准正态分布上侧面积为$\alpha/2$时的z值；$\frac{\sigma}{\sqrt{n}}$为抽样分布的标准差即抽样平均误差；$z_{\alpha/2}\frac{\sigma}{\sqrt{n}}$是估计总体均值时的允许误差，称为极限误差或误差范围，用Δ表示，其意义是对给定的置信水平进行区间估计所允许的最大误差。这就是说，总体均值的置信区间由两部分组成，即点估计值$\bar{x}$和允许误差$\Delta = z_{\alpha/2}\frac{\sigma}{\sqrt{n}}$。

如果总体服从正态分布但σ^2未知，或总体并不服从正态分布，只要是在大样本条件下，总体方差σ^2可以用样本方差s^2代替，这时总体均值μ在$(1-\alpha)$置信水平下的置信区间可以写为式(5.20)。

$$\bar{x} \pm z_{\alpha/2}\frac{s}{\sqrt{n}} \tag{5.20}$$

【例5.2】一家食品生产企业以生产袋装食品为主，每天的产量为8000袋左右。按规定每袋的重量应为100g。为对产品质量进行监测，企业质检部门经常要进行抽检，以分析每袋重量是否符合要求。现从某天生产的一批食品中随机抽取了25袋，测得每袋重量如表5-4所示。

表5-4　25袋食品的重量

单位：克

112.5	101.0	103.0	102.0	100.5
102.6	107.5	95.0	108.8	115.6
100.0	123.5	102.0	101.6	102.2
116.6	95.4	97.8	108.6	105.0
136.8	102.8	101.5	98.4	93.3

已知产品重量的分布服从正态分布，且总体标准差为10g。试估计该产品平均重量的置信区间，置信水平为95%。

解：已知$\sigma=10$，$n=25$，置信水平为$1-\alpha=95\%$，查标准正态分布表得$z_{\alpha/2}=1.96$。

根据样本数据计算的样本均值为

$$\bar{x} = \frac{\sum_{i=1}^{n}x_i}{n} = \frac{2634}{25} = 105.36$$

根据式(5.19)得

$$\bar{x} \pm z_{\alpha/2} \frac{\sigma}{\sqrt{n}} = 105.36 \pm 1.96 \times \frac{10}{\sqrt{25}} = 105.36 \pm 3.92$$

即该批食品平均重量95%的置信区间为(101.44，109.28)。说明有95%的概率保证该批食品重量在101.44克和109.28克之间。

【例5.3】一家保险公司收集到由36个投保个人组成的随机样本，得到每个投保人的年龄(周岁)数据如表5-5所示。

表5-5　36个投保人的年龄

单位：周岁

23	35	39	27	36	44
36	42	46	43	31	33
42	53	45	54	47	24
34	28	39	36	44	40
39	49	38	34	48	50
34	39	45	48	45	32

试确定投保人年龄90%的置信区间。

解： 已知$n=36$，$1-\alpha=90\%$，$z_{\alpha/2}=1.645$。由于总体方差未知，但为大样本，可用样本方差来求总体方差。

根据样本数据计算的样本均值和标准差如下。

$$\bar{x} = \frac{\sum_{i=1}^{n} x_i}{n} = 39.5, \quad s = \sqrt{\frac{\sum_{i=1}^{n}(x_i - \bar{x})^2}{n-1}} = 7.77$$

根据式(5.20)得

$$\bar{x} \pm z_{\alpha/2} \frac{s}{\sqrt{n}} = 39.5 \pm 1.645 \times \frac{7.77}{\sqrt{36}} = 39.5 \pm 2.13$$

即(37.37，41.63)，投保人平均年龄90%的置信区间为(37.37，41.63)。

2) 小样本的估计方法

如果总体服从正态分布，则无论样本容量如何，样本均值$\bar{x}$的抽样分布都服从正态分布。这时，只要总体方差σ^2已知，即使在小样本情况下，也可以按式(5.19)建立总体均值的置信区间。但是，如果总体方差未知，而且是在小样本情况下，则需要用样本方差s^2代替σ^2，这时样本均值经过标准化后的随机变量服从自由度为$(n-1)$的t分布，则有式(5.21)。

$$t = \frac{\bar{x} - \mu}{s/\sqrt{n}} \sim t(n-1) \tag{5.21}$$

这时需要采用t分布来建立总体均值μ的置信区间。

t分布是类似正态分布的一种对称分布，它通常要比正态分布平坦和分散。一个特定的t分布依赖于称之为自由度的参数。随着自由度的增大，t分布也逐渐趋于正态分布，如图5-14所示。

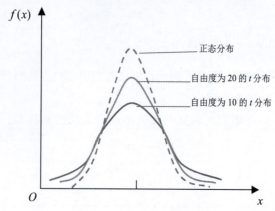

图 5-14　不同自由度的 t 分布与同方差的正态分布的比较

根据 t 分布建立的总体均值 μ 在 $(1-\alpha)$ 置信水平下的置信区间如式(5.22)所示。

$$\bar{x} \pm t_{\alpha/2} \frac{s}{\sqrt{n}} \tag{5.22}$$

式(5.22)中：$t_{\alpha/2}$ 是自由度为 $(n-1)$ 时，t 分布中上侧面积为 $\alpha/2$ 时的 t 值，该值可通过 t 分布表查得，也可利用 Excel 计算求得。

【例5.4】已知某种灯泡的寿命服从正态分布，现从一批灯泡中随机抽取16只，测得其使用寿命(小时)如表5-6所示。

表5-6　16只灯泡的使用寿命

单位：小时

1510	1450	1480	1460	1520	1480	1490	1460
1480	1510	1530	1470	1500	1520	1510	1470

试确定该批灯泡平均使用寿命95%的置信区间。

解：根据抽样调查结果计算得

$$\bar{x} = \frac{\sum_{i=1}^{n} x_i}{n} = \frac{23\,840}{16} = 1490(\text{小时}), \quad s = \sqrt{\frac{\sum_{i=1}^{n}(x_i - \bar{x})^2}{n-1}} = \sqrt{\frac{9200}{16-1}} \approx 24.77(\text{小时})$$

根据 $\alpha = 0.05$ 查 t 分布表得 $t_{\alpha/2}(n-1) = t_{0.025}(15) = 2.131$，由式(5.22)得平均使用寿命的置信区间为

$$\bar{x} \pm t_{\alpha/2} \frac{s}{\sqrt{n}} = 1490 \pm 2.131 \times \frac{24.77}{\sqrt{16}} = 1490 \pm 13.2$$

该种灯泡平均使用寿命95%的置信区间为(1476.8，1503.2)小时。

下面将总体均值的区间估计做一个总结，如表5-7所示。

表5-7 总体均值的区间估计

总体分布	样本容量	σ已知	σ未知
正态分布	大样本($n \geq 30$)	$\bar{x} \pm z_{\alpha/2} \dfrac{\sigma}{\sqrt{n}}$	$\bar{x} \pm z_{\alpha/2} \dfrac{s}{\sqrt{n}}$
正态分布	小样本($n < 30$)	$\bar{x} \pm z_{\alpha/2} \dfrac{\sigma}{\sqrt{n}}$	$\bar{x} \pm t_{\alpha/2} \dfrac{s}{\sqrt{n}}$
非正态分布	大样本($n \geq 30$)	$\bar{x} \pm z_{\alpha/2} \dfrac{\sigma}{\sqrt{n}}$	$\bar{x} \pm z_{\alpha/2} \dfrac{s}{\sqrt{n}}$

2. 成数的区间估计

这里只讨论大样本情况下的总体成数的估计问题。根据样本成数的抽样分布可知，当样本容量足够大时，样本成数p的抽样分布可用正态分布近似。p的数学期望等于总体的成数π，即$E(p) = \pi$；p的方差为$\sigma_p^2 = \dfrac{\pi(1-\pi)}{n}$。而样本成数经标准化后的随机变量则服从标准正态分布，如式(5.23)所示。

$$z = \frac{p - \pi}{\sqrt{\pi(1-\pi)/n}} \sim N(0, 1) \quad (5.23)$$

与总体均值的区间估计类似，在样本成数p的基础上允许误差为$z_{\alpha/2}\sigma_p$，即得总体成数π在$(1-\alpha)$置信水平下的置信区间(由于总体成数π通常是未知的，可用样本成数p来代替)，如式(5.24)所示。

$$p \pm z_{\alpha/2} \sqrt{\frac{p(1-p)}{n}} \quad (5.24)$$

式(5.24)中：$(1-\alpha)$称为置信水平；$z_{\alpha/2}$是标准正态分布上侧面积为$\alpha/2$时的z值；$z_{\alpha/2}\sqrt{\dfrac{p(1-p)}{n}}$是估计总体成数时的允许误差，这就是说，总体成数的置信区间由两部分组成，即点估计值和允许误差。

【例5.5】某城市想要估计下岗职工中女性所占的成数，随机抽取了100个下岗职工，其中65人为女性职工。试以95%的置信水平估计该城市下岗职工中女性成数的置信区间。

解：已知$n = 100$，$z_{\alpha/2} = 1.96$。根据抽样结果计算的样本成数为

$$p = \frac{65}{100} = 65\%$$

根据式(5.24)得

$$p \pm z_{\alpha/2} \sqrt{\frac{p(1-p)}{n}} = 65\% \pm 1.96 \times \sqrt{\frac{65\% \times (1-65\%)}{100}} = 65\% \pm 9.35\%$$

即(55.65%，74.35%)，该城市下岗职工中女性成数95%的置信区间为(55.65%，74.35%)。

3. 总体方差的区间估计

这里只讨论正态总体方差的估计问题。由抽样分布的知识可知，样本方差服从自由度为$(n-1)$的χ^2分布。因此我们用χ^2分布构造总体方差的置信区间。

如何构造总体方差的置信区间呢？我们给定一个显著性水平α，用χ^2分布构造的总体方

差σ^2的置信区间可用图5-15来表示。

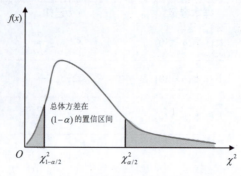

图5-15 自由度为$(n-1)$的χ^2分布

由图5-15可以看出，建立总体方差σ^2的置信区间，也就是要找到一个χ^2值，使其满足

$$\chi^2_{1-\alpha/2} \leqslant \chi^2 \leqslant \chi^2_{\alpha/2}$$

由于$\dfrac{(n-1)s^2}{\sigma^2} \sim \chi^2(n-1)$，因此可用它来代替$\chi^2$，于是有式(5.25)。

$$\chi^2_{1-\alpha/2} \leqslant \frac{(n-1)s^2}{\sigma^2} \leqslant \chi^2_{\alpha/2} \tag{5.25}$$

根据式(5.25)，可以推导出总体方差σ^2在$(1-\alpha)$置信水平下的置信区间为式(5.26)。

$$\frac{(n-1)s^2}{\chi^2_{\alpha/2}} \leqslant \sigma^2 \leqslant \frac{(n-1)s^2}{\chi^2_{1-\alpha/2}} \tag{5.26}$$

【例5.6】根据例5.2的数据，以95%的置信水平建立该种食品重量方差的置信区间。

解： 根据样本数据计算的样本方差为

$$s^2 = \frac{\sum\limits_{i=1}^{n}(x_i - \bar{x})^2}{n-1} = \frac{2237.02}{25-1} \approx 93.21$$

根据显著性水平$\alpha=0.05$和自由度$(n-1)=25-1=24$，查χ^2分布表得$\chi^2_{\alpha/2}(n-1) = \chi^2_{0.025}(25-1) = 39.364$，$\chi^2_{1-\alpha/2}(n-1) = \chi^2_{0.975}(25-1) = 12.401$。总体方差$\sigma^2$的置信区间为

$$\frac{(25-1) \times 93.21}{39.364} \leqslant \sigma^2 \leqslant \frac{(25-1) \times 93.21}{12.401}$$

即$56.83 \leqslant \sigma^2 \leqslant 180.39$。相应地，总体标准差的置信区间则为$(7.54，13.43)$。该企业生产的食品总体重量标准差95%的置信区间为$(7.54，13.43)$。

5.2.3 两个总体参数的区间估计

对于两个总体，我们所关心的参数主要有两个总体的均值之差$(\mu_1-\mu_2)$、两个总体的成数之差$(\pi_1-\pi_2)$、两个总体的方差比σ_1^2/σ_2^2等。

1. 两个总体均值之差的区间估计

设两个总体的均值分别为μ_1和μ_2，从两个总体中分别抽取容量为n_1和n_2的两个随机样本，其样本均值分别为$\bar{x}_1$和$\bar{x}_2$。估计两个总体均值之差$(\mu_1-\mu_2)$的估计量显然是两个样本的

均值之差$(\bar{x}_1-\bar{x}_2)$。对于两个总体均值之差的估计,需要考虑两个样本是独立样本还是匹配样本,以及样本容量是大样本还是小样本等几种情况。

1) 两个总体均值之差的估计:独立样本

(1) 大样本的估计方法。如果两个样本是从两个总体中独立地抽取的,即一个样本中的元素与另一样本中的元素相互独立,则称为独立样本。如果两个总体都为正态分布,或两个总体不服从正态分布但两个样本都为大样本($n_1 \geq 30$和$n_2 \geq 30$)时,根据抽样分布的知识可知,两个样本均值之差$(\bar{x}_1-\bar{x}_2)$的抽样分布服从期望值为$(\mu_1-\mu_2)$、方差为$\left(\dfrac{\sigma_1^2}{n_1}+\dfrac{\sigma_2^2}{n_2}\right)$的正态分布。而两个样本均值之差经过标准化后则服从标准正态分布,如式(5.27)所示。

$$z = \dfrac{(\bar{x}_1-\bar{x}_2)-(\mu_1-\mu_2)}{\sqrt{\dfrac{\sigma_1^2}{n_1}+\dfrac{\sigma_2^2}{n_2}}} \sim N(0,1) \qquad (5.27)$$

当两个总体的方差σ_1^2和σ_2^2都已知时,两个总体均值之差$(\mu_1-\mu_2)$在$(1-\alpha)$置信水平下的置信区间为式(5.28)。

$$(\bar{x}_1-\bar{x}_2) \pm z_{\alpha/2}\sqrt{\dfrac{\sigma_1^2}{n_1}+\dfrac{\sigma_2^2}{n_2}} \qquad (5.28)$$

当两个总体的方差σ_1^2和σ_2^2未知时,可用两个样本方差s_1^2和s_2^2来代替,这时两个总体均值之差$(\mu_1-\mu_2)$在$(1-\alpha)$置信水平下的置信区间为式(5.29)。

$$(\bar{x}_1-\bar{x}_2) \pm z_{\alpha/2}\sqrt{\dfrac{s_1^2}{n_1}+\dfrac{s_2^2}{n_2}} \qquad (5.29)$$

【例5.7】某地区教育委员会想估计两所中学的学生高考时英语平均分数之差,为此在两所中学独立地抽取两个随机样本,有关数据见表5-8。

表5-8 两个样本的有关数据

中学1	中学2
$n_1 = 46$	$n_2 = 33$
$\bar{x}_1 = 86$	$\bar{x}_2 = 78$
$s_1 = 5.8$	$s_2 = 7.2$

试确定两所中学高考英语平均分数之差在95%的置信区间。

解: 根据式(5.29)得

$$(\bar{x}_1-\bar{x}_2) \pm z_{\alpha/2}\sqrt{\dfrac{s_1^2}{n_1}+\dfrac{s_2^2}{n_2}} = (86-78) \pm 1.96 \times \sqrt{\dfrac{5.8^2}{46}+\dfrac{7.2^2}{33}} = 8 \pm 2.97$$

即(5.03, 10.97),两所中学高考英语平均分数之差在95%的置信区间为(5.03, 10.97)。

(2) 小样本的估计方法。在两个样本都为小样本的情况下,为估计两个总体均值之差,需要做出以下假定:

① 两个总体都服从正态分布;

② 两个总体的方差相等,即$\sigma_1^2 = \sigma_2^2$;

③ 两个随机样本独立地分别抽自两个总体。

在上述假定下，无论样本容量的大小，两个样本均值之差都服从正态分布。当两个总体方差 σ_1^2 和 σ_2^2 已知时，可用式(5.28)确定两个总体均值之差的置信区间。

A. 当两个总体的方差 σ_1^2 和 σ_2^2 未知但相等时，即 $\sigma_1^2 = \sigma_2^2$，则需要用两个样本的方差 s_1^2 和 s_2^2 来估计，这时需要将两个样本的数据组合在一起，以给出总体方差的合并估计量 s_p^2，计算方法如式(5.30)所示。

$$s_p^2 = \frac{(n_1-1)s_1^2 + (n_2-1)s_2^2}{n_1+n_2-2} \tag{5.30}$$

这时两个样本均值之差经过标准化后服从自由度为 (n_1+n_2-2) 的 t 分布，则有式(5.31)。

$$t = \frac{(\bar{x}_1 - \bar{x}_2) - (\mu_1 - \mu_2)}{s_p\sqrt{\frac{1}{n_1} + \frac{1}{n_2}}} \sim t(n_1+n_2-2) \tag{5.31}$$

因此，两个总体均值之差 $(\mu_1 - \mu_2)$ 在 $(1-\alpha)$ 置信水平下的置信区间为式(5.32)。

$$(\bar{x}_1 - \bar{x}_2) \pm t_{\alpha/2}(n_1+n_2-2)\sqrt{s_p^2\left(\frac{1}{n_1} + \frac{1}{n_2}\right)} \tag{5.32}$$

【例5.8】为估计两种方法组装产品所需时间的差异，分别对两种不同的组装方法各随机安排12个工人，每个工人组装一件产品所需时间(分钟)如表5-9所示。

表5-9 两种方法组装产品所需的时间

单位：分钟

方法1	方法2	方法1	方法2
28.3	27.6	36.0	31.7
30.1	22.2	37.2	26.0
29.0	31.0	38.5	32.0
37.6	33.8	34.4	31.2
32.1	20.0	28.0	33.4
28.8	30.0	30.0	26.5

假定两种方法组装产品的时间服从正态分布，且方差相等。试以95%的置信水平确定两种方法组装产品所需平均时间差值的置信区间。

解：根据样本数据计算得

方法1：$\bar{x}_1 = 32.5$，$s_1^2 = 15.996$

方法2：$\bar{x}_2 = 28.8$，$s_2^2 = 19.358$

总体方差的合并估计量为

$$s_p^2 = \frac{(n_1-1)s_1^2 + (n_2-1)s_2^2}{n_1+n_2-2} = \frac{(12-1)\times 15.996 + (12-1)\times 19.358}{12+12-2} = 17.677$$

根据 $\alpha = 0.05$，自由度为 $(12+12-2)=22$，查 t 分布表得 $t_{0.05/2}(22)=2.074$。因此，两个总体均值之差 $(\mu_1 - \mu_2)$ 在95%置信水平下的置信区间为

$$(\bar{x}_1 - \bar{x}_2) \pm t_{\alpha/2}(n_1+n_2-2)\sqrt{s_p^2\left(\frac{1}{n_1} + \frac{1}{n_2}\right)} = (32.5 - 28.8) \pm 2.074 \times \sqrt{17.677 \times \left(\frac{1}{12} + \frac{1}{12}\right)} = 3.7 \pm 3.56$$

即(0.14,7.26),两种方法组装产品所需时间之差95%的置信区间为(0.14,7.26)。

B. 当两个总体的方差σ_1^2和σ_2^2未知且不相等时,即$\sigma_1^2 \neq \sigma_2^2$,只要两个总体都服从正态分布,而且两个样本容量相等,即$n_1=n_2=n$,可以采用式(5.33)建立两个总体均值之差$(1-\alpha)$置信水平下的置信区间。

$$(\bar{x}_1 - \bar{x}_2) \pm t_{\alpha/2}(n_1+n_2-2)\sqrt{\frac{s_1^2}{n_1}+\frac{s_2^2}{n_2}} \tag{5.33}$$

C. 当两个总体的方差σ_1^2和σ_2^2未知且不相等时,而且两个样本容量也不相等,即$n_1 \neq n_2$时,两个样本均值之差经标准化后不再服从自由度为(n_1+n_2-2)的t分布,而是近似服从自由度为v的t分布,自由度v的计算方法如式(5.34)所示。

$$v = \frac{\left(\frac{s_1^2}{n_1}+\frac{s_2^2}{n_2}\right)^2}{\frac{(s_1^2/n_1)^2}{n_1-1}+\frac{(s_2^2/n_2)^2}{n_2-1}} \tag{5.34}$$

两个总体均值之差在$(1-\alpha)$置信水平下的置信区间为式(5.35)。

$$(\bar{x}_1 - \bar{x}_2) \pm t_{\alpha/2}(v)\sqrt{\frac{s_1^2}{n_1}+\frac{s_2^2}{n_2}} \tag{5.35}$$

【例5.9】根据例5.8的数据,假定第一种方法随机安排12个工人,第二种方法随机安排8个工人,即$n_1=12$,$n_2=8$,所得的有关数据如表5-10所示。

表5-10 两种方法组装产品所需的时间

单位:分钟

方法1	方法2	方法1	方法2
28.3	27.6	36.0	31.7
30.1	22.2	37.2	26.0
29.0	31.0	38.5	
37.6	33.8	34.4	
32.1	20.0	28.0	
28.8	30.0	30.0	

同时假定两个总体的方差不相等,试以95%的置信水平确定两种方法组装产品所需平均时间差值的置信区间。

解:根据表5-10的数据计算得

方法1:$\bar{x}_1 = 32.5$,$s_1^2 = 15.996$

方法2:$\bar{x}_2 = 27.875$,$s_2^2 = 23.014$

计算的自由度为

$$v = \frac{\left(\frac{s_1^2}{n_1}+\frac{s_2^2}{n_2}\right)^2}{\frac{(s_1^2/n_1)^2}{n_1-1}+\frac{(s_2^2/n_2)^2}{n_2-1}} = \frac{\left(\frac{15.996}{12}+\frac{23.014}{8}\right)^2}{\frac{(15.996/12)^2}{12-1}+\frac{(23.014/8)^2}{8-1}} = 13.188 \approx 13$$

根据自由度为13,查t分布表得$t_{0.05/2}(13)=2.160$。两个总体均值之差在$(1-\alpha)$置信水平下

的置信区间为

$$(\bar{x}_1 - \bar{x}_2) \pm t_{\alpha/2}(v)\sqrt{\frac{s_1^2}{n_1} + \frac{s_2^2}{n_2}} = (32.5 - 27.875) \pm 2.160 \times \sqrt{\frac{15.996}{12} + \frac{23.014}{8}} = 4.625 \pm 4.433$$

即(0.192，9.058)，两种方法组装产品所需平均时间之差为95%的置信区间为(0.192，9.058)。

2）两个总体均值之差的估计：匹配样本

在例5.8中使用的是两个独立样本，但使用独立样本来估计两个总体均值之差时存在着潜在的弊端。例如，在对每种方法随机指派12个工人时，偶尔可能会使技术比较差的12个工人指定给方法1，而技术较好的12个工人指定给方法2。这种不公平的分派，可能会掩盖两种方法组装产品所需时间的真正差异。

为解决这一问题，可以使用匹配样本，即一个样本中的数据与另一个样本中的数据相对应。例如，先指定12个工人用第一种方法组装产品，然后再让这12个工人用第二种方法组装产品，这样得到的两组组装产品的数据就是匹配数据。匹配样本可以消除由于样本指定的不公平造成的两个方法组装时间上的差异。

使用匹配样本进行估计时，在大样本条件下，两个总体均值之差 $\mu_d = \mu_1 - \mu_2$ 在 $(1-\alpha)$ 置信水平下的置信区间，如式(5.36)所示。

$$\bar{d} \pm z_{\alpha/2} \frac{\sigma_d}{\sqrt{n}} \tag{5.36}$$

式5.36中：$\bar{d}$ 为配对样本数据差值的平均值，即 $\bar{d} = \frac{\sum_{i=1}^{n} d_i}{n}$；$d_i$ 为第 i 个配对样本数据的差值，$i=1, 2, \cdots, n$；σ_d 为各差值的标准差。当总体的 σ_d 未知时，可用样本差值的标准差 s_d 来代替。s_d^2 为配对样本数据差值的方差，即 $s_d^2 = \frac{\sum_{i=1}^{n}(d_i - \bar{d})^2}{n-1}$。

在小样本情况下，假定两个总体各观测值的配对差服从正态分布。两个总体均值之差 $\mu_d = \mu_1 - \mu_2$ 在 $(1-\alpha)$ 置信水平下的置信区间如式(5.37)所示。

$$\bar{d} \pm t_{\alpha/2}(n-1) \frac{s_d}{\sqrt{n}} \tag{5.37}$$

【例5.10】由10名学生组成一个随机样本，让他们分别采用A和B两套试卷进行测试，结果如表5-11所示。

试建立两种试卷平均分数之差 $\mu_d = \mu_1 - \mu_2$ 在95%置信水平下的置信区间。

表5-11　10名学生两套试卷的得分及差值情况

学生编号	试卷A	试卷B	差值 d_i
1	78	71	7
2	63	44	19
3	72	61	11
4	89	84	5
5	91	74	17
6	49	51	−2

(续表)

学生编号	试卷A	试卷B	差值d_i
7	68	55	13
8	76	60	16
9	85	77	8
10	55	39	16

解：根据表5-11中的数据计算得

$$\bar{d} = \frac{\sum_{i=1}^{n} d_i}{n_d} = \frac{110}{10} = 11, \quad S_d = \sqrt{\frac{\sum_{i=1}^{n}(d_i - \bar{d})^2}{n_d - 1}} = 6.53$$

根据自由度$(10-1)=9$，查t分布表得$t_{0.05/2}(9) = 2.262$。根据式(5.37)得两种试卷分数之差$\mu_d = \mu_1 - \mu_2$在95%置信水平下的置信区间为

$$\bar{d} \pm t_{\alpha/2}(n-1)\frac{s_d}{\sqrt{n}} = 11 \pm 2.262 \times \frac{6.53}{\sqrt{10}} = 11 \pm 4.67$$

即(6.33，15.67)，两种试卷所产生的分数之差在95%的置信水平下的置信区间为(6.33，15.67)。

2. 两个总体成数之差的区间估计

根据抽样分布的知识可知，从两个二项总体中抽出两个独立的样本，则两个样本成数之差的抽样分布服从正态分布。同样，将两个样本的成数之差经标准化后则服从标准正态分布，如式(5.38)所示。

$$z = \frac{(p_1 - p_2) - (\pi_1 - \pi_2)}{\sigma_{p_1 - p_2}} \tag{5.38}$$

式(5.38)中：$\sigma_{p_1 - p_2} = \sqrt{\frac{\pi_1(1-\pi_1)}{n_1} + \frac{\pi_2(1-\pi_2)}{n_2}}$，即两个样本成数之差抽样分布的标准差。

由于两个总体成数π_1和π_2通常是未知的，可用样本成数p_1和p_2来代替。因此，根据正态分布建立的两个总体成数之差$(\pi_1 - \pi_2)$在$(1-\alpha)$的置信水平下的置信区间如式(5.39)所示。

$$(p_1 - p_2) \pm z_{\alpha/2}\sqrt{\frac{p_1(1-p_1)}{n_1} + \frac{p_2(1-p_2)}{n_2}} \tag{5.39}$$

【例5.11】 在某个电视节目的收视率调查中，在农村随机调查了400人，有32%的人收看了该节目；在城市随机调查了500人，有45%的人收看了该节目。试以95%的置信水平估计城市与农村收视率差别的置信区间。

解：设城市收视率为$p_1 = 45\%$，农村收视率为$p_2 = 32\%$。当$\alpha = 0.05$时，$z_{\alpha/2} = 1.96$。因此，置信区间为

$$(p_1 - p_2) \pm z_{\alpha/2}\sqrt{\frac{p_1(1-p_1)}{n_1} + \frac{p_2(1-p_2)}{n_2}}$$

$$= (45\% - 32\%) \pm 1.96 \times \sqrt{\frac{45\% \times (1-45\%)}{500} + \frac{32\% \times (1-32\%)}{400}}$$

$$= 13\% \pm 6.32\%$$

即(6.68%，19.32%)，城市与农村收视率差值在95%的置信区间为(6.68%，19.32%)。

3. 两个总体方差比的区间估计

在实际问题中，经常会遇到比较两个总体的方差问题。例如，人们希望比较用两种不同方法生产的产品性能的稳定性，比较不同测量工具的精度等。

由于两个样本方差比的抽样分布服从$F(n_1-1, n_2-1)$分布，因此我们用F分布来构造两个总体方差比σ_1^2/σ_2^2的置信区间。用F分布构造的两个总体方差比在$(1-\alpha)$的置信区间如图5-16所示。

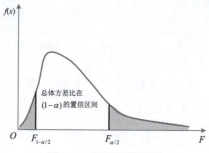

图5-16　方差比置信区间

建立两个总体方差比的置信区间，也就是要找到一个F值，使其满足式(5.40)。

$$F_{1-\alpha/2} \leqslant F \leqslant F_{\alpha/2} \tag{5.40}$$

由于$\dfrac{s_1^2 \sigma_2^2}{s_2^2 \sigma_1^2} \sim F(n_1-1, n_2-1)$，因此可用它来代替$F$，于是有式(5.41)。

$$F_{1-\alpha/2} \leqslant \dfrac{s_1^2 \sigma_2^2}{s_2^2 \sigma_1^2} \leqslant F_{\alpha/2} \tag{5.41}$$

根据式(5.41)，可以推导出两个总体方差比σ_1^2/σ_2^2在$(1-\alpha)$置信水平下的置信区间为式(5.42)。

$$\left(\dfrac{s_1^2/s_2^2}{F_{\alpha/2}}, \dfrac{s_1^2/s_2^2}{F_{1-\alpha/2}} \right) \tag{5.42}$$

式(5.42)中：$F_{\alpha/2}$和$F_{1-\alpha/2}$分别是第一自由度为(n_1-1)和第二自由度为(n_2-1)的F分布的上侧面积为$\alpha/2$和$(1-\alpha/2)$的分位数。由于F分布表中只给出面积较小上分位数，我们可利用式(5.43)的关系求得$F_{1-\alpha/2}$的分位数值。

$$F_{1-\alpha}(n_1, n_2) = \dfrac{1}{F_\alpha(n_2, n_1)} \tag{5.43}$$

式(5.43)中：n_1表示第一自由度；n_2表示第二自由度。

【例5.12】为了研究男女学生在生活费支出(单位：元)上的差异，在某大学各随机抽取25名男生和25名女生，得到下面的结果。

男学生：$\bar{x}_1 = 520$，$s_1^2 = 260$

女学生：$\bar{x}_2 = 480$，$s_2^2 = 280$

试以90%的置信水平估计男女学生生活费支出方差比的置信区间。

解： 根据自由度$n_1-1=25-1=24$和$n_2-1=25-1=24$，查F分布表得

$F_{\alpha/2}(n_1, n_2) = F_{0.05}(24, 24) = 1.98$

根据式(5.43)得

$$F_{1-\alpha/2}(n_1, n_2) = F_{0.95}(24, 24) = \frac{1}{1.98} = 0.505$$

根据式(5.42)得

$$\frac{260/280}{1.98} \leq \frac{\sigma_1^2}{\sigma_2^2} \leq \frac{260/280}{0.505}$$

即 $0.47 \leq \dfrac{\sigma_1^2}{\sigma_2^2} \leq 1.84$，男女学生生活费支出的方差比在90%的置信区间为(0.47, 1.84)。

下面将前两节介绍的参数估计方法小结如表5-12和表5-13所示。

表5-12 一个总体参数的区间估计

参数	点估计量(值)	标准误差	$(1-\alpha)$的置信区间	假定条件
μ总体均值	$\bar{x}$	$\dfrac{\sigma}{\sqrt{n}}$	$\bar{x} \pm z_{\alpha/2}\dfrac{\sigma}{\sqrt{n}}$	(1) σ已知 (2) 大样本$(n \geq 30)$
	$\bar{x}$	$\dfrac{\sigma}{\sqrt{n}}$	$\bar{x} \pm z_{\alpha/2}\dfrac{s}{\sqrt{n}}$	(1) σ未知 (2) 大样本$(n \geq 30)$
	$\bar{x}$	$\dfrac{\sigma}{\sqrt{n}}$	$\bar{x} \pm t_{\alpha/2}\dfrac{s}{\sqrt{n}}$	(1) 正态总体 (2) σ未知 (3) 小样本$(n < 30)$
π总体成数	p	$\sqrt{\dfrac{p(1-p)}{n}}$	$p \pm z_{\alpha/2}\sqrt{\dfrac{p(1-p)}{n}}$	(1) 二项总体 (2) 大样本$(n \geq 30)$
σ^2总体方差	s^2	(不要求)	$\left(\dfrac{(n-1)s^2}{\chi_{\alpha/2}^2}, \dfrac{(n-1)s^2}{\chi_{1-\alpha/2}^2}\right)$	正态总体

表5-13 两个总体参数的区间估计

参数	点估计量(值)	标准误差	$(1-\alpha)$的置信区间	假定条件
$(\mu_1 - \mu_2)$，两个总体均值之差	$\bar{x}_1 - \bar{x}_2$	$\sqrt{\dfrac{\sigma_1^2}{n_1} + \dfrac{\sigma_2^2}{n_2}}$	$(\bar{x}_1 - \bar{x}_2) \pm z_{\alpha/2}\sqrt{\dfrac{\sigma_1^2}{n_1} + \dfrac{\sigma_2^2}{n_2}}$	(1) 独立大样本$(n_1 \geq 30, n_2 \geq 30)$ (2) σ_1、σ_2已知
	$\bar{x}_1 - \bar{x}_2$	$\sqrt{\dfrac{s_1^2}{n_1} + \dfrac{s_2^2}{n_2}}$	$(\bar{x}_1 - \bar{x}_2) \pm z_{\alpha/2}\sqrt{\dfrac{s_1^2}{n_1} + \dfrac{s_2^2}{n_2}}$	(1) 独立大样本$(n_1 \geq 30, n_2 \geq 30)$ (2) σ_1、σ_2未知
	$\bar{x}_1 - \bar{x}_2$	$\sqrt{\dfrac{s_1^2}{n_1} + \dfrac{s_2^2}{n_2}}$	$(\bar{x}_1 - \bar{x}_2) \pm t_{\alpha/2}(n_1+n_2-2)\sqrt{s_p^2\left(\dfrac{1}{n_1}+\dfrac{1}{n_2}\right)}$	(1) 两个正态总体 (2) 独立小样本$(n_1 < 30, n_2 < 30)$ (3) σ_1、σ_2未知但相等
	$\bar{x}_1 - \bar{x}_2$	$\sqrt{\dfrac{s_1^2}{n_1} + \dfrac{s_2^2}{n_2}}$	$(\bar{x}_1 - \bar{x}_2) \pm t_{\alpha/2}(n_1+n_2-2)\sqrt{\dfrac{s_1^2}{n_1}+\dfrac{s_2^2}{n_2}}$	(1) 两个正态总体 (2) 独立小样本$(n_1 < 30, n_2 < 30)$ (3) σ_1、σ_2未知且不相等 (4) $n_1 = n_2$

(续表)

参数	点估计量(值)	标准误差	$(1-\alpha)$的置信区间	假定条件
$(\mu_1-\mu_2)$，两个总体均值之差	$\bar{x}_1-\bar{x}_2$	$\sqrt{\dfrac{s_1^2}{n_1}+\dfrac{s_2^2}{n_2}}$	$(\bar{x}_1-\bar{x}_2)\pm t_{\alpha/2}(v)\sqrt{\dfrac{s_1^2}{n_1}+\dfrac{s_2^2}{n_2}}$	(1) 两个正态总体 (2) 独立小样本 $(n_1<30, n_2<30)$ (3) σ_1、σ_2未知且不相等 (4) $n_1 \neq n_2$
$\mu_d=\mu_1-\mu_2$，两个总体均值之差	$\bar{d}$	$\dfrac{\sigma_d}{\sqrt{n}}$	$\bar{d}\pm z_{\alpha/2}\dfrac{\sigma_d}{\sqrt{n}}$	匹配大样本 $(n_1\geqslant 30, n_2\geqslant 30)$
	$\bar{d}$	$\dfrac{\sigma_d}{\sqrt{n}}$	$\bar{d}\pm t_{\alpha/2}(n-1)\dfrac{s_d}{\sqrt{n}}$	(1) 两个正态总体 (2) 匹配小样本 $(n_1<30, n_2<30)$
(p_1-p_2)，两个总体成数之差	p_1-p_2	$\sqrt{\dfrac{p_1(1-p_1)}{n_1}+\dfrac{p_2(1-p_2)}{n_2}}$	$(p_1-p_2)\pm z_{\alpha/2}\sqrt{\dfrac{p_1(1-p_1)}{n_1}+\dfrac{p_2(1-p_2)}{n_2}}$	(1) 两个二项总体 (2) 大样本 $(n_1\geqslant 30, n_2\geqslant 30)$
σ_1^2/σ_2^2 两个总体方差比	s_1^2/s_2^2	—	$\left(\dfrac{s_1^2/s_2^2}{F_{\alpha/2}},\dfrac{s_1^2/s_2^2}{F_{1-\alpha/2}}\right)$	两个正态总体

5.2.4 样本容量的确定

在进行参数估计之前，首先应该确定一个适当的样本容量，也就是应该抽取一个多大的样本来估计总体参数。在进行估计时，人们总是希望提高估计的可靠程度。但在一定的样本容量下，要提高估计的可靠程度(置信水平)，就应扩大置信区间，而过宽的置信区间在实际估计中往往是没有意义的。例如，如果要说出某一天会下雨，置信区间并不宽，但可靠性相对较低；如果说第三季度会下一场雨，尽管很可靠，但准确性太差，也就是置信区间太宽了，这样的估计是没有意义的。如果想要缩小置信区间，但不降低置信程度，就需要增加样本容量，而样本容量的增加又会受到许多限制，如会增加调查的费用和工作量等。通常，样本容量的确定与人们愿意容忍的置信区间的宽度，以及对此区间设置的置信水平有一定关系。因此，如何确定一个适当的样本容量，也是抽样估计中需要考虑的一个问题。

1. 估计总体均值的样本容量的确定

前面已经讲到，总体均值的置信区间是由样本均值$\bar{x}$和允许误差两部分组成。在重复抽样或无限总体抽样条件下，允许误差为$z_{\alpha/2}\dfrac{\sigma}{\sqrt{n}}$。$z_{\alpha/2}$的值和样本容量$n$共同确定了允许误差的大小。一旦确定了置信水平为$(1-\alpha)$，$z_{\alpha/2}$的值就确定了。对于给定的$z_{\alpha/2}$值和总体标准差$\sigma$，我们就可以确定任一所希望的允许误差所需要的样本容量。令Δ代表所希望达到的允许误差，则有式(5.44)。

$$\Delta=z_{\alpha/2}\dfrac{\sigma}{\sqrt{n}} \tag{5.44}$$

由式(5.44)可以推导出确定样本容量的公式如式(5.45)所示。

$$n = \frac{(z_{\alpha/2})^2 \sigma^2}{\Delta^2} \tag{5.45}$$

式(5.45)中：Δ值是使用者在给定的置信水平下可以接受的允许误差，$z_{\alpha/2}$的值可直接由区间估计中所用到的置信水平确定。如果能够求出σ的具体值，就可以用式(5.45)计算所需的样本容量。在实际应用中，如果σ的值不知道，可以用以前相同或类似的样本标准差来代替；也可以用试验调查的办法，选择一个初始样本，以初始样本的标准差作为σ的估计值。

从式(5.45)可以看出，样本容量与置信水平成正比，在其他条件不变的情况下，置信水平越大，所需的样本容量也就越大；样本容量与总体方差成正比，总体的差异越大，所要求的样本容量也越大；样本容量与允许误差成反比，可以接受的允许误差越大，所需的样本容量就越小。

需要说明的是，根据式(5.45)计算出的样本容量不一定是整数，通常是将样本容量取成较大的整数，也就是将小数点后面的数值一律进位成整数，例如，24.68取25，24.32也取25等。

【例5.13】拥有工商管理学士学位的大学生毕业月薪的标准差大约为2000元，假定想要估计月薪在95%的置信区间，希望允许误差为400元，应抽取多大的样本容量？

解：已知$\sigma = 2000$，$\Delta = 400$，$z_{\alpha/2} = 1.96$，根据公式(5.45)得

$$n = \frac{(z_{\alpha/2})^2 \sigma^2}{\Delta^2} = \frac{(1.96)^2 \times 2000^2}{400^2} = 96.04$$

即应抽取97人作为样本。

2. 估计总体成数时样本容量的确定

与估计总体均值时样本容量的确定方法类似，在重复抽样或无限总体抽样条件下，估计总体成数时置信区间的允许误差为$z_{\alpha/2}\sqrt{\frac{\pi(1-\pi)}{n}}$。$z_{\alpha/2}$的值和样本容量$n$共同确定了允许误差的大小。一旦确定了置信水平为$(1-\alpha)$，$z_{\alpha/2}$的值就确定了。由于总体成数的值是固定的，所以允许误差由样本容量来确定，样本容量越大，允许误差就越小，估计精度就越高。因此，对于给定的$z_{\alpha/2}$值，就可以确定任一希望的允许误差所需要的样本容量。令Δ代表所希望达到的允许误差，则有式(5.46)。

$$\Delta = z_{\alpha/2}\sqrt{\frac{\pi(1-\pi)}{n}} \tag{5.46}$$

由式(5.46)可以推导出重复抽样或无限总体抽样条件下确定样本容量的公式如式(5.47)所示。

$$n = \frac{(z_{\alpha/2})^2 \pi(1-\pi)}{\Delta^2} \tag{5.47}$$

式(5.47)中：允许误差Δ必须是使用者事先确定的，大多数情况下，一般取Δ的值小于0.10。$z_{\alpha/2}$的值可直接由区间估计中所用到的置信水平确定。如果能够求出π的具体值，就可以用式(5.47)计算所需的样本容量。在实际应用中，往往π的值不知道，可用以前相同或类

似的样本成数p来代替；也可通过试调查，选择一个初始样本，以初始样本的成数p作为π的估计值。如果π的值无法获取，通常取$\pi(1-\pi)$的最大值0.25，此时π值为0.5。

【例5.14】根据以往的生产统计，某种产品的合格率约为90%，现要求允许误差为5%，在求95%的置信区间时，应抽取多少个产品作为样本？

解：已知$\pi=90\%$，$\Delta=5\%$，$z_{\alpha/2}=1.96$，根据式(5.47)得

$$n = \frac{(z_{\alpha/2})^2 \pi(1-\pi)}{\Delta^2} = \frac{(1.96)^2 \times 0.9 \times (1-0.9)}{0.05^2} \approx 138.3$$

应取139个产品作为样本。

3. 估计两个总体均值之差时样本容量的确定

在估计两个总体均值之差时，样本容量的确定方法与上述方法类似。对于给定的允许误差和置信水平为$(1-\alpha)$的条件下，估计两个总体均值之差所需的样本容量如式(5.48)所示。

$$n_1 = n_2 = \frac{(z_{\alpha/2})^2 (\sigma_1^2 + \sigma_2^2)}{\Delta^2} \tag{5.48}$$

式(5.48)中：n_1和n_2为来自两个总体的样本容量；σ_1^2和σ_2^2为两个总体的方差。

【例5.15】一所中学的教务处想要估计试验班和普通班考试成绩平均分数差值的置信区间。要求置信水平为95%，预先估计两个班考试分数的方差分别为：试验班$\sigma_1^2=90$，普通班$\sigma_2^2=120$。如果要求估计的误差范围(允许误差)不超过5分，在两个班应分别抽取多少名学生进行调查？

解：已知$\sigma_1^2=90$，$\sigma_2^2=120$，$\Delta=5$，$z_{\alpha/2}=1.96$，根据式(5.48)得

$$n_1 = n_2 = \frac{(z_{\alpha/2})^2 (\sigma_1^2 + \sigma_2^2)}{\Delta^2} = \frac{(1.96)^2 \times (90+120)}{5^2} = 32.27$$

即应抽取33人作为样本。

4. 估计两个总体成数之差时样本容量的确定

同样，对于给定的允许误差和置信水平为$(1-\alpha)$的条件下，估计两个总体成数之差所需的样本容量如式(5.49)所示。

$$n_1 = n_2 = \frac{(z_{\alpha/2})^2 [\pi_1(1-\pi_1) + \pi_2(1-\pi_2)]}{\Delta^2} \tag{5.49}$$

式(5.49)中：n_1和n_2为来自两个总体的样本容量；π_1和π_2为两个总体的成数。

【例5.16】一家瓶装饮料制造商想要估计顾客对一种新型饮料认知的广告效果。他在广告前和广告后分别从市场营销区各抽选一个消费者随机样本，并询问这些消费者是否听说过这种新型饮料。这位制造商想以10%的误差范围和95%的置信水平估计广告前后知道该新型饮料的消费者的成数之差，他抽取的两个样本分别应包括多少人？(假定两个样本容量相等)

解：已知$\Delta=10\%$，$z_{\alpha/2}=1.96$，由于没有π_1和π_2的信息，故用0.5作为π_1和π_2的近似值。根据式(5.49)得

$$n_1 = n_2 = \frac{(z_{\alpha/2})^2 [\pi_1(1-\pi_1) + \pi_2(1-\pi_2)]}{\Delta^2} = \frac{(1.96)^2 \times [0.5 \times (1-0.5) + 0.5 \times (1-0.5)]}{0.1^2} = 192.08$$

即应抽取193个消费者作为样本。

5.3 抽样设计

5.3.1 抽样设计的基本原则

不论是参数估计还是假设检验,都是根据样本实际观察的资料,按一定的逻辑推理对总体所做的推断。样本资料是判断的基础,而样本资料的准确、有效、充分又要依赖于对抽样的科学设计。抽样设计问题,不仅关系到抽样组织工作的好坏优劣,甚至决定估计和检验的成败,影响全局。因此,如何科学地设计抽样方案,保证随机条件的实现,并且取得最佳的抽样效果,便是一个至关重要的问题。抽样方案设计是抽样调查的一个总体规划,应包括如何从总体中抽取样本,说明调查要取得哪些项目资料,用什么方法去取得这些资料,要求资料的精确度和确定必要的样本单位数目等。完整的抽样方案还应包括一些必要的附件,如调查人员的培训计划、调查问卷或调查表的设计、调查项目的编码及汇总表的格式等。搞好抽样调查必须掌握以下两个基本原则。

1. 保证实现抽样随机原则

随机取样是抽样推断的前提,失去这个前提,推断的理论和方法也就失去了存在的基础。从理论上说,随机原则就是要保证总体每一单位都有同等的中选机会,或样本抽选的概率是已知的。但在实践中,如何保证这个原则的实现,需要考虑许多问题。

一是要有合适的抽样框。抽样框固然要具备可实施的条件,可以从中抽取样本单位。仅仅这样是不够的,一个合适的抽样框必须考虑它是不是能覆盖总体的所有单位。例如,某城市进行民意调查,如果以该市的电话号码簿名单为抽样框显然是不合适的,因为并不是所有居民都安装了固定电话,从这里取得的样本资料是很难说具有全市的代表性。抽样框还要考虑抽样单位与总体单位的对应问题,在实践中发生不一致的问题并不少见。有的是多个抽样单位对应一个总体单位,例如,调查学校学生家庭情况,以学生名单为抽样框,在学生名单中可能有两个或更多的学生属于同一家庭;有的是一个抽样单位对应几个总体单位,例如,人口调查中以住户列表为抽样框,每一住户就包括许多人口。像这类抽样很可能造成总体单位中选机会不均等,应该注意加以调整。

二是取样的实施问题。当总体中单位数很大甚至无限的情况下,要保证总体每单位中选的机会均等不是简单的工作。在设计中要考虑将总体各单位加以分类、排队或分阶段等措施,尽量保证随机原则的实现。

2. 保证实现最大的抽样效果原则

在抽样设计中还必须重视调查费用这个基本因素。实际上任何一项抽样调查都是在一定的费用限制条件下进行的,抽样设计应力求调查费用节省的方案。在设计方案时,我们要注意到,提高精确度的要求和节省费用的要求往往不一致,有时是相互矛盾的。抽样误差要求越小,就越要增加抽样单位数目,调查费用往往就越大,因此并非抽样误差越小的方案便是好的方案,而且调查费用和精度之间往往不是线性关系,如图5-17所示。

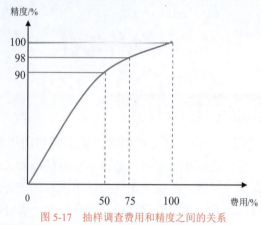

图5-17　抽样调查费用和精度之间的关系

许多情况是允许一定范围的误差就能够满足分析研究的要求。我们的任务就在于,在一定的误差要求下选择费用最少的方案;或在一定的费用开支条件下,选择误差最小的方案。但如何达到这一要求又与抽样组织方式有关。

5.3.2　抽样组织设计

1. 简单随机抽样

简单随机抽样是从总体中直接随机抽取样本的抽样组织形式,不论是重复抽样或是不重复抽样,都要保证每个单位在抽选中有相等的中选机会。简单随机抽样适用于均匀总体,即具有某种特征的单位均匀地分布于总体的各个部分。它是最基本也是最简单的抽样方式,以上各节所介绍的抽样方式及抽样误差的计算方法都是就简单随机抽样而言的。

简单随机抽样的过程依赖于总体是有限的还是无限的。自有限总体的简单随机抽样就是从总体容量为N的总体中直接随机抽取样本容量为n的样本。这种抽样组织形式要求拥有总体抽样框的名单,并在抽样之前对总体各单位加以编号,然后用抽签的方式或根据《随机数字表》或随机数软件来抽选必要的单位数。这种简单随机抽样在实践上受到许多限制,当总体很大时对每个单位编号、抽签等都会遇到难以克服的困难,因此总体容量太大时,在实际应用中往往视为无限总体。无限总体即总体容量无限的总体,它总是与正在进行的随时间不断运转的过程相联系。自无限总体或总体容量太大,以致在实际应用中必须视为无限对待的简单随机抽样,其样本要求满足以下两个条件。

(1) 每一个个体来自同一总体。
(2) 各个个体的选择是独立的。

对无限总体实施简单随机抽样时,需要设计一个有创造性的抽样调查,以确保选择的样本中的个体是独立挑选的。例如,快餐店巨头——肯德基通过选择顾客组成一个简单随机样本,并要求被选中的顾客完成一份简短的问卷调查,以获得其顾客的基本资料与其对快餐店的食品、服务、价格与气氛的看法。该抽样过程基于这样一个事实,一些顾客有打折特价赠品券。而顾客出示打折特价赠品券是随机而且独立的,为了避免选择偏差,我们将出示打折特价赠品券的顾客之后的一名顾客选入样本。这样的抽样计划满足来自无限总体的简单随机抽样的两个条件。

理论上，简单随机抽样最符合随机原则，它的抽样误差容易得到数学上的论证，所以可以作为发展其他更复杂的抽样设计的基础，同时也是衡量其他抽样组织形式抽样效果的比较标准。

2. 类型抽样

类型抽样也称分层抽样，它先按一定标志对总体各单位进行分类，然后分别从每一类中按随机原则抽取一定单位构成样本。图5-18所示为类型抽样的示意图。类型抽样的前提是对总体事先有一定的认识，有辅助信息可资利用，这种信息和所研究的标志值大小有密切关系，可以作为分类的标志。通过分类把总体中标志值比较接近的单位归为一组，减少各组内的差异程度，再从各组抽取样本单位就有更大的代表性，因此抽样误差也就相对减小了。在实际工作中会广泛应用类型抽样方式，如农产量抽样按地区分

图 5-18 类型抽样

类，家计调查按国民经济部门分类，产品质量抽查按加工车床型号分类等，都收到明显的效果。设总体由N个单位组成，把总体分为k组，使$N = N_1 + N_2 + \cdots + N_k$，然后从每组的$N_i$中取$n_i$单位构成总容量为$n$的样本，即$n = n_1 + n_2 + \cdots + n_k$。由于$k$组是根据一定标志划分的，各组单位数一般是不同的，怎样从N_i中取n_i呢？通常是按比例取样的，即按各组单位数占总体单位数的比例来分配各组应抽样本的单位数，单位数较多的组应该多取样，单位数较少的组则少取样，保持各组样本单位数与各组单位数之比都等于样本容量与总体单位数之比。即有

$$\frac{n_1}{N_1} = \frac{n_2}{N_2} = \cdots = \frac{n}{N}$$

所以各组的样本单位数为

$$n_i = \frac{n}{N} N_i \quad (i = 1, 2, \cdots, k)$$

采用按比例抽样是为了保持样本结构和总体结构相同，避免样本平均数由于各组比重差异而引起的误差。

类型抽样的样本平均数的计算首先应由各组分别取样，求得各组抽样平均数。

$$\bar{x}_i = \frac{\sum_{j=1}^{n_i} x_{ij}}{n_i} (i = 1, 2, \cdots, k)$$

然后，将各组抽样平均数$\bar{x}_i$乘以各组单位数N_i或样本单位数n_i为权数计算加权平均数，即为所求的样本平均数，如式(5.50)所示。

$$\bar{x} = \frac{\sum_{i=1}^{k} N_i \bar{x}_i}{N} = \frac{\sum_{i=1}^{k} n_i \bar{x}_i}{n} \tag{5.50}$$

类型抽样的抽样平均误差可以这样考虑：由于类型抽样是对每一组抽样，所以不存在

组间误差，抽样平均误差取决于各组内方差平均水平。首先运用式(5.51)计算各组内方差。

$$\sigma_i^2 = \frac{\sum(X_i - \bar{X}_i)^2}{N_i} \approx \frac{\sum(x_i - \bar{x}_i)^2}{n_i} \quad (5.51)$$

再以各组样本单位数 n_i 为权数，运用式(5.52)计算各组内方差的平均数。

$$\overline{\sigma_i^2} = \frac{\sum n_i \sigma_i^2}{n} \quad (5.52)$$

样本平均数的抽样平均误差可以根据重复抽样与否，分别按式(5.53)或式(5.54)计算。

在重复抽样条件下：

$$\sigma_{\bar{x}} = \sqrt{\frac{\overline{\sigma_i^2}}{n}} \quad (5.53)$$

在不重复抽样条件下：

$$\sigma_{\bar{x}} = \sqrt{\frac{\overline{\sigma_i^2}}{n}\left(1 - \frac{n}{N}\right)} \quad (5.54)$$

【例5.17】 设某校成人教育学院共有2000名在册学生，分为夜大和函授两种类型。为了了解其学习情况，用不重复抽样，按10%比例抽取样本单位，调查其统计学考试成绩，结果如表5-14所示。试在95%的概率保证下，估计总平均成绩的区间范围。

表5-14 统计学考试成绩抽样计算表

分组	总人数N_i	抽样人数n_i	平均成绩$\bar{x}_i$	标准差s_i
夜大	500	50	75	10
函授	1500	150	80	15
合计	2000	200	—	—

解： 样本平均数计算如下。

$$\bar{x} = \frac{\sum_{i=1}^{2} n_i \bar{x}_i}{n} = \frac{50 \times 75 + 150 \times 80}{200} = 78.75 (\text{分})$$

各组内样本方差的平均数为

$$\overline{\sigma^2} = \frac{\sum_{i=1}^{2} n_i S_i^2}{n} = \frac{50 \times 10^2 + 150 \times 15^2}{200} = 193.75$$

抽样平均误差为

$$\sigma_{\bar{x}} = \sqrt{\frac{\overline{\sigma^2}}{n}\left(1 - \frac{n}{N}\right)} = \sqrt{\frac{193.75}{200} \times (1 - 10\%)} \approx 0.9337$$

由于样本容量 $n > 30$，一般可用正态分布进行区间估计，当可靠性为95%时，$z_{\alpha/2} = 1.96$，因此总平均成绩的区间范围为

$$\bar{x} \pm z_{\alpha/2}\sigma_{\bar{x}} = 78.75 \pm 1.96 \times 0.9337 = 78.75 \pm 1.83$$

即 76.92～80.58(分)。

3. 等距抽样

等距抽样也称机械抽样或系统抽样，它先按某种标志对总体各单位进行顺序排列，然

后按固定间隔抽取样本单位。等距抽样也需要事先了解总体一定的辅助信息,能够据以确定各单位的排队位置。在各单位大小顺序排队基础上,再按某种规则依一定间隔取样,这样可以保证所取到的样本单位均匀地分布在总体的各个部分,有较高的代表性。

作为总体各单位顺序排队的标志,可以是无关标志也可以是有关标志。所谓无关标志,是指排列的标志和单位标志值的大小无关或不起主要的影响作用。例如,工业产品质量抽查按时间顺序取样,农产量抽样调查按田间的地理位置顺序取样,家计调查按街道的门牌号码抽取调查户等。

设总体由N个单位组成,现在需要抽取一个容量为n的样本,先将总体N个单位按一定的标志排队,然后将N划分为n个相等的部分,每部分包含k个单位,即$\frac{N}{n}=k$。现在从第一部分顺序为1,2…,i,…k单位中随机抽取第i个单位,而在第二部分中抽取第$(i+k)$个单位,第三部分抽取$(i+2k)$个单位,……,在第n个部分抽取第$[i+(n-1)k]$个单位,共n个单位组成一个样本,而且每一个样本单位的间隔为k。由此可见,等距抽样当第一个单位随机确定之后,其余各个单位的位置也就确定了。用这种方法共可能抽取k套样本。

在对总体各单位的变异情况有所了解的情况下,也可以采用有关标志进行总体单位排列。所谓有关标志,是指作为排列顺序的标志和单位标志值的大小有密切关系。在等距抽样中,不论是无关标志还是有关标志排队,都要注意避免抽样间隔与现象本身的周期性节奏相重合,避免引起系统误差的影响。例如,在农产量抽样调查中,农作物的抽样间隔不宜和垄的长度相等;在工业产品质量抽查中,产品抽样时间间隔不宜和上下班时间一致,以免发生系统性的偏差,影响样本的代表性。

用等距抽样方式抽取一个样本,就可以计算样本平均数$\bar{x}$。关于等距抽样的平均误差,它和标志排列的顺序有关,情况比较复杂。如果用来排队的标志是无关标志,而且随机起点取样,那么它的抽样误差就十分接近简单随机抽样的误差,为了简便起见,可以采用简单随机抽样误差公式来近似反映。

4. 整群抽样

整群抽样也称集团抽样,它是将总体各单位划分若干群,然后从其中随机抽取部分群,对中选群的所有单位进行全面调查的抽样组织方式。

在抽样调查中没有总体单位的原始记录可资利用时,常常采用整群抽样。例如,要调查某市去年年底育龄妇女的生育人数,但又没有去年的育龄妇女档案资料,无法对育龄妇女抽样时,可以采用整群抽样的方式,将全市按户籍派出所的管辖范围分成许多区域,并对抽中的派出所在某管辖区内按户籍册全面调查育龄妇女的生育人数。整群抽样因为是对中选群的全面调查,所以调查单位很集中,可大大简便抽样工作,节省经费开支。

设总体全部N单位划分为R群,每群包含M单位,则$N=RM$。现在从总体R群中随机抽取r群组成样本,并分别对中选r群的所有M单位进行调查。

第i群的样本平均数如式(5.55)所示。

$$\bar{x}_i = \frac{\sum_{j=1}^{M} x_{ij}}{M} \quad (i=1,2,\cdots,r) \tag{5.55}$$

样本平均数如式(5.56)所示。

$$\bar{x} = \frac{\sum_{i=1}^{r} \bar{x}_i}{r} = \frac{\sum_{i=1}^{r}\sum_{j=1}^{M} x_{ij}}{rM} \tag{5.56}$$

从式(5.55)和式(5.56)可以看出，整群抽样实质上是以群代替总体单位，以群平均数代替总体单位标志值之后的简单随机抽样。因此，样本平均数的抽样平均误差也可以按这一方法来求得。

设 $\delta^2 = \dfrac{\sum(\bar{X}_i - \mu)^2}{R}$ 或 $\delta^2 = \dfrac{\sum(\bar{x}_i - \bar{x})^2}{r}$，整群抽样都采用不重复抽样的方法，所以抽样平均误差如式(5.57)所示。

$$\sigma_{\bar{x}} = \sqrt{\frac{\delta^2}{r}\left(\frac{R-r}{R-1}\right)} \tag{5.57}$$

整群抽样是对中选群进行全面调查，所以只存在群间抽样误差，不存在群内抽样误差。这一点和类型抽样恰好相反，类型抽样只存在组内抽样误差，不存在组间抽样误差。因此，整群抽样和类型抽样虽然都要对总体各单位进行分组，但对分组所起的作用则是完全不同的。类型抽样分组的作用在于尽量缩小组内的差异程度，达到扩大组间方差提高效果的目的。而整群抽样分组的作用则在于扩大群内的差异程度，从而达到缩小群间方差提高效果的目的。

整群抽样的好处是组织工作方便，确定一群便可以调查许多单位。但是正由于抽样单位比较集中，限制了样本单位在总体中分配的均匀性，所以有时代表性较低，抽样误差较大。在实际工作中，采用整群抽样通常都要增加一些样本单位，以缩小抽样误差，提高估计准确性。

【例5.18】某厂生产一种电子元件，在连续生产720小时中，每隔24小时抽取1小时的全部产品加以检查，根据抽样资料计算结果，电子元件的平均耐用时数为1500小时，群间方差为60小时。试以95%的可靠程度推断该批电子元件的平均耐用时数。

解：已知 $\bar{x} = 1500$ 小时，$\delta^2 = 60$ 小时，$R = 720$，$r = 720/24 = 30$，抽样平均误差为

$$\sigma_{\bar{x}} = \sqrt{\frac{\delta^2}{r}\left(\frac{R-r}{R-1}\right)} = \sqrt{\frac{60}{30} \times \left(\frac{720-30}{720-1}\right)} \approx 1.39 (小时)$$

以95%的可靠性估计该批产品的平均耐用时数的置信区间为

$1500 \pm 1.96 \times 1.39 = 1500 \pm 2.7244$

即(1497.28，1502.72)。

5. 阶段抽样

阶段抽样是指在抽样时先抽总体中某种更大范围的单位，再从中选的大单位中抽较小范围的单位，逐次类推，最后从更小范围单位中抽选样本的基本单位，分阶段来完成抽样的组织工作。当总体很大时，抽样调查要直接抽选总体的基本单位在技术上有很大困难，一般都要采用多阶段抽样方法。例如，我国职工家计调查，第一阶段先抽选调查城市，第二阶段从中选城市的各部门中抽选调查单位，第三阶段再从调查单位中抽选职工，确定具体的调查户，调查各户每月实际生活费收支情况。

以两阶段抽样而论，首先将总体划分为R组，每组包含M_i个单位。抽样第一阶段从R组中随机抽取r组，第二阶段再从中选的r组中分别从各组M_i个单位中随机抽取m_i个单位，构成一个样本，这种抽样就是两阶段抽样。其中总体单位数$N = M_1 + M_2 + \cdots + M_R$，各组单位数可以是相等的，也可以是不等的。样本单位数$n = m_1 + m_2 + \cdots + m_r$，各组抽取的单位数可以是相等的，也可以是不等的，为了简化起见，假定总体R组中每组的单位数都等于M，则有$N=RM$，而且从各组抽取的单位数也相等都为m，则有$n = rm$。

从总体R组中随机抽取r组，并从r组中每组M个单位中抽m个单位构成样本。样本平均数可以这样计算，先运用式(5.58)计算第i组的样本平均数$\bar{x}_i$。

$$\bar{x}_i = \frac{\sum_{j=1}^{m} x_{ij}}{m} \quad (i = 1, 2, \cdots, r) \tag{5.58}$$

再运用式(5.59)计算样本平均数$\bar{x}$。

$$\bar{x} = \frac{\sum_{i=1}^{r} \bar{x}_i}{r} = \frac{\sum_{i=1}^{r}\sum_{j=1}^{m} x_{ij}}{rm} \tag{5.59}$$

两阶段抽样的平均误差是由两部分构成的，第一部分是第一阶段从总体全部组抽部分组所引起的组间误差，第二部分是由第二阶段在中选组中抽部分单位所引起的组内平均误差。在总体R组中抽取r组，又在r组中每组M个单位中抽取m个单位情况下，样本平均方差$\sigma_{\bar{x}}^2$应等于组平均数组间方差的$\frac{1}{r}$及各组内方差平均数的$\frac{1}{rm}$两项之和。再考虑阶段抽样是不重复抽样的情况，各项必须乘以各自的修正系数，所以样本平均数的抽样平均误差如式(5.60)所示。

$$\sigma_{\bar{x}} = \sqrt{\frac{\sigma_1^2}{r}\left(\frac{R-r}{R-1}\right) + \frac{\sigma_2^2}{rm}\left(\frac{M-m}{M-1}\right)} \tag{5.60}$$

式(5.60)中：$\sigma_1^2 = \frac{\sum (\bar{X}_i - \bar{X})^2}{R}$为组平均数的组间方差；$\sigma_2^2 = \frac{\sum \sigma_i^2}{R}$为各组内方差的平均数。

应用式(5.60)时，在得不到总体资料的情况下，可以用样本资料来代替。不过用样本组间方差代替总体组间方差，用样本组内方差代替总体组内方差，上述抽样平均误差公式就不是无偏估计，而必须加以适当修正才能成为无偏估计量。修正后的抽样平均误差公式如式(5.61)所示。

$$\sigma_{\bar{x}} = \sqrt{\frac{s_1^2}{r}\left(\frac{R-r}{R-1}\right) + \frac{s_2^2}{rm}\left(\frac{r}{R}\right)\left(\frac{M-m}{M-1}\right)} \tag{5.61}$$

6. 非概率抽样

以上5种抽样组织方式均是概率抽样技术，从总体中选出的元素以已知的概率入选样本，概率抽样的优点在于样本统计量的抽样分布通常是已知的，我们可以用此抽样分布对可能产生的抽样结果的误差做出概率解释。然而，在现实的经济生活中，我们也使用一些非概率抽样技术选取样本，以了解总体的情况。常用的非概率抽样技术有方便抽样、判断抽样等。

(1) 方便抽样。方便抽样是一种非概率抽样技术。顾名思义，样本的确定主要是基于简便。样本中所包括的元素不是事先确定或按照已知概率选取的，例如，一名教授在某所大学做一项调查，由于学生中的志愿者已准备好并且参加该项调查不需要或几乎不需要成本，故选择由他们组成样本。类似地，一个监督员可以从许多货运板条箱中随便选取橙子进行有关橙子运输质量的调查。显然，给每个橙子贴标签，用概率方式抽样是不现实的。再如，在街头向行人询问对市场物价的看法，或请行人填写某种问卷；在商场内向顾客询问对商场服务质量的意见；在劳务市场调查外来务工人员打工情况等。由于总体边界不清，调查人员事先对调查对象难以确定抽样框，因此，进行随机抽样去选择样本的抽样方式难以操作。对于此类调查，一般由调研人员从工作方便出发，在调研对象范围内随意抽选一定数量的样本进行调查。

方便抽样具有相对易于选择样本和搜集数据的优点。然而，从其对总体的代表性来讲，它不能用于估计样本的"拟合性"。一个方便样本可能得到好的结论，也可能得到不好的结论。没有统计上公认的程序可用于对样本结果的质量进行分析和推断。有时，研究者将概率抽样中所设计的统计方法用于方便样本，认为可以将方便抽样视为概率抽样。然而，这种观点尚未得到认可，我们在用方便样本的结果对总体进行推断和解释时要非常小心。

(2) 判断抽样。判断抽样又称"立意抽样"，是另一种非概率抽样技术。它是调查研究人员根据自己对事物的了解，从总体中有目的地抽取一些单位作为样本。在这种抽样方法中，由于对所研究总体非常了解的人选择总体中他认为最具总体代表性的元素，因此通常相对容易选择样本。例如，报告者可抽样若干个专家，认为这些专家的想法反映了全体专家的普遍意见。然而，这种抽样结果的质量依赖于选择样本的人的判断。只有当调查人员对自己的研究领域十分熟悉，对调查总体比较了解时采用这种抽样方法，才可获代表性较高的样本。只使用判断抽样能够取得较满意的结果，仍不能利用概率的原理对调查结果做出推断。因此，基于判断抽样对总体进行推断时，在下结论的时候要特别小心。

在现实中，除了判断抽样在重点调查中抽取重点单位这种样本是为了及时地直接掌握总体标志总量的基本情况外，非概率抽样多用于探索性研究和预备性研究，以及总体边界不清难于实施概率抽样的研究，或因研究者的时间与人力、物力有限时采用。

注意：采用概率抽样方法，可用估计抽样结果的"拟合度"公式，对抽样结果与总体特征的接近程度进行估计。而对于非概率抽样技术的方便抽样和判断抽样，它们都不能对抽样结果的"拟合度"进行估计。因此，在解释由非概率抽样方法得到的结果时，要特别小心。

本章小结

参数估计是在随机抽样调查的基础上，以样本统计量的抽样分布为理论依据，根据样本信息来估计总体参数的。对于一个总体，其参数主要有总体均值、总体成数和总体方差；对于两个总体，其参数则主要是两个总体均值之差、两个总体成数之差和两个总体的方差比。参数估计的方法有点估计和区间估计。区间估计则是在点估计的基础上给出总体参数的一个置信区间，即，点估计±允许误差。

估计一个总体均值的置信区间时，需要考虑两种情况。

(1) 在正态总体、方差已知或非正态总体、大样本的情况下，可用正态分布构造总体均值的置信区间。

(2) 在正态总体、方差未知、小样本的情况下，则需要用t分布构造总体均值的置信区间。估计一个总体成数的置信区间，通常是在大样本条件下，由正态分布给出的。而总体方差的置信区间，则是由χ^2分布给出的。

估计两个总体均值之差的置信区间时，需要考虑两种情况。

(1) 独立样本，在大样本条件下，由正态分布构造其置信区间，在小样本条件下则由t分布构造其置信区间。

(2) 匹配样本，在大样本条件下，由正态分布构造其置信区间，在小样本条件下则由t分布构造其置信区间。估计两个总体成数之差的置信区间时，通常也是在大样本的条件下，由正态分布给出的。而两个总体方差比的置信区间，则是由F分布给出的。

在实际抽样调查中，样本容量须事先进行计算并加以确定。5.2.4节内容介绍了各种参数的区间估计方法下必要的样本容量的确定方法。5.3节内容介绍了各种抽样组织方式，在抽样调查中，简单随机抽样是最基本的方法。类型抽样、等距抽样、整群抽样、阶段抽样等都是在简单随机抽样的基础上，根据所研究的问题及其数据要求和特点设计的特殊抽样方法。如果所处理的问题及其数据符合特殊抽样方法要求，同时又能够保证随机的原则，通常情况下特殊抽样方法会更简便易行，且有较好的精度。在实际工作中，很可能需要两种或两种以上的抽样组织方式结合使用。需要注意的是，非概率抽样不能用于参数估计。

抽样分布的概念及其理论是本章重点之一，因为只有理解并掌握了抽样分布，才能学好参数估计、假设检验等内容。

练习题

一、思考题

1. 什么是抽样调查？其有何特点和作用？
2. 什么是抽样分布？请简要概括单总体参数推断时样本统计量的抽样分布。
3. 什么是点估计和区间估计？
4. 什么是抽样误差？影响抽样误差的因素有哪些？
5. 各种抽样组织方式具有什么特点？

二、选择题

1. 重复抽样在总体方差不变的条件下，要使抽样误差范围减小为原来的一半，则样本单位数必须(　　)。

  A. 减小到原来的1/2　　　　　　　　B. 增大到原来的2倍
  C. 增大到原来的8倍　　　　　　　　D. 增大到原来的4倍

2. 抽样误差是指( )。
   A. 抽样调查中各种原因引起的全部误差　　B. 系统性代表性误差
   C. 登记性误差　　D. 偶然性代表性误差

3. 抽样调查所必须遵循的原则是( )。
   A. 准确性原则　　B. 随机性原则
   C. 可靠性原则　　D. 灵活性原则

4. 反映抽样指标与总体指标之间抽样误差可能范围的指标是( )。
   A. 抽样极限误差　　B. 抽样平均误差
   C. 概率　　D. 概率度

5. 抽样误差是由于( )引起的。
   A. 破坏了随机原则　　B. 样本容量过小
   C. 观察、测量、计算的失误　　D. 抽样过程中的偶然因素

6. 某城市为了解城市在业人员的经济收入，分别从工人、机关干部、个体劳动者和其他职工中按照一个大体相同的比例随机抽取了2000人进行调查。这种调查组织方式属于( )。
   A. 类型抽样　　B. 纯随机抽样
   C. 机械抽样　　D. 整群抽样

7. 按地理划片所进行的区域抽样，其抽样的方式属于( )。
   A. 纯随机抽样　　B. 等距抽样
   C. 整群抽样　　D. 分层抽样

8. 重复抽样的抽样平均误差计算公式为( )。
   A. $\dfrac{\sigma}{\sqrt{n}}$　　B. $\sqrt{\dfrac{\sigma^2}{n}\left(\dfrac{N-n}{N-1}\right)}$
   C. $\sqrt{\dfrac{\pi(1-\pi)}{n}}$　　D. $\sqrt{\dfrac{\pi(1-\pi)}{n}\left(\dfrac{N-n}{N-1}\right)}$

9. 抽自两个独立随机样本提供的信息如表5-15所示。

表5-15　两个独立随机样本信息

样本1	样本2
$n_1=10$	$n_2=8$
$\bar{x}_1=22.5$	$\bar{x}_2=20.1$
$s_1=2.5$	$s_2=2.0$

总体方差的合并估计量为( )。
   A. 3.27　　B. 4.27　　C. 5.27　　D. 6.27

10. 某城市为估计A区和B区家庭年平均收入之差，在两个区抽取两个独立的随机样本，其中$n_A=8$，$n_B=12$，在估计两个区年平均收入之差的置信区间时所选的家庭为( )。
    A. 正态总体并且方差相等　　B. 正态总体并且均值相等
    C. 非正态总体并且方差相等　　D. 非正态总体并且均值相等

三、计算题

1. 某进出口公司出口一种茶叶，以 1% 的抽样比抽取样本，检验结果如表5-16所示。且知道这批茶叶每包规格重量不低于150克，试以95%的概率估计这批茶叶平均每包重量的范围，并确定是否达到规格重量要求。

表5-16　抽取茶叶样本的检验结果

每包重量/克	名茶包数/包
148～149	10
149～150	20
150～151	50
151～152	20
合计	100

2. 假设根据分层抽样得到表5-17所示的数据，试用0.9545的概率估计总体平均数的范围，假定抽样比例为10%。

表5-17　分层抽样结果

区域	抽取单位	标志平均数	标准差
甲	600	32	20
乙	300	36	30

3. 某制鞋厂生产一批旅游鞋，随机抽取100双进行抽样调查，调查结果如表5-18所示。

表5-18　旅游鞋的随机抽样调查结果

耐穿时间/天	旅游鞋数量/双
250～290	10
290～330	15
330～370	50
370～410	20
410以上	5
合计	100

根据以往经验，旅游鞋耐穿时间的标准差为40天，在概率为95.45%($z_{\alpha/2}=2$)的条件下，试求这批旅游鞋的平均耐穿时间(天)的可能范围。

4. 某地区抽取200户家庭进行调查，有关资料如表5-19所示。

表5-19　家庭抽样调查资料

人均月收入/元	家庭户数/户
300以下	10
300～500	15
500～1000	50
1000～1500	80
1500～2000	30

(续表)

人均月收入/元	家庭户数/户
2000~3000	10
3000以上	5
合计	200

要求：

(1) 以95%的概率($z_{\alpha/2}=1.96$)估计该地区居民人均收入的范围。(假定$\sigma=641.67$)

(2) 以95.45%的概率($z_{\alpha/2}=2$)估计该地区人均收入在1000元以上的家庭所占的比重。

5. 某电子产品使用寿命在3000小时以下为不合格品。现在从5000个产品中随机抽取100个对其使用寿命进行调查，结果如表5-20所示。

表5-20　电子产品抽样调查使用寿命的结果

使用寿命/小时	产品数量/个
3000以下	2
3000~4000	30
4000~5000	50
5000以上	18
合计	100

要求：

(1) 按重复抽样和不重复抽样计算该产品平均寿命的抽样平均误差；

(2) 按重复抽样和不重复抽样计算该产品合格率的抽样平均误差；

(3) 根据重复抽样计算的抽样平均误差，以95.45%的概率保证程度对该产品平均使用寿命和合格率进行区间估计。

6. 为调查甲、乙两家银行的户均存款数，从两家银行各抽选一个由36个存户组成的随机样本。两个样本均值分别为4800元和3500元，两个总体标准差分别为980元和960元。根据经验，知道两个总体均服从正态分布，试求$(\mu_1-\mu_2)$的置信度为90%的置信区间。

7. 某厂有两台生产金属棒的机器，一个随机样本由机器A生产的18根金属棒组成，另一个随机样本由机器B生产的25根金属棒组成。两个样本的数据如下：$\bar{x}_1=9.06$cm、$\bar{x}_2=8.76$cm、$s_1=0.060$cm、$s_2=0.058$cm。假定两个总体均服从正态分布，且总体方差相等，试求$(\mu_1-\mu_2)$的置信度为95%的置信区间。

8. 某广告公司进行一项空调用户特点的调查。从装有空调的家庭中随机抽选200户，其中年人均收入超过20000元的有110户；从未装空调的家庭中随机抽选100户，其中年人均收入超过20000元的有25户。试对已装和未装空调的两种家庭年人均收入超过20000元的比例之差构造置信度为95%的置信区间。

9. 表5-21是两部机器生产的袋装茶重量数据。

表5-21　两部机器生产的袋装茶重量数据　　　　　　　　　　　　　　　　　　　　　　　　　单位：克

机器1			机器2		
3.30	3.98	3.28	3.25	3.12	3.20
3.35	3.19	3.30	3.35	3.28	3.70
3.30	3.20	3.30	3.90	3.22	2.98
3.05	3.29	3.34	3.75	3.38	3.45
3.28	3.35	3.33	3.48	3.18	3.20
3.27	3.16	3.30	3.16	2.95	3.50
3.34	3.28	3.25	3.22	3.20	3.45

试构造两个总体方差比(σ_1^2/σ_2^2)在95%置信水平下的置信区间。

四、案例分析题

骏马汽车公司是一家专业的汽车生产企业，其骏马牌汽车畅销全国各地。为了解消费者对其产品和服务的满意程度，对其所生产的骏马牌中档车用户展开调查，调查表明，许多人抱怨该中档车的传动系统不佳。为此，公司从其设立在全国各地的4S店中选取3家，收集了50辆该中档车首次传动系统故障的维修记录，表5-22为50个首次传动系统出现故障时所实际行驶的里程数据。

表5-22　50个首次传动系统出现故障时所实际行驶的里程数据　　　　　　　　　　　　　　单位：千米

85 586	138 114	69 922	53 500	101 769	66 998	85 861	65 605	32 534	64 090
82 256	85 288	35 662	79 294	95 774	40 002	64 342	63 436	77 437	32 464
77 539	73 341	74 425	64 544	121 352	72 069	61 978	92 857	59 465	39 323
88 798	89 341	67 202	86 813	69 568	25 065	67 998	116 803	32 609	89 641
53 402	37 831	118 444	116 269	74 276	77 098	59 817	94 219	85 092	59 902

要求：

(1) 对出现传动系统故障的汽车总体，估计首次传动系统故障时实际行驶里程均值的95%的置信区间，并对该区间估计做出管理上的解释。

(2) 公司如果希望估计的极限误差不超过5000千米，则该选取多大的样本容量？取置信水平为95%。

(3) 为了更全面地对该传动系统问题做出评价，你还需要收集一些什么其他信息？

第 6 章

假设检验

【案例】宏通公司是一家通信设备生产商,需要在RF电路板上焊接电子元器件,在一次产品抽查中,发现不少产品焊接没能达到规定的质量标准。工程部负责对这一问题展开调查,经过对众多影响焊接的因素加以分析后,确定焊接问题可能由RF电路板表层有疵点引起。

工程部想知道,存货中有疵点的RF电路板的比率是否超过了供应商设计中规定的比率p_0。于是建立如下假设:$H_0: \pi \leqslant p_0$;$H_1: \pi > p_0$。

H_0表示存货中表层有疵点的板未能超过供应商设计中所规定的比率,H_1则表明存货中表层有疵点的板的比率超过了供应商设计中所规定的值。抽样检验表明,H_1是真的,应该拒绝H_0,即认为存货中表层有疵点的RF板所占比率超过了供应商设计中所规定的值。进一步调查发现,所贮存的RF板受到了污染是导致这一比率过高的原因。于是,工程部采取措施,改变贮存环境,消除污染,解决了这一问题。本章的目的正是要说明如何对总体的参数做出检验。

假设检验是推断统计的另一项重要内容,它与参数估计类似,但角度不同。参数估计是利用样本信息推断未知的总体参数,而假设检验则是先对总体参数提出一个假设值,然后利用样本信息判断这一假设是否成立。假设检验方法在许多领域都有应用。本章首先介绍有关假设检验的一些基本问题,然后再介绍一个总体参数和两个总体参数的检验方法。

6.1 假设检验的基本问题

6.1.1 假设的陈述

现实生活中,人们经常要对某个"假设"做出判断,确定它是真的还是假的。在研究领域,研究者在检验一种新的理论时,首先要提出一种自己认为是正确的看法,即假设。

用统计语言来说,"假设"就是对总体参数的具体数值所做的陈述。

一个假设的提出总是以一定的理由为基础,但这些理由通常是不完全充分的,因此产生了"检验"的需求,也就是要进行判断。如本章开篇案例中,宏通公司工程部需要判断存货中有疵点的RF电路板的比率是否超过了供应商设计中规定的比率。假设检验就是先对总体参数提出某种假设,然后利用样本信息判断假设是否成立的过程。

在假设检验中,首先需要提出两种假设,即原假设和备择假设。原假设通常是研究者想收集证据予以反对的假设,也称为零假设,用H_0表示。备择假设通常是研究者想收集证据予以支持的假设,也称为研究假设,用H_1表示。确定原假设和备择假设,在假设检验中十分重要,它直接关系到检验的结论。那么该如何来建立原假设和备择假设呢?为此,我们有以下几点认识。

(1) 原假设和备择假设是一个完备事件组,而且相互对立。这意味着,在一项假设检验中,原假设和备择假设必有一个成立,而且只有一个成立。在建立假设时,通常是先确定备择假设,然后再确定原假设。这样做的原因是备择假设是人们所关心的,是想予以支持或证实的,因此比较清楚,容易确定。由于原假设和备择假设是对立的,只要确定了备择假设,原假设就很容易确定了。

(2) 在假设检验中,等号"="总是放在原假设上。将"="放在原假设上是因为我们想涵盖备择假设H_1不出现的所有情况。假设检验的惯例是在原假设H_0中只写"=",例如,我们可把原假设和备择假设表述为"$H_0: \mu = \mu_0$,$H_1: \mu > \mu_0$",因为如果你做出拒绝原假设"$H_0: \mu = \mu_0$"而接受备择假设"$H_1: \mu > \mu_0$"的决策,那么也就意味着你拒绝了"$H_0: \mu < \mu_0$"。换句话说,如果事实上备择假设不正确,"$H_0: \mu = \mu_0$"就代表了可能有的最坏情况。

(3) 在面对某一实际问题时,由于不同的研究者有不同的研究目的,即使对同一问题也可能提出截然相反的原假设和备择假设,这是十分正常的,也并不违背关于原假设与备择假设的最初定义。无论怎样确定假设的形式,只要它们符合研究者的最终目的,便是合理的。

下面通过几个例子来说明原假设和备择假设的建立方法。

【例6.1】 一种零件的生产标准是直径为10cm,为对生产过程进行控制,质量监测人员定期对一台机床进行检查,确定这台机床生产的零件是否符合标准要求。如果零件的平均直径大于或小于10cm,则表明生产过程不正常,必须进行调整。试陈述用来检验生产过程是否正常的原假设和备择假设。

解:设这台机床生产的所有零件平均直径的真值为μ。如果$\mu=10$,表明生产过程正常,如果$\mu<10$或$\mu>10$,则表明机床生产过程不正常,研究者要检验这两种可能情况中的任何一种。根据原假设和备择假设的定义,研究者想要收集证据予以证明的假设应该是"生产过程不正常",因为如果研究者事先认为生产过程正常,他就没有必要去进行检验了。所以建立的原假设和备择假设应为

$H_0: \mu = 10$(生产过程正常)

$H_1: \mu \neq 10$(生产过程不正常)

【例6.2】 某品牌洗涤剂在它的产品说明书中声称:平均净含量不少于500克。从消费

者利益出发，有关研究人员要通过抽检其中的一批产品来验证该产品制造商的说明是否属实。试陈述用于检验的原假设和备择假设。

解：设该品牌洗涤剂的平均净含量的真值为μ。如抽检的结果发现$\mu<500$，则表明该产品说明书中关于其净含量的内容是不真实的，有关部门应对其采取措施。一般来说，研究者抽检的意图是倾向于证实这种洗涤剂的平均净含量并不符合说明书的陈述，因为这会损害消费者的利益，如果研究者对产品说明丝毫没有质疑，也就没有抽检的必要了。所以$\mu<500$是研究者想要收集证据支持的观点。建立的原假设与备择假设应为

$H_0: \mu \geqslant 500$(净含量符合说明书)

$H_1: \mu < 500$(净含量不符合说明书)

【**例6.3**】一家研究机构估计，某城市中家庭拥有汽车的比率超过30%。为验证这一估计是否正确，该研究机构随机抽取了一个样本进行检验。试陈述用于检验的原假设与备择假设。

解：设该城市家庭拥有汽车的比率真值为π。显然，研究者想收集证据予以支持的假设是"该城市中家庭拥有汽车的比率超过30%"。因此建立的原假设与备择假设应为

$H_0: \pi \leqslant 30\%$(家庭拥有汽车的比率不超过30%)

$H_1: \pi > 30\%$(家庭拥有汽车的比率超过30%)

假设检验的目的主要是收集证据来拒绝原假设。原假设最初被假设是成立的，之后就是要根据样本数据，确定是否有足够的不符合原假设的证据以拒绝原假设。当我们没有足够的证据拒绝原假设时，并不等于"证明"了原假设是真的，它仅仅意味着我们没有足够的证据拒绝原假设，因此不能拒绝原假设。当我们拒绝原假设时，得出的结论是清楚的。比如，在上面的例6.2中，如果拒绝原假设，我们可以说该品牌洗涤剂的净含量与说明书所标识的不相符。但如果不拒绝原假设，我们只能说样本提供的证据还不足以推翻原假设，这并不等于我们承认原假设是对的，也不能说该品牌洗涤剂的净含量$\geqslant 500$。因此，当不拒绝原假设时，实际上并未给出明确的结论。也就是说，不拒绝原假设，并未说净含量$\geqslant 500$，也未说净含量<500。

在假设检验中，研究者感兴趣的备择假设的内容，可以是原假设H_0在某一特定方向的变化，也可以是一种没有特定方向的变化。例如，在例6.2中，研究者感兴趣的是洗涤剂的净含量是否低于500克，同样，在例6.3中，研究者感兴趣的是家庭拥有汽车的比率是否高于30%。如果备择假设具有特定的方向性，并含有符号">"或"<"的假设检验，称为单侧检验或单尾检验。相反，在例6.1中，研究者感兴趣的备择假设没有特定的方向，只是关心备择假设H_1是否不同于原假设H_0，并不关心是大于还是小于，如果备择假设没有特定的方向性，并含有"≠"的假设检验，则称为双侧检验或双尾检验。

在单侧检验中，由于研究者感兴趣的方向不同，又可分为左侧检验和右侧检验。如果研究者感兴趣的备择假设的方向为"<"，称为左侧检验；如果研究者感兴趣的备择假设的方向为">"，称为右侧检验。例如，前面的例6.2属于左侧检验，而例6.3则属于右侧检验。

设μ为总体参数(这里代表总体均值)，μ_0为假设参数的具体值，可将假设检验的基本形式总结如表6-1所示的内容。

表6-1　假设检验的基本形式

假设	双侧检验	单侧检验	
		左侧检验	右侧检验
原假设	$H_0: \mu=\mu_0$	$H_0: \mu \geqslant \mu_0$	$H_0: \mu \leqslant \mu_0$
备择假设	$H_0: \mu \neq \mu_0$	$H_1: \mu < \mu_0$	$H_1: \mu > \mu_0$

6.1.2　两类错误与显著性水平

假设检验的目的是要根据样本信息做出决策，也就是做出是否拒绝原假设而倾向于备择假设的决策。显然，研究者总是希望能做出正确的决策，但由于决策是建立在样本信息的基础之上，而样本又是随机的，因此就有可能犯错。

如前所述，原假设与备择假设不能同时成立，要么拒绝原假设H_0，要么不拒绝H_0。人们所希望的情况是当原假设H_0正确时没有拒绝它，当原假设H_0不正确时拒绝它。但人们无法保证不犯错误，假设检验过程中可能发生以下两类错误。

(1) 当原假设为真时拒绝原假设，所犯的错误称为第Ⅰ类错误，又称为弃真错误。犯第Ⅰ类错误的概率通常记为α。

(2) 当原假设为假时没有拒绝原假设，所犯的错误称为第Ⅱ类错误，又称为取伪错误。犯第Ⅱ类错误的概率通常记为β。

假设检验中的结论及其后果有4种情况，如表6-2所示。

表6-2　假设检验的结论与后果

决策结果	实际情况	
	H_0为真	H_0为假
未拒绝H_0	正确决策($1-\alpha$)	第Ⅱ类错误，记为β
拒绝H_0	第Ⅰ类错误，记为α	正确决策($1-\beta$)

需要注意的是，只有当原假设被拒绝时，才会犯第Ⅰ类错误；只有当原假设未被拒绝时，才会犯第Ⅱ类错误。因此，可以不犯第Ⅰ类错误或不犯第Ⅱ类错误，但难以保证两类错误都不犯。从直觉上说，这两类错误的概率之间存在这样的关系：当α增大时，β减小；当β增大时，α减小。通常希望犯两类错误的概率都尽可能小，但实际上难以做到，要使α和β同时减小的唯一办法就是增加样本容量。但样本容量的增加又会受许多因素的限制，所以人们只能在两类错误的发生概率之间进行平衡，以使α与β控制在能够接受的范围内。一般来说，发生哪一类错误的后果更为严重，就应该首先控制该类错误发生的概率，但由于犯第Ⅰ类错误的概率是可以由研究者控制的，因此在假设检验中，人们往往先控制第Ⅰ类错误的发生概率。

发生第Ⅰ类错误的概率也常被用于检验结论的可靠性度量，假设检验中犯的第Ⅰ类错误的概率被称为显著性水平，记为α。

显著性的意义在这里意味着，如果样本提供的证据拒绝原假设，则表明检验的结果是显著的；如果不拒绝原假设，则表明检验的结果是不显著的。显著性水平是指当原假设实际上正确时，检验统计量落在拒绝域的概率。它是人们事先指定的犯第Ⅰ类错误的概率α的最大允许值。显著性水平α越小，犯第Ⅰ类错误的可能性自然就越小，但犯第Ⅱ类错误的可能性则随之增大。实际应用中，显著性水平是人们事先给出的一个值，但究竟确定一个多大的显著性水平合适？一般情况下，人们认为犯第Ⅰ类错误的后果更严重些，因此通常会取一个较小的α值。英国著名统计学家罗纳德·费希尔(Ronald Fisher)在他的研究中把小概率的标准定为0.05，所以作为一个普遍适用的原则，人们通常选择显著性水平为0.05或比0.05更小的概率。常用的显著性水平有α=0.01、α=0.05、α=0.1等，当然也可以取其他值。

确定了显著性水平α就等于控制了第Ⅰ类错误的概率，但犯第Ⅱ类错误的概率β却不确定。在拒绝原假设H_0时，人们犯错误的概率不超过显著性水平α，但当样本观测显示没有充分的理由拒绝原假设时，便难以确切知道第Ⅱ类错误发生的概率。因此，假设检验中采用"不拒绝H_0"而不采用"接受H_0"的表述方法，这种说法实质上并未做出明确的结论，在多数场合下便避免了第Ⅱ类错误发生的风险，因为"接受H_0"所得结论的可靠性将由第Ⅱ类错误的概率β来测量，而β的控制又相对复杂。

6.1.3 检验统计量与拒绝域

在提出具体的假设之后，研究者需要提供可靠的证据来支持他所提出的备择假设。实际操作过程中，提出证据的信息主要来自所抽取的样本，假设检验也就是要凭借可能获得的样本观测结果帮助研究者做出最后的判断和决策。一个很自然的想法是，如果样本提供的证据能够证明原假设是不真实的，研究者就有理由拒绝它，而倾向于选择备择假设。

在一般的假设检验过程中，研究者都倾向于通过样本信息提供对备择假设的支持，而倾向于做出"拒绝原假设的结论"。通常，样本能够提供的信息十分丰富和繁杂，针对特定的研究问题，往往需要对这些信息进行压缩和提炼，检验统计量便是对样本信息进行压缩和概括的结果。

根据样本观测结果计算得到的，并据以对原假设和备择假设做出决策的某个样本统计量，称为检验统计量。

检验统计量实际上是总体参数的点估计量(例如，样本均值$\bar{x}$就是总体均值μ的一个点估计量)，但点估计量并不能直接作为检验的统计量。只有将其标准化后，才能用于度量它与原假设的参数值之间的差异程度。而对点估计量标准化的依据有：原假设H_0为真；点估计量的抽样分布。实际上，假设检验中所用的检验统计量都是标准化检验统计量，它反映了点估计量(如样本均值)与假设的总体参数(如假设的总体均值)相比差多少个标准差。为叙述方便，通常将标准化检验统计量简称为检验统计量。对于总体均值和总体成数的检验，标准化的检验统计量可表示为式(6.1)。

$$\text{标准化检验统计量} = \frac{\text{点估计量} - \text{假设值}}{\text{点估计量的抽样标准差}} \tag{6.1}$$

检验统计量是一个随机变量，随着样本观测结果的不同，它的具体数值也是不同的，但只要已知一组特定的样本观测结果，检验统计量的值也就唯一确定了。假设检验的基本原理就是根据检验统计量建立一个准则，依据这个准则和计算得到的检验统计量的值，研究者就可以决定是否拒绝原假设。但统计量的哪些值将导致拒绝原假设而倾向于备择假设呢？这就需要找出能够拒绝原假设的统计量的所有可能取值，这些取值的集合则称为拒绝域。

拒绝域是由显著性水平α所围成的区域。如果利用样本观测结果计算出来的检验统计量的具体数值落在了拒绝域内，就拒绝原假设，否则就不拒绝原假设。

拒绝域的大小与我们事先选定的显著性水平有一定的关系。在确定了显著性水平α之后，就可以根据α值的大小确定出拒绝域的具体边界值。根据给定的显著性水平确定的拒绝域的边界值，称为临界值。

在给定显著性水平α后，查书后所附的统计表就可以得到具体的临界值(也可以直接由Excel中的函数命令计算得到)。将检验统计量的值与临界值进行比较，就可以做出拒绝或不拒绝原假设的决策。

当样本容量固定时，拒绝域的面积随α的减小而减小。α值越小，为拒绝原假设所需要的检验统计量的临界值与原假设的参数值就越远。拒绝域的位置则取决于检验是单侧检验还是双侧检验。双侧检验的拒绝域在抽样分布的两侧(所以被称为双侧检验)，而单侧检验中，如果备择假设具有符号"<"，则拒绝域位于抽样分布的左侧，故称为左侧检验；如果备择假设具有符号">"，则拒绝域位于抽样分布的右侧，故称为右侧检验。在给定显著性水平α条件下，拒绝域和临界值可用图6-1来表示。

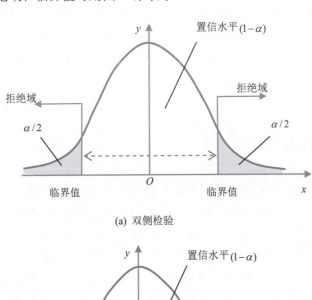

(a) 双侧检验

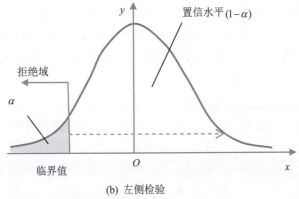

(b) 左侧检验

图6-1　显著性水平、临界值和拒绝域

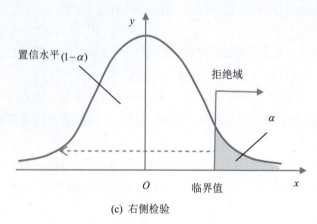

(c) 右侧检验

图 6-1　显著性水平、临界值和拒绝域(续)

6.1.4　利用P值进行决策

显著性水平α是在检验之前确定的，这也就意味着事先确定了拒绝域。这样不论检验统计量的值是大还是小，只要它的值落入拒绝域就拒绝原假设H_0，否则就不拒绝原假设H_0。这种固定的显著性水平α对检验结果的可靠性起一种度量作用。但不足的是，α是犯第Ⅰ类错误的上限控制值，它只能提供检验结论可靠性的一个大致范围，而对于一个特定的假设检验问题，却无法给出观测数据与原假设之间不一致程度的精确度量。也就是说，仅从显著性水平来比较，如果选择的α值相同，则所有检验结论的可靠性都一样。

如果原假设H_0为真，所得到的样本结果会像实际观测结果那么极端或更极端的概率，称为P值(P-value)，也称为观察到的显著性水平。要测量出样本观测数据与原假设中假设的值μ_0的偏离程度，则需要计算P值。

P值告诉我们在某个总体的许多样本中，某一类数据出现的经常程度。也就是说，P值是当原假设正确时，得到所观测数据的概率。如果原假设正确，P值则告诉我们得到这样的观测数据是多么不可能。相当不可能得到的数据，就是原假设不对的合理证据。P值越小，说明实际观测到的数据与H_0之间不一致的程度就越大，检验的结果也就越显著。

P值也是用于确定是否拒绝原假设的另一个重要工具，它有效地补充了α提供的关于检验可靠性的有限信息。为便于理解，这里统一使用符号z表示检验统计量，z_c表示根据样本数据计算得到的检验统计量值，对于假设检验的3种基本形式，从抽样分布上看，计算P值的一般表达式如下。

(1) 双侧检验：$H_0:\mu = \mu_0$，$H_1:\mu \neq \mu_0$。

P值是当$\mu = \mu_0$时，检验统计量大于或等于根据实际观测样本数据计算得到的检验统计量绝对值的概率的两倍，即P值$= P(|z| \geq |z_c|) = 2P(z \geq |z_c|)$。

(2) 左侧检验：$H_0:\mu \geq \mu_0$，$H_1:\mu < \mu_0$。

P值是当$\mu = \mu_0$时，检验统计量小于或等于根据实际观测样本数据计算得到的检验统计量的值的概率，即P值$= P(z \leq z_c)$。

(3) 右侧检验：$H_0: \mu \leq \mu_0$，$H_1: \mu > \mu_0$。

P值是当$\mu = \mu_0$时，检验统计量大于或等于根据实际观测样本数据计算得到的检验统计量的值的概率，即$P值 = P(z \geq z_c)$。

对于不同检验的P值，可以用图6-2来表示。

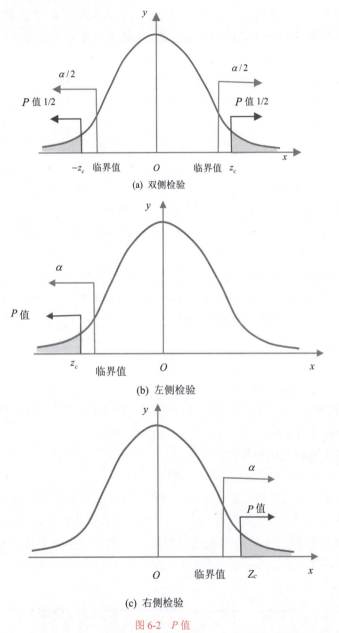

图 6-2 P 值

有了P值后，可以进一步理解显著性水平的含义：显著性水平是事先所要求的用于拒绝原假设的概率，即P值。如果事先给出的一个显著性水平，实际上也就是说所要求的P值要小到何种程度，这个P值就叫显著性水平，用α表示。如果事先确定了一个显著性水平α，也就意味着要求用于拒绝原假设H_0的证据必须强到P值小于α的程度。例如，如果选择

$\alpha=0.05$，则样本数据能拒绝原假设的证据要强到当H_0正确时，这种样本结果发生的频率不超过5%；如果选$\alpha=0.01$，则要求拒绝原假设H_0的证据要更强，这种样本结果发生的频率只有1%。如果P值小于或等于α，我们称该组数据不利于原假设的证据有α的显著性水平。

计算机的使用使P值的计算十分容易。在现代统计检验中，不再需要给出5%或1%这类传统的显著性水平。P值提供了更多的信息，它让人们可以选择任意水平来评估结果是否具有统计上的显著性。只要你认为这么大的P值就算是显著了，你就可以在这样的P值水平上拒绝原假设。然而，传统的显著性水平，如1%、5%、10%等，已经被人们普遍接受为"拒绝原假设足够证据的标准"。我们大概可以说：$P<0.10$代表有"一些证据"不利于原假设；$P<0.05$代表有"适度证据"不利于原假设；$P<0.01$代表有"很强证据"不利于原假设。

利用P值进行决策的规则十分简单。在已知P值的条件下，将其与给定的显著性水平α进行比较，就可以确定是否应该拒绝原假设。从图6-2可以看出：单侧检验中，P值位于抽样分布的一侧，而双侧检验中，P值则位于分布的两侧，每一侧的P值为1/2。通常，将两侧面积的总和定义为P值，这样定义的好处是可以将P值直接与给定的显著性水平α进行比较。因此，不论是单侧检验还是双侧检验，用P值进行决策的准则都是：如果P值$<\alpha$，拒绝H_0；如果P值$\geq\alpha$，不拒绝H_0。

P值计算可以通过查表来求得，但毕竟很麻烦。幸运的是，计算机的应用使得P值的计算十分容易，多数统计软件都能够输出有关假设检验的主要计算结果，其中就包括P值。可以说，P值的应用几乎取代了传统的统计量检验方法，它不仅能得到与统计量检验相同的结论，而且给出了统计量检验不能给出的信息。利用统计量根据显著性水平做出决策，如果拒绝原假设，也仅仅是知道我们犯错误的可能性是α那么大，但究竟是多少我们却不知道。而P值则是我们犯错误的实际概率。

理解假设检验的一些基本概念和基本问题，有助于我们对假设检验的实际应用。下面将假设检验的具体步骤总结如下。

第一步：陈述原假设H_0和备择假设H_1。

第二步：从所研究的总体中抽出一个随机样本。

第三步：确定一个适当的检验统计量，并利用样本数据算出其具体数值。

第四步：确定一个适当的显著性水平α，并计算出其临界值，确定拒绝域。

第五步：将统计量的值与临界值进行比较，并做出决策。若统计量的值落在拒绝域内，则拒绝原假设H_0，否则不拒绝原假设H_0(也可以直接用P值做出决策)。

6.2 一个总体参数的检验

本节将在上一节的基础上介绍假设检验的具体应用。与参数估计类似，当研究一个总体时，要检验的参数主要是总体均值μ、总体成数π和总体方差σ^2。上一节介绍的所有概念都适用于将要介绍的检验方法，但由于检验的参数不同，计算检验统计量的方法也有所不同。

6.2.1 总体均值的检验

在对总体均值进行假设检验时,采用什么检验步骤和检验统计量取决于所抽取的样本是大样本($n \geq 30$)还是小样本($n < 30$),此外还需区分总体是否服从正态分布、总体方差σ^2是否已知等几种情况。

1. 大样本的检验方法

假设检验中重要的一步是确定适当的检验统计量。根据抽样分布的知识,在大样本情况下,样本均值的抽样分布近似服从正态分布,其抽样标准差为$\sigma/\sqrt{n}$。将样本均值$\bar{x}$经过标准化后即可得到检验统计量。可以证明,样本的均值经标准化后服从标准正态分布,因而采用正态分布的检验统计量z。设假设的总体均值为μ_0,当总体方差σ^2已知时,总体均值的检验统计量如式(6.2)所示。

$$z = \frac{\bar{x} - \mu_0}{\sigma/\sqrt{n}} \qquad (6.2)$$

当总体方差σ^2未知时,可以用样本方差s^2来近似代替总体方差,此时总体均值的检验统计量如式(6.3)所示。

$$z = \frac{\bar{x} - \mu_0}{s/\sqrt{n}} \qquad (6.3)$$

【例6.4】一种罐装饮料采用自动生产线生产,每罐的容量是255mL,标准差为5mL。为检验每罐容量是否符合要求,质检人员在某天生产的饮料中随机抽取了40罐进行检验,测得每罐平均容量为255.8mL。取显著性水平$\alpha=0.05$,检验该天生产的饮料容量是否符合标准要求。

解:这里所关心的焦点是饮料容量是否符合要求,也就是μ是否等于255mL。大于或小于255mL都不符合要求,因而属于双侧检验问题。提出的原假设和备择假设为$H_0: \mu = 255$,$H_1: \mu \neq 255$。

计算检验统计量的具体数值。

$$z = \frac{255.8 - 255}{5/\sqrt{40}} \approx 1.01$$

检验统计量的数值含义是样本均值与检验的总体均值相比,相差1.01个抽样标准差。

根据给定的显著性水平$\alpha=0.05$,查书后所附的标准正态分布表得$z_{\alpha/2}=z_{0.025}=1.96$。由于$|z|=1.01<z_{\alpha/2}=1.96$,所以不拒绝原假设。检验结果表明:样本提供的证据还不足以推翻原假设,因此不能证明该天生产的饮料不符合标准要求。上面的决策过程如图6-3所示。

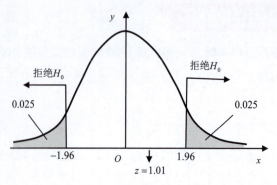

图 6-3　例 6.4 中的拒绝域

此题中也可以利用P值进行检验。P值可以利用Excel的统计函数功能计算。

【例6.5】一种机床加工的零件尺寸绝对平均误差为1.35mm。生产厂家现采用一种新的机床进行加工以期进一步降低误差。为检验新机床加工的零件平均误差与旧机床相比是否有显著降低，从某天生产的零件中随机抽取50个进行检验。50个零件尺寸的绝对误差数据如表6-3所示。

表6-3　50个零件尺寸的绝对误差数据

单位：mm

1.26	1.19	1.31	0.97	1.81
1.13	0.96	1.06	1.00	0.94
0.98	1.10	1.12	1.03	1.16
1.12	1.12	0.95	1.02	1.13
1.23	0.74	1.50	0.50	0.59
0.99	1.45	1.24	1.01	2.03
1.98	1.97	0.91	1.22	1.06
1.11	1.54	1.08	1.10	1.64
1.70	2.37	1.38	1.60	1.26
1.17	1.12	1.23	0.82	0.86

利用这些样本数据，检验新机床加工的零件尺寸的平均误差与旧机床相比是否有显著降低？（$\alpha=0.01$）

解：这里研究者所关心的是新机床加工的零件尺寸的平均误差与旧机床相比是否有显著降低，也就是μ是否小于1.35。因此属于单侧检验问题，而且属于左侧检验。提出的假设如下：$H_0:\mu\geq 1.35$，$H_1:\mu<1.35$。根据样本数据计算得：$\bar{x}=1.2152$，$s=0.365\,749$。

计算检验统计量的具体数值。

$$z = \frac{1.2152 - 1.35}{0.365\,749 / \sqrt{50}} \approx -2.6061$$

该检验统计量数值的含义是样本均值与检验的总体均值相比，相差-2.6061个抽样标准差。

根据显著性水平$\alpha=0.01$，查标准正态分布表得$z_\alpha=z_{0.01}=2.33$。由于$z=-2.6061<-z_{0.01}=-2.33$，

因此拒绝原假设。检验结果表明：新机床加工的零件尺寸的平均误差与旧机床相比有显著降低。

【例6.6】 某一小麦品种的平均产量为5200千克每公顷，一家研究机构对小麦品种进行了改良以期提高产量。为检验改良后的新品种产量是否有显著提高，随机抽取了36个地块进行试种，得到的样本平均产量为5275千克每公顷，标准差为120千克每公顷。试检验改良后的新品种产量是否有显著提高。($\alpha=0.05$)

解： 研究机构自然希望新品种产量能提高，因而想收集证据支持"产量有显著提高"的假设，也就是μ是否大于5200。因此属于单侧检验问题，而且属于右侧检验。提出的假设如下：$H_0: \mu \leq 5200$，$H_1: \mu > 5200$。

计算检验统计量的具体数值。

$$z = \frac{5275-5200}{120/\sqrt{36}} = 3.75$$

根据给定的显著性水平$\alpha=0.05$，查标准正态分布表得$z_\alpha = z_{0.05} = 1.645$。由于$z=3.75 > z_{0.05} = 1.645$，所以拒绝原假设。检验结果表明：改良后的新品种产量有显著提高。

前面通过3个例子介绍了一个总体均值的检验方法和步骤，这些步骤对以后介绍的其他检验也普遍适用。对大样本总体均值的检验问题做了总结，如表6-4所示。

表6-4 大样本情况下一个总体均值的检验方法

	双侧检验	左侧检验	右侧检验
假设形式	$H_0: \mu = \mu_0$, $H_1: \mu \neq \mu_0$	$H_0: \mu \geq \mu_0$, $H_1: \mu < \mu_0$	$H_0: \mu \leq \mu_0$, $H_1: \mu > \mu_0$
检验统计量	\multicolumn{3}{c}{σ已知：$z = \frac{\bar{x}-\mu_0}{\sigma/\sqrt{n}}$；$\sigma$未知：$z = \frac{\bar{x}-\mu_0}{s/\sqrt{n}}$}
α与拒绝域	$|z| > z_{\alpha/2}$	$z < -z_\alpha$	$z > z_\alpha$
P值决策准则	\multicolumn{3}{c}{$P < \alpha$，拒绝H_0}

在实际应用中，我们可以利用Excel进行总体均值的检验，可选临界值检测法或P值检测法，其决策的结果是一致的，见表6-5和表6-6。

表6-5 z检验的临界值检测表

H_0	H_1	临界值	拒绝域	接受域
$\mu = \mu_0$	$\mu \neq \mu_0$	$z_{\alpha/2}$=NORMSINV(1-α/2)	$|z| > z_{\alpha/2}$	$|z| \leq z_{\alpha/2}$
$\mu \leq \mu_0$	$\mu > \mu_0$	z_α=NORMSINV(1-α)	$z > z_\alpha$	$z \leq z_\alpha$
$\mu \geq \mu_0$	$\mu < \mu_0$	$-z_\alpha$=-NORMSINV(1-α)=NORMSINV(α)	$z < -z_\alpha$	$z \geq -z_\alpha$

表6-6 z检验的P值检测表

H_0	H_1	临界值	拒绝	不拒绝
$\mu = \mu_0$	$\mu \neq \mu_0$	$P=2\times(1-$NORMSDIST$)$[ABS(z)]	$P < \alpha$	$P \geq \alpha$
$\mu \leq \mu_0$	$\mu > \mu_0$	$P=1-$NORMSDIST[ABS(z)]		
$\mu \geq \mu_0$	$\mu < \mu_0$	$P=1-$NORMSDIST[ABS(z)]		

2. 小样本的检验方法

在小样本($n<30$)情形下,检验统计量的选择与总体是否服从正态分布、总体方差是否已知有着密切的联系。本节的内容都首先以总体服从正态分布为假定前提,然后再依照总体方差是否已知来选择合适的检验统计量。

当总体方差σ^2已知的时候,即使在小样本情况下,检验统计量的公式(6.2)仍然服从标准正态分布,因而仍可按公式(6.3)给出的检验统计量对总体均值进行检验,检验的程序与大样本时完全相同,此处不再赘述。这里着重介绍小样本情形下总体方差未知时总体均值的检验方法。

对于小样本,当总体方差σ^2未知时,需要用样本方差s^2代替总体方差σ^2,此时公式(6.2)给出的检验统计量不再服从标准正态分布,而是服从自由度为$(n-1)$的t分布。因此需要采用t分布来检验总体均值,通常称之为"t检验"。检验统计量的计算如式(6.4)所示。

$$t = \frac{\bar{x} - \mu_0}{s/\sqrt{n}} \tag{6.4}$$

表6-7总结了小样本时总体均值的检验方法。

表6-7 小样本情况下一个总体均值的检验方法

	双侧检验	左侧检验	右侧检验
假设形式	$H_0: \mu = \mu_0, H_1: \mu \neq \mu_0$	$H_0: \mu \geq \mu_0, H_1: \mu < \mu_0$	$H_0: \mu \leq \mu_0, H_1: \mu > \mu_0$
检验统计量	σ未知:$t = \frac{\bar{x} - \mu_0}{s/\sqrt{n}}$; σ已知:$z = \frac{\bar{x} - \mu_0}{\sigma/\sqrt{n}}$		
α与拒绝域	$\|t\| > t_{\alpha/2}(n-1)$	$t < -t_\alpha(n-1)$	$t > t_\alpha(n-1)$
P值决策准则	$P < \alpha$,拒绝H_0		

【例6.7】一种汽车配件的平均长度要求为12cm,高于或低于该标准均被认为是不合格的。汽车生产企业在购进配件时,通常是经过招标,然后对中标的配件提供商提供的样品进行检验,以决定是否购进。现对一个配件提供商提供的10个样品进行了检验,其结果为:12.2,10.8,12.0,11.8,11.9,12.4,11.3,12.2,12.0,12.3。假定该供货商生产的配件长度服从正态分布,在0.05的显著性水平下,检验该供货商提供的配件是否符合要求?

解:依题意建立如下原假设与备择假设:$H_0: \mu = 12$,$H_1: \mu \neq 12$。根据样本计算得:$\bar{x} = 11.89$,$s = 0.4932$。

由于$n<30$为小样本,采用公式(6.4)计算检验统计量。

$$t = \frac{11.89 - 12}{0.4932/\sqrt{10}} \approx -0.7053$$

根据自由度$(n-1) = 10-1 = 9$,查t分布表得:$t_{\alpha/2}(n-1) = t_{0.025}(9) = 2.262$,由于$|t| = 0.7053 < t_{0.025}(9) = 2.262$,所以不拒绝原假设,样本提供的证据还不足以推翻原假设。在实践中,通常决定可以购进该配件供应商提供的这种汽车配件。

在实际应用中,我们可以利用Excel进行总体均值的t检验,见表6-8和表6-9。

表6-8　t检验的临界值检测表

H_0	H_1	临界值	拒绝域	接受域
$\mu = \mu_0$	$\mu \neq \mu_0$	$t_{\alpha/2}$=TINV(α, n-1)	$|t|>t_{\alpha/2}$	$|t|\leqslant t_{\alpha/2}$
$\mu \leqslant \mu_0$	$\mu > \mu_0$	t_{α}=TINV(2α, n-1)	$t>t_{\alpha}$	$t\leqslant t_{\alpha}$
$\mu \geqslant \mu_0$	$\mu < \mu_0$	$-t_{\alpha}$=-TINV(2α, n-1)	$t<-t_{\alpha}$	$t\geqslant -t_{\alpha}$

表6-9　t检验的P值检测表

H_0	H_1	临界值	拒绝	不拒绝
$\mu = \mu_0$	$\mu \neq \mu_0$	P=TDIST(ABS(t), n-1, 2)	$P<\alpha$	$P\geqslant \alpha$
$\mu \leqslant \mu_0$	$\mu > \mu_0$	P=TDIST(ABS(t), n-1, 1)		
$\mu \geqslant \mu_0$	$\mu < \mu_0$	P=TDIST(ABS(t), n-1, 1)		

前面讨论了一个总体均值的检验问题。在实际应用中，首先需要弄清各种方法的适用场合，例如，是大样本还是小样本，总体是否服从正态分布，总体方差是否已知等。对于无法确定总体是否服从正态分布的小样本情形，除考虑其他检验方法(如非参数检验)外，还可以通过增加样本容量来达到大样本标准(一般要求超过30)，从而将小样本问题转换为大样本下的假设检验问题，当然这要取决于实际条件是否允许。

6.2.2　总体成数的检验

总体成数的检验与上面介绍的总体均值的检验基本上是相同的，区别只在于参数和检验统计量的形式不同。所以，总体均值检验的整个程序可以作为总体成数检验的参考，甚至有很多内容可以完全"照搬"。因此，这里将尽可能综合介绍总体成数的检验方法，而且只考虑大样本情形下的总体成数检验。

总体成数检验的3种基本形式如下。

双侧检验：$H_0: \pi = \pi_0, H_1: \pi \neq \pi_0$
左侧检验：$H_0: \pi \geqslant \pi_0, H_1: \pi < \pi_0$
右侧检验：$H_0: \pi \leqslant \pi_0, H_1: \pi > \pi_0$

在构造检验统计量时，仍然利用样本成数p与总体成数π之间的距离等于多少个标准差σ_p来衡量，因为在大样本情形下统计量p近似服从正态分布，而统计量Z则近似服从标准正态分布，如式(6.5)所示。

$$z = \frac{p - \pi_0}{\sqrt{\dfrac{\pi_0(1-\pi_0)}{n}}} \tag{6.5}$$

式(6.5)就是总体成数检验的统计量。

在给定显著性水平α的条件下，总体成数检验的显著性水平、拒绝域和临界值的图示可参考前面的图6-1。表6-10总结了大样本情况下总体成数检验的一般方法。

表6-10　大样本情况下一个总体成数的检验方法

	双侧检验	左侧检验	右侧检验
假设形式	$H_0: \pi = \pi_0$, $H_1: \pi \neq \pi_0$	$H_0: \pi \geq \pi_0$, $H_1: \pi < \pi_0$	$H_0: \pi \leq \pi_0$, $H_1: \pi > \pi_0$
检验统计量	$z = \dfrac{p - \pi_0}{\sqrt{\dfrac{\pi_0(1-\pi_0)}{n}}}$		
α与拒绝域	$\lvert z \rvert > z_{\alpha/2}$	$z < -z_\alpha$	$z > z_\alpha$
P值决策准则	$P < \alpha$，拒绝H_0		

【例6.8】一种以休闲和娱乐为主题的杂志，声称其读者群中有80%为女性。为验证这一说法是否属实，某研究部门抽取了由200人组成的一个随机样本，发现有146个女性经常阅读该杂志。分别取显著性水平α=0.05和α=0.01检验该杂志读者群中女性的比率是否为80%，它们的P值各是多少？

解：研究机构想证明的是杂志所声称的说法是否属实，也就是读者群中女性比率是否等于80%，因此提出的原假设和备择假设为：$H_0: \pi = 80\%$，$H_1: \pi \neq 80\%$。

根据抽样结果计算得 $p = \dfrac{146}{200} = 73\%$

检验统计量为 $z = \dfrac{0.73 - 0.80}{\sqrt{\dfrac{0.80 \times (1-0.80)}{200}}} = -2.475$

根据给定的显著性水平α=0.05，查标准正态分布表得$z_{\alpha/2} = z_{0.025} = 1.96$。由于$\lvert z \rvert = 2.475 > z_{\alpha/2} = 1.96$，所以拒绝原假设。在显著性水平为0.05的条件下，样本提供的证据表明该杂志的说法并不属实。

根据给定的显著性水平α=0.01，查标准正态分布表得$z_{\alpha/2} = z_{0.005} = 2.58$。由于$\lvert z \rvert = 2.475 < z_{\alpha/2} = 2.58$，所以不拒绝原假设。在显著性水平为0.01的条件下，样本提供的证据表明该杂志的说法是属实的。

由Excel计算出的P值为0.013 328。显著性水平为0.05时，P值<α=0.05，拒绝H_0；显著性水平为0.01时，P值>α=0.01，不拒绝H_0。结论与检验统计量检验一致。

从例6.8可以看出，对于同一个检验，不同的显著性水平将会得出不同的结论。总体成数左侧检验和右侧检验中拒绝域的建立，读者可直接参照相应的大样本情形下总体均值的检验方法，在这里不再另做总结。

6.2.3 总体方差的检验

对于许多生产和生活领域而言，仅仅保证所观测到的样本均值维持在特定水平范围之内，并不意味着整个过程的运转正常，方差的大小是否适度则是需考虑的另一个重要因素。一个方差大的产品自然意味着其质量或性能不稳定。因此，总体方差σ^2的检验也是假设检验的重要内容之一。

与总体均值和总体成数检验所通常使用的抽样分布(正态分布或t分布)不同，一个总体方差的检验用的是卡方(χ^2)分布。此外，总体方差的检验，不论样本容量n的大小，都要求总体服从正态分布,这是由检验统计量的抽样分布决定的。

用 σ_0^2 表示假定的总体方差的某一取值,总体方差假设检验的三种基本形式如下。

双侧检验:$H_0: \sigma^2 = \sigma_0^2$, $H_1: \sigma^2 \neq \sigma_0^2$

左侧检验:$H_0: \sigma^2 \geq \sigma_0^2$, $H_1: \sigma^2 < \sigma_0^2$

右侧检验:$H_0: \sigma^2 \leq \sigma_0^2$, $H_1: \sigma^2 > \sigma_0^2$

检验统计量的公式如式(6.6)所示。

$$\chi^2 = \frac{(n-1)s^2}{\sigma_0^2} \tag{6.6}$$

对于给定的显著性水平 α,双侧检验的拒绝域如图6-4所示。对于单侧检验,拒绝域在分布一侧的尾部。

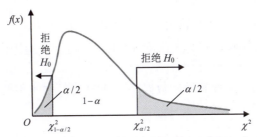

图6-4 显著性水平为 α 时双侧检验临界值及拒绝域

表6-11总结了一个总体方差检验的一般方法。

表6-11 一个总体方差检验的方法

	双侧检验	左侧检验	右侧检验
假设形式	$H_0: \sigma^2 = \sigma_0^2$, $H_1: \sigma^2 \neq \sigma_0^2$	$H_0: \sigma^2 \geq \sigma_0^2$, $H_1: \sigma^2 < \sigma_0^2$	$H_0: \sigma^2 \leq \sigma_0^2$, $H_1: \sigma^2 > \sigma_0^2$
检验统计量	$\chi^2 = \frac{(n-1)s^2}{\sigma_0^2}$		
α 与拒绝域	$\chi^2 > \chi_{\alpha/2}^2(n-1)$ 或 $\chi^2 < \chi_{1-\alpha/2}^2(n-1)$	$\chi^2 < \chi_{1-\alpha}^2(n-1)$	$\chi^2 > \chi_{\alpha}^2(n-1)$

下面通过一个例子说明总体方差假设检验的一般程序。

【例6.9】某啤酒生产企业采用自动生产线灌装啤酒,每瓶的装填量为640mL,由于受某些不可控因素的影响,每瓶的装填量会有差异。此时,不仅每瓶的平均装填量很重要,装填量的方差 σ^2 也同样很重要。如果 σ^2 很大,会出现装填量太多或太少的情况,这样要么生产企业不划算,要么消费者不满意。假定生产标准规定每瓶装填量的标准差不应超过和不应低于4mL。企业质检部门抽取了10瓶啤酒进行了检验,得到的样本标准差为 $s = 3.8$ mL。试以0.10的显著性水平检验装填量的标准差是否符合要求?

解: 依题意提出如下假设:$H_0: \sigma^2 = 4^2$, $H_1: \sigma^2 \neq 4^2$。

计算检验统计量为

$$\chi^2 = \frac{(10-1) \times 3.8^2}{4^2} = 8.1225$$

根据显著性水平 $\alpha = 0.10$ 和自由度(10–1)=9,查 χ^2 分布表得 $\chi_{0.10/2}^2(n-1) = \chi_{0.05}^2(9) = 16.9190$,

$\chi^2_{1-0.10/2}(n-1) = \chi^2_{0.95}(9) = 3.32511$,由于 $\chi^2_{0.95}(9) = 3.32511 < \chi^2 = 8.1225 < \chi^2_{0.05}(9) = 16.9190$,所以不拒绝原假设 H_0。样本提供的证据不足以推翻原假设。也就是说,在0.01的显著性水平下,没有理由认为装填量的标准差不符合要求装填量的标准差,这表明:啤酒生产企业采用自动生产线灌装啤酒的每瓶装填量的稳定性符合要求。

以上介绍了一个总体参数的假设检验问题,并详细总结了总体均值、总体成数,以及总体方差检验的过程和拒绝域的图示,目的是帮助大家系统地掌握假设检验的一般方法和程序。

6.3 两个总体参数的检验

与参数估计类似,两个总体参数的检验主要包括两个总体均值之差$(\mu_1 - \mu_2)$的检验、两个总体成数之差$(\pi_1 - \pi_2)$的检验和两个总体方差比σ_1^2/σ_2^2的检验等,检验的程序可仿照一个总体参数的检验进行,只是统计量的计算要复杂一些。幸运的是,对于两个总体参数的检验,Excel都有现成的程序(需要有原始数据)。因此在介绍时也主要是以Excel的应用为主,一般不再给出拒绝域的图示。

6.3.1 两个总体均值之差的检验

在实际研究中,常常需要比较两个总体的差异。例如,一所学校的重点班和普通班两个班级学生的英语平均成绩是否有显著差异;生产企业在改进生产线后的平均产量与原生产线的平均产量相比是否有显著提高等。这些都属于两个总体均值之差$(\mu_1 - \mu_2)$的检验问题。

两个总体均值之差的3种基本假设检验形式如下。

双侧检验:$H_0: \mu_1 - \mu_2 = 0$,$H_1: \mu_1 - \mu_2 \neq 0$

左侧检验:$H_0: \mu_1 - \mu_2 \geq 0$,$H_1: \mu_1 - \mu_2 < 0$

右侧检验:$H_0: \mu_1 - \mu_2 \leq 0$,$H_1: \mu_1 - \mu_2 > 0$

与参数估计类似,根据样本获得方式的不同,两个总体均值检验也分为独立样本和匹配样本两种情形,而且也有大样本与小样本之分。

1. 两个总体均值之差的检验:独立样本

检验两个总体均值之差的统计量是以两个样本均值之差$(\bar{x}_1 - \bar{x}_2)$的抽样分布为基础构造出来的。对于大样本和小样本两种情形,由于两个样本均值之差经标准化后的分布不同,检验的统计量也略有差异。

(1) 大样本的检验方法。在大样本的情况下,两个样本均值之差$(\bar{x}_1 - \bar{x}_2)$的抽样分布近似服从正态分布,而$(\bar{x}_1 - \bar{x}_2)$经过标准化后则服从标准正态分布。如果两个总体的方差σ_1^2、σ_2^2已知,则采用式(5.27)作为检验统计量。

当两个总体方差σ_1^2、σ_2^2未知时,可以分别用样本方差s_1^2、s_2^2替代,此时,检验统计量为

$$z = \frac{(\bar{x}_1 - \bar{x}_2) - (\mu_1 - \mu_2)}{\sqrt{\dfrac{s_1^2}{n_1} + \dfrac{s_2^2}{n_2}}}$$

根据前面介绍的假设检验的思路，可以将两个总体均值之差的检验方法进行概括，如表6-12所示。

表6-12　独立大样本情况下两个总体均值之差的检验方法

	双侧检验	左侧检验	右侧检验
假设形式	$H_0: \mu_1 - \mu_2 = 0$ $H_1: \mu_1 - \mu_2 \neq 0$	$H_0: \mu_1 - \mu_2 \geq 0$ $H_1: \mu_1 - \mu_2 < 0$	$H_0: \mu_1 - \mu_2 \leq 0$ $H_1: \mu_1 - \mu_2 > 0$
检验统计量	σ_1^2、σ_2^2 已知：$z = \dfrac{(\bar{x}_1 - \bar{x}_2) - (\mu_1 - \mu_2)}{\sqrt{\dfrac{\sigma_1^2}{n_1} + \dfrac{\sigma_2^2}{n_2}}}$；$\sigma_1^2$、$\sigma_2^2$ 未知：$z = \dfrac{(\bar{x}_1 - \bar{x}_2) - (\mu_1 - \mu_2)}{\sqrt{\dfrac{s_1^2}{n_1} + \dfrac{s_2^2}{n_2}}}$		
α与拒绝域	$|z| > z_{\alpha/2}$	$z < -z_\alpha$	$z > z_\alpha$
P值决策准则	$P < \alpha$，拒绝H_0		

【例6.10】 某公司对男女职员的平均小时工资进行了调查，独立抽取了具有同类工作经验的男女职员的两个随机样本，并记录了两个样本的均值、方差等资料，如表6-13所示。

表6-13　两个独立样本的有关计算结果

男性职员	女性职员
$n_1 = 44$	$n_2 = 32$
$\bar{x}_1 = 75$元	$\bar{x}_2 = 70$元
$s_1^2 = 64$元	$s_2^2 = 42.25$元

在显著性水平为0.05的条件下，能否认为男性职员与女性职员平均小时工资存在显著差异？

解： 设μ_1=男性职员的小时平均工资，μ_2=女性职员的小时平均工资。我们关心的只是男女职员的平均小时工资是否存在差异，所以提出的原假设和备择假设为

$H_0: \mu_1 - \mu_2 = 0$，　$H_1: \mu_1 - \mu_2 \neq 0$

由于两个总体的方差未知，其计算结果为

$$z = \frac{(\bar{x}_1 - \bar{x}_2) - (\mu_1 - \mu_2)}{\sqrt{\dfrac{s_1^2}{n_1} + \dfrac{s_2^2}{n_2}}} = \frac{(75 - 70) - 0}{\sqrt{\dfrac{64}{44} + \dfrac{42.25}{32}}} \approx 3.002$$

与显著性水平α=0.05对应的两个临界值分别为1.96和-1.96，由于$|z| = 3.002 > z_{\alpha/2} = 1.96$，所以拒绝原假设，而倾向于认为该公司的男女职员平均小时工资之间存在显著差异。

(2) 小样本的检验方法。当两个样本都为独立小样本的情况下，检验两个总体均值之差时，需要假定两个总体都服从正态分布。检验时有以下4种情况。

① 总体服从正态分布。当两个总体方差 σ_1^2 和 σ_2^2 已知时，无论样本容量的大小，两个样本均值之差的抽样分布都服从正态分布，应采用式(5.27)作为检验统计量。

② 总体服从正态分布。当两个总体的方差 σ_1^2 和 σ_2^2 未知但相等时，即 $\sigma_1^2 = \sigma_2^2$，则需要用两个样本的方差 s_1^2 和 s_2^2 来估计，这时需要将两个样本的数据组合在一起，以给出总体方差的合并估计量 s_p^2，计算公式见(5.30)。这时，两个样本均值之差经标准化后服从自由度为 (n_1+n_2-2) 的 t 分布，应采用式(5.31)作为检验统计量。

③ 总体服从正态分布。当两个总体的方差 σ_1^2 和 σ_2^2 未知且不相等时，即 $\sigma_1^2 \neq \sigma_2^2$，如果两个样本容量相等，$n_1+n_2=n$，两个样本均值之差经标准化后服从自由度为 $(n_1+n_2-2)=2(n-1)$ 的 t 分布，因而采用的检验统计量公式如式(6.7)所示。

$$t = \frac{(\bar{x}_1 - \bar{x}_2) - (\mu_1 - \mu_2)}{\sqrt{\dfrac{s_1^2}{n_1} + \dfrac{s_2^2}{n_2}}} = \frac{(\bar{x}_1 - \bar{x}_2) - (\mu_1 - \mu_2)}{\sqrt{\dfrac{s_1^2 + s_2^2}{n}}} \tag{6.7}$$

④ 总体服从正态分布。当两个总体的方差 σ_1^2 和 σ_2^2 未知且不相等时，即 $\sigma_1^2 \neq \sigma_2^2$，而且两个样本容量也不相等，即 $n_1 \neq n_2$ 时，两个样本均值之差经标准化后不再服从自由度为 (n_1+n_2-2) 的 t 分布，而是近似服从自由度为 v 的 t 分布。这时检验统计量公式如式(6.8)所示。

$$t = \frac{(\bar{x}_1 - \bar{x}_2) - (\mu_1 - \mu_2)}{\sqrt{\dfrac{s_1^2}{n_1} + \dfrac{s_2^2}{n_2}}} \tag{6.8}$$

自由度 v 的计算公式见式(5.34)。

在表6-14中，总结了独立小样本情况下两个总体均值之差检验的一般方法。

表6-14 独立小样本情况下两个总体均值之差的检验方法

假设形式	双侧检验	左侧检验	右侧检验	假定条件
	$H_0: \mu_1 - \mu_2 = 0$ $H_1: \mu_1 - \mu_2 \neq 0$	$H_0: \mu_1 - \mu_2 \geq 0$ $H_1: \mu_1 - \mu_2 < 0$	$H_0: \mu_1 - \mu_2 \leq 0$ $H_1: \mu_1 - \mu_2 > 0$	
检验统计量	$z = \dfrac{(\bar{x}_1 - \bar{x}_2) - (\mu_1 - \mu_2)}{\sqrt{\dfrac{\sigma_1^2}{n_1} + \dfrac{\sigma_2^2}{n_2}}}$			σ_1^2 和 σ_2^2 已知
α 与拒绝域	$\lvert z \rvert > z_{\alpha/2}$	$z < -z_\alpha$	$z > z_\alpha$	
检验统计量	$t = \dfrac{(\bar{x}_1 - \bar{x}_2) - (\mu_1 - \mu_2)}{s_p \sqrt{\dfrac{1}{n_1} + \dfrac{1}{n_2}}}$ 自由度：n_1+n_2-2			① σ_1^2、σ_2^2 未知 ② $\sigma_1^2 \neq \sigma_2^2$
检验统计量	$t = \dfrac{(\bar{x}_1 - \bar{x}_2) - (\mu_1 - \mu_2)}{\sqrt{\dfrac{s_1^2 + s_2^2}{n}}}$ 自由度：$n_1+n_2-2=2(n-1)$			① σ_1^2、σ_2^2 未知 ② $\sigma_1^2 \neq \sigma_2^2$ ③ $n_1=n_2=n$

(续表)

假设形式	双侧检验 $H_0: \mu_1-\mu_2=0$ $H_1: \mu_1-\mu_2 \neq 0$	左侧检验 $H_0: \mu_1-\mu_2 \geq 0$ $H_1: \mu_1-\mu_2 < 0$	右侧检验 $H_0: \mu_1-\mu_2 \leq 0$ $H_1: \mu_1-\mu_2 > 0$	假定条件
检验统计量	$t=\dfrac{(\bar{x}_1-\bar{x}_2)-(\mu_1-\mu_2)}{\sqrt{\dfrac{s_1^2}{n_1}+\dfrac{s_2^2}{n_2}}}$ 自由度:$v=\dfrac{\left(\dfrac{s_1^2}{n_1}+\dfrac{s_2^2}{n_2}\right)^2}{\dfrac{(s_1^2/n_1)^2}{n_1-1}+\dfrac{(s_2^2/n_2)^2}{n_2-1}}$			① σ_1^2、σ_2^2 未知 ② $\sigma_1^2 \neq \sigma_2^2$ ③ $n_1 \neq n_2$
α 与拒绝域	$\|t\|>t_{\alpha/2}$	$t<-t_\alpha$	$t>t_\alpha$	
P值决策准则	$P<\alpha$,拒绝 H_0			

【例6.11】 甲、乙两台机床同时加工某种同类型的零件,已知两台机床加工的零件直径(单位: cm)分别服从正态分布 $N(\mu_1, \sigma_1^2)$、$N(\mu_2, \sigma_2^2)$,并且有 $\sigma_1^2=\sigma_2^2$。为比较两台机床的加工精度有无显著差异,分别独立抽取了甲机床加工的8个零件和乙机床加工的7个零件,通过测量得到的数据如表6-15所示。

表6-15 两台机床加工零件的样本数据

单位: cm

机床	零件直径							
甲	20.5	19.8	19.7	20.4	20.1	20.0	19.0	19.9
乙	20.7	19.8	19.5	20.8	20.4	19.6	20.2	

在 $\alpha=0.05$ 的显著性水平下,样本数据是否提供证据支持"两台机床加工的零件直径不一致"的看法?

解: 提出的原假设和备择假设为

$H_0: \mu_1-\mu_2=0$,$H_1: \mu_1-\mu_2 \neq 0$

两个独立样本的容量都小于30,两个总体方差未知但相等。根据样本数据计算得
$\bar{x}_1=19.925$,$\bar{x}_2=20.143$,$s_1^2=0.2164$,$s_2^2=0.2729$

总体方差的合并估计量为

$$s_p^2=\dfrac{(n_1-1)s_1^2+(n_2-1)s_2^2}{n_1+n_2-2}=\dfrac{(8-1)\times 0.2164+(7-1)\times 0.2729}{8+7-2} \approx 0.2425$$

计算的检验统计量为

$$t=\dfrac{(\bar{x}_1-\bar{x}_2)-(\mu_1-\mu_2)}{s_p\sqrt{\dfrac{1}{n_1}+\dfrac{1}{n_2}}}=\dfrac{(19.925-20.143)-0}{\sqrt{0.2425}\times\sqrt{\left(\dfrac{1}{8}+\dfrac{1}{7}\right)}} \approx -0.85$$

根据自由度 $(n_1+n_2-2)=8-7-2=13$,$\alpha=0.05$ 对应的 t 分布临界值分别是2.160,-2.160,检验统计量的值没有落入拒绝域,因而不拒绝原假设。也就是说,在0.05的显著性水平下,没有理由认为甲、乙两台机床加工的零件直径不一致。

根据两台机床加工零件的样本数据,上述检验可直接由Excel提供的检验程序进行操作。

2. 两个总体均值之差的检验：匹配样本

独立样本提供的数据可能因为样本个体在其他因素方面的"不同质"而对它们所提供的有关总体均值的信息产生干扰,为有效地排除样本个体之间这些"额外"差异带来的误差,可以考虑选用匹配样本。

在检验时,需要假定两个总体配对差值构成的总体服从正态分布,而且配对差是从差值总体中随机抽取的。对于小样本情形,配对差值经标准化后服从自由度为$(n-1)$的t分布。因此选择的检验统计量公式如式(6.9)所示。

$$t = \frac{\bar{d} - (\mu_1 - \mu_2)}{s_d / \sqrt{n}} \tag{6.9}$$

式(6.9)中的$\bar{d}$、S_d的计算公式同式(5.36)。

匹配小样本情形下,两个总体均值之差的检验方法如表6-16所示。

表6-16　匹配小样本情况下两个总体均值之差的检验方法

	双侧检验	左侧检验	右侧检验
假设形式	$H_0: \mu_1 - \mu_2 = 0$ $H_1: \mu_1 - \mu_2 \neq 0$	$H_0: \mu_1 - \mu_2 \geq 0$ $H_1: \mu_1 - \mu_2 < 0$	$H_0: \mu_1 - \mu_2 \leq 0$ $H_1: \mu_1 - \mu_2 > 0$
检验统计量	$t = \dfrac{\bar{d} - (\mu_1 - \mu_2)}{s_d / \sqrt{n}}$；自由度：$n-1$		
α与拒绝域	$\|t\| > t_{\alpha/2}(n-1)$	$t < -t_\alpha(n-1)$	$t > -t_\alpha(n-1)$
P值决策准则	$P < \alpha$，拒绝H_0		

【例6.12】 某饮料公司开发研制出一种新产品,为比较消费者对新老产品口感的满意程度,该公司随机抽选一组消费者(8人),每个消费者先品尝一种饮料,然后再品尝另一种饮料,两种饮料的品尝顺序是随机的,然后每个消费者要对两种饮料分别进行评分(0～10分),评分结果如表6-17所示。

表6-17　两种饮料评分结果的样本数据

消费者编号		1	2	3	4	5	6	7	8
评分结果	旧款饮料	5	4	7	3	5	8	5	6
	新款饮料	6	6	7	4	3	9	7	6

取显著性水平$\alpha = 0.05$,该公司是否有证据认为消费者对两种饮料的评分存在显著差异？

解：设μ_1=消费者对旧款饮料的平均评分,μ_2=消费者对新款饮料的平均评分。依题意建立的原假设和备择假设为

$$H_0: \mu_1 - \mu_2 = 0, \quad H_1: \mu_1 - \mu_2 \neq 0$$

利用Excel中的"t-检验：平均值的成对二样本分析",给出的检验结果如图6-5所示。

	A	B	C
1	t-检验: 成对双样本均值分析		
2		变量1	变量2
3	平均	5.375	6
4	方差	2.553 571 429	3.428 571 429
5	观测值	8	8
6	泊松相关系数	0.724 206 824	
7	假设平均差	0	
8	df	7	
9	t Stat	−1.357 241 785	
10	P(T<=t) 单尾	0.108 418 773	
11	t 单尾临界	1.894 578 604	
12	P(T<=t) 双尾	0.216 837 546	
13	t 双尾临界	2.364 624 251	

图 6-5　例 6.12 中的 Excel 输出检验结果

由于"$P(T<=t)$ 双尾"值=0.216 837 546 > $\alpha = 0.05$，所以不拒绝原假设，也就是说没有足够的证据支持"消费者对新老饮料的评分"有显著差异。

6.3.2　两个总体成数之差的检验

两个总体成数之差($\pi_1 - \pi_2$)的检验思路与一个总体成数的检验类似，只是由于涉及两个总体，所以在形式上相对复杂一些。

当 $n_1 p_1$、$n_1(1-p_1)$、$n_2 p_2$、$n_2(1-p_2)$ 都大于或等于5时，就可以认为是大样本。根据两个样本成数之差的抽样分布，可以得到用于检验两个总体成数之差检验的统计量，计算公式见式(5.38)。

由于两个总体的成数 π_1 和 π_2 是未知的，需要利用两个样本成数 p_1、p_2 来估计 $\sigma_{p_1-p_2}$。这时有两种情况。

(1) 原假设为 $H_0: \pi_1 - \pi_2 = 0$ 情况下的检验。

此时，最佳估计量是将两个样本合并后得到的合并成数 p。如果设 x_1 表示样本1中具有某种属性的单位数，x_2 表示样本2中具有某种属性的单位数，则合并后的成数如式(6.10)所示。

$$p = \frac{x_1 + x_2}{n_1 + n_2} = \frac{p_1 n_1 + p_2 n_2}{n_1 + n_2} \tag{6.10}$$

这时两个样本成数之差($p_1 - p_2$)抽样分布的标准差 $\sigma_{p_1-p_2}$ 最佳估计量如式(6.11)所示。

$$\sigma_{p_1-p_2} = \sqrt{p(1-p)\left(\frac{1}{n_1} + \frac{1}{n_2}\right)} \tag{6.11}$$

将式(6.11)代入公式(5.37)中，得到两个总体成数之差检验的统计量如式(6.12)所示。

$$z = \frac{(p_1 - p_2)}{\sqrt{p(1-p)\left(\frac{1}{n_1} + \frac{1}{n_2}\right)}} \tag{6.12}$$

(2) 原假设为$H_0: \pi_1 - \pi_2 = d_0 (d_0 \neq 0)$情况下的检验。

在这种情况下，可直接用两个样本成数p_1和p_2来作为相应的两个总体成数π_1和π_2的估计量，从而得到两个样本成数之差$(p_1 - p_2)$抽样分布的标准差$\sigma_{p_1 - p_2}$估计量如式(6.13)所示。

$$\sigma_{p_1-p_2} = \sqrt{\frac{p_1(1-p_1)}{n_1} + \frac{p_2(1-p_2)}{n_2}} \quad (6.13)$$

这时得到两个总体成数之差检验的统计量如式(6.14)所示。

$$z = \frac{(p_1 - p_2) - d_0}{\sqrt{\frac{p_1(1-p_1)}{n_1} + \frac{p_2(1-p_2)}{n_2}}} \quad (6.14)$$

与两个总体均值之差类似，表6-18总结了两个总体成数之差的检验方法。

表6-18　两个总体成数之差的检验方法

	双侧检验	左侧检验	右侧检验
假设形式	$H_0: \pi_1 - \pi_2 = 0$ $H_1: \pi_1 - \pi_2 \neq 0$	$H_0: \pi_1 - \pi_2 \geq 0$ $H_1: \pi_1 - \pi_2 < 0$	$H_0: \pi_1 - \pi_2 \leq 0$ $H_1: \pi_1 - \pi_2 > 0$
检验统计量	检验$H_0: \pi_1 - \pi_2 = 0$；$z = \dfrac{(p_1 - p_2)}{\sqrt{p(1-p)\left(\dfrac{1}{n_1} + \dfrac{1}{n_2}\right)}}$ 检验$H_0: \pi_1 - \pi_2 = d_0$；$z = \dfrac{(p_1 - p_2) - d_0}{\sqrt{\dfrac{p_1(1-p_1)}{n_1} + \dfrac{p_2(1-p_2)}{n_2}}}$		
α与拒绝域	$\lvert z \rvert > z_{\alpha/2}$	$z < -z_\alpha$	$z > z_\alpha$
P值决策准则	$P < \alpha$，拒绝H_0		

【例6.13】一所大学准备采取一项学生在宿舍上网收费的措施，为了解男女生对这一措施的看法是否存在差异，学校分别抽取了200名男生和200名女生进行调查，其中的一个问题是"你是否赞成采取上网收费的措施"。男生表示赞成的比率为27%，女生表示赞成的比率为35%。调查者认为，男生中表示赞成的比率显著低于女生。取显著性水平$\alpha = 0.05$，样本提供的证据是否支持调查者的看法？

解：设π_1=男生中表示赞成的成数，π_2=女生中表示赞成的成数。依题意提出原假设与备择假设为

$$H_0: \pi_1 - \pi_2 \geq 0, \quad H_1: \pi_1 - \pi_2 < 0$$

两个样本的成数分别为：$p_1 = 27\%$，$p_2 = 35\%$。由于我们是要检验"男生中表示赞成的比率显著低于女生"（不是检验两者的差值是多少），所以选择公式(6.12)作为检验统计量。首先计算两个样本的合并成数p。

$$p = \frac{p_1 n_1 + p_2 n_2}{n_1 + n_2} = \frac{200 \times 0.27 + 200 \times 0.35}{200 + 200} = 0.31$$

计算的检验统计量为

$$z = \frac{(p_1 - p_2)}{\sqrt{p(1-p)\left(\frac{1}{n_1} + \frac{1}{n_2}\right)}} = \frac{0.27 - 0.35}{\sqrt{0.31 \times (1-0.31) \times \left(\frac{1}{200} + \frac{1}{200}\right)}} \approx -1.72977$$

由于 $z = -1.72977 < -z_{0.05} = -1.645$，所以拒绝原假设，样本提供的证据支持调查者的看法。由Excel计算的P值为0.041837<0.05，同样拒绝原假设。

【例6.14】有两种方法生产同一种产品，方法1的生产成本较高而次品率较低，方法2的生产成本较低而次品率较高。管理人员在选择生产方法时，决定对两种方法的次品率进行比较，若方法1比方法2的次品率低8%以上，则决定采用方法1，否则就采用方法2。管理人员从方法1生产的产品中随机抽取了300个，发现有33个次品，从方法2生产的产品中也随机抽取了300个，发现有84个次品。用显著性水平$\alpha=0.01$进行检验，说明管理人员应采用哪种方法进行生产？

解： 设π_1=方法1的次品率，π_2=方法2的次品率。依题意提出原假设与备择假设为

$$H_0: \pi_1 - \pi_2 \geq -8\%, \quad H_1: \pi_1 - \pi_2 < -8\%$$

两个样本的成数分别为：$p_1=11\%$，$p_2=28\%$。由于要检验"方法1的次品率是否比方法2的低8%"（不是检验两者的差值是否等于0），所以选择式(5.38)作为检验统计量。计算结果为

$$z = \frac{(0.11 - 0.28) - (-0.08)}{\sqrt{\frac{0.11 \times (1-0.11)}{300} + \frac{0.28 \times (1-0.28)}{300}}} = -2.8484$$

由于$z=-2.8484<-z_{0.01}=-2.33$，因此拒绝原假设，表明方法1的次品率比方法2的低8%以上，所以应采用方法1进行生产。由Excel计算的P值为0.0022<0.01，同样拒绝原假设。

6.3.3 两个总体方差比的检验

在实际应用中，经常要对两个总体的方差进行比较。然而在比较两个总体方差时，通常是对其比值σ_1^2/σ_2^2（或σ_2^2/σ_1^2）进行推断。这是因为当两个样本是从两个正态总体中分别独立地抽取时，方差比σ_1^2/σ_2^2的估计量的抽样分布是人们所熟悉的。通常将原假设与备择假设的基本形式表示成两个总体方差比值与数值1之间的比较关系。

由于两个样本方差比s_1^2/s_2^2是两个总体方差比值σ_1^2/σ_2^2的理想估计量，而当容量为n_1和n_2的两个样本分别独立地抽自两个正态总体时，统计量的表达式为式(6.15)所示。

$$F = \frac{s_1^2/\sigma_1^2}{s_2^2/\sigma_2^2} \tag{6.15}$$

服从$F(n_1-1, n_2-1)$分布，所以选择公式(6.15)作为两个总体方差比检验的统计量。在原假设（$H_0: \frac{\sigma_1^2}{\sigma_2^2}=1$）成立的条件下，检验统计量公式(6.15)变为式(6.16)。

$$F = \frac{s_1^2}{s_2^2} \text{ 或 } F = \frac{s_2^2}{s_1^2} \tag{6.16}$$

表6-19概括了两个总体方差比的检验方法。

表6-19 两个总体方差比的检验方法

	双侧检验	左侧检验	右侧检验
假设形式	$H_0: \dfrac{\sigma_1^2}{\sigma_2^2}=1$, $H_1: \dfrac{\sigma_1^2}{\sigma_2^2} \neq 1$	$H_0: \dfrac{\sigma_1^2}{\sigma_2^2} \geq 1$, $H_1: \dfrac{\sigma_1^2}{\sigma_2^2} < 1$	$H_0: \dfrac{\sigma_1^2}{\sigma_2^2} \leq 1$, $H_1: \dfrac{\sigma_1^2}{\sigma_2^2} > 1$
检验统计量	$F = \dfrac{较大的样本方差}{较小的样本方差}$	$F = \dfrac{s_1^2}{s_2^2}$ 或 $F = \dfrac{s_2^2}{s_1^2}$	
α与拒绝域	$F > F_{\alpha/2}(n_1-1, n_2-1)$	$F > F_\alpha(n_1-1, n_2-1)$	

由此可知,两个总体方差比的双侧检验是用较大的样本方差除以较小的样本方差(实际上顺序是任意的),这样做是为了保证拒绝域总发生在抽样分布的右侧,所以只需将检验统计量的值与右侧的$\alpha/2$的分位数进行比较即可做出判断。而单侧检验时,也可以将任何一个单侧检验问题安排为右侧检验。若想检验σ_1^2是否大于σ_2^2,则备择假设可设成$H_1: \dfrac{\sigma_1^2}{\sigma_2^2} > 1$;若想检验$\sigma_2^2$是否大于$\sigma_1^2$,则备择假设可设成$H_1: \dfrac{\sigma_2^2}{\sigma_1^2} > 1$。所以两个总体方差比的检验,我们总可以让拒绝域发生在右侧,而F分布右侧的任何分位数都可以查表得到或由Excel算出。

【例6.15】一家房地产开发公司准备购进一批灯泡,该公司打算在两个供货商之间选择一家购买,两家供货商生产的灯泡平均使用寿命差别不大,价格也很接近,考虑的主要因素就是灯泡使用寿命的方差大小。如果方差相同,就选择距离较近的一家供货商进货。为此,公司管理人员对两家供货商提供的样品进行了检测,得到的数据如表6-20所示。

表6-20 两家供货商灯泡使用寿命的数据

单位:小时

供货商1	650	569	622	630	596
	637	628	706	617	624
	563	580	711	480	688
	723	651	569	709	632
供货商2	568	681	636	607	555
	496	540	539	529	562
	589	646	596	617	584

试以$\alpha=0.05$的显著性水平检验两家供货商的灯泡使用寿命的方差是否有显著差异。

解: 本例中关注的是两个总体方差是否存在显著差异,因而为双侧检验问题。建立原假设与备择假设如下:

$$H_0: \dfrac{\sigma_1^2}{\sigma_2^2}=1, \quad H_1: \dfrac{\sigma_1^2}{\sigma_2^2} \neq 1$$

尽管可以用统计量进行检验,这里建议使用Excel提供的检验程序。与上面给出的步骤类似,在"数据分析"对话框中选择"F-检验:双样本方差"。

需要特别注意的是,Excel只给出了单侧检验程序。当$s_1^2/s_2^2<1$时,做的是左侧检验:

$H_0: \sigma_1^2 \geqslant \sigma_2^2$, $H_1: \sigma_1^2 < \sigma_2^2$,检验的拒绝域为$F < F_{1-\alpha}(n_1-1, n_2-1)$。当$s_1^2/s_2^2 > 1$时,做的是右侧检验:$H_0: \sigma_1^2 \leqslant \sigma_2^2$, $H_1: \sigma_1^2 > \sigma_2^2$,检验的拒绝域为$F > F_\alpha(n_1-1, n_2-1)$。

实际上也可以用来做双侧检验。给定显著性水平为α的双侧检验,用Excel做显著性水平为$\alpha/2$的单侧检验(本例中应输入0.025)。当$F = s_1^2/s_2^2 < 1$时,输出结果中给出了左尾的临界值$F_{1-\alpha/2}(n_1-1, n_2-1)$;当$F = s_1^2/s_2^2 > 1$时,输出结果中给出了右尾临界值$F_{\alpha/2}(n_1-1, n_2-1)$($F$分布的中心位置在1左右)。实际上,对于双侧检验,当$F = s_1^2/s_2^2 < 1$时,由于右侧临界值$F_{\alpha/2}(n_1-1, n_2-1) > 1$,因此只需将$F$值与左侧临界值$F_{1-\alpha/2}(n_1-1, n_2-1)$相比,若$F < F_{1-\alpha/2}(n_1-1, n_2-1)$则拒绝原假设;同理,当$F = s_1^2/s_2^2 > 1$时,只需将$F$值与右侧临界值$F_{\alpha/2}(n_1-1, n_2-1)$相比,若$F > F_{\alpha/2}(n_1-1, n_2-1)$则拒绝原假设。

将供货商1作为样本1,供货商2作为样本2。本例得到的检验结果如图6-6所示(显著性水平应输入$\alpha/2 = 0.025$)。

由于$s_1^2/s_2^2 > 1$,因此应将F与检验统计量$F_{\alpha/2}(n_1-1, n_2-1)$进行比较。由于$F = 1.151\,16 < F_{\alpha/2} = 2.860\,7$,因此不拒绝原假设。若利用$P$值进行检验,则需要将Excel输出的$P$值乘以2,即$P = 2 \times 0.217\,541\,513 = 0.435\,083\,027$,由于$P$值$> \alpha = 0.05$,同样也不拒绝原假设。因此,不能认为这两个总体的方差有显著差异。

	A	B	C
1	F-检验 双样本方差分析		
2		变量 1	变量 2
3	平均	629.25	583
4	方差	3 675.460 526	2 431.428 571
5	观测值	20	15
6	df	19	14
7	F	1.511 646 515	
8	$P(F<=f)$ 单尾	0.217 541 513	
9	F 单尾临界	2.860 721 536	

图 6-6 例 6.15 中 Excel 输出的检验结果(一)

如果将样本1和样本2互换,即将供货商2定为样本1(共15个),将供货商1定为样本2(共20个),则Excel输出的结果如图6-7所示。

	A	B	C
1	F-检验 双样本方差分析		
2		变量 1	变量 2
3	平均	583	629.25
4	方差	2 431.428 571	3 675.460 526
5	观测值	15	20
6	df	14	19
7	F	0.661 530 318	
8	$P(F<=f)$ 单尾	0.217 541 513	
9	F 单尾临界	0.349 562 160	

图 6-7 例 6.15 中 Excel 输出的检验结果(二)

由于 $s_1^2/s_2^2<1$，这时应将统计量 F 值与左侧临界值 $F_{1-\alpha/2}$ 进行比较。由于 $F=0.6615>F_{1-0.025}=F_{0.975}=0.3496$，因此不拒绝原假设，检验结论与上面完全一致。

本章小结

假设检验是一种统计方法，它是先对总体参数提出一个假设值，然后利用样本信息判断这一假设是否成立。假设是关于总体参数的两种对立的说法，我们将研究者想要寻找证据支持的假设定义为"备择假设"，将其对立面定义为"原假设"。

假设检验有3种基本形式，无论哪一种形式，检验统计量的选择和显著性水平的事先指定共同决定了任何一个特定假设检验问题的拒绝域，通过观察检验统计量的值是否落入拒绝域来判断是否应该拒绝原假设。两类错误是在拒绝原假设与没有拒绝原假设时分别可能犯的错误，即包括"第Ⅰ类错误"和"第Ⅱ类错误"。P 值是除拒绝域以外的用于确定是否拒绝原假设的另一个重要工具，它还度量了实际观测数据与原假设之间不一致的程度。

考虑到总体个数的不同，假设检验可分为一个总体参数的假设检验和两个总体参数的假设检验；考虑检验参数的不同，一个总体参数的假设检验分为均值、成数、方差等假设检验，两个总体参数的假设检验分为均值之差、成数之差、方差之比等假设检验。

进行一个总体均值的假设检验时，大致需要考虑两种情况：一是大样本，此时无须正态总体的假定前提，检验统计量在总体方差已知或未知的情况下都近似服从标准正态分布；二是小样本，在总体方差未知时需要假定总体服从正态分布，检验统计量服从 t 分布。对于一个总体成数的假设检验，通常是在大样本条件下进行的，以检验统计量近似服从标准正态分布为理论基础。而一个总体方差的假设检验，则是以总体服从正态分布为前提、以检验统计量服从 χ^2 分布为基础的。

进行两个总体均值之差的假设检验时，需要考虑两类情况：一是独立样本，在大样本的条件下依据正态分布建立拒绝域，在小样本条件下则依据 t 分布建立拒绝域(方差未知时还需要假定两个总体服从正态分布)；二是匹配样本，同样，在大样本条件下依据检验统计量近似服从正态分布来建立拒绝域，在小样本条件下以 t 分布为基础(方差未知时还需假定两个总体的差值总体服从正态分布)。两个总体成数之差的假设检验，通常也是在大样本条件下进行的，检验统计量近似服从正态分布是建立拒绝域的理论基础。至于两个总体方差比的假设检验，则是依据完全不同的F分布来进行的。

练习题

一、思考题

1. 理解原假设和备择假设的含义，建立原假设和备择假设有什么要求？
2. 第Ⅰ类错误和第Ⅱ类错误分别是指什么？它们发生的概率大小之间存在怎样的关系？
3. 什么是显著性水平？它对于假设检验决策的意义是什么？

4. 如何区别双侧检验和单侧检验、左侧检验和右侧检验？

5. 什么是P值？P值检验与统计量检验有什么不同？

6. 请联系你所学专业的实际，提出1~2个需要假设检验的问题。

二、选择题

1. 在假设检验中，不拒绝原假设意味着(　　)。
   A. 原假设肯定是正确的　　　　　　　　B. 原假设肯定是错误的
   C. 没有证据证明原假设是正确的　　　　D. 没有证据证明原假设是错误的

2. 在假设检验中，第Ⅰ类错误是指(　　)。
   A. 当假设正确时拒绝原假设
   B. 当原假设错误时拒绝原假设
   C. 当备择假设正确时拒绝备择假设
   D. 当备择假设不正确时未拒绝备择假设

3. 指出下列假设检验中，(　　)属于右侧检验。
   A. $H_0: \mu = \mu_0$, $H_1: \mu \neq \mu_0$　　　　B. $H_0: \mu \geq \mu_0$, $H_1: \mu < \mu_0$
   C. $H_0: \mu \leq \mu_0$, $H_1: \mu > \mu_0$　　　　D. $H_0: \mu > \mu_0$, $H_1: \mu \leq \mu_0$

4. 若检验的假设为$H_0: \mu = \mu_0$, $H_1: \mu \neq \mu_0$，则拒绝域为(　　)。
   A. $z > z_\alpha$　　　　　　　　　　　　B. $z < -z_\alpha$
   C. $z > z_{\alpha/2}$或$z < -z_{\alpha/2}$　　　　D. $z > z_\alpha$或$z < -z_\alpha$

5. 若检验的假设为$H_0: \mu \geq \mu_0$, $H_1: \mu < \mu_0$，则拒绝域为(　　)。
   A. $z > z_\alpha$　　　　　　　　　　　　B. $z < -z_\alpha$
   C. $z > z_{\alpha/2}$或$z < -z_{\alpha/2}$　　　　D. $z > z_\alpha$或$z < -z_\alpha$

6. 在假设检验中，如果原假设为真，而根据样本所得到的检验结论是否定原假设，则可认为(　　)。
   A. 抽样是不科学的　　　　　　　　　　B. 检验结论是正确的
   C. 犯了第Ⅰ类错误　　　　　　　　　　D. 犯了第Ⅱ类错误

7. 假设检验中，显著性水平表示(　　)。
   A. H_0为真时拒绝H_0的概率　　　　　B. 根据样本计算的拒绝真实H_0的概率
   C. H_1为真时拒绝H_1的概率　　　　　D. 检验结果犯第Ⅰ类错误的最小概率

8. 当样本统计量的观测值未落入原假设的拒绝域时，表示(　　)。
   A. 可以放心地接受原假设　　　　　　　B. 没有充分的理由否定原假设
   C. 没有充分的理由否定备择假设　　　　D. 备择假设是错误的

9. 在假设检验中，如果所计算出的P值越小，说明检验结果(　　)。
   A. 越显著　　　　　　　　　　　　　　B. 越不显著
   C. 越真实　　　　　　　　　　　　　　D. 越不真实

10. 检验一个正态总体的方差时所使用的分布为(　　)。
    A. 正态分布　　　　　　　　　　　　　B. t分布
    C. χ^2分布　　　　　　　　　　　　D. F分布

11. 设 z_c 为检验统计量的计算值，检验的假设为 $H_0: \mu \leq \mu_0$，$H_1: \mu > \mu_0$，当 $z_c = 1.645$ 时，计算出的 P 值为(　　)。

　　A. 0.025　　　　　　　　　　　　B. 0.05

　　C. 0.01　　　　　　　　　　　　D. 0.0025

12. 显著性水平与检验拒绝域的关系是(　　)。

　　A. 显著性水平 α 变小，意味着拒绝域缩小

　　B. 显著性水平 α 变大，意味着拒绝域扩大

　　C. 显著性水平 α 变小，意味着拒绝域扩大

　　D. 显著性水平 α 变大，意味着拒绝域缩小

　　E. 显著性水平 α 变小或变大，不影响拒绝域的变化

13. 对总体均值 μ 进行检验，影响检验结论的因素有(　　)。

　　A. 显著性水平　　B. 样本容量 n　　C. 总体方差

　　D. 样本均值　　　E. 总体均值

14. 在假设检验中，当我们做出拒绝原假设而接受备择假设的结论时，表示(　　)。

　　A. 有充足的理由否定原假设　　　　B. 原假设必定是错误的

　　C. 犯错误的概率不大于 α　　　　D. 犯错误的概率不大于 β

　　E. 在 H_0 为真的假设下发生了小概率事件

15. 对两个总体方差相等性进行检验(F 检验)：$H_0: \sigma_1^2 = \sigma_2^2$，$H_1: \sigma_1^2 \neq \sigma_2^2$。检验的 P 值越小，说明(　　)。

　　A. 两个样本方差差别越大

　　B. 两个总体方差差别越大

　　C. 越有理由认为两个样本方差有差别

　　D. 越有理由认为两个总体方差有差别

三、计算题

1. 某种纤维原有的平均强度不超过6克，现希望通过改进工艺来提高其平均强度。研究人员测得了100个关于新纤维的强度数据，发现其均值为6.35克。假定纤维强度的标准差仍保持1.19不变，在5%的显著性水平下对该问题进行假设检验。

(1) 选择检验统计量并说明其抽样分布是什么样的。

(2) 检验的拒绝规则是什么？

(3) 计算检验统计量的值，你的结论是什么？

2. 已知某品牌保健品中某维生素含量服从正态分布 $N(5.2, 0.11^2)$。某天从生产的产品中随机抽查了10瓶，某维生素的平均含量为5.02，问在0.05的显著性水平下，该天生产的保健品的某维生素含量是否处于产品质量控制状态？

3. 某鞋厂与外商签订的合同规定，皮鞋的优质率不得低于95%。现从某批20000双皮鞋中随机抽查45双，发现有3双没有达到优质标准，问在0.05的显著性水平下，外商是否应该接受该批皮鞋？

4. 某品牌手机广告宣称某款手机的电池充足电后可连续待机150小时，电池待机时间服

从正态分布。现检测10个该款手机,足电电池的待机时间分别为(小时):143,145,148,151,155,156,156,158,160和161,问在0.05的显著性水平下,该广告是否真实可信?

5. A、B两厂生产同种材料,抗压强度服从正态分布,并且已知$S_A = 53$,$S_B = 67$。从A厂生产的材料中随机抽取81件,测得平均抗压强度为每平方厘米1070千克;从B厂生产的材料中随机抽取64件,测得平均抗压强度为每平方厘米1020千克。问在0.05的显著性水平下,是否可以认为两厂生产的平均抗压强度没有显著差异?

6. 某生产线是按照两种操作平均装配时间之差为5分钟而设计的,两种装配操作的独立样本产生如表6-21所示的资料。

表6-21 两种操作样本资料

操作A	操作B
$n_1 = 100$	$n_2 = 50$
$\bar{x}_1 = 14.8$分钟	$\bar{x}_2 = 10.4$分钟
$s_1 = 0.8$分钟	$s_2 = 0.6$分钟

对 $\alpha = 0.02$,检验平均装配时间之差是否等于5分钟。

四、案例分析题

某电子厂商最近发明了一种新的成本更低的生产其电子产品的方法,由于新方法可能会影响该电子产品的使用寿命,该公司想对新方法生产的电子产品进行检验,于是建立了如下的原假设和备择假设。

$$H_0: \mu_1 - \mu_2 \leq 0, \quad H_1: \mu_1 - \mu_2 > 0$$

其中,μ_1是原方法下生产的电子产品的平均寿命,μ_2是在新方法下生产出的电子产品的平均寿命。从每种方法生产的电子产品中各随机抽取30个并对其进行试验,得到如表6-22所示的数据。

表6-22 两种方法生产的电子产品随机抽样结果

单位:小时

序号	样本1	样本2	序号	样本1	样本2
1	2694	2693	16	2692	2654
2	2714	2696	17	2700	2690
3	2710	2639	18	2652	2643
4	2654	2698	19	2656	2625
5	2707	2608	20	2655	2626
6	2682	2633	21	2728	2611
7	2674	2630	22	2656	2631
8	2732	2624	23	2657	2646
9	2684	2616	24	2696	2642
10	2737	2662	25	2727	2622
11	2721	2661	26	2747	2642
12	2670	2661	27	2730	2614

(续表)

序号	样本1	样本2	序号	样本1	样本2
13	2660	2674	28	2725	2610
14	2728	2602	29	2687	2698
15	2740	2681	30	2738	2676

要求：

(1) 在 $\alpha=0.05$ 的条件下，得出假设检验的结论。检验的 P 值是多少？

(2) 考虑新方法可以节约大量的成本，重新选定 α 的值，如 $\alpha=0.01$，此时，原假设是否会被拒绝？两个总体均值之差99%的置信区间是多少？

(3) 增加样本容量或改进生产过程减小产品寿命的方差，会不会增加或降低犯第Ⅰ类和第Ⅱ类错误的概率？

第 7 章

方差分析

【案例】天水公司最近开发了一种新的城市供水过滤系统,其元件需从几家供应商处购买,然后由公司组织装配生产。工程部负责确定新过滤系统的最佳装配方法,考虑各种可能后,工程部小组将范围缩小至三种方法:方法A、方法B及方法C。这些方法在产品装配步骤上有所不同,公司管理层希望确定哪种装配方法每周生产的过滤系统数量最大。

工程部小组从装配车间的全体工人中抽取了18名工人组成样本,然后将装配方法中的每一种分别指派给6名员工。员工将受到关于装配方法的指导,然后开始用这种方法装配过滤系统。一周内每个员工装配的系统数目列在表7-1中。

表7-1 每个员工装配的系统数目

观察值	装配方法		
	A	B	C
1	85	59	71
2	75	64	75
3	82	62	73
4	76	69	74
5	71	75	69
6	85	67	82

现在的问题是,装配方法的不同是否会显著影响每周装配产品的数量?本章的方差分析将为我们解决这一问题,并在推荐最佳的生产方案中起着很大的作用。

7.1 方差分析的一般问题

前面我们讨论的都是一个总体或两个总体的统计分析问题,但在实际工作中我们还会经常碰到多个总体的均值比较问题,处理这类问题通常采用方差分析(analysis of variance,ANOVA)的方法。从形式上看,方差分析是比较多个总体均值是否相等,但在本质上,它主要研究变量之间的关系，研究一个(或多个)分类型自变量与一个数值型因变量之间的关系。本章主要介绍单因素方差分析和双因素方差分析。

7.1.1　方差分析的基本概念

所谓方差分析(ANOVA)，就是指检验多个总体均值是否相等的统计方法。

为了便于理解方差分析的含义及基本概念，下面通过一个例子来说明。

【例7.1】某计算机制造和经销商雇用了大量推销人员，有3种支付报酬的方法：只给佣金；给固定薪金；较低的底薪加佣金。现在想了解不同的报酬支付方式对推销人员的销售额是否有显著的影响，即要比较这三类推销人员的平均销售额是否相同。现从三类推销人员中分别抽取了7名、6名和5名，调查了其上个月的销售额记录，结果如表7-2所示。

表7-2　不同报酬支付方式的推销员的月销售额

单位：万元

序号	佣金	固定薪金	底薪加佣金
1	65	62	63
2	60	56	59
3	59	55	64
4	69	53	57
5	64	50	62
6	66	54	—
7	58	—	—

在方差分析中，把所要检验的对象称为因素或因子(factor)，因素的不同表现称为水平(level)或处理(treatment)，每个因素下得到的样本数据称为观察值。

在例7.1中，我们要分析的是不同的报酬支付方式对推销员的销售额是否有影响。这里的"报酬支付方式"是所要检验的对象，因此它是因素或因子，记为A。报酬支付方式有3种不同的表现：佣金、固定薪金和底薪加佣金，它们就是因子A的3个水平或处理，记为A_1，A_2，A_3。每种报酬支付方式下得到的样本数据(月销售额)就是观察值，记为x_{ij}，表示第i个水平的第j个观察值。因素的每一个水平可以看作是一个总体，如佣金、固定薪金、底薪加佣金可以看作是3个总体，表7-2的数据可以看作是从3个总体中抽取的样本数据。

在方差分析中，如果变化的因素只有一个，这时的方差分析就称为单因素方差分析(one-way analysis of variance)，上例中只涉及报酬支付方式这一因素，因此它是一个单因素方差分析。当方差分析涉及两个变化的因素时，就称为双因素方差分析(two-way analysis of variance)。

在例7.1中，我们要研究报酬支付方式对销售额是否有影响，这里的"报酬支付方式"就是自变量，它是一个分类型变量，佣金、固定薪金、底薪加佣金就是"报酬支付方式"这个自变量的具体取值。"月销售额"是因变量，它是一个数值型变量，不同的月销售额就是因变量的取值。方差分析要研究的就是分类型自变量对数值型因变量的影响，在例7.1中，也就是研究"报酬支付方式"对"月销售额"的影响。

7.1.2 方差分析的基本思想

我们怎么判断报酬支付方式对月销售额是否有显著影响呢？即怎么检验各总体均值是否相等呢？如果各总体均值相等，可以期望各样本均值很接近。事实上，各样本均值越接近，我们推断总体均值相等的证据就越充分；反之，各样本均值越不同，我们推断总体均值不同的证据也越强。我们不仅要考虑各样本均值的差异大小，而且还要考虑各样本内部的差异大小，对于相同的样本均值差异，如果样本内部差异越小，则越有证据说明各总体均值不等。

样本均值间的差异称为组间误差，记为SSA，样本内部的差异称为组内误差，记为SSE，在统计分析中，这些误差大小是用误差平方和来表示的。可以证明组间误差与组内误差之和恰好等于总误差平方和，它是全部观察值与总平均的误差平方和，记为SST。

由于这些误差的大小还与观察值的多少有关，为了消除观察值多少对误差平方和大小的影响，需要将其平均，也就是用各平方和除以它们的自由度，这一结果称为均方(mean square)。3个平方和所对应的自由度分别为：

SST的自由度为$(n-1)$，其中n为全部观察值的个数；
SSA的自由度为$(k-1)$，其中k为因素水平(总体)的个数；
SSE的自由度为$(n-k)$。

由于我们主要比较组间均方与组内均方的差异，SSA的均方(组间均方)记为MSA，即MSA=SSA/$(k-1)$，SSE的均方(组内均方)记为MSE，即MSE=SSE/$(n-k)$。

将上述的MSA与MSE进行对比，就得到所需的检验统计量F。当H_0(各总体均值相等)为真时，两者的比值服从分子自由度为$(k-1)$、分母自由度为$(n-k)$的F分布，将统计量的值F与给定显著性水平α的临界值F_α进行比较，从而就可做出是否拒绝原假设H_0的决策。若$F>F_\alpha$，则拒绝原假设H_0，也就是说，各总体均值不等，即所检验的因素(报酬支付方式)对观察值(月销售额)有显著影响。若$F<F_\alpha$，则不拒绝H_0，也就是说，没有证据表明各总体均值有显著差异，即不能认为所检验因素(报酬支付方式)对观察值(月销售额)有显著影响。

7.1.3 方差分析检验的一般形式及基本假定

设因素有k个水平，每个水平的均值分别用$\mu_1, \mu_2, \cdots, \mu_k$表示，要检验$k$个水平(总体)的均值是否相等，被检验的一般形式如下。

$H_0: \mu_1 = \mu_2 = \cdots = \mu_k$，自变量对因变量没有显著影响。

$H_1: \mu_1, \mu_2, \cdots, \mu_k$不全相等，自变量对因变量有显著影响。

需要注意的是，拒绝H_0时，只是表明至少有两个总体均值不相等，并不意味着所有均值都不相等。

为进行方差分析，需要三个基本假定。

(1) 每个总体都应服从正态分布。也就是说，对于因素的每一个水平，其观察值是来自正态分布的简单随机样本。

(2) 各总体的方差σ^2必须相同。也就是说，对于各组观察数据，是从具有相同方差的正态总体中抽取的。

(3) 观察值是独立的。在例7.1中，每个月的销售额数据都与其他各月的销售额数据独立。

在上述假定下，尽管不知道各总体的均值，但我们可以利用样本数据来检验它们是否相等。

7.2 单因素方差分析

单因素方差分析只涉及一个因素，研究的是一个分类型自变量对因变量的影响。

7.2.1 分析步骤

1. 提出假设

$H_0: \mu_1 = \mu_2 = \cdots = \mu_k$，自变量对因变量没有显著影响。

$H_1: \mu_1, \mu_2, \cdots, \mu_k$ 不全相等，自变量对因变量有显著影响。

2. 计算有关均值

为了便于分析，设单因素方差分析的数据结构如表7-3所示。

表7-3 单因素方差分析的数据结构

观察值序号(j)	因素(i)			
	A_1	A_2	$\cdots$	A_k
1	x_{11}	x_{21}	$\cdots$	x_{k1}
2	x_{12}	x_{22}	$\cdots$	x_{k2}
$\vdots$	$\vdots$	$\vdots$	$\vdots$	$\vdots$
n	x_{1n}	x_{2n}	$\cdots$	x_{kn}

因素A的k个水平用A_1，A_2，$\cdots$，A_k表示，x_{ij}表示第i个水平(总体)第j个观察值。从不同水平中所抽取的样本容量可以相等，也可以不等。

(1) 令 $\bar{x}_i$ 表示第 i 个总体的样本均值，则如式(7.1)所示。

$$\bar{x}_i = \frac{\sum_{j=1}^{n_i} x_{ij}}{n_i} \quad (i = 1, 2, \cdots, k) \tag{7.1}$$

其中，n_i为第i个总体的样本观察值个数。

(2) 令总均值为 $\bar{\bar{x}}$，则如式(7.2)所示。

$$\bar{\bar{x}} = \frac{\sum_{i=1}^{k}\sum_{j=1}^{n_i} x_{ij}}{n} = \frac{\sum_{i=1}^{k} n_i \bar{x}_i}{n} \tag{7.2}$$

式中，$n = n_1 + n_2 + \cdots + n_k$。根据例7.1中表7-2的数据计算的有关均值见表7-4。

表7-4 不同报酬支付方式的推销员的月销售额

单位：万元

序号	佣金	固定薪金	底薪加佣金
1	65	62	63
2	60	56	59
3	59	55	64
4	69	53	57
5	64	50	62
6	66	54	
7	58		
样本均值	63	55	61
样本容量	7	6	5
总均值		59.7778	

3. 计算误差平方和

(1) 总误差平方和SST。它是全部观察值x_{ij}与总平均值$\bar{\bar{x}}$的误差平方和，反映全部观察值的离散程度。其计算公式如式(7.3)所示。

$$\text{SST} = \sum_{i=1}^{k}\sum_{j=1}^{n_i}(x_{ij} - \bar{\bar{x}})^2 \tag{7.3}$$

就表7-2的数据来说，其总误差平方和为

$$\text{SST} = (65-59.7778)^2 + (60-59.7778)^2 + \cdots + (62-59.7778)^2 = 431.1111$$

(2) 水平项误差平方和SSA。它是各组平均值$\bar{x}_i(i=1, 2, \cdots, k)$与总平均值$\bar{\bar{x}}$的误差平方和，反映了各水平总体的样本均值之间的差异程度，因此又称为组间平方和。其计算公式如式(7.4)所示。

$$\text{SSA} = \sum_{i=1}^{k}\sum_{j=1}^{n_i}(\bar{x}_i - \bar{\bar{x}})^2 = \sum_{i=1}^{k}n_i(\bar{x}_i - \bar{\bar{x}})^2 \tag{7.4}$$

根据例7.1中表7-2的数据可算得SSA如下。

$$\text{SSA} = 7\times(63-59.7778)^2 + 6\times(55-59.7778)^2 + 5\times(61-59.7778)^2 = 217.1111$$

(3) 误差项平方和SSE。它是每个水平或各组的各样本数据与其组平均值误差的平方和，反映了每个样本各观察值的离散状况，因此又称为组内平方和或残差平方和。其计算公式如式(7.5)所示。

$$\text{SSE} = \sum_{i=1}^{k}\sum_{j=1}^{n_i}(x_{ij} - \bar{x}_i)^2 \tag{7.5}$$

在例7.1中，SSE可算得如下。

$$\text{SSE} = (65-63)^2 + \cdots + (58-63)^2 + (62-55)^2 + \cdots + (54-55)^2 + (63-61)^2 + \cdots + (62-61)^2$$
$$= 214$$

上述3个平方和的关系为SST = SSA + SSE。

从例7.1的计算结果可验证如下：431.1111=217.1111+214。

4. 计算统计量

(1) 组间均方MSA。MSA计算公式如式(7.6)所示。

$$\text{MSA} = \frac{\text{SSA}}{k-1} \tag{7.6}$$

在例7.1中，MSA为

$$\text{MSA} = \frac{217.1111}{3-1} \approx 108.5556$$

(2) 组内均方MSE。MSE的计算公式如式(7.7)所示。

$$\text{MSE} = \frac{\text{SSE}}{n-k} \tag{7.7}$$

在例7.1中，MSE为

$$\text{MSE} = \frac{214}{18-3} \approx 14.2667$$

(3) 检验统计量F。F是MSA与MSE的比值，即如式(7.8)所示。

$$F = \frac{\text{MSA}}{\text{MSE}} \sim F(k-1, n-k) \tag{7.8}$$

根据例7.1可得

$$F = \frac{108.5556}{14.2667} \approx 7.6090$$

5. 做出统计决策

计算出统计量F的值后，根据给定的显著性水平α，在F分布表中查找分子自由度为$(k-1)$、分母自由度为$n-k$的相应临界值F_α。若$F>F_\alpha$，则拒绝原假设H_0；若$F<F_\alpha$，则不拒绝H_0。

根据上面的计算结果，$F \approx 7.6090$，假定显著性水平α为0.05，根据分子自由度3-1=2和分母自由度18-3=15，查F分布表得临界值$F_{0.05}(2, 15)=3.6823$。由于$F>F_\alpha$，则拒绝原假设H_0，即$\mu_1=\mu_2=\mu_3$不成立，表明μ_1、μ_2、μ_3之间有显著差异，也就是说，认为报酬支付方式对月销售额有显著影响。

7.2.2 方差分析表

上面介绍了方差分析的计算步骤，为了使计算过程和结果更加清晰，通常将上述过程的内容列在一张表内，这就是方差分析表(analysis of variance table)。其一般形式如表7-5所示。

表7-5 方差分析表的一般形式

方差来源	平方和SS	自由度df	均方MS	F值	P值	F临界值
组间	SSA	$k-1$	MSA	MSA/MSE		
组内	SSE	$n-k$	MSE			
总和	SST	$n-1$				

对于例7.1，我们利用Excel可以很方便地得到方差分析表，如图7-1所示。

	A	B	C	D	E	F	G
1	方差分析						
2	差异源	SS	df	MS	*F*	*P*-value	*F* crit
3	组间	217.111 1	2	108.555 6	7.609 034	0.005 232	3.682 32
4	组内	214	15	14.266 67			
5							
6	总计	431.111 1	17				

图 7-1　Excel 输出的方差分析结果

7.2.3　方差分析中的多重比较

用方差分析检验 k 个总体均值是否相等时，拒绝 H_0 只能得出总体均值不全相等的结论。要进一步检验到底哪些均值之间有差异，这时，Fisher最小显著差异(least significant difference，LSD)方法可用于判定到底哪些均值之间有差异。其具体做法如下。

(1) 提出原假设：$H_0: \mu_i = \mu_j$，$H_1: \mu_i \neq \mu_j$。
(2) 计算检验统计量：$|\bar{x}_i - \bar{x}_j|$。
(3) 计算LSD，其公式如式(7.9)所示。

$$\text{LSD} = t_{\alpha/2} \sqrt{\text{MSE}\left(\frac{1}{n_i} + \frac{1}{n_j}\right)} \tag{7.9}$$

式中：$t_\alpha/2$是自由度为$(n-k)$的t分布的临界值。n_i、n_j是第i个样本和第j个样本的容量。

(4) 根据显著性水平α作决策：如果$|\bar{x}_i - \bar{x}_j| > \text{LSD}$，则拒绝原假设$H_0$；如果$|\bar{x}_i - \bar{x}_j| < \text{LSD}$，则不能拒绝原假设$H_0$。

【例7.2】根据表7-4和图7-1的结果，对3种报酬支付方式的均值做多重比较($\alpha = 0.05$)。

解：① 提出原假设。

假设1：$H_0: \mu_1 = \mu_2$，$H_1: \mu_1 \neq \mu_2$
假设2：$H_0: \mu_1 = \mu_3$，$H_1: \mu_1 \neq \mu_3$
假设3：$H_0: \mu_2 = \mu_3$，$H_1: \mu_2 \neq \mu_3$

② 计算检验统计量。

$|\bar{x}_1 - \bar{x}_2| = |63 - 55| = 8$
$|\bar{x}_1 - \bar{x}_3| = |63 - 61| = 2$
$|\bar{x}_2 - \bar{x}_3| = |55 - 61| = 6$

③ 计算LSD。

由图7-1可知，MSE=14.266 67。根据自由度$(n-k)=18-3=15$，查t分布表得$t_{\alpha/2} = t_{0.025} = 2.131 5$，由式(7.9)可算得各LSD值为

$$\text{LSD}_1 = 2.131 5 \times \sqrt{14.266 67 \times \left(\frac{1}{7} + \frac{1}{6}\right)} \approx 4.479 13$$

$$LSD_2 = 2.1315 \times \sqrt{14.266\,67 \times \left(\frac{1}{7} + \frac{1}{5}\right)} \approx 4.714\,15$$

$$LSD_3 = 2.1315 \times \sqrt{14.266\,67 \times \left(\frac{1}{6} + \frac{1}{5}\right)} \approx 4.875\,09$$

④ 做出决策。

$|\bar{x}_1 - \bar{x}_2| = 8 > 4.479\,13$，拒绝$H_0$，佣金与固定薪金这两种报酬支付方式的月销售额之间有显著差异。

$|\bar{x}_1 - \bar{x}_3| = 2 < 4.714\,15$，不拒绝$H_0$，不能认为佣金与底薪加佣金这两种报酬支付方式之间的月销售额有显著差异。

$|\bar{x}_2 - \bar{x}_3| = 6 > 4.875\,09$，拒绝$H_0$，固定薪金与底薪加佣金这两种报酬支付方式之间的月销售额有显著差异。

7.3 双因素方差分析

7.3.1 双因素方差分析及其类型

在实际问题中，有时需要考虑几个因素对试验结果的影响。比如在分析食品销量的时候，需要考虑包装方法、销售地区、价格、质量等多个因素的影响。当分析的因素有两个，若记一因素为A，另一因素为B，要同时分析A和B对试验结果的影响，这时的方差分析就是双因素方差分析。

【例7.3】为研究食品的包装和销售地区对其销售量是否有影响，在3个不同的地区用3种不同的包装方法进行销售，获得的销售量数据见表7-6。试分析包装方法和销售地区对食品销量是否有显著影响。（α=0.05）

表7-6 在3个不同的地区用不同的包装方法所获得的销售量

销售地区(A)	包装方法(B)		
	B_1	B_2	B_3
A_1	45	75	30
A_2	50	50	40
A_3	35	65	50

在例7.3中，包装方法和销售地区是两个分类型自变量，销售量是一个数值型因变量。要分析包装方法和销售地区对销售量的影响，就是要分析究竟是一个因素在起作用，还是两个因素都起作用，或两个因素都不起作用。

如果"包装方法"和"销售地区"对销售量的影响是相互独立的，我们分别判断"包装方法"和"销售地区"对销售量的影响，那么这时的双因素方差分析就称为无交互作用的双因素方差分析或无重复双因素方差分析(two-factor without replication)；如果"包装方法"和"销售地区"两个因素对销售量的影响不是相互独立，两者的不同搭配也会对销售量产生影响，那么这时的双因素方差分析就称为有交互作用的双因素方差分析或可重复双因素方差分析(two-factor with replication)。

7.3.2 无交互作用的双因素方差分析

在无交互作用的双因素方差分析中，由于有两个因素A和B，在获取数据时，需要将其中一个因素(比如A)安排在行的位置，称为行因素；另一因素B则安排在列的位置，称为列因素。设因素A有r个水平A_1，A_2，$\cdots$，A_r；因素B有s个水平B_1，B_2，$\cdots$，B_s，将因素A、B水平的每对组合$(A_i，B_j)(i=1, 2, \cdots, r；j=1, 2, \cdots, s)$都看作一个总体，共有$rs$个总体，对每个总体$(A_i，B_j)$都做一次试验或抽取容量为1的随机样本，其试验结果或观察值记为x_{ij} $(i=1, 2, \cdots, r；j=1, 2, \cdots, s)$。其数据结构如表7-7所示。

表7-7 双因素方差分析的数据结构

因素		因素B				平均值 $\bar{x}_{i.}$
		B_1	B_2	$\cdots$	B_s	
因素A	A_1	x_{11}	x_{12}	$\cdots$	x_{1s}	$\bar{x}_{1.}$
	A_2	x_{21}	x_{22}	$\cdots$	x_{2s}	$\bar{x}_{2.}$
	$\vdots$	$\vdots$	$\vdots$	$\vdots$	$\vdots$	$\vdots$
	A_r	x_{r1}	x_{r2}	$\cdots$	x_{rs}	$\bar{x}_{r.}$
平均值 $\bar{x}_{.j}$		$\bar{x}_{.1}$	$\bar{x}_{.2}$	$\cdots$	$\bar{x}_{.s}$	$\bar{\bar{x}}$

与单因素方差分析类似，同样做出三个基本假定：这rs个总体中的每一个都服从正态分布，有相同的方差，各观察值相互独立。

双因素方差分析的分析步骤也与单因素方差分析一样，其基本步骤如下。

1. 提出假设

为了检验两个因素的影响，需对两个因素分别提出如下假设。

H_{01}：$\mu_{1.} = \mu_{2.} = \cdots = \mu_{r.}$，因素A(自变量A)对因变量没有显著影响。

H_{11}：$\mu_{1.}$，$\mu_{2.}$，$\cdots$，$\mu_{r.}$不全相等，因素A(自变量A)对因变量有显著影响。

式中：$\mu_{i.}$为行因素A第i水平的均值。

H_{02}：$\mu_{.1} = \mu_{.2} = \cdots = \mu_{.s}$，因素B(自变量B)对因变量没有显著影响。

H_{12}：$\mu_{.1}$，$\mu_{.2}$，$\cdots$，$\mu_{.s}$不全相等，因素B(自变量B)对因变量有显著影响。

式中：$\mu_{.j}$为列因素B第j水平的均值。

2. 计算有关均值

(1) 令$\bar{x}_{i.}$表示行因素A第i个水平下各观察值的均值，则有式(7.10)。

$$\bar{x}_{i.} = \frac{\sum_{j=1}^{s} x_{ij}}{s} \quad (i=1, 2, \cdots, r) \tag{7.10}$$

(2) 令 $\bar{x}_{.j}$ 表示列因素B第 j 个水平下各观察值的均值，则有式(7.11)。

$$\bar{x}_{.j} = \frac{\sum_{i=1}^{r} x_{ij}}{r} \quad (j=1, 2, \cdots, s) \tag{7.11}$$

(3) 令总均值为 $\bar{\bar{x}}$，则有式(7.12)。

$$\bar{\bar{x}} = \frac{\sum_{i=1}^{r}\sum_{j=1}^{s} x_{ij}}{rs} \tag{7.12}$$

3. 计算误差平方和

(1) 总误差平方和SST。它是全部观察值 x_{ij} 与总平均值 $\bar{\bar{x}}$ 的误差平方和，反映全部观察值的离散程度。其计算公式如式(7.13)所示。

$$SST = \sum_{i=1}^{r}\sum_{j=1}^{s}(x_{ij} - \bar{\bar{x}})^2 \tag{7.13}$$

(2) 行因素A所产生的误差平方和SSA，如式(7.14)所示。

$$SSA = \sum_{i=1}^{r}\sum_{j=1}^{s}(\bar{x}_{i.} - \bar{\bar{x}})^2 = s\sum_{i=1}^{r}(\bar{x}_{i.} - \bar{\bar{x}})^2 \tag{7.14}$$

(3) 列因素B所产生的误差平方和SSB，如式(7.15)所示。

$$SSB = \sum_{j=1}^{s}\sum_{i=1}^{r}(\bar{x}_{.j} - \bar{\bar{x}})^2 = r\sum_{j=1}^{s}(\bar{x}_{.j} - \bar{\bar{x}})^2 \tag{7.15}$$

(4) 误差项平方和SSE，如式(7.16)所示。

$$SSE = \sum_{i=1}^{r}\sum_{j=1}^{s}(x_{ij} - \bar{x}_{i.} - \bar{x}_{.j} + \bar{\bar{x}})^2 \tag{7.16}$$

与单因素情况类似，上述4个平方和的关系为

$$SST = SSA + SSB + SSE$$

4. 计算统计量

(1) 行因素A的均方MSA，如式(7.17)所示。

$$MSA = \frac{SSA}{r-1} \tag{7.17}$$

(2) 列因素B的均方MSB，如式(7.18)所示。

$$MSB = \frac{SSB}{s-1} \tag{7.18}$$

(3) 随机误差项的均方MSE，如式(7.19)所示。

$$MSE = \frac{SSE}{(r-1)(s-1)} \tag{7.19}$$

(4) 检验统计量。

检验行因素A对因变量影响是否显著，用式(7.20)的统计量。

$$F_A = \frac{MSA}{MSE} \sim F[r-1, (r-1)(s-1)] \tag{7.20}$$

检验列因素B对因变量影响是否显著，用式(7.21)的统计量。

$$F_B = \frac{\text{MSA}}{\text{MSE}} \sim F[r-1, (r-1)(s-1)] \tag{7.21}$$

5. 做出统计决策

计算出统计量的值后，根据给定的显著性水平α，查F分布表得相应的临界值$F_\alpha[r-1,(r-1)(s-1)]$、$F_\alpha[s-1,(r-1)(s-1)]$。

若$F_A > F_\alpha[r-1,(r-1)(s-1)]$，则拒绝原假设$H_{01}$；

若$F_B > F_\alpha[s-1,(r-1)(s-1)]$，则拒绝原假设$H_{02}$。

为了使计算过程更加清晰，通常将上述过程的内容列成方差分析表，其一般形式如表7-8所示。

表7-8 双因素方差分析表

方差来源	平方和SS	自由度df	均方MS	F值	P值	F临界值
行因素A	SSA	$r-1$	MSA	F_A		
列因素B	SSB	$s-1$	MSB	F_B		
误差	SSE	$(r-1)(s-1)$	MSE			
总和	SST	$rs-1$				

7.3.3 有交互作用的双因素方差分析

在双因素方差分析中，如果两个因素在不同水平的搭配会对因变量产生新的影响时就要考虑交互作用，这就是有交互作用的双因素方差分析。

设因素A有r个水平A_1，A_2，…，A_r，因素B有s个水平B_1，B_2，…，B_s，对因素A、B水平的每对组合$(A_i, B_j)(i=1,2,…,r; j=1,2,…,s)$都做$t(t \geq 2)$次试验或抽取容量为$t$的随机样本，其试验结果或观察值记为$x_{ijk}(i=1,2,…,r; j=1,2,…,s; k=1,2,…,t)$。其数据结构如表7-9所示。

表7-9 有交互作用的双因素方差分析的数据结构

因素		因素B			
		B_1	B_2	…	B_s
因素A	A_1	x_{111}，…，x_{11t}	x_{121}，…，x_{12t}	…	x_{1s1}，…，x_{1st}
	A_2	x_{211}，…，x_{21t}	x_{221}，…，x_{22t}	…	x_{2s1}，…，x_{2st}
	⋮	⋮	⋮	⋮	⋮
	A_r	x_{r11}，…，x_{r1t}	x_{221}，…，x_{22t}	…	x_{rs1}，…，x_{rst}

有交互作用的双因素方差分析，其方法和分析步骤与前述完全类似，这里不再赘述。对这些问题的检验方法都是建立在平方和的分解基础之上的，下面通过式(7.22)至式(7.33)，列出有关记号和计算公式。

$$\bar{x}_{ij\cdot} = \frac{1}{t}\sum_{k=1}^{t} x_{ijk} \tag{7.22}$$

$$\bar{x}_{i..} = \frac{1}{st}\sum_{j=1}^{s}\sum_{k=1}^{t}x_{ijk} \tag{7.23}$$

$$\bar{x}_{.j.} = \frac{1}{rt}\sum_{i=1}^{r}\sum_{k=1}^{t}x_{ijk} \tag{7.24}$$

$$\bar{\bar{x}} = \frac{1}{rst}\sum_{i=1}^{r}\sum_{j=1}^{s}\sum_{k=1}^{t}x_{ijk} \tag{7.25}$$

总平方和为

$$\text{SST} = \sum_{i=1}^{r}\sum_{j=1}^{s}\sum_{k=1}^{t}(x_{ijk} - \bar{\bar{x}})^2 \tag{7.26}$$

行因素A的平方和为

$$\text{SSA} = st\sum_{i=1}^{r}(\bar{x}_{i..} - \bar{\bar{x}})^2 \tag{7.27}$$

列因素B的平方和为

$$\text{SSB} = rt\sum_{j=1}^{s}(\bar{x}_{.j.} - \bar{\bar{x}})^2 \tag{7.28}$$

交互作用平方和为

$$\text{SSAB} = t\sum_{i=1}^{r}\sum_{j=1}^{s}(\bar{x}_{ij.} - \bar{x}_{i..} - \bar{x}_{.j.} + \bar{\bar{x}})^2 \tag{7.29}$$

误差项平方和为

$$\text{SSE} = \sum_{i=1}^{r}\sum_{j=1}^{s}\sum_{k=1}^{t}(x_{ijk} - \bar{x}_{ij.})^2 \tag{7.30}$$

其平方和分解式为

$$\text{SST} = \text{SSA} + \text{SSB} + \text{SSAB} + \text{SSE}$$

检验统计量为

$$F_A = \frac{\text{SSA}/(r-1)}{\text{SSE}/[rs(t-1)]} = \frac{\text{MSA}}{\text{MSE}} \sim F[(r-1), rs(t-1)] \tag{7.31}$$

$$F_B = \frac{\text{SSB}/(s-1)}{\text{SSE}/[rs(t-1)]} = \frac{\text{MSB}}{\text{MSE}} \sim F[(s-1), rs(t-1)] \tag{7.32}$$

$$F_{A\times B} = \frac{\text{SSAB}/(r-1)(s-1)}{\text{SSE}/[rs(t-1)]} = \frac{\text{MSAB}}{\text{MSE}} \sim F[(r-1)(s-1), rs(t-1)] \tag{7.33}$$

于是，其方差分析表的一般形式如表7-10所示。

表7-10 有交互作用的双因素方差分析表

方差来源	平方和SS	自由度df	均方MS	F值	P值	F临界值
行因素A	SSA	$r-1$	MSA	F_A		
列因素B	SSB	$s-1$	MSB	F_B		
交互A×B	SSAB	$(r-1)(s-1)$	MSAB	$F_{A\times B}$		
误差	SSE	$rs(t-1)$	MSE			
总和	SST	$rst-1$				

【例7.4】某营销公司为了研究不同的广告媒体和广告方案对产品销售量的影响,对3种广告方案和两种广告媒体的组合进行了试验,所获得的销售量数据如表7-11所示。

表7-11 不同广告媒体和广告方案的销售量

方案与媒体		广告媒体B	
		电视B_1	报纸B_2
广告方案A	A_1	12	8
		9	10
		15	9
	A_2	24	18
		29	15
		25	21
	A_3	15	12
		17	18
		13	15

试分析广告方案、广告媒体或其交互作用对销售量的影响是否显著。($\alpha=0.05$)

解: 由Excel可进行重复作用方差分析,得到的输出结果如图7-2所示。

由图7-2可知,$F_A=31>F\text{ crit}=3.885\,293\,8$,或$P\text{-value}=1.818\text{E-}05<\alpha=0.05$,拒绝原假设,即不同的广告方案对销售量有显著影响;$F_B=9.307\,692\,3>F\text{ crit}=4.747\,225\,3$,或$P\text{-value}=0.010\,068\,8<\alpha=0.05$,拒绝原假设,即不同的广告媒体对销售量有显著影响;$F_{A\times B}=3.769\,230\,8<F\text{ crit}=3.885\,293\,8$,或$P\text{-value}=0.053\,671\,7>\alpha=0.05$,不拒绝原假设,没有证据表明广告方案和广告媒体的交互作用对销售量有显著影响。

	A	B	C	D	E	F	G	H
1		方差分析:可重复双因素分析						
2		SUMMARY	电视(B1)	报纸(B2)	总计			
3		A1						
4		观测数	3	3	6			
5		求和	36	27	63			
6		平均	12	9	10.5			
7		方差	9	1	6.7			
8		A2						
9		观测数	3	3	6			
10		求和	78	54	132			
11		平均	26	18	22			
12		方差	7	9	25.6			
13		A3						
14		观测数	3	3	6			
15		求和	45	45	90			
16		平均	15	15	15			
17		方差	4	9	5.2			

图7-2 Excel输出的可重复作用方差分析的结果

A	B	C	D	E	F	G	H
18	总计						
19	观测数	9	9				
20	求和	159	126				
21	平均	17.666 667	14				
22	方差	45.75	20.5				
23	方差分析						
24	差异源	SS	df	MS	F	P-value	F crit
25	样本	403	2	201.5	31	1.818E-05	3.885 293 8
26	列	60.5	1	60.5	9.307 692 3	0.010 068 8	4.747 225 3
27	交互	49	2	24.5	3.769 230 8	0.053 671 7	3.885 293 8
28	内部	78	12	6.5			
29	总计	590.5	17				

图 7-2　Excel 输出的可重复作用方差分析的结果(续)

本章小结

方差分析是检验多个总体均值是否相等的一种统计分析方法。为进行方差分析,需要满足3个假定前提：第一，每个总体都应服从正态分布；第二，各总体的方差 σ^2 必须相同；第三，观察值是独立的。方差分析的基本思想是：把总误差平方和分解为组间误差平方和与组内误差平方和，这些误差平方和除以各自的自由度即可得到相应的方差，进而把组间方差和组内方差对比构造检验统计量F，通过计算F值并将其与临界值比较来完成检验。

根据所涉及的分类自变量的多少，方差分析可分为单因素方差分析和双因素方差分析。在双因素方差分析中，根据两个因素之间有无交互作用，又可分为无交互作用的双因素方差分析(或称无重复双因素方差分析)和有交互作用的双因素方差分析(或称可重复双因素方差分析)。

如果由方差分析得出各总体均值不相等，则可进一步由LSD方法判别究竟哪些总体均值不相等。方差分析一般计算工作量较大，统计软件的使用能方便地给出方差分析的结果。通常统计软件(如Excel)都会给出：在一定显著性水平α下，检验统计量F的值及其临界值Fα，通过两者比较，即可得出是否拒绝原假设的结论。统计软件也同时提供P值，它允许我们可直接将P值与显著性水平α比较，从而得出与F检验相同的结论。

练习题

一、思考题

1. 什么是方差分析？它有哪些类型？
2. 方差分析有哪些基本假定？

3. 方差分析的基本思想是什么？
4. 解释总误差平方和、组间误差平方和、组内误差平方和的含义。
5. 方差分析中多重比较的作用是什么？
6. 什么是交互作用？请解释有交互作用的双因素方差分析和无交互作用的双因素方差分析。

二、选择题

1. 方差分析作为一种统计研究方法，研究的是(　　)。
   A. 分类变量之间的关系
   B. 数值型变量之间的关系
   C. 数值型变量与分类型变量之间的关系
   D. 分类型变量与数值型变量之间的关系

2. 方差分析中检验统计量的抽样分布是(　　)。
   A. 正态分布　　　B. t分布　　　C. F分布　　　D. χ^2分布

3. 单因素方差分析中，组内误差平方和对应的自由度是(　　)。
   A. $n-1$　　　B. $k-1$　　　C. $n-k$　　　D. n

4. 单因素方差分析中，下列检验统计量正确的是(　　)。
   A. $\dfrac{MSA}{MST}$　　　B. $\dfrac{MSE}{MST}$　　　C. $\dfrac{MSE}{MSA}$　　　D. $\dfrac{MSA}{MSE}$

5. 若检验统计量$F=\dfrac{MSA}{MSE}$近似等于1，说明(　　)。
   A. 组间方差中不包含系统因素的影响　　B. 组内方差中不包含系统因素的影响
   C. 组间方差中包含系统因素的影响　　　D. 方差分析中应拒绝原假设
   E. 方差分析中应接受原假设

6. 单因素方差分析中，给定显著性水平α，确定拒绝原假设的是(　　)。
   A. $F>F_\alpha$　　　B. $F<F_\alpha$　　　C. $F>F_{\alpha/2}$　　　D. $F<F_{\alpha/2}$

7. 在一个双因素组间设计的方差分析中，一位研究者报告行因素A对因变量影响显著性的统计量$F(1，54)=0.94$，列因素B对因变量影响显著性的统计量$F(2，108)=3.14$。你能由此得到的结论是(　　)。
   A. B因素对因变量影响显著性比A因素的大
   B. 研究中有110个被试
   C. 此研究是无交互作用的双因素方差分析
   D. 这个结果报告一定有错误

8. 对于同一批数据，分别进行单因素方差分析和无交互作用的双因素方差分析，各自分析中的总离差平方和SST的关系是(　　)。
   A. 相同
   B. 可能相等也可能不等
   C. 单因素方差分析中的SST大
   D. 无交互作用的双因素方差分析中的SST大

9. 有交互作用的双因素方差分析中，反映交互作用的误差平方和是（　　）。

A. $\sum_{i=1}^{r}\sum_{j=1}^{s}\sum_{k=1}^{t}(x_{ijk}-\overline{\overline{x}})^2$
B. $st\sum_{i=1}^{r}(\overline{x}_{i..}-\overline{\overline{x}})^2$
C. $rt\sum_{j=1}^{s}(\overline{x}_{.j.}-\overline{\overline{x}})^2$
D. $t\sum_{i=1}^{r}\sum_{j=1}^{s}(\overline{x}_{ij.}-\overline{x}_{i..}-\overline{x}_{.j.}+\overline{\overline{x}})^2$

10. 有交互作用的双因素方差分析中，检验交互作用的统计量服从（　　）。

A. $F[(r-1),rs(t-1)]$
B. $F[(s-1),rs(t-1)]$
C. $F[(r-1)(s-1),rs(t-1)]$
D. $F[(r-1)(s-1),rs]$

三、计算题

1. 某化学公司需要采购一批用于混合原料的机器，经过一番调研分析后，采购范围缩小到A、B、C这3家制造商，该公司还收集了这3家制造商的机器关于混合原料所需时间的数据，得到的资料如表7-12所示。试利用这些数据检验3家制造商的机器混合一批原料所需平均时间是否相同？($\alpha=0.05$)

表7-12　3家制造商的机器关于混合原料所需时间的数据

单位：分钟

A制造商	B制造商	C制造商
20	28	20
26	26	19
24	31	23
22	27	22

2. 从5个总体中抽取容量不同的样本数据，得到资料见表7-13。取$\alpha=0.01$，检验5个总体的均值是否相等？

表7-13　从5个总体中抽取容量不同的样本数据

样本1	样本2	样本3	样本4	样本5
12	16	13	10	13
13	17	12	9	10
13	16	12	12	14
14	14	11	9	
12	17		10	
14				

3. 从3个总体中各选取10个观察值，ANOVA分析表的一部分如表7-14所示。

表7-14　ANOVA分析表的部分数据

差异来源	SS	df	MS	F	P-value	F crit
组间			210		0.245 946	3.354 131
组内	3836			—	—	—
总计		29	—	—	—	—

要求：

(1) 完成上面的方差分析表。

(2) 在显著性水平 $\alpha=0.05$ 下，检验3个总体均值是否有显著差异？

4. 从3个总体中各选取4个观察值，得到资料见表7-15。在下面的计算中，设 $\alpha=0.05$。

表7-15 从3个总体中各选取4个观察值的数据资料

样本1	样本2	样本3
156	158	148
142	180	161
149	164	154
165	174	169

要求：

(1) 通过方差分析，检验3个总体的均值是否有显著差异？

(2) 用Fisher LSD方法检验哪些均值有差异？

5. 某厂商在华东、华北、华南、华西和华中5个地区销售自己生产的产品，该产品有A、B和C 3种包装方式，销售部门想了解不同的外包装和地区对产品的销量是否有影响，销售部门从过去的销售数据中得到如表7-16所示的销售资料。

表7-16 3种包装方式在5个地区的销售数据

地区	包装方式		
	A	B	C
华东	51	55	48
华北	46	54	51
华南	45	43	43
华西	34	41	39
华中	44	53	45

以 $\alpha=0.05$ 的显著性水平，检验不同的包装方式对销量是否有显著影响，不同的地区对销量是否有显著差异？

四、案例分析题

一个纺织品制造商收到一个很大的用于制作制服的衣料订单，这些衣料由4条不同的染色流水线进行染色，每条流水线每天生产的衣料数量大致相同。

通常，如果订单数量不是很大，只会用到一条流水线来完成订单，这样衣料的图案亮度才会控制得较好，这是因为不同流水线染色的图案亮度总会有些差异。如果这个订单很大，要同时用到4条流水线，这时需要通过使所有生产的衣料的图案亮度的方差最小化来尽可能使图案保持一致。最近，顾客抱怨图案亮度的差异太大，因此制造商决定对4条流水线生产的衣料图案亮度进行方差分析检验，从每条流水线随机抽取样本并测量亮度，测量值在0和100之间，数据如表7-17所示。

表7-17 从流水线随机抽取样本的亮度测量值

观察值	流水线1	流水线2	流水线3	流水线4
1	66.55	66.16	68.36	72.32
2	71.91	65.94	66.81	66.69
3	67.61	68.62	66.50	72.36
4	66.13	63.86	65.22	70.88
5	71.31	69.38	65.06	69.76
6	68.99	64.55	65.42	71.05
7	71.83	66.82	66.50	68.78
8	68.99	65.56	64.82	74.40
9	69.81	63.66	68.31	66.73
10	72.49	64.71	68.17	73.58
11	69.99	67.32	65.50	66.72
12	73.44	71.39	70.39	70.37
13	70.39	63.78		75.72
14	68.42	70.25		74.65
15	71.66			
16	65.14			

要求:

(1) 在 $\alpha=0.05$ 的显著性水平下进行检验并给出你的结论。

(2) 哪两条流水线染色的衣料的平均亮度有明显的不同?

(3) 在生产过程中停止某一条流水线进行亮度调整的成本很高,如果只能将一条流水线停下来调整,应该调整哪一条呢?应该将其调整到多少亮度值才能使所染色的衣料的图案尽可能保持一致?

第 8 章

相关分析和回归分析

【案例】 作为营销服务的手段之一,某大型超市设计了直接向顾客邮寄宣传品的促销活动。由于该公司的数据库储存了上亿名超市卡顾客的消费信息,所以它把那些最有可能对促销活动做出反应的顾客作为促销目标,通过直接向他们邮寄宣传品达到获得收益的目的。企业的分析发展部门运用回归分析方法,建立能度量并预测顾客对于促销活动做出反应的模型。例如,企业的分析发展部门从储存的上亿名超市卡顾客的数据库中选取一个样本,分析直接向顾客邮寄宣传品的促销活动后,根据样本中的每一位顾客购买商品的种类,建立顾客购买本超市商品的总金额($\hat{y}$)与购买促销商品的金额(x)之间关系的估计回归方程为

$$\hat{y} = 100.80 + 35x$$

利用这一方程,企业的分析发展部预测到,顾客收到促销宣传品的反应可能是每1元促销商品将可能带动其购买超市商品35元。

实际上,购买本超市商品的总金额还与顾客的收入水平、是否拥有信用卡及每次光顾超市的平均消费额度等有关,企业的分析发展部门又如何建立包含这些因素的、能更好地度量并预测顾客对于促销活动做出反应的模型?超市商品主要是日用消费品,你的促销可能受制于人们一定的消费量。过于频繁的促销可能使其带动购买超市商品的作用变弱,对此又该如何建立回归模型,以及如何运用建立的回归模型来预测促销的效果呢?

通过本章的学习,你会知道如何从定性角度分析判断现象之间的变量关系,定量评价现象之间变量相关关系的密切程度;根据相关数据建立各种估计回归方程,并能够对因变量进行合理的预测。

8.1 相关分析

8.1.1 相关关系的概念和种类

1. 相关关系的概念

在客观现象的发展变化中,现象之间总是普遍联系和相互依存的,客观现象(变量)之间的数量依存关系可分为两种类型:确定性关系和相关关系。

确定性关系也称函数关系,它指的是变量之间严格的确定关系。例如,求单利的利息,可用一个确定的数学公式 $c=i\times p\times t$ 反映,其中,i 为利率,p 为本金,t 为储蓄时间。只要给定 i、p、t 某些数值,必有一个确定的 c 值与之对应。

相关关系是指现象之间客观存在的、非确定性的数量依存关系。例如,广告费投入的变动,会相应地影响销售额的变动,但销售额的变动又不完全由广告费投入量决定,它还受产品质量、性能、价格等因素影响,而且有一定的随机性。广告费的投入与销售额之间就是一种相关关系。凡是一个现象发生了数量变化,另一个现象也发生相应但不完全确定的数量变化,即构成相关关系。

2. 相关关系的种类

由于客观现象之间联系的复杂性,它们的相关关系表现为各种不同的类型和形式,可以按不同的标志进行分类。

1) 按相关关系涉及的变量或因素的个数,可以分为单相关与复相关

单相关也称为一元相关,是指两个变量之间的相关关系。复相关是指多个变量之间的相关关系,即一个变量与两个及两个以上变量的复杂依存关系。复相关又称为多元相关。例如,研究稻谷每亩产量对施肥量的相关关系是单相关,稻谷每亩产量为因变量,施肥量为自变量。研究稻谷每亩产量对施肥量、浇水量的相关关系就是复相关,增加变量可以提高预测或说明问题的精确度,但计算的难度也相应增加。

2) 按相关关系的表现形式,可以分为线性相关与非线性相关

将具有相关关系的两个变量的对应值绘制在直角坐标系上,如果其散点图趋向直线的形式,则称为线性相关或直线相关。变量 x 发生变化,变量 y 也随之发生大致成比例的变化,表明 x 和 y 之间是线性相关。例如,例8.1高校人数与周边饭店季营业额的关系就表现为线性相关。如果其散点图趋向某种曲线的形式,则称为非线性相关,也可称为曲线相关。例如,商品销售额与商品流通费用率之间的关系就表现为非线性相关。

3) 按相关关系的方向,可以分为正相关和负相关

正相关指的是相关变量之间的变动方向是一致的,即变量 x 增加或减少,变量 y 也相应增加或减少。例如,广告费的投入与销售额之间,若广告费增加,销售额也相应增加,属正相关。负相关与正相关正好相反,它指的是相关变量之间的变动方向是相反的,即变量 x 增加或减少,变量 y 随之减少或增加。例如,劳动生产率与单位产品成本之间,若劳动生产率提高,单位产品成本则降低,这类相关关系称为负相关。

4) 按相关关系的程度,可分为完全相关、不完全相关和不相关

如果变量x的变化完全由变量y决定,则把这种相关关系称为完全相关。实质上,完全相关就是一种确定性的函数关系。如果变量x的变化与变量y的变化有关,但此变化又不完全由变量x决定,还受随机因素的影响,则把这种相关关系称为不完全相关。许多客观现象的数量表现都具有随机性,因此它们之间的关系通常都表现为不完全相关。如果变量x的变化不受变量y影响,变量之间彼此独立,则把这种关系称为不相关。

8.1.2 相关分析的图表和意义

相关分析是研究现象之间是否存在某种依存关系,并对具体有依存关系的现象探讨其相关方向及相关程度,是研究随机变量之间相关性的统计分析方法。相关关系是相关分析的研究对象。

1. 相关图表

相关图表包含相关图和相关表两层含义。它们是直观地表达变量之间相关关系的程度的方法。在进行相关分析前,须先定性分析所研究问题的有关现象之间是否存在依存关系,以及存在着何种依存关系;然后,直观地表达变量之间相关关系的程度,所需的方法通常有相关表和相关图。

相关表是将具有相关关系的原始数据,按某一顺序平行排列在一张表上,以观察它们之间的相互关系。

【例8.1】当教育部决定将各高校的后勤社会化时,某从事饮食业的企业家认为这是一个很好的投资机会,他得到10组高校人数与周边饭店季营业额的数据资料(如表8-1所示),并想根据数据决策其投资规模。

表8-1 高校人数和周边饭店的季营业额

饭店	学生人数x/万人	季营业额y/万元	饭店	学生人数x/万人	季营业额y/万元
1	1	18	6	12	158
2	2	32	7	20	180
3	3	60	8	20	220
4	5	108	9	22	225
5	8	80	10	26	320

解:由表8-1可知,随着高校学生人数的增加,其周边饭店的季营业额虽然有波动,但总体上增加,根据相关表可以直观地看出学生人数与营业额之间的相关趋势为正相关,即学生人数增加,季营业额增加;学生人数减少,季营业额减少。

相关表不仅可以直观地展示变量之间相关关系的方向,还是绘制相关图的基础。

相关图也称为分布图或散点图,它是在平面直角坐标中把相关关系的原始数据用点描绘出来,通常以直角坐标的横轴代表自变量x,纵轴代表因变量y。相关图所反映的变量之间相关关系的方向和程度比相关表更为清晰,也更为直观。利用表8-1的数据绘制相关图,如图8-1所示。

观察图8-1可以得出，散点分布自左下方向右上方伸展，散点分布比较集中。若用一条直线，可以更好地表达这种关系，如图8-2所示。直线两侧点的数目相同，季营业额随着学生人数的增加而增加，清楚地展示了两个变量之间的关系方向。因为各数据点与直线靠得比较近，可知学生人数与饭店季营业额之间存在着较密切的关系。

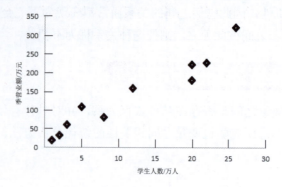

图8-1　学生人数和季营业额相关图

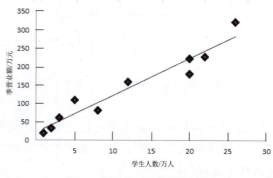

图8-2　配有合适直线的散点图

图8-3说明了相关图中各种可能的关系。图(a)和图(b)表示了x和y之间的正、负线性关系；图(c)和图(d)分别表示x和y之间的正、负曲线关系；图(e)表示x和y之间的关系不是很密切，其散点的分布域较宽，与图(a)相比表明变量之间的联系程度较差；图(f)散点的分布成水平趋向，表明x和y之间没有什么关系，即x取不同值时，y值几乎不变。变量之间的散点分布如果与图(f)相同，则预示着不能用一个变量去预测另一变量。

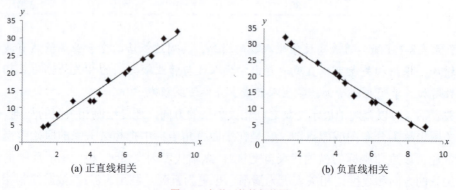

图8-3　各种可能的相关图

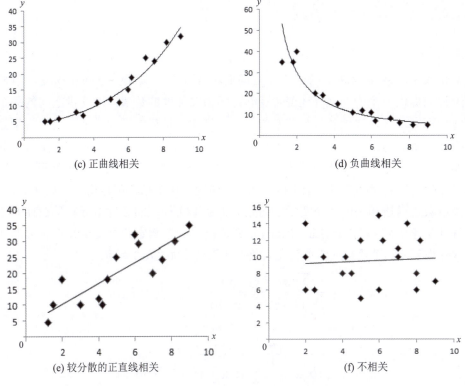

图 8-3 各种可能的相关图(续)

2. 相关分析的意义

研究两个或两个以上变量间的相关关系的方法，称为相关分析。对现象之间相关分析研究的目的，就是要找出现象之间相互关系的密切程度及其变化的规律性，以便做出某种判断和推断。例如，某药物研究人员想要鉴别一种能够治疗食欲不振症的药品，其药品剂量x和食欲y之间的相关程度，是药物研究人员制造药品的依据。

1) 相关分析可以确定变量之间相关关系的方向和程度

由于相关关系是一种不严格依存的数量关系，它们的依存关系有的比较密切，有的密切程度很小。现象之间相关的密切程度，对于研究现象发展变化的规律性是十分重要的。判断相关关系密切程度的指标是相关系数，相关系数的大小可以表明x和y之间相关关系的程度。相关系数的正负号，可以表明x和y之间相关关系的方向。

2) 相关分析可以衡量回归估计的精确程度

相关分析常常与回归分析联合使用，只有当变量之间相关关系的密切程度较高时，用一个变量去估计另一变量才是有效的。例如，根据某公司几年来的广告费投入和销售额建立一个回归方程，若想知道投入一定数额的广告费，其销售额估计的有效性，只有当销售额与广告费投入有密切相关时，上述估计才会有效，否则回归方程的建立就无任何意义。

8.1.3 简单线性相关

1. 相关系数

尽管相关图直观地反映了两个变量之间的相互关系及其相关方向和程度,但相关图并没有给我们提供一个确切地描述变量x和y之间相关强度的数值。而变量之间的关系到底密切到何种程度,又是决策者极为关心的问题。例如,销售经理经常要决定广告策划的方式,他必须在赠品与报纸广告上做出选择,其选择的依据就是哪一种方式对销售量的影响更大,哪一种方式的广告宣传与销售的关系最为密切。为了准确地表明两个变量线性关系的程度和方向,我们有必要用一个指标对此进行说明。这个指标就是相关系数。

相关系数是描述相关的两个变量之间相关关系密切程度的数量指标。早在1890年,英国著名统计学家卡尔·皮尔逊(Karl Pearson)便提出了一个测定两个变量线性相关的计算方法,通常称为积差相关系数或简单相关系数,计算公式如式(8.1)所示。

$$r = \frac{\sum(x-\bar{x})(y-\bar{y})}{\sqrt{\sum(x-\bar{x})^2 \sum(y-\bar{y})^2}} = \frac{\sum xy - \frac{1}{n}\sum x \sum y}{\sqrt{(\sum x^2 - \frac{1}{n}(\sum x)^2)(\sum y^2 - \frac{1}{n}(\sum y)^2)}} \tag{8.1}$$

式(8.1)中:r表示相关系数;x和y分别表示两个变量;$\bar{x}$和$\bar{y}$分别表示两个变量数列的均值。

【**例8.2**】利用表8-1的数据,计算学生人数x(万人)和季营业额y(万元)的相关系数。

解:学生人数和季营业额的相关系数计算表(不含阴影列,阴影列的计算将在例8.5中用到)如表8-2所示。

表8-2 相关系数计算表

饭店	x	y	x^2	y^2	xy	$(x_i-\bar{x})^2$
1	1	18	1	324	18	118.81
2	2	32	4	1 024	64	98.01
3	3	60	9	3 600	180	79.21
4	5	108	25	11 664	540	47.61
5	8	80	64	6 400	640	15.21
6	12	158	144	24 964	1 896	0.01
7	20	180	400	32 400	3 600	65.61
8	20	220	400	48 400	4 400	65.61
9	22	225	484	50 625	4 950	102.01
10	26	320	676	102 400	8 320	198.81
合计	119	1 401	2 207	281 801	24 608	790.90

根据式(8.1)得

$$r = \frac{24\,608 - \frac{1}{10} \times 119 \times 1401}{\sqrt{(2207 - \frac{1}{10} \times 119 \times 119) \times (281\,801 - \frac{1}{10} 1401 \times 1401)}} \approx 0.96$$

计算结果表明，学生人数与饭店季营业额之间的相关程度较高，两者的相关方向为正值，说明x和y之间为高度正相关。

2. 相关系数的性质

(1) 相关系数的取值范围为-1～1，即$|r| \leq 1$。

(2) 若$0 < r \leq 1$，表示变量x与变量y为线性正相关关系；若$-1 \leq r < 0$，表示变量x与变量y为线性负相关关系。

(3) 若$|r|=1$，表示两个变量完全线性相关，即变量x与变量y之间存在确定的函数关系。若$r=1$，表示两个变量完全线性正相关；若$r=-1$，表示两个变量完全线性负相关。

(4) 若$r=0$，表示两个变量不存在线性相关。

(5) 当$0<|r|<1$时，表示两个变量存在不同程度的线性相关。$|r|$的数值越接近1，表示两个变量之间线性相关程度越高；反之，$|r|$的数值越接近0，表示两个变量之间线性相关程度越低。通常认为：$0<|r| \leq 0.3$为微弱相关；$0.3<|r| \leq 0.5$为低度相关；$0.5<|r| \leq 0.8$为显著相关；$0.8<|r| \leq 1$为高度相关。

(6) 相关系数不受变量值水平和计量单位的影响，便于在不同资料之间对相关程度进行比较。

3. 相关系数的显著性检验

在实际的客观现象分析中，相关系数r一般都是根据样本数据计算出来的，它受到抽样随机性的影响。由于抽取的样本不同，r的取值也就不同，因此，r是一个变量。所以需要考察样本相关系数的可靠性，即对总体相关系数ρ进行显著性检验。具体步骤如下。

第一步，提出假设。

$$H_0: \rho = 0; \quad H_1: \rho \neq 0$$

第二步，构造检验统计量。

$$t = |r|\sqrt{\frac{n-2}{1-r^2}} \sim t(n-2)$$

第三步，确定临界值。根据给定的显著性水平α和自由度$(n-2)$，查t分布表或利用Excel计算，得到临界值$t_{\alpha/2}(n-2)$。

第四步，进行决策。若$t > t_{\alpha/2}(n-2)$，则拒绝原假设H_0，接受备择假设H_1，表明总体的两个变量之间存在显著的线性相关关系；若$t \leq t_{\alpha/2}(n-2)$，则不拒绝原假设H_0，表明总体的两个变量之间不存在显著的线性相关关系。

【例8.3】 继续例8.2，检验高校学生人数与周边饭店季营业额之间的相关系数是否显著，显著性水平α=0.05。

解： 第一步，提出假设。

$H_0: \rho = 0$；$H_1: \rho \neq 0$

第二步，构造检验统计量。

$$t = |r|\sqrt{\frac{n-2}{1-r^2}} = 0.96 \times \sqrt{\frac{10-2}{1-0.96 \times 0.96}} \approx 9.7$$

第三步，确定临界值。根据给定的显著性水平α=0.05和自由度10-2=8，查找t分布表或利用Excel计算，得到临界值$t_{0.025}(8)$ = TINV(0.05, 8) = 2.31。

第四步，进行决策。由于$t = 9.7 > t_{0.025}(8) = 2.31$，所以拒绝原假设$H_0$，说明高校学生人数与周边饭店季营业额之间存在着显著的正线性相关关系。

8.2 线性回归分析

8.2.1 回归分析

回归分析是根据已知变量估计未知变量的一种统计方法，它是以对未知变量(因变量)同其他变量(自变量)相互关系的观察为基础，在某种精确度下，预测未知变量的数值。回归分析这一术语是1877年由英国生物学家弗朗西斯·高尔顿(Francis Galton，1822—1911年)第一次作为统计概念加以应用的。

回归分析的主要内容和步骤如下。

首先，选择适当的回归模型。根据理论分析所研究的客观现象，找出其现象间的因果关系及相互间的联系，构建理论模型，以便得到一个较好地反映客观现象变化规律的回归模型。还可以根据相关关系的具体形态或散点图的方法，选择一个拟合效果较好的回归模型。

其次，进行参数估计。根据收集的样本数据对模型中的参数进行估计。

然后，进行模型的检验。即对参数估计值加以评定，确定它们在理论上是否有意义，在统计上是否显著。只有通过检验的模型才能用于实际，所以模型检验也是重要的环节。

最后，进行预测。即根据回归方程进行适当预测，这是回归分析的最终目的。

1. 总体回归方程与样本回归方程

我们通过一个具体例题简要说明回归分析的一些基本概念。

假定要研究家庭消费支出与家庭收入之间的关系，一个总体由50个家庭组成，将其按人均月收入水平划分成组内收入水平大致相同的10个组。表8-3列出了各个家庭人均月消费支出y和收入x的情况。图8-4为不同收入水平的家庭支出散点分布图。

表8-3 某总体的家庭收支情况

单位：千元/月

人均月收入 x	人均月消费支出 y					条件均值 E(y)
1	0.77	0.81	0.80	0.82		0.8
2	1.10	1.40	1.70	1.80		1.5
3	1.70	1.90	2.20	2.45	2.75	2.2
4	1.65	2.30	2.90	3.45	3.50	3.60	2.9
5	2.50	3.00	3.40	3.80	4.00	4.90	3.6
6	3.20	3.70	4.00	4.40	8.10	8.40	4.3
7	4.00	4.30	4.80	8.20	8.60	6.10	8.0
8	4.30	8.00	8.80	6.40	7.00		8.7
9	4.50	8.60	6.80	7.30	7.80		6.4
10	6.00	7.50	7.80				7.1

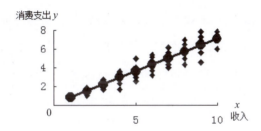

图8-4　不同收入水平的家庭消费支出散点分布图

从图8-4的散点分布可以看出，虽然各个家庭的消费支出存在差异，但各组家庭的平均消费支出随着收入水平的提高不断增加。当x取特定值x_i时，y的条件均值$E(y|x=x_i)$，简记为$E(y_i)$。例如，$x=2$千元/月时，有4个y值，每个值出现的概率均为1/4，所以y的条件均值=$1.10 \times \frac{1}{4} + 1.40 \times \frac{1}{4} + 1.70 \times \frac{1}{4} + 1.80 \times \frac{1}{4} = 1.5$(千元/月)。即收入水平每月为2000元的4个家庭的月平均消费支出为1500元。

同样可以计算出其他收入水平下各个家庭的平均消费支出，将这些条件均值绘制在散点图8-4中(用粗圆点表示)，它们正好都落在一条直线上；这条直线形象地描述了家庭收入变化时，消费支出的平均变化规律。这条直线(即自变量x取各个给定值时y均值的轨迹)称为总体回归直线(population regression line)，总体回归直线所对应的方程如式(8.2)所示。

$$E(y|x=x_i) = \beta_0 + \beta_1 x_i \tag{8.2}$$

式(8.2)称为总体回归方程(population regression function，PRF)，β_0和β_1称为参数(parameters)，也称为回归系数(regression coefficients)。β_0称为截距(intercept)，是x为0时y的(条件)均值；β_1称为斜率(slope)，斜率系数度量了x每变动一单位，y(条件)均值的变化率。例如，若斜率系数为0.5，则表明收入每增加1千元，y的(条件)均值增加0.5千元，即消费支出平均增加0.5千元。

总体回归方程只是反映了总体的平均变化规律，即给定x条件下，y分布的均值。从表8-3和图8-4都可以看出，单个家庭的消费支出y_i与平均消费支出$E(y_i)$之间存在着一定的离

差,即,$\varepsilon_i = y_i - E(y_i | x = x_i) = y_i - (\beta_0 + \beta_1 x_i)$,则有式(8.3)。

$$y_i = \beta_0 + \beta_1 x_i + \varepsilon_i \tag{8.3}$$

式(8.3)称为总体回归模型,其中ε_i称为随机误差项。

回归分析的主要任务就是求出总体回归参数的具体数值,进而利用总体回归方程描述和分析总体的平均变化规律,即只要求出相对每个x的y条件均值,然后再把这些均值连接起来,就得到了总体回归线。严格来说,回归分析是条件回归分析,所以无须每时每刻都加上"条件"二字,表达式$E(y_i | x = x_i)$可以简写成$E(y_i)$。而在实际中很少获得整个总体的数据,通常仅仅有来自总体的一个样本。

例如,假设从表8-3的总体中随机抽取一个样本列入表8-4,如下所示。

表8-4 总体中的一个样本

x	1	2	3	4	5	6	7	8	9	10
y	0.77	1.10	1.70	1.65	2.50	3.20	4.00	4.30	4.50	6.00

与表8-3不同的是,表8-4中每个x值只有一个y值与之对应。根据这10组观察值绘制成散点图(见图8-5),虽然样本观察值并没有完全落在总体回归直线上,但样本是从总体中随机抽取的,必然包含总体的信息,散点分布仍然呈现出明显的线性趋势。

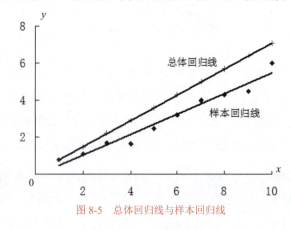

图8-5 总体回归线与样本回归线

设法确定一条直线来较好地拟合这些样本观察值,称这条直线为样本回归线(sample regression lines),其对应的方程如式(8.4)所示。

$$\hat{y}_i = \hat{\beta}_0 + \hat{\beta}_1 x_i \tag{8.4}$$

式(8.4)称为样本回归方程(sample regression function),$\hat{y}_i$为总体条件均值$E(y | x = x_i)$的估计量;$\hat{\beta}_0$,$\hat{\beta}_1$分别为总体回归参数β_0,β_1的估计量。如果估计误差较小,$\hat{\beta}_0$,$\hat{\beta}_1$的值与总体回归参数β_0,β_1比较接近,则可以用样本回归方程近似代替总体回归方程,即利用样本回归方程近似地描述总体的平均变化规律。

实际值y_i与估计值$\hat{y}_i$的离差用e_i表示,则有式(8.5)。

$$e_i = y_i - \hat{y}_i = y_i - (\hat{\beta}_0 + \hat{\beta}_1 x_i) \tag{8.5}$$

式(8.5)中的e_i称为残差项(residual term),简称残差(residual)。

2. 相关分析和回归分析的联系和区别

相关分析和回归分析都是对客观现象数量依存关系的分析，在理论基础和方法上具有一致性，是研究变量之间相关关系的两种基本方法，两者之间既有联系又有区别。

1) 相关分析与回归分析的联系

相关分析和回归分析有着密切的联系，具体表现如下。

(1) 相关分析和回归分析具有共同的研究对象。它们都是研究变量之间相关关系的统计方法。

(2) 相关分析和回归分析需要相互补充。相关分析需要依靠回归分析来表明变量间相关关系的具体形式，而回归分析需要依靠相关分析来表明变量间相关关系的密切程度。

(3) 相关分析是回归分析的前提。只有当变量之间存在高度相关时，进行回归分析寻求其相关关系的具体形式才有意义，而对于相关程度很低的两个变量进行回归分析则没有实际意义。

(4) 回归分析是相关分析的拓展。回归分析是建立在相关分析的基础上，对于具有密切相关关系的两个变量进行深入分析，建立它们之间的数学关系式，并进行预测。

2) 相关分析与回归分析的区别

相关分析和回归分析也有明显的区别，具体表现如下。

(1) 变量的地位不同。在相关分析中，变量处于平等地位，不必区分自变量和因变量；而在回归分析中，变量处于不平等地位，必须区分自变量和因变量。

(2) 变量的性质不同。在相关分析中，两个变量都是随机变量；而在回归分析中，因变量是随机变量，自变量假定为非随机变量。

(3) 研究的目的不同。相关分析研究变量间相关关系的密切程度和方向；而回归分析研究变量间相关关系的具体形式。

(4) 研究的方法不同。相关分析通过相关表、相关图和相关系数研究变量间的相关关系；而回归分析通过回归模型研究变量间的相关关系。

(5) 所起的作用不同。相关分析只能描述变量间相关关系的密切程度和方向，不能由一个变量的变化预测另一个变量的变化情况；而回归分析可以揭示自变量对因变量的影响大小，并可根据回归方程进行预测。

8.2.2 一元线性回归模型

1. 回归模型的基本假定

回归模型是描述因变量如何依赖自变量和随机误差项的方程。一元线性回归模型只涉及一个自变量，可表述为式(8.6)。

$$y = \beta_0 + \beta_1 x + \varepsilon \tag{8.6}$$

涉及两个或两个以上自变量的线性回归模型称为多元线性回归模型。不妨设有k个自变量，则k元线性回归模型可表述为式(8.7)。

$$y = \beta_0 + \beta_1 x_1 + \beta_2 x_2 + \cdots + \beta_k x_k + \varepsilon \tag{8.7}$$

式(8.7)中，β_0，β_1，β_2，…，β_k是模型的回归参数。

利用样本数据估计回归模型中的参数时，为了提高估计的精确度，通常需要对模型的随机误差项和自变量的特性事先做一些假定。一般要求满足以下几个假定。

假定1：随机误差项ε是服从正态分布的实随机变量。

由于在大样本情形下，最小二乘估计量都可认为近似服从正态分布，即假定1成立。而面对小样本问题时，只是在对参数进行显著性检验和确定置信区间才需要假定1，而假定1是否成立对估计量的统计性质没有影响。

假定2：零均值假定，即随机误差项ε的平均值为零，$E(\varepsilon)=0$。

由于随机误差项是模型中未出现的解释变量、测量误差等所有随机因素的综合结果，因此它对因变量的影响不是系统的，而且有正有负，所有可能取值平均起来应为0。此外，在线性模型中，可将随机项的非零期望值归入常数项，使随机项的期望值变为0。

假定3：同方差假定，即对于自变量x_1，x_2，…，x_k所有观察值，随机误差项ε的方差σ^2都相同。

如果对不同的自变量观察值随机误差项的方差是不同的，则称为异方差情形，这可能会破坏最小二乘估计量的估计及假设检验的推断，此时最小二乘法不再适用。

假定4：非自相关假定，即与自变量不同观察值对应的随机误差项之间是互不相关、互不影响的。

如果随机误差项存在自相关，即"按时间(如时间序列)或者空间(如截面数据)排列的数值之间具有相关关系"[1]，那么将会破坏最小二乘估计量的估计及假设检验的推断，与异方差产生的后果很相似。

假定5：自变量与误差项不相关假定。

在前文中已经指出回归分析是条件回归分析，这样才能将自变量对因变量的影响和随机项对因变量的影响区分开来。因此，在一般情况下将假定自变量是非随机变量，那么假定5成立。

假定6：无多重共线性假定，即自变量之间不存在完全的或近似的线性关系。

如果自变量之间存在完全的或者高度的共线性，利用回归分析可能无法区分每个自变量对y的单独影响。

在上述6个假定中前4个假定都是针对随机项的，假定5是针对自变量和随机项的，假定6是针对多元模型中多个自变量的假定。

假定1、假定2和假定3决定了随机误差项的分布：$\varepsilon \sim N(0, \sigma^2)$。由于$y$是$\varepsilon$的线性函数，那么$y$也服从正态分布。这在对参数进行区间估计和计算估计误差时都要用到。而假定中σ^2实际上是未知的，它是模型中的一个重要参数，在根据观察值对参数进行估计的同时，也将给出σ^2的一个估计。

在实际经济问题中，假定3、假定4和假定6不一定都能满足，需要各自用相应的检验方法进行诊断并采取相应的措施加以补救，具体做法可参考计量经济学的相关教材和文献资料，本书不做讲解。

---

[1] Maurice G. Kendall and William R. Buckland. A Dictionary of Statistical Terms. Hafner, New York, 1971.

2. 最小二乘估计 (OLS)

简单起见，先讨论一元线性回归模型。

$$y_i = \beta_0 + \beta_1 x_i + \varepsilon_i$$

假设从总体中获取了n组观察值$(x_1, y_1), (x_2, y_2), \cdots, (x_n, y_n)$，对于第$i$个$x$值，估计的回归方程可表示为$\hat{y}_i = \hat{\beta}_0 + \hat{\beta}_1 x_i$，则观察值$y_i$与估计值$\hat{y}_i$的离差$e_i$为

$$e_i = y_i - \hat{y}_i = y_i - (\hat{\beta}_0 + \hat{\beta}_1 x_i)$$

对于x和y的n对观察值，可以用来描述其关系的直线有多条，这就产生了一个问题：如何从这些直线中选择一条最佳拟合(近似)线？直观地可以这样考虑，如果这些资料真实地反映了客观实际情况，那么为了能够描述客观事实，模型应该尽可能地接近这些数据。因此，选择最佳拟合线的标准可以确定为：使总的拟合误差（即总离差）达到最小。描述这一标准的方法有很多种，其中最常用的就是普通最小二乘法(ordinary least square，OLS)，所选择的回归模型应该使所有观察值的残差平方和达到最小，则有式(8.8)。

$$\sum e_i^2 = \sum (y_i - \hat{y}_i)^2 = \sum (y_i - \hat{\beta}_0 - \hat{\beta}_1 x_i)^2 = \min \tag{8.8}$$

令$Q = \sum (y_i - \hat{y}_i)^2$，根据微积分的极值定理，对$Q$求相应于$\hat{\beta}_0$和$\hat{\beta}_1$的偏导数，并令其等于0，便可求出$\hat{\beta}_0$和$\hat{\beta}_1$。

根据以下方程组

$$\begin{cases} \dfrac{\partial Q}{\partial \hat{\beta}_0} = 2\sum (y_i - \hat{\beta}_0 - \hat{\beta}_1 x_i)(-1) = 0 \\ \dfrac{\partial Q}{\partial \hat{\beta}_1} = 2\sum (y_i - \hat{\beta}_0 - \hat{\beta}_1 x_i)(-x_i) = 0 \end{cases}$$

经化简得到求解$\hat{\beta}_0$和$\hat{\beta}_1$的标准方程组

$$\begin{cases} \sum y_i = n\hat{\beta}_0 + \hat{\beta}_1 \sum x_i \\ \sum x_i y_i = \hat{\beta}_0 \sum x_i + \hat{\beta}_1 \sum x_i^2 \end{cases}$$

解方程组得式(8.9)

$$\begin{cases} \hat{\beta}_1 = \dfrac{n\sum x_i y_i - \sum x_i \sum y_i}{n\sum x_i^2 - (\sum x_i)^2} \\ \hat{\beta}_0 = \bar{y} - \hat{\beta}_1 \bar{x} \end{cases} \tag{8.9}$$

式(8.9)中：$\bar{y} = \dfrac{1}{n}\sum y_i$；$\bar{x} = \dfrac{1}{n}\sum x_i$。

对于两变量之间构造的模型是否存在显著性关系，需要进行模型或者解释变量的显著性检验(见8.3.2与8.3.3节)。

【例8.4】 经例8.3求证可知：高校学生人数与周边饭店季营业额之间存在着显著的正线性相关关系。那么，高校学生人数与周边饭店季营业额之间具体关系又是怎么样的呢？

解： 根据例8.1并利用表8-2的数据可知，$\bar{y} = \dfrac{1}{n}\sum y_i = 140.1$，$\bar{x} = \dfrac{1}{n}\sum x_i = 11.9$。根据式(8.9)计算参数估计值为

$$\begin{cases} \hat{\beta}_1 = \dfrac{n\sum x_i y_i - \sum x_i \sum y_i}{n\sum x_i^2 - (\sum x_i)^2} = \dfrac{10 \times 246\,08 - 119 \times 1401}{10 \times 2207 - 119^2} \approx 10.03 \\ \hat{\beta}_0 = \bar{y} - \hat{\beta}_1 \bar{x} = 140.1 - 10.03 \times 11.9 \approx 20.69 \end{cases}$$

则样本回归方程为

$$\hat{y}_i = 20.69 + 10.03 x_i$$

3. 参数的估计误差和置信区间

1) 估计误差

估计误差即估计值 $\hat{\beta}_1$ 和真值 β_1 的偏差 $(\hat{\beta}_1 - \beta_1)$，随着抽样的不同，误差大小是一个随机变量，因此需要考虑其平均误差。参数估计量的平均误差为

$$\sqrt{E(\hat{\beta}_1 - \beta_1)^2} = \sqrt{\sigma^2 / \sum(x_i - \bar{x})^2}$$

其中，σ^2 是误差项 ε 的方差，这个值通常并不知道，实际计算中一般采用 σ^2 的无偏估计量，计算公式如式(8.10)所示。

$$\hat{\sigma}^2 = \sum e_i^2 / (n-2) \tag{8.10}$$

用 $\hat{\sigma}^2$ 估计 σ^2，并且用 $S(\hat{\beta}_1)$ 表示系数 $\hat{\beta}_1$ 的估计误差，计算公式如式(8.11)所示。

$$S(\hat{\beta}_1) = \sqrt{\dfrac{\hat{\sigma}^2}{\sum(x_i - \bar{x})^2}} = \sqrt{\dfrac{\sum e_i^2}{(n-2)\sum(x_i - \bar{x})^2}} \tag{8.11}$$

同理，$\hat{\beta}_0$ 的估计误差如式(8.12)所示。

$$S(\hat{\beta}_0) = \sqrt{\dfrac{(\sum e_i^2)(\sum x_i^2)}{n(n-2)\sum(x_i - \bar{x})^2}} \tag{8.12}$$

【例8.5】 继续例8.4，根据例8.1并利用表8-2的资料，计算 $\hat{\sigma}^2$、$S(\hat{\beta}_1)$、$S(\hat{\beta}_0)$。

解： $\sum(x_i - \bar{x})^2 = 790.90$（见表8-2的阴影列）；利用样本回归方程 $\hat{y}_i = 20.69 + 10.03 x_i$，估计 $\hat{y}_i$，求 $\sum e_i^2 = \sum(y_i - \hat{y}_i)^2 = 5888.01$（见表8-7）。

由式(8.10)计算出 σ^2 的无偏估计量为

$$\hat{\sigma}^2 = \sum e_i^2 / (n-2) = 5888.01 / 8 \approx 736.00$$

根据式(8.11)与式(8.12)计算得 $\hat{\beta}_0$ 和 $\hat{\beta}_1$ 的估计误差。

$$S(\hat{\beta}_1) = \sqrt{\dfrac{\hat{\sigma}^2}{\sum(x_i - \bar{x})^2}} = \sqrt{\dfrac{736.00}{790.90}} \approx 0.96$$

$$S(\hat{\beta}_0) = \sqrt{\dfrac{(\sum e_i^2)(\sum x_i^2)}{n(n-2)\sum(x_i - \bar{x})^2}} = \sqrt{\dfrac{\sum e_i^2}{(n-2)\sum(x_i - \bar{x})^2}} \times \sqrt{\dfrac{\sum x_i^2}{n}} = S(\hat{\beta}_1)\sqrt{\dfrac{2207}{10}} \approx 14.33$$

$S(\hat{\beta}_0)$ 和 $S(\hat{\beta}_1)$ 又称为系数的标准误差(或标准差)。系数的标准误差只是反映了估计量与真值的相对偏离程度。$S(\hat{\beta}_1)$ 越小，则 $\hat{\beta}_1$ 和真值 β_1 的近似误差越小，但不能认为 $\hat{\beta}_1$ 和 β_1 的绝对误差就是 $S(\hat{\beta}_1)$，这可从参数置信区间得到进一步说明。

2) 置信区间

为了对系数的取值情况有更多了解，可以按一定的可靠性确定系数的取值范围，即在

一定的置信水平下，求得系数的置信区间。

构造统计量，如式(8.13)所示。

$$t = \frac{\hat{\beta}_1 - \beta_1}{S(\hat{\beta}_1)} \sim t(n-2) \tag{8.13}$$

对于给定的置信水平$(1-\alpha)$，由t分布表查得临界值$t_{\alpha/2}(n-2)$，使得$P(|t|<t_{\alpha/2}(n-2))=1-\alpha$，则有式(8.14)。

$$P\left(\hat{\beta}_1 - t_{\alpha/2}(n-2)S(\beta_1) < \beta_1 < \beta_1 + t_{\alpha/2}(n-2)S(\beta_1)\right) = 1-\alpha \tag{8.14}$$

所以，参数β_1的置信区间如式(8.15)所示。

$$\left(\hat{\beta}_1 - t_{\alpha/2}(n-2)S(\beta_1),\ \beta_1 + t_{\alpha/2}(n-2)S(\beta_1)\right) \tag{8.15}$$

即以$100\times(1-\alpha)\%$的概率保证回归系数属于该区间内。

类似地，可构造参数β_0在置信水平为$(1-a)$的置信区间如式(8.16)所示。

$$\left(\hat{\beta}_0 - t_{\alpha/2}(n-2)S(\beta_0),\ \beta_0 + t_{\alpha/2}(n-2)S(\beta_0)\right) \tag{8.16}$$

【例8.6】 继续例8.5，求$\alpha=0.05$的置信水平下，系数$S(\hat{\beta}_1)$、$S(\hat{\beta}_0)$的置信区间。

解： 查t分布表，$\alpha=0.05$，$t_{\alpha/2}(n-2)=t_{0.025}(8)=2.31$。

根据式(8.15)，求得参数β_1的置信区间为：$10.03\pm2.31\times0.96$，即$(7.81,\ 12.25)$。

根据式(8.16)，求得参数β_0的置信区间为：$20.69\pm2.31\times14.33$，即$(-12.41,\ 53.79)$。

8.2.3 多元线性回归模型

1. 多元线性回归模型的参数估计

对于多元线性回归模型

$$y_i = \beta_0 + \beta_1 x_{1i} + \beta_2 x_{2i} + \cdots + \beta_k x_{ki} + \varepsilon_i \quad (i=1,\ 2,\ \cdots,\ n)$$

如果利用最小二乘法估计模型的参数，同样应该使残差平方和达到最小，即有

$$\begin{aligned}\sum e_i^2 &= \sum(y_i - \hat{y}_i)^2 \\ &= \sum(y_i - \hat{\beta}_0 - \hat{\beta}_1 x_{1i} - \beta_2 x_{2i} - \cdots - \beta_k x_{ki})^2 = \min\end{aligned}$$

因此，参数估计值应该是下列方程组的解。

$$\begin{cases}\dfrac{\partial Q}{\partial \hat{\beta}_0} = 2\sum(y_i - \hat{\beta}_0 - \beta_1 x_{1i} - \beta_2 x_{2i} - \cdots - \beta_k x_{ki})(-1) = 0 \\[2mm] \dfrac{\partial Q}{\partial \hat{\beta}_1} = 2\sum(y_i - \hat{\beta}_0 - \beta_1 x_{1i} - \beta_2 x_{2i} - \cdots - \beta_k x_{ki})(-x_{1i}) = 0 \\[2mm] \qquad\qquad\qquad\qquad \vdots \\[2mm] \dfrac{\partial Q}{\partial \hat{\beta}_k} = \sum(y_i - \hat{\beta}_0 - \beta_1 x_{1i} - \beta_2 x_{2i} - \cdots - \beta_k x_{ki})(-x_{ki}) = 0\end{cases}$$

若定义矩阵

$$Y = \begin{pmatrix} y_1 \\ y_2 \\ \vdots \\ y_n \end{pmatrix}_{n\times 1} \quad X = \begin{pmatrix} 1 & x_{11} & x_{21} & \cdots & x_{k1} \\ 1 & x_{12} & x_{22} & \cdots & x_{k2} \\ & & \vdots & & \\ 1 & x_{1n} & x_{2n} & \cdots & x_{kn} \end{pmatrix}_{n\times(k+1)} \quad \hat{B} = \begin{pmatrix} \hat{\beta}_0 \\ \hat{\beta}_1 \\ \vdots \\ \hat{\beta}_k \end{pmatrix}_{(k+1)\times 1} \quad e = \begin{pmatrix} e_1 \\ e_2 \\ \vdots \\ e_n \end{pmatrix}_{n\times 1}$$

方程组可以用矩阵表示成

$$X'Y = (X'X)\hat{B}$$

所以，参数的最小二乘估计为

$$\hat{B} = (X'X)^{-1}X'Y$$

2. 参数的估计误差和置信区间

若记 $C = (X'X)^{-1}$，可以证明

$$S(\hat{\beta}_i) = \sqrt{c_{ii}\sigma^2} \quad (i = 0, 1, 2, \cdots, k)$$

其中，c_{ii} 为矩阵 C 对角线上 i 个元素，σ^2 为随机误差项的方差，可以用无偏估计量 $\hat{\sigma}^2$ 进行估计。

$$\hat{\sigma}^2 = \frac{\sum e_i^2}{n-k-1} = \frac{e'e}{n-k-1}$$

这样，参数估计值的标准差为

$$S(\hat{\beta}_i) = \sqrt{c_{ii}\hat{\sigma}^2} = \sqrt{c_{ii}\frac{\sum e_i^2}{n-k-1}}$$

同理，可构造统计量为

$$t = \frac{\hat{\beta}_i - \beta_i}{S(\hat{\beta}_i)} \sim t(n-k-1)$$

所以，对于给定的置信度 $(1-\alpha)$，参数 β_i 的 $100\times(1-\alpha)\%$ 置信区间为

$$\left(\hat{\beta}_i - t_{\alpha/2}(n-k-1)S(\hat{\beta}_i), \quad \hat{\beta}_i + t_{\alpha/2}(n-k-1)S(\hat{\beta}_i)\right)$$

3. 多元回归模型中的相关分析

在多元回归分析中，变量总数不止两个，因变量与多个自变量的组合会产生一定的依存关系；同时，任何两个变量之间的相关关系都可能受到其余变量的影响。为此需要对已建立的多元回归模型进行相关分析，包括复相关和偏相关。

1) 复相关

所谓复相关，是指一个因变量与多个自变量之间的相关关系。所有自变量共同变动时，因变量随之而变动，其相关程度就可用复相关系数来测定。假定多元回归模型为

$$y_i = \beta_0 + \beta_1 x_{1i} + \beta_2 x_{2i} + \cdots + \beta_k x_{ki} + \varepsilon_i \quad (i = 1, 2, \cdots, n)$$

复相关系数的计算公式如式(8.17)所示。

$$r_{y \cdot x_1 \cdots x_k} = \sqrt{\frac{\sum(\hat{y}_i - \overline{y})^2}{\sum(y_i - \overline{y})^2}} \qquad (8.17)$$

由于多元回归模型中各自变量对因变量作用的方向不一定相同，所以回归系数有的为正，有的为负。复相关系数恒为正值。

【例8.7】根据某服装店15家分店的规模、年销售额和年促销费用数据(如表8-5所示)，试计算年销售额与规模、年促销费用的相关程度。

表8-5　某服装店15家分店的规模、年销售额和年促销费用数据

商店	年销售额y/万元	规模大小x_1/平方米	年促销费用x_2/万元	$\hat{y}$
1	368	172	20	318.81
2	389	164	20	307.53
3	665	281	55	698.8
4	854	355	25	608.74
5	341	129	30	321.98
6	556	220	40	514.09
7	366	113	45	398.12
8	469	350	25	601.69
9	546	315	40	648.04
10	288	151	20	289.2
11	1067	516	55	1027.15
12	758	456	30	783.05
13	1170	584	50	1091.13
14	408	350	25	601.69
15	650	405	30	711.14
合计	8895	4561	510	8918.16

解：利用最小二乘法，可得回归方程为

$$\hat{y}_i = -51.31 + 1.41x_1 + 6.38x_2$$

用式(8.17)可以求得因变量y和自变量x_1及x_2的复相关系数为$r_{y \cdot x_1 x_2}$=0.93。

计算结果表明，商店规模大小和促销费用作为一个整体影响因素，同年销售额存在高度相关。

2) 偏相关

偏相关是指多元回归模型中各个自变量在其他自变量固定不变时，单个变量与因变量的相关关系，其相关程度用偏相关系数测定。计算偏相关系数需以各变量两两之间的单相关系数为基础。利用例8.7中表8-5的资料计算偏相关系数，具体步骤如下。

首先，计算因变量y、自变量x_1和x_2这三个变量两两之间的单相关系数。因变量y和自变量x_1的单相关系数，记为r_{y1}；自变量x_1和x_2的单相关系数，记为r_{12}。其余类推，并将相关系数列成如表8-6所示的相关系数矩阵表。

表8-6 相关系数矩阵表

	y	x_1	x_2
y	1		
x_1	0.8814	1	
x_2	0.6023	0.3993	1

表的对角线是每个变量自身的相关，相关系数必为1。利用相关系数表的数据，可以分别计算两个自变量各自对因变量y的偏相关系数。

自变量x_1和因变量y的偏相关系数记为$r_{y1\cdot 2}$，计算公式如式(8.18)所示。

$$r_{y1\cdot 2} = \frac{r_{y1} - r_{y2}r_{12}}{\sqrt{(1-r_{y2}^2)(1-r_{12}^2)}} \tag{8.18}$$

将表8-6的相关系数代入式(8.18)得

$$r_{y1\cdot 2} = \frac{0.8814 - 0.6023 \times 0.3993}{\sqrt{(1-0.6023^2) \times (1-0.3993^2)}} \approx 0.8757$$

即在年促销费用固定不变时，商店规模大小同年销售额的偏相关系数为0.8757。

自变量x_2和因变量y的偏相关系数记为$r_{y2\cdot 1}$，计算公式如式(8.19)所示。

$$r_{y2\cdot 1} = \frac{r_{y2} - r_{y1}r_{12}}{\sqrt{(1-r_{y1}^2)(1-r_{12}^2)}} \tag{8.19}$$

将表8-6的相关系数代入式(8.19)得

$$r_{y2\cdot 1} = \frac{0.6023 - 0.8814 \times 0.3993}{\sqrt{(1-0.8814^2) \times (1-0.3993^2)}} \approx 0.5781$$

即在商店规模大小固定不变时，年促销费用同年销售额的偏相关系数为0.5781。

从计算结果可见，偏相关系数与简单线性相关系数的正负符号相同，数值不同。偏相关系数是考察两个变量之间的纯相关关系，它排除了其余因素的影响，故而有净相关系数之称。由于社会经济管理问题的复杂性，仅用一个自变量来说明问题往往是不够的。因此，在研究社会经济发展现象时，用多元回归、复相关和偏相关分析，比一元回归和单相关分析更为真实和精确。

8.3 回归模型的统计检验和预测

利用样本数据估计得到的样本回归方程，只是总体回归方程的一个近似估计模型，所估计的回归方程是否确切地反映了变量之间的相互关系还需要进行检验。

8.3.1 模型的拟合优度检验

所谓"拟合优度"，即回归模型对样本数据的近似程度。度量模型拟合优度的指标通常用判定系数R^2，它是建立在对总离差平方和进行分析的基础之上的。

总离差是指因变量的观察值与其样本均值的离差$(y_i - \bar{y})$。总离差可以分解为两部分：一是因变量的估计值与样本均值的离差$(\hat{y}_i - \bar{y})$，称为回归差；二是因变量的观察值与估计值的离差$(y_i - \hat{y}_i)$，即残差。三个离差的关系如式(8.20)所示。

$$y_i - \bar{y} = (y_i - \hat{y}_i) + (\hat{y}_i - \bar{y}) \tag{8.20}$$

式(8.20)中各变量的关系如图8-6所示。

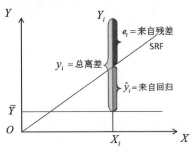

图8-6 总离差分解

可以证明式(8.21)。

$$\sum(y_i - \bar{y})^2 = \sum(\hat{y}_i - \bar{y})^2 + \sum(y_i - \hat{y}_i)^2 \tag{8.21}$$

式中：$\sum(y_i - \bar{y})^2$称为总离差平方和，反映了因变量y(关于均值$\bar{y}$)的总体变化情况，记为SST；$\sum(\hat{y}_i - \bar{y})^2$称为回归平方和，反映了变量$\hat{y}$的总变化情况，即$y$的变化中可以用回归模型来解释的部分，记为SSR；$\sum(y_i - \hat{y}_i)^2$称为残差平方和，反映了回归模型的总拟合误差，即$y$的变化中不能用回归模型来解释的部分，记为SSE。3个平方和的关系为

总离差平方和(SST)=回归平方和(SSR)+残差平方和(SSE)

总离差平方和的分解公式表明，在y的总体变化中，被回归模型解释的部分越多，则模型的拟合误差相对来说就越小。可以用回归平方和占总离差平方和的比重作为衡量模型对样本拟合优度的指标，称为判定系数，记为R^2。则有式(8.22)。

$$R^2 = \frac{\text{SSR}}{\text{SST}} = 1 - \frac{\sum e_i^2}{\sum(y_i - \bar{y})^2} \tag{8.22}$$

显然，$0 \leq R^2 \leq 1$，并且当$R^2 \to 1$时，$\sum e_i^2 \to 0$。因此，R^2的值越接近于1，则表明模型对样本数据的拟合程度越高。

【例8.8】继续例8.4，回答样本回归方程$\hat{y}_i = 20.69 + 10.03x_i$对样本数据的拟合程度。

解：根据题意，求学生人数(x)和季营业额(y)的SST、SSR。具体数据参见表8-7。

表8-7 学生人数和季营业额的拟合优度计算表

饭店	x	y	$\hat{y}$	$(y_i - \bar{y})^2$	$(y_i - \hat{y}_i)^2$
1	1	18	30.72	14 908.41	161.80
2	2	32	40.75	11 685.61	76.56
3	3	60	50.78	6 416.01	85.01
4	5	108	70.84	1 030.41	1 380.87
5	8	80	100.93	3 612.01	438.06

(续表)

饭店	x	y	$\hat{y}$	$(y_i - \bar{y})^2$	$(y_i - \hat{y})^2$
6	12	158	141.05	320.41	287.30
7	20	180	221.29	1 592.01	1 704.86
8	20	220	221.29	6 384.01	1.66
9	22	225	241.35	7 208.01	267.32
10	26	320	281.47	32 364.01	1 484.56
合计		1401		85 520.90	5 888.01
				SST	SSE

根据式(8.21)，求得：

SSR = SST − SSE = 85 520.90 − 5888.01 = 79 632.89

$$R^2 = \frac{SSR}{SST} = \frac{79\,632.89}{85\,520.90} = 0.9311$$

判定系数R^2为93.11%，表明周边饭店季营业额的总变差中有93.11%是由高校学生人数的变化引起的。

8.3.2 模型的显著性检验

所谓模型的显著性检验，就是检验模型对总体的近似程度，即检验因变量y和模型中自变量的线性关系是否显著。通常构造F统计量进行检验，称为F检验。

对多元线性回归模型

$$y_i = \beta_0 + \beta_1 x_{1i} + \beta_2 x_{2i} + \cdots + \beta_k x_{ki} + \varepsilon_i \quad (i = 1, 2, \cdots, n)$$

进行F检验，具体步骤如下。

第一步，提出假设。

$H_0: \beta_1 = \beta_2 = \cdots = \beta_k = 0$；$H_1: \beta_1, \beta_2, \cdots, \beta_k$至少有一个不等于0

第二步，构造检验统计量，如式(8.23)所示。

$$F = \frac{SSR/k}{SSE/(n-k-1)} \sim F(k, n-k-1) \tag{8.23}$$

第三步，确定临界值。根据给定的显著性水平α、分子自由度k和分母自由度$(n-k-1)$，查找F分布表，得到临界值$F_\alpha(k, n-k-1)$。

第四步，进行决策。若$F > F_\alpha(k, n-k-1)$，则拒绝原假设H_0，接受备择假设H_1，即模型的线性关系是显著的；若$F \leq F_\alpha(k, n-k-1)$，则不拒绝原假设$H_0$，即模型的线性关系不显著，方程估计不可靠。

一元线性回归模型进行F检验的步骤与多元线性模型的相同，只需将其中参数k取为1即可。

【例8.9】采用模型的显著性检验，检验例8.5建立的高校学生人数与周边饭店季营业额之间的线性关系是否显著。

解：H_0：线性关系不显著，H_1：线性关系显著检验统计量：

$$F = \frac{\text{MSR}}{\text{MSE}} = \frac{\text{SSR}/1}{\text{SSE}/(n-2)} = \frac{79\,632.89/1}{5888.01/8} = 108.20$$

查F分布表，$\alpha=0.05$，$F_\alpha(1, 8)=5.32$，即$F=108.20>F_{0.05}(1, 8)=5.32$，拒绝$H_0$，这一结果足以使我们认为，例8.5建立的高校学生人数与周边饭店季营业额之间的线性关系是显著的。

8.3.3 解释变量的显著性检验

如果模型通过了F检验，则表明模型中所有解释变量(自变量)对因变量y的"总影响"是显著的，但并不同时意味着模型中的每一个解释变量对y都有重要影响，或者说并不是每个解释变量的单独影响都是显著的。为了使模型更加简单、合理，应该剔除不重要的变量，使模型中只保留有显著影响的变量。因此，有必要对模型中每个解释变量的显著性进行检验。

对于多元线性回归模型，为了检验某个自变量x_i对y是否有显著影响，进行解释变量的显著性检验，具体步骤如下。

第一步，提出假设。

$$H_0: \beta_i = 0;\ H_1: \beta_i \neq 0$$

第二步，构造检验统计量，如式(8.24)所示。

$$t_i = \frac{\hat{\beta}_i}{S(\hat{\beta}_i)} \sim t(n-k-1) \tag{8.24}$$

第三步，确定临界值。根据给定的显著性水平α与自由度$(n-k-1)$，查找t分布表，得到临界值$t_{\alpha/2}(n-k-1)$。

第四步，进行决策。若$|t_i|>t_{\alpha/2}(n-k-1)$，则拒绝原假设$H_0$，接受备择假设$H_1$，即认为$\beta_i$显著不为零，因变量$y$与解释变量$x_i$的线性关系是显著的；若$|t_i|\leqslant t_{\alpha/2}(n-k-1)$，则不拒绝原假设$H_0$，即认为$\beta_i$与0没有显著差异，因变量$y$与解释变量$x_i$的线性关系不显著。

一元线性回归模型进行t检验的步骤与多元线性模型的相同，只需将其中参数k取为1即可。

【例8.10】采用解释变量的显著性检验，检验例8.5建立的高校学生人数与周边饭店季营业额之间的线性关系是否显著。

解：$H_0:\beta_1=0$，$H_1:\beta_1\neq 0$

检验统计量：

$$t = \frac{\hat{\beta}_1}{S(\hat{\beta}_1)} = \frac{10.03}{0.9647} = 10.40$$

查t分布表，$\alpha=0.05$，$t_{\alpha/2}(n-2)=t_{\alpha/2}(8)=2.31$，即$t=10.40>t_{0.025}(8)=2.31$，拒绝$H_0$，$\beta_1$显著不等于零。

因此，可以认为：高校学生人数与周边饭店季营业额之间的线性关系是显著的。

在实际中，我们可以直接利用Excel进行计算，便捷地得出结论。例8.1中回归图的Excel处理，见第11章的例11.14；例8.2至例8.6与例8.8至例8.10中计算的Excel处理，见第11

章的例11.16，计算结果如图11-41所示。从图11-41的数据中能够方便地获得上述各题的结论。当然，这些数据处理也可以直接用R语言来实现。本书在第12章中亦基于例8.1的数据进行了回归分析与检验，并实现了线性回归拟合图的绘制，见第12章的图12-15。

注意：在一元线性回归分析中，回归系数的显著性检验与回归模型的显著性检验是等价的，因此t检验和F检验的结论是一致的。但在多元回归分析中，它们是不等价的，t检验只检验方程中各个系数的显著性，而F检验则检验的是整个方程的显著性。

8.3.4 预测

回归分析的目的之一是对因变量进行合理预测。如果所建立的模型通过了各项检验，并且也有实际意义，就可以用估计的回归方程对因变量进行预测，即通过自变量的取值来估计因变量y的取值。预测分为点预测和区间预测。

1. 点预测

点预测的方法就是将自变量的数值代入估计的回归方程中计算出因变量的预测值。

对一元线性回归方程：

$$\hat{y}_i = \hat{\beta}_0 + \hat{\beta}_1 x_i$$

若给定自变量数值x_f，则因变量y的点预测值为

$$\hat{y}_f = \hat{\beta}_0 + \hat{\beta}_1 x_f$$

多元线性回归方程$\hat{y}_i = \hat{\beta}_0 + \hat{\beta}_1 x_{1i} + \hat{\beta}_2 x_{2i} + \cdots + \hat{\beta}_k x_{ki}$，$(i = 1, 2, \cdots, n)$，可表述为$\hat{y}_i = X_i' \hat{B}$，其中，$X_i = \begin{pmatrix} 1 \\ x_{1i} \\ \vdots \\ x_{ki} \end{pmatrix}$，$X_i' = (1, x_{1i}, \cdots, x_{ki})$，$\hat{B} = \begin{pmatrix} \hat{\beta}_0 \\ \hat{\beta}_1 \\ \vdots \\ \hat{\beta}_k \end{pmatrix}$。则对预测期$f$，给定自变量$X_f$水平下的因变量的点估计值为$\hat{y}_f = X_f' \hat{B}$。

因变量的估计值$\hat{y}_f$，既可看作是给定自变量水平下因变量期望值的估计值，也可看作是个别值的估计值。

2. 区间预测

利用估计的回归方程，对于自变量的特定值，求出因变量y的一个估计值的区间就是区间估计。区间估计也有两种类型：一是置信区间估计，它是对自变量的一个给定值，求出y的平均值的估计区间，这一估计区间称为置信区间；二是预测区间估计，它是对自变量的一个给定值，求出y的某个别值的估计区间，这一区间称为预测区间。

1) y的期望值的置信区间估计

仍以一元线性回归方程为例，设x_f为自变量x的一个给定值；$E(y_f)$为对于给定的x_f，因变量y的期望值。由点预测可知，当$x = x_f$时，$\hat{y}_f = \hat{\beta}_0 + \hat{\beta}_1 x_f$为$E(y_f)$的估计值。

但点预测值$\hat{y}_f$不一定精确等于$E(y_f)$，为此需要对$E(y_f)$可能的置信区间做出预测。对于给定的x_f，$E(y_f)$在$(1-\alpha)$的置信水平下的置信区间可表示为式(8.25)。

$$\hat{y}_f \pm t_{\alpha/2}(n-2)\sqrt{\hat{\sigma}^2\left(\frac{1}{n}+\frac{(x_f-\bar{x})^2}{\sum_{i=1}^{n}(x_i-\bar{x})^2}\right)} \tag{8.25}$$

对于有k个自变量的多元线性回归方程$\hat{y}_i = X'_i\hat{B}$，对于给定的X_f，$E(y_f)$在$(1-\alpha)$的置信水平下的置信区间可表示为

$$\hat{y}_f \pm t_{\alpha/2}(n-k-1)\hat{\sigma}\sqrt{X'_f(X'X)^{-1}X_f}$$

对于中心化变量，$E(y_f)$在$(1-\alpha)$的置信水平下的置信区间可表示为

$$\hat{y}_f \pm t_{\alpha/2}(n-k-1)\hat{\sigma}\sqrt{\frac{1}{n}+\dot{X}'_f(\dot{X}'\dot{X})^{-1}\dot{X}_f}$$

其中，

$$\dot{X}_f = \begin{pmatrix} x_{1f}-\bar{x}_1 \\ x_{2f}-\bar{x}_2 \\ \vdots \\ x_{kf}-\bar{x}_k \end{pmatrix}$$

2) y的个别值的预测区间估计

点预测值$\hat{y}_f$不一定等于真实值y_f，因此，还需要对真实值y_f可能的置信区间做出预测。真实值y_f的置信水平为$(1-\alpha)$的预测区间为式(8.26)。

$$\hat{y}_f \pm t_{\alpha/2}(n-2)\sqrt{\hat{\sigma}^2\left(1+\frac{1}{n}+\frac{(x_f-\bar{x})^2}{\sum_{i=1}^{n}(x_i-\bar{x})^2}\right)} \tag{8.26}$$

对于给定的显著性水平α，样本容量n越大，x_f越靠近$\bar{x}$，则预测区间长度就越短，此时的预测精度就越高。所以，为了提高预测精度，样本容量n应越大越好，所给定的x_f不能偏离$\bar{x}$太远。当$x_f = \bar{x}$时，预测精度最高；当x_f偏离$\bar{x}$太远时，预测效果就很差。

【例8.11】根据例8.5已求得高校学生人数与周边饭店季营业额之间的样本回归方程为$\hat{y}_i = 20.69 + 10.03x_i$，且$\hat{\sigma}^2 = 736.00$。取置信水平为95%，$t_{\alpha/2}(n-2) = t_{0.025}(10-2) = 2.31$，求当高校学生人数$x_f = 25$万人时，周边饭店季营业额的预测区间估计。

解：将$x_f = 25$万人代入已知回归方程得

$\hat{y}_i = 20.69 + 10.03x_i = 20.69 + 10.03 \times 25 = 271.44$(万元)

根据式(8.25)，$E(y_f)$的置信区间为

$271.44 \pm 2.31 \times \sqrt{736.00 \times [\frac{1}{10}+\frac{(25-11.9)^2}{790.90}]} = 271.44 \pm 35.28$

即236.16(万元)$\leqslant E(y_f) \leqslant 306.72$(万元)。也就是说，当高校学生人数为25万人时，周边饭店季营业额的平均值在236.16万元和306.72万元之间。

根据式(8.26)，周边饭店季营业额y_f在95%置信水平下的预测区间为

$271.44 \pm 2.31 \times \sqrt{736.00 \times [1+\frac{1}{10}+\frac{(25-11.9)^2}{790.90}]} = 271.44 \pm 71.97$

即199.47(万元)$\leqslant y_f \leqslant 343.41$(万元)。也就是说，当高校学生人数为25万人时，周边饭店季营业额的预测区间在199.47万元和343.41万元之间。

两个区间的宽度不太一样，y的个别值的预测区间要宽一些。二者的差别表明，估计y的平均值比预测y的某个特定值或个别值更精确。同样，当$x_f = \bar{x}$时，预测区间也是最精确的。

对于有k个自变量的多元线性回归方程$\hat{y}_i = X'_i \hat{B}$，对于给定的x_f，y_f在$(1-a)$的置信水平下的置信区间可表示为

$$\hat{y}_f \pm t_{\alpha/2}(n-k-1)\hat{\sigma}\sqrt{1 + X'_f(X'X)^{-1}X_f}$$

对于中心化变量，y_f在$(1-a)$的置信水平下的置信区间可表示为

$$\hat{y}_f \pm t_{\alpha/2}(n-k-1)\hat{\sigma}\sqrt{1 + \frac{1}{n} + \dot{X}'_f(\dot{X}'\dot{X})^{-1}\dot{X}_f}$$

关于显著性检验解释应注意以下几点。

在进行变量显著性检验时，若拒绝零假设$H_0：\beta_1=0$，并且做出变量x和y之间存在显著性关系的结论，并不意味着我们能做出变量x和y之间存在一个因果关系的结论。只有当分析人员有着理论上的充分证据，能够证明变量间确实存在因果关系时，我们才能认为变量间存在这样一个因果关系的结论是合理的。在高校学生人数与周边饭店季营业额中，利用例8.4和表8-1的数据，做出高校学生人数x与周边饭店季营业额y之间存在着一个显著关系的结论，而且估计的回归方程$\hat{y}_i = 20.69 + 10.03x_i$给出了这一显著关系的最小二乘估计结果。但是我们不能断定就是高校学生人数x的变化引起了周边饭店季营业额y的变化，因为我们只不过识别了一个统计上显著的关系。这样一个因果关系结论的合理性，一方面要从理论上给予证实，另一方面要依靠分析人员出色的判断能力。

另外，我们只不过是拒绝了$H_0：\beta_1=0$，以及证实了变量x和y之间存在统计显著性关系，这并不能让我们做出变量x和y之间存在线性关系的结论。我们仅仅能说明在x的样本观测值范围以内x和y是相关的，而且这个线性关系只是解释了y的变化趋势的显著部分，无法判定在样本观测值范围以外的x和y之间也是线性关系。

已知变量x和y之间存在一个显著的关系，利用估计的回归方程，对于x的样本观测值范围以内的x值进行预测，我们认为是完全有把握的。除非有理由相信，超出这个范围模型仍是适用的，在一般情形下，在自变量x的取值范围以外进行预测应十分小心谨慎。

需要强调的是，回归分析能用来识别变量间是如何相互联系的，但不能用来作为变量间存在一个因果关系的根据。

8.4 回归模型的稳健性检验

在回归分析中，模型的稳健性检验是确保模型结果具有可信性和广泛适用性的关键步骤。在前期分析中，我们通过选择合适的变量和构建回归模型初步探索了变量间的关系，但这些结果仅仅是建立在特定假设条件下的。因此，为了更好地理解模型在不同情境下的表现，避免模型因违背假设而产生偏差，稳健性检验显得尤为重要。这一过程不仅帮助我们验证模型的合理性，也为进一步的政策建议或决策提供更加可靠的依据，我们将在本节中进一步了解有关回归模型常见的稳健性检验方法。考虑到在Excel中对稳健性检验的实践

操作较为困难，因此关于本节的习题我们将在本书的第12章内容中使用R语言进行实践操作。鉴于本书阐述重点与篇幅所限，对回归模型稳健性检验，读者可进一步参阅计量经济学教材与课程进行深入学习。

8.4.1 回归模型的多重共线性检验

1. 多重共线性的定义

多重共线性是指在回归模型中，两个或多个自变量之间存在高度相关性，导致它们之间的线性关系变得非常接近甚至完全相关。也就是说，某个自变量可以通过其他一个或多个自变量的线性组合近似预测。由于回归分析的假设之一是自变量之间相互独立，因此多重共线性会违反这一假设，影响模型的估计结果。这种关系导致自变量之间存在高度的线性相关性，从而影响回归系数的稳定性和解释能力。

2. 多重共线性对线性回归的影响

多重共线性会对线性回归模型的结果产生一定的影响，具体而言有以下几个方面。

(1) 回归系数不稳定。多重共线性会导致回归系数的估计变得非常敏感，模型中的某个变量稍有变化，回归系数的估计结果可能会大幅波动。即使总体模型的拟合效果较好，单个自变量的回归系数可能无法被准确估计。

(2) 标准误差增大。多重共线性导致回归系数的标准误差增大，进而使得t检验的统计量变小，影响显著性检验的结果。这意味着某些重要的自变量可能无法通过显著性检验，导致我们误以为它们对因变量没有显著影响。

(3) 模型解释力减弱。多重共线性存在时，自变量的解释能力会被稀释，难以准确判断哪些变量对因变量有真正的影响。

3. 常见的检验自变量多重共线性方法

为了检查自变量之间是否存在多重共线性，我们通常可以采用以下几种方法进行检测。

(1) 方差膨胀因子(VIF)。VIF是最常用的检验多重共线性的方法。VIF可以衡量某个自变量与其他自变量的线性相关性。如果某个自变量的VIF大于10，通常认为该变量存在严重的多重共线性。作为最常见的多重共线性检测方式，方差膨胀因子检测将在本书第12章中使用R语言实现。

(2) 特征值分解。通过计算自变量的特征值和条件指数，判断多重共线性的严重程度。如果条件指数超过30，说明可能存在严重的多重共线性。

(3) 相关系数矩阵。检查自变量之间的相关系数矩阵，如果发现自变量之间存在较高的相关系数，这表明可能存在多重共线性。

(4) 回归系数和标准误差变化。如果在加入或移除某些变量后，回归系数发生了较大变化，也可能暗示存在多重共线性。

4. 缓解线性回归中多重共线性的方法

为了避免或减少多重共线性对回归模型的影响，我们一般可以采用以下几种方法。

(1) 删除高共线性变量。如果某些自变量之间的相关性非常高，可以考虑删除其中一个或多个变量，从而减少多重共线性。删除高共线性变量的操作将在本书第12章中通过使用R语言的向前回归与向后回归的方式实现。

(2) 标准化或中心化变量。对自变量进行标准化或中心化处理可以减少共线性的影响，尤其是在多项式回归或交互项的情况下。

(3) 主成分回归(PCA)。通过主成分分析将高度相关的变量转化为一组新的、不相关的变量，从而消除多重共线性问题。

(4) 岭回归(ridge regression)。岭回归在损失函数中加入正则化项，可以有效减少回归系数的波动，缓解多重共线性对模型的影响。

(5) 增加样本量。增加样本量可以减轻多重共线性对模型估计的不利影响。在样本量较小的情况下，多重共线性的影响会更加明显。

8.4.2 回归模型的异方差检验

1. 异方差的定义

在回归分析中，异方差(heteroscedasticity)是指回归模型残差的方差并不是恒定的，而是随着解释变量的变化而变化的。在经典线性回归模型的假设下，我们假定误差项具有恒定方差(即同方差性，homoscedasticity)，这一假设被称为"等方差性"。当这一假设不成立，误差项的方差随解释变量的不同而发生变化时，就产生了异方差。

在回归模型的残差图中，理想情况下残差应该均匀分布且没有明显的模式。然而，当出现异方差时，残差可能会随着某个解释变量的值增大或减小，呈现出某种特定的模式，比如漏斗形或者其他有规律的图形。

2. 异方差对线性回归的影响

异方差会对线性回归模型的有效性和准确性产生负面影响，主要体现在以下几个方面。

(1) 标准误差的估计不准确。异方差会导致OLS(最小二乘法)估计量的标准误差不再是无偏的，因此由此计算的t统计量、F统计量等检验结果会失效，从而影响对假设检验的准确性。

(2) 模型不再是最优的。在存在异方差的情况下，OLS估计量虽然仍然是无偏的，但它不再具有最小方差的性质，即不再是"最佳线性无偏估计"。这意味着OLS估计量的效率下降。

(3) 预测区间和置信区间可能不准确。由于标准误差的估计受到了影响，因此模型给出的预测区间和置信区间可能不再是准确的，导致决策上的错误。

3. 异方差的检验方法

为了检测模型中是否存在异方差，我们常用的方法包括以下几种。

(1) 残差图法。最简单的方法是绘制回归残差图。通常，我们会绘制残差对预测值(或某个解释变量)的散点图。如果残差呈现出一种模式(如漏斗形)，则可能存在异方差。

(2) Breusch-Pagan检验。Breusch-Pagan检验是一种常用的异方差检验方法。它的基本思想是将残差的平方回归到解释变量上，如果残差的方差与解释变量有关联，则表明存在异方差。

(3) White检验。White检验是一种更为通用的异方差检验方法，不需要对异方差的具体形式做出假设。它通过对残差的平方项和交叉项进行回归分析，来检测是否存在异方差。

(4) Goldfeld-Quandt检验。Goldfeld-Quandt检验是一种专门用于检测异方差的检验方法，特别适用于将数据分成两部分并比较方差是否不同的情况。

4. 缓解线性回归中异方差的方法

针对异方差的问题，可以采取以下几种措施来进行处理或修正。

(1) 使用加权最小二乘法。加权最小二乘法是OLS的一种推广，它通过对不同的观测值赋予不同的权重，从而处理异方差。在加权最小二乘法中，较小方差的观测值被赋予较大的权重，而较大方差的观测值则被赋予较小的权重。

(2) 使用稳健标准误差。稳健标准误差(也称为异方差稳健标准误差)是一种调整OLS标准误差的方法，即使存在异方差，稳健标准误差仍然可以给出可靠的假设检验结果。常用的稳健标准误差方法包括Huber-White稳健标准误差。

(3) 使用广义最小二乘法。广义最小二乘法是一种更为一般的估计方法，它考虑到了误差项的异方差结构，并在估计中进行调整，从而提高估计量的效率。

8.4.3 回归模型的自相关检验

在计量经济学中，线性回归模型是最常用的分析工具之一。然而，在处理时间序列数据或有序的横截面数据时，残差可能表现出自相关性(autocorrelation)，这会对模型的估计和推断产生不利影响。因此，理解和检验回归模型中的自相关性是非常重要的。

1. 自相关的定义

自相关，也称为序列相关，是指一个变量自身在不同时间点上的取值之间存在相关性。在回归分析中，残差项的自相关意味着一个观测值的残差与前一观测值的残差之间存在系统性关联。换句话说，当前残差并不是独立的，而是与过去的残差相关联。

在经典的线性回归模型中，有一个关键假设是误差项是相互独立，当这个假设被违反时，可能会出现自相关。

例如，在时间序列数据中，自相关通常表现为残差的某种"延续性"模式，即如果前一个时期的残差是正的，那么下一个时期的残差也很可能是正的，反之亦然。这种现象可能源于某些未被模型捕捉的时间序列趋势或季节性因素。

2. 自相关对线性回归的影响

如果在回归模型中的残差存在自相关现象，那么回归模型的估计结果可能会受到以下几种影响。

(1) OLS估计量不再是最优的。虽然OLS估计量仍然是无偏的，但由于误差项的方差结构被破坏，OLS估计量不再具有最小方差。因此，最小二乘估计不再是最佳线性无偏估计量。

(2) 标准误差估计失真。自相关导致OLS估计的标准误差被低估或高估，从而影响显著性检验的结果。通常情况下，这会使得t统计量、F统计量等显著性检验不再可靠，容易产生虚假的显著性结论。

(3) 影响预测精度。如果残差的自相关没有被修正，模型的预测精度会受到影响。特别是在时间序列数据中，自相关可能导致预测的系统性偏差。

总体而言，自相关会降低模型的估计效率，并增加错误推断的风险。因此，检测并修正自相关性对确保回归模型的可靠性至关重要。

3. 自相关的检测方法

为了检测回归模型中的自相关性，可以使用以下几种方法。

(1) 图形方法。该方法可以绘制残差的时间序列图或滞后残差图。如果残差图显示出某种规律性波动(如周期性或趋势性)，则表明可能存在自相关。

(2) Durbin-Watson检验。这是检测自相关性最常用的统计检验方法之一。该检验的原假设是没有一阶自相关。Durbin-Watson统计量的取值范围为0～4，值为2表示没有自相关，值接近0表示正自相关，值接近4表示负自相关。值得注意的是，该检验对一阶自相关最为敏感。

(3) Ljung-Box Q检验。该检验可以用于检测高阶自相关性(即残差项与多期滞后的残差相关)。Ljung-Box检验的原假设是残差之间不存在高阶自相关性。如果Q统计量显著，则表明存在自相关。

(4) Breusch-Godfrey LM检验。该检验比Durbin-Watson检验更为灵活，能够检测多阶滞后自相关。它通过对残差回归进行广义的拉格朗日乘数检验来确定自相关的存在。

4. 缓解线性回归中多重共线性的方法

如果在回归模型中检测到了自相关性，可以通过以下方法来修正和避免。

(1) 引入滞后变量。在时间序列回归模型中，加入滞后变量可以有效减少残差中的自相关性。如果模型遗漏了某些滞后的影响，残差往往会表现出自相关性。通过在模型中加入这些滞后变量，可以缓解自相关。

(2) 使用自回归条件异方差(ARCH)模型或广义自回归条件异方差(GARCH)模型。这些模型广泛使用在金融时间序列等高度自相关的数据环境中，这类模型通过引入时间序列的条件方差来建模，可以有效处理自相关。

(3) 使用广义差分模型。对于动态面板数据模型，可以通过对变量取差分来消除数据中的序列相关性。这种方法通过将数据转换为一阶差分的形式，消除了可能导致自相关的时间趋势或季节性波动。

(4) 使用广义最小二乘法(GLS)。当自相关已经存在时，可以使用广义最小二乘法来修正。GLS通过对残差的自相关性进行调整，使得估计量重新具备最优性。另一种常用的变体是Cochrane-Orcutt方法，它是一种针对自相关的两阶段估计方法。

(5) 重新调整模型的结构。有时自相关是由于模型的设定不正确引起的。这种情况下，可能需要通过重新构建模型、考虑非线性关系、添加交互项或其他变量来修正自相关问题。

8.4.4 其他模型设定与数据问题

在多元线性回归分析中,除多重共线性、异方差和自相关外,还有以下几个常见的典型问题。

1. 模型拟合不当

模型拟合不当是指回归模型中遗漏了重要的解释变量,或者包含了不相关的变量。模型错设可能会导致回归系数估计偏差和错误推断。两种常见的模型错设问题是遗漏变量与包含不相关变量。

遗漏变量偏差(omitted variable bias):如果遗漏的变量与被解释变量及其他解释变量相关联,模型中的回归系数可能会有偏差。

误包含变量(irrelevant variables):如果模型中包含了不相关的解释变量,会增加模型的复杂性,降低估计效率。

2. 解释变量间的交互作用

当两个或多个解释变量之间存在交互作用时,简单的线性模型无法捕捉这种复杂关系。交互作用意味着一个解释变量对因变量的影响可能会因为另一个解释变量的取值而改变。我们可以通过加入交互项来处理这个问题。

3. 异质性问题

如果样本中的不同组(如不同地区、行业、性别与产权性质等)表现出不同的回归关系,简单地将它们一起建模可能会导致错误的推断。我们可以通过分组回归或引入虚拟变量来捕捉这种异质性。

4. 内生性问题

内生性问题是指解释变量与误差项之间存在相关性,导致OLS估计量有偏和不一致。常见的原因包括遗漏变量、测量误差和反向因果关系。解决内生性问题的最为常用的计量方法包括工具变量法和两阶段最小二乘法。

5. 缺失数据问题

当某些观测数据存在缺失时,直接进行回归分析可能导致样本减少和估计偏差。缺失数据可以通过插补法、删除缺失值或使用专门的缺失数据处理技术,如最大似然估计法来应对。

6. 异常值

异常值可能会对回归分析结果产生重大影响,导致模型不稳健。这些点会改变回归系数的方向和大小,需要通过剔除异常值、诊断图、稳健回归技术来识别和处理这些问题。

7. 非线性关系模型

多元线性回归假设解释变量和被解释变量之间是线性关系。然而,在实际问题中,解释变量与被解释变量的关系可能是非线性的。如果忽视了这种非线性关系,模型的拟合效果会大打折扣,可以通过非线性回归、添加多项式项或者进行变量变换来解决。有关于非线性关系的模型,本书将在接下来的8.5节的非线性关系模型中展开讨论。

8.5 非线性回归分析

在现实中,客观现象变量之间的关系是复杂的,直接表现为线性关系的情况并不多见,而是经常要碰到变量之间的关系呈曲线形的情形。但是,大部分非线性关系又可以通过一些简单的数学处理,使之简化为数学上的线性关系,从而可以运用线性回归的方法进行回归分析。

8.5.1 双曲线

若变量x随y而增加,最初增加很快,以后逐渐减慢并趋于稳定,则可以选用双曲线。其方程如式(8.27)所示。

$$y = \alpha + \beta \frac{1}{x} \tag{8.27}$$

例如,商品的需求量和商品自身的价格之间的相关关系,就可选用双曲线函数来描述,如图8-7所示。

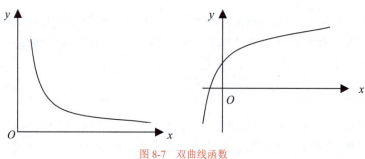

图 8-7 双曲线函数

线性化方法:令$x' = \dfrac{1}{x}$,则有$y = \alpha + \beta x'$。

8.5.2 幂函数曲线

若变量x与y都接近等比变化,即其环比分别接近一个常数,可拟合幂函数曲线。如著名的"反映所购买的一种商品的均衡数量与消费者收入水平之间的关系"的恩格尔曲线,以x表示收入水平,以y表示商品(生活必需品,并假定商品价格不变)需求量,其方程如式(8.28)所示。

$$y = \alpha x^{\beta} \tag{8.28}$$

式(8.28)中,α和β均为参数。由公式(8.28)可知,随着消费者收入的上升,其对商品的需求量总体是上升的。若以收入水平x为横坐标,以商品需求量y为纵坐标,则在x、y的坐标系中，可画得如图8-8所示的恩格尔曲线。

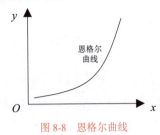

图8-8　恩格尔曲线

如描述税收与税率关系的拉弗曲线，其方程如式(8.29)所示。

$$y = \beta_0 + \beta_1 x_1 + \beta_2 x_1^2 \tag{8.29}$$

其中，y表示税收；x表示税率；β_0、β_1和β_2为参数，且$\beta_2<0$。拉弗曲线方程表明，税收并不是随着税率的增高而增高的，当税率高过一定点后，税收的总额不仅不会增加，反而还会减少，如图8-9所示。

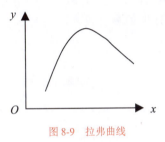

图8-9　拉弗曲线

线性化方法：令$x_2 = x_1^2$，则二次方程可转换为

$$y = \beta_0 + \beta_1 x_1 + \beta_2 x_2$$

对数曲线的方程如式(8.30)所示。

$$y = \alpha + \beta \lg x \tag{8.30}$$

y、x的轨迹如图8-10所示。

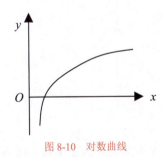

图8-10　对数曲线

线性化方法：令$x' = \lg x$，则方程变换为$y = \alpha + \beta x'$。

本章小结

相关分析就是研究两个或两个以上变量之间相关程度大小及用一定函数来表达现象相互关系的方法。相关关系是两个现象数值变化不完全确定的随机关系，是一种不完全确定的依存关系。相关关系是相关分析的研究对象。其目的是对客观现象之间关系的密切程度和变化规律性做出定量分析。

进行相关分析需要确定现象之间有无关系和相关关系形式，确定相关关系的密切程度、计算相关系数并进行相应的检验。

回归分析是对具有相关关系的两个或两个以上变量之间数量变化的一般关系进行测定，确定一个相应的数学表达式，以便从一个已知量来推测另一个未知量，为估计预测提供一个重要的方法。具体做法是从一组数据出发，分析所得数据，用配合直线或曲线来描述变量之间相互关系的形状，求出配合直线或曲线的经验公式，即回归方程。利用回归方程对变量进行估计或预测，并估算误差范围和可靠程度。应用回归预测时应注意：相关分析和回归分析的联系和区别，正确地把它们结合起来；正确理解相关和回归分析中各种测定方法的意义和解释计算的结果；选择恰当的回归方程，避免方程形式的错误识别；避免多重共线性，即避免自变量之间的高度相关；将定性分析与定量分析结合起来，不能轻易地把统计上的相关关系都解释为因果关系；数据资料的准确性、可比性和独立性，以及数据的平稳性问题；回归模型用于外推预测要谨慎。

练习题

一、思考题

1. 什么是相关关系？相关系数如何计算，它有哪些特点？
2. 为什么要把相关分析与回归分析结合在一起使用？
3. 什么是回归分析？回归分析主要解决哪些问题？
4. 回归方程 $\hat{\beta}_0$、$\hat{\beta}_1$ 的数学意义和经济意义是什么？请举例说明。
5. 回归估计标准差如何计算？它的取值大小各说明什么问题？如何根据 $\hat{\sigma}^2$ 进行区间估计？
6. 应用回归预测时应注意哪些问题？

二、选择题

1. 相关关系是(   )。
   A. 函数关系
   B. 因果关系
   C. 现象之间客观存在的，关系数值是固定的依存关系
   D. 现象之间客观存在的，关系数值是不固定的依存关系

2. 判定现象之间相关关系密切程度的主要方法是(   )。
   A. 对客观现象做定性分析　　　　　B. 编制相关表
   C. 绘制相关图　　　　　　　　　　D. 计算相关系数

3. 现象之间相互依存关系的程度越低，则相关系数(   )。
   A. 越接近于0　　　　　　　　　　 B. 越接近于1
   C. 越接近于-1　　　　　　　　　　D. 等于0

4. 在计算相关系数时，要求相关的两个变量(　　)。

　　A. 都是随机变量　　　　　　　　B. 都不是随机变量

　　C. 其中因变量是随机变量　　　　D. 其中自变量是随机变量

5. 下列相关现象中，(　　)是负相关的。

　　A. 商品流转的规模愈大，流通费用水平则愈低

　　B. 产量增加，则产品成本随之降低

　　C. 家庭的消费支出随工资收入的增加而增加

　　D. 商品产品成本越高，则利润越低

6. 在回归直线方程 $\hat{y}_i = \hat{\beta}_0 + \hat{\beta}_1 x_i$ 中，$\hat{\beta}_1$ 表示(　　)。

　　A. 当 x 增加一个单位时，y 增加 $\hat{\beta}_1$ 的数量

　　B. 当 y 增加一个单位时，x 增加 $\hat{\beta}_1$ 的数量

　　C. 当 x 增加一个单位时，y 平均增加 $\hat{\beta}_1$ 的数量

　　D. 当 y 增加一个单位时，x 的平均增加值

7. 在直线回归方程中，(　　)。

　　A. 两个变量中须确定自变量和因变量

　　B. 一个回归方程只能做一种推算

　　C. 回归系数只能取正值

　　D. 要求两个变量都是随机的

　　E. 要求因变量是随机的，而自变量是给定的数值

8. 对模型 $y_i = \beta_0 + \beta_1 x_{1i} + \beta_2 x_{2i} + \varepsilon_i (i=1, 2, \cdots, n)$ 进行总体显著性检验，如果检验结果总体线性关系显著，则有(　　)。

　　A. $\beta_1 = \beta_2 = 0$　　　　　　　　B. $\beta_1 \neq 0$，$\beta_2 = 0$

　　C. $\beta_1 = 0$，$\beta_2 \neq 0$　　　　　　　　D. $\beta_1 \neq 0$，$\beta_2 \neq 0$

　　E. $\beta_1 = \beta_2 \neq 0$

9. 回归估计标准差是用于(　　)。

　　A. 度量一组观察值与平均数的离差

　　B. 度量观察值围绕回归直线的变化程度或分散程度

　　C. 衡量回归方程推算结果是否可靠的分析指标

　　D. 衡量平均数推算结果是否可靠的分析指标

10. 假定实际观察值围绕回归直线服从正态分布，利用36组样本数据，求得平均销售额为1000万元，回归估计标准差为50万元。下期销售额的预测值为1000万元，则(　　)。

　　A. 下期实际销售额将落在900万元～1100万元的区间的可能性为95%

　　B. 下期实际销售额将落在902万元～1098万元的区间的可能性为95%

　　C. 下期实际销售额将落在983万元～1017万元的区间的可能性为95%

　　D. 下期实际销售额将落在897万元～1103万元的区间的可能性为95%

三、计算题

1. 某县城研究居民月家庭人均生活费支出和月家庭收入的相关关系，随机抽查10户进行调查，其结果如表8-8所示。

表8-8　随机抽查10户居民月人均生活费和月人均收入

单位：元

月人均生活费	850	880	900	940	960	1000	1060	1180	1200	1240
月人均收入	1000	1100	1200	1300	1400	1500	1600	1700	1800	1900

利用表8-8中资料，要求：
(1) 绘制散点图；
(2) 计算相关系数，并检验($\alpha=0.05$)；
(3) 估计当月人均收入为2000元时，其人均生活费应为多少元？
(4) 求估计的标准差，当概率为98.45%、x为2000时y的估计区间。

2. 已知某集团公司所属的10个企业的生产性固定资产价值和总产值的资料如表8-9所示。

表8-9　10个企业的生产性固定资产价值和总产值

单位：万元

企业编号	生产性固定资产价值	总产值	企业编号	生产性固定资产价值	总产值
1	318	524	6	502	928
2	910	1019	7	314	605
3	200	638	8	1210	1516
4	409	815	9	1022	1219
5	415	913	10	1225	1624

根据上述资料，要求：
(1) 求总产值对生产性固定资产价值的回归方程，并解释回归系数$\hat{\beta}_1$的经济含义；
(2) 求相关系数，并说明生产性固定资产价值与总产值之间的相关等级。

3. 开盛运输公司的业务遍及全国各地的货物运送。为了制订最佳的工作计划表，公司的管理人员希望估计公司司机每天行驶的时间。为此记录了有关数据，如表8-10所示。

表8-10　运输公司的运输任务及其相关行使数据

运输任务	行驶距离/千米	运送货物次数/次	行驶时间/小时	运输任务	行驶距离/千米	运送货物次数/次	行驶时间/小时
1	100	4	9.3	6	80	2	6.2
2	50	3	4.8	7	75	3	7.4
3	100	4	8.9	8	65	4	6.0
4	100	2	6.5	9	90	3	7.6
5	50	2	4.2	10	90	2	6.1

根据上述资料，要求：
(1) 司机每天行驶的时间与每天运送货物行驶距离之间的回归分析；
(2) 司机每天行驶的时间与每天运送货物行驶距离、运送货物次数之间的回归分析；
(3) 请解释回归系数的含义；

(4) 请对两个估计的回归方程之间的关系做出一些解释。

4. 某企业希望确定其广告费x与销售收入y之间的关系，以制订营销计划。使用Excel回归分析工具计算得到的结果如图8-11所示。

回归统计						
相关系数	0.982 833 44					
判定系数	0.965 961 57					
修正判定系数	0.960 288 5					
标准误差	1.921 577 56					
观测值	8					
方差分析						
	df	SS	MS	F	F统计量的显著性水平	
回归分析	1	628.720 2	628.720 2	170.271 359	1.248 5E-05	
残差	6	22.154 76	3.692 46			
总计	7	650.875				
	系数	标准误差	t统计量值	P值	Lower95%	Upper95%
截距	5.714 285 71	1.497 281	3.816 441	0.008 797 16	2.050 570 678	9.378 000 751
变量X	3.869 047 62	0.296 506	13.04 881	1.248 5E-05	3.143 523 931	4.594 571 307

图 8-11　使用 Excel 回归分析工具计算的结果

要求：
(1) 写出广告费与销售收入的回归方程；
(2) 给出$\hat{\beta}_0$与$\hat{\beta}_1$置信度为95%的区间估计；
(3) 指出广告费与销售收入的判定系数；
(4) 指出回归标准误差；
(5) 判定广告费与销售收入的线性相关程度，并说明理由。

5. 将12名公司职员大学本科的学习成绩平均数与其管理训练考试分数进行比较，并将其结果列在表8-11中。

表8-11　公司职员大学本科的考试分数和成绩平均数

考试分数y	76	89	83	79	91	95	82	69	66	75	80	88
成绩平均数x	2.2	2.4	3.1	2.5	3.5	3.6	2.5	2.0	2.2	2.6	2.7	3.3

(1) 请确定y对x的回归方程。
(2) 求实际值与估计值误差的平方和。

四、案例分析题

成本估计是回归分析在会计学上的一个重要应用。某企业会计师为了估计某个范围某产品产量相联系的生产成本，收集了该企业一年来各月的该产品产量与总成本数据，如表8-12所示。

表8-12 某企业一年内各月的产品产量和总成本

月份	产量/件	总成本/元	月份	产量/件	总成本/元
1	2 000	176 000	7	4 000	314 000
2	3 000	246 000	8	4 000	31 0000
3	4 000	324 000	9	5 000	375 000
4	3 000	249 000	10	3 000	243 000
5	4 000	316 000	11	4 000	318 000
6	5 000	370 000	12	5 000	375 000

企业的生产计划进度表表明，次年1月必须生产3000件产品。次年1月按计划完成生产任务，其财务报表显示，实际生产成本是270 000元。

要求：

(1) 对这些数据做出数值的和图示的概述；

(2) 利用回归分析研究该产品产量与生产成本之间的关系。在此，至少给出生产每件产品的可变成本，与总成本中的变异能被产量解释的百分比；

(3) 你对次年1月发生这样高的总成本担忧吗？请加以讨论。

第 9 章

时间序列分析

【案例】我国自改革开放以来，尤其是加入世界贸易组织(WTO)以后，是典型的靠出口拉动经济增长的国家。2008年美国金融危机引发的世界金融危机与近年的中美贸易摩擦对我国贸易的影响，备受人们关注。若想了解我国出口规模的变化情况，可从中国统计年鉴或国家统计局网站中查找到历年出口总额资料并绘制成相应图表。图9-1是中国1990—2023年的历年出口总额，它直观地显示了我国出口总额的变化过程。从图中可了解1990年以来我国历年出口总额的走势，从2006年开始出口总额接近1兆美元，受2008年美国金融危机的影响，2009年出口总额相比2008年大幅下降，但经过了2009年中国对外贸易发展的困难年，随着世界经济复苏与国内各项稳外需的政策效应，我国出口规模延续了恢复性增长态势，但随着经济结构深度调整等多因素叠加，2015年、2016年和2023年出口总额比上年再一次大幅下降，且从总体态势看，我国的出口总额波折中增长趋缓。

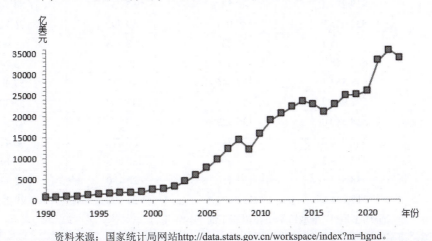

资料来源：国家统计局网站http://data.stats.gov.cn/workspace/index?m=hgnd。

图9-1　1990—2023年中国出口总额趋势

显然，把反映社会经济现象发展变化的指标按时间先后顺序排列，能够清晰地反映社会经济现象发展变化的过程和特点，分析影响社会经济现象发展变化的诸因素，构建趋势的拟合方程对未来的指标做出预测。

本章将讨论时间序列的编制方法和原则，如何利用时间序列分析反映社会经济现象发展变化的过程和特点，以及如何分解影响时间序列变化的因素和运用相应的测定方法，根据历史数据对社会经济现象的发展做出预测等。

9.1 时间序列的编制

9.1.1 时间序列的概念和意义

时间序列亦称时间数列或动态数列，是统计数据按时间先后顺序排列而形成的一种数列。时间数列可以反映现象发展变化的过程和特点，是研究现象发展变化的趋势和规律，以及对未来状态进行科学预测的重要依据。

【例9.1】表9-1是2008—2023年我国国内生产总值等数据按年顺序排列的资料。

表9-1 我国2008—2023年的国内生产总值等数据资料

年份	国内生产总值/亿元	年底人口数/万人	人均国内生产总值/元	职工平均工资*/元
2023	1 260 582.1	141 262	89 358	123 734
2022	1 204 724.0	141 261	85 310	117 177
2021	1 149 237.0	141 260	81 370	110 221
2020	1 015 986.2	141 178	72 000	100 512
2019	986 515.2	141 008	70 328	93 383
2018	919 281.1	140 541	65 534	84 744
2017	832 035.9	140 011	59 592	76 121
2016	746 395.1	139 232	53 783	68 993
2015	688 858.2	138 326	49 922	63 241
2014	643 563.1	137 646	46 912	57 361
2013	592 963.2	136 726	43 497	52 388
2012	538 580.0	135 922	39 771	47 593
2011	487 940.2	134 916	36 277	42 452
2010	412 119.3	134 091	30 808	37 147
2009	348 517.7	133 450	26 180	32 736
2008	319 244.6	132 802	24 100	29 229

注：表中"职工平均工资*"指城镇单位在岗职工的平均工资。
资料来源：国家统计局国家数据网站http://data.stats.gov.cn/easyquery.htm?cn=C01。

由表9-1可以看出，时间序列由以下两个基本要素构成。

(1) 时间要素。表明现象所属的时间，其时间可能为某一时期，也可能为某一时点。

(2) 观察值要素。反映现象在某一时间上发展变化的状态，可以用绝对数、相对数或平均数等指标形式。

编制时间序列是进行时间序列分析的前提，具有重要的意义。

(1) 时间序列能直接描述现象的发展过程和结果。

(2) 根据时间序列计算各种动态分析指标，进行时间序列的对比分析，可以揭示现象发展过程和结果的数量特征，反映其发展趋势及其规律性。

(3) 通过对时间序列的构成分析，可以揭示社会经济现象发展变化的规律性，对现象的未来发展和变化做出统计预测。

(4) 对比不同的时间序列，能揭示现象之间的相互关联情况。

9.1.2 时间序列的种类

按观察值的表现形式不同，时间序列可分为绝对数时间序列、相对数时间序列和平均数时间序列。

1. 绝对数时间序列

绝对数时间序列可用于反映社会经济现象在各期达到的绝对水平及其发展变化的过程，它是将一系列同类的绝对数指标按时间先后顺序排列而成的统计数列。由于绝对指标有时期和时点之分，因而绝对数时间序列又可分为时期序列和时点序列。

1) 时期序列

时期序列中的观察值反映现象在某一段时间内发展过程的活动总量。例如，例9.1中表9-1的国内生产总值序列就是时期序列。

时期序列中的每个观察值一般是通过连续登记而取得，且各观察值通常可以相加，用于反映现象在更长一段时间内的活动总量，其数值的大小与所属时期的长短有直接关系。

2) 时点序列

时点序列中的观察值反映某一时点或瞬间所达到的水平总量。例如，例9.1中表9-1的年底人口数序列就是时点序列。

时点序列中的每个观察值通常是通过一定时间间隔登记一次而取得的，各观察值不能相加，其数值的大小与时点间隔长短没有直接联系。

2. 相对数时间序列

相对数时间序列可用于反映社会经济现象对比关系发展变化情况，它是将一系列同类的相对指标按时间先后顺序排列而成的统计数列。例如，例9.1中表9-1的人均国内生产总值序列就是相对数时间序列。

由于相对数时间序列中各观察值都是相对数，其计算基数(即分母)不同，所以相对数时间序列中各观察值不能直接相加。

3. 平均数时间序列

平均数时间序列可用于反映社会经济现象一般水平的发展变化情况，它是将一系列同类的平均指标按时间先后顺序排列而成的统计数列。例如，例9.1中表9-1的职工平均工资序列就是平均数时间序列。

由于平均数时间序列中各观察值都是平均数，它和相对数时间序列一样，各观察值也是不能相加的，因为各平均数相加没有实际意义。

9.1.3 时间序列的编制原则

编制时间序列的目的是通过各时间上指标数值的对比，研究现象发展变化的过程及其规律性。因此，保证时间序列中各项指标数值的可比性是至关重要的，具体应遵循以下4条原则。

1. 时期长短相等原则

时期序列中由于指标数值大小与时期长短直接相关，一般来说各指标数值所属时间长度应当一致。

时点序列中指标数值虽与时点间隔没有直接联系，但为了更准确地反映现象的发展趋势和变化规律，一般来说应当尽可能使时点间隔相等。

2. 总体范围一致原则

总体范围变化，指标数值必然不同。例如，1996年、2001年杭州市城区行政区划进行了两次调整，使辖区面积扩大，即杭州市区的总体范围扩大了；而2021年底杭州市调整了下属各区的行政区划，其中余杭区划分成余杭与临平两个区，2021年后余杭区的总体范围缩小了，这样调整年前后同一名称统计对象的同一社会经济统计指标数值就不能进行直接对比，必须将资料进行适当调整，以求得总体范围一致，然后再进行动态比较分析。

3. 计量方式一致原则

在时间序列中，各项指标的计算口径、计算方法、计算价格和计量单位应前后一致，否则前后期不能直接对比，须进行相应的调整。例如，企业劳动生产率，其分子产量可采用实物产量指标，也可采用价值产量指标，分母人数可按生产工人计算，也可按全部职工计算；使用价值量指标时计算价格又有现行价格与不变价格之别。因此，当研究企业劳动生产率的变动、编制其时间序列时，各项指标的计算口径、计算方法、计算价格和计量单位须前后一致，以保证动态分析中指标的可比性。

4. 指标内容一致原则

在时间序列中，同一名称的统计指标所包含的社会经济内容应前后一致，否则指标数值之间不能直接对比，须进行相应的调整。例如，2015年1月15日，央行发布了《关于调整金融机构存贷款统计口径的通知》，规定以新口径统计，各项存款与贷款的规模都要比调整前大，因此，不能直接用调整前后的金融机构存贷款额对比存款与贷款的规模。再如，我国1993年、2007年经历了会计制度的大改革，改革前后的"企业净利润"的内容有很大不同，因此，会计制度大改革前后的"企业净利润"不能直接对比。对于这种情况，须进行适当调整，或者对变化前后指标所包括的口径、内容、含义做出必要说明。

9.2 时间序列的对比分析

根据时间数列计算一系列动态分析指标，是利用时间数列分析反映社会经济现象发展变化的过程和特点、趋势和规律的常用方法。这些分析指标是通过时间数列中各指标加以对比或平均而得到的派生指标。以对比方法得到的派生指标，称为动态比较指标；以平均方法得到的派生指标，称为序时平均指标。

通常动态比较指标有发展水平、增长量、发展速度和增长速度；序时平均指标对应的有平均发展水平、平均增长量、平均发展速度和平均增长速度等。

9.2.1 发展水平与平均发展水平

1. 发展水平

发展水平就是时间数列中的每一项具体指标值。它可以反映社会经济现象在不同时期所达到的规模或水平，是计算其他动态分析指标的基础。

发展水平既可能是总量指标，也可能是相对指标或平均指标。按在时间数列中所处位置的不同，发展水平有最初水平、最末水平或报告期水平、基期水平之称。

时间数列中第一项指标值叫最初水平，最末一项指标值叫最末水平，一般用a_0表示最初水平，用a_n表示最末水平，中间各项用a_1，a_2，…，a_{n-1}表示。

报告期水平是指所要计算分析的那个时期的发展水平，基期水平是指作为比较基础时期的发展水平。两个不同的发展水平相比较，可计算出动态比较指标。

2. 平均发展水平

平均发展水平就是将时间序列中各期的发展水平加以平均。平均发展水平可以根据绝对数时间序列计算，也可以根据相对数时间序列或平均数时间序列计算。由绝对数时间序列计算平均发展水平，是计算平均发展水平的基本方法。

1）以绝对数时间序列计算

绝对数时间序列分为时期序列和时点序列，各自计算平均发展水平的方法不同。

（1）根据时期序列计算。由于时期序列各项指标值可以相加，所以由时期序列计算平均发展水平可采用简单算术平均数的方法。其计算公式如式(9.1)所示。

$$\bar{a} = \frac{a_1 + a_2 + \cdots + a_n}{n} = \frac{\sum a}{n} \tag{9.1}$$

式中：$\bar{a}$表示平均发展水平；a_1，a_2，…，a_n表示时间序列中各时期的指标值；n表示时期个数。

【例9.2】宏达公司第二季度完成销售额情况如表9-2所示。

表9-2　宏达公司第二季度销售额

月份	4	5	6
销售额/万元	80	68	71

解： 二季度每月平均销售额为

$$\bar{a} = \frac{\sum a}{n} = \frac{80+68+71}{3} = 73(万元)$$

(2) 根据时点序列计算。由于时点序列有连续时点和间断时点之分，所以采用不同的时点资料计算平均发展水平的方法有所不同。

① 以连续时点序列计算平均发展水平。连续时点序列是指时点序列的资料既是逐日记录，又是逐日排列的。在连续时点序列中又有间隔相等和间隔不等之分。

A. 间隔相等连续时点序列是以日为间隔而编制的，当由这种序列计算平均发展水平时，可采用简单算术平均数法。其计算公式如式(9.2)所示。

$$\bar{a} = \frac{\sum a}{n} \tag{9.2}$$

【例9.3】 宏达公司5月上旬每天职工人数为：2200，2100，2300，2159，2545，2436，2360，2300，2659，2341，求5月上旬平均职工人数。

解： 5月上旬的平均职工人数为

$$\bar{a} = \frac{\sum a}{n} = \frac{2200+2100+2300+2159+2545+2436+2360+2300+2659+2341}{10} = 2340(人)$$

B. 间隔不等连续时点序列是指如果时点序列是在某段时期内各时点数持续不变，而整个时期中各时期段中时点数又不等的时点资料。对此应以每次变动持续的间隔长度(f)为权数，对各时点数水平(a)加权，应用加权算术平均数计算平均发展水平。其计算公式如式(9.3)所示。

$$\bar{a} = \frac{\sum af}{\sum f} \tag{9.3}$$

【例9.4】 某商店某月的空调库存量如表9-3所示，求该商店当月平均日库存空调的台数。

表9-3 空调库存量

日期	库存台数/台
1日至5日	10
6日至15日	12
16日至24日	14
25日至27日	17
28日至30日	20

解： 根据表9-3的资料，计算该商店当月平均日库存空调的台数为

$$\bar{a} = \frac{\sum af}{\sum f} = \frac{5\times10+10\times12+9\times14+3\times17+3\times20}{5+10+9+3+3}$$

$$= 13.57(台)$$

② 间断时点序列求平均发展水平。在间断时点序列中有两个时点数和多个时点数之分，多个时点数又分为间隔相等和间隔不相等两种情况。

A. 只有两个时点数且已知两个时点数时,其计算公式如式(9.4)所示。

$$\bar{a} = \frac{a_1 + a_2}{2} \tag{9.4}$$

B. 间隔相等的间断时点序列,即当掌握的资料是间隔相等的期初或期末资料,如月末或季末的职工人数,月末或季末的库存量等,计算序时平均数可以假设在两个时点间的变动是均匀的。因此,将相邻两个时点指标值相加后除以2,即可得到两个时点之间的序时平均数,然后根据每个间隔的平均数,以简单算术平均数求整个研究时间内的序时平均数。其计算公式如式(9.5)所示。

$$\bar{a} = \frac{\frac{a_1+a_2}{2} + \frac{a_2+a_3}{2} + \cdots \frac{a_{n-2}+a_{n-1}}{2} + \frac{a_{n-1}+a_n}{2}}{n-1}$$

$$= \frac{\frac{a_1}{2} + a_2 + a_3 + \cdots + a_{n-1} + \frac{a_n}{2}}{n-1} \tag{9.5}$$

式中:n 表示时点个数。

间隔相等时点序列的序时平均数等于首末两数值的1/2加上中间各项数值,再除以项数减1。

【例9.5】某商店彩电库存量如表9-4所示,计算第三季度的平均彩电库存量。

表9-4 某商店彩电库存量

日期	6月30日	7月31日	8月31日	9月30日
彩电库存台数/台	55	57	60	65

解:根据表9-4资料,按式(9.5)计算某商店第三季度的平均彩电库存量为

$$\bar{a} = \frac{\frac{55}{2} + 57 + 60 + \frac{65}{2}}{4-1} = 59(台)$$

C. 间隔不等的间断时点序列,其计算则应以各相邻时点之间所间隔的时间为权数,采用加权算术平均法进行计算。其计算公式如式(9.6)所示。

$$\bar{a} = \frac{\frac{a_1+a_2}{2}f_1 + \frac{a_2+a_3}{2}f_2 + \cdots + \frac{a_{n-1}+a_n}{2}f_{n-1}}{\sum f} \tag{9.6}$$

【例9.6】根据表9-5的资料,计算某商店第二季度的平均职工人数。

表9-5 某商店第二季度职工人数资料

日期	4月1日	4月15日	6月1日	7月1日
职工人数/人	60	62	64	64

解:根据表9-5的资料,按式(9.6)计算某商店第二季度的平均职工人数为

$$\bar{a} = \frac{\frac{60+62}{2} \times 0.5 + \frac{62+64}{2} \times 1.5 + \frac{64+64}{2} \times 1}{0.5 + 1.5 + 1} = 63(人)$$

根据间断时点序列计算序时平均数,是假定研究现象在相邻两个时点之间的变动是均匀的,实际上各种现象的变动一般是不均匀的。因此,为了使计算结果能尽量反映实际情况,间断时点序列的间隔不宜过长。

2) 以相对数时间序列和平均数时间序列计算

相对数时间序列和平均数时间序列都是由两个有联系的绝对数时间序列的各项指标对比得到的,它们都是不具备直接可加性的指标。所以,以相对数时间序列和平均数时间序列计算序时平均数时,要先分别计算分子、分母两个总量指标数列的序时平均数,然后把分子和分母的序时平均数进行对比,才能求得相对数(或平均数)时间序列的序时平均数。其计算公式如式(9.7)所示。

$$\bar{c} = \frac{\bar{a}}{\bar{b}} \tag{9.7}$$

式中:$\bar{c}$ 表示相对数时间序列或平均数时间序列的序时平均数;$\bar{a}$ 表示分子总量指标时间序列的序时平均数;$\bar{b}$ 表示分母总量指标时间序列的序时平均数。

【例9.7】某商业企业商品流转速度资料见表9-6,已知上一年年末商品库存额为200万元,请计算当年第一季度平均商品流转次数。

表9-6 某商业企业某年第一季度商品流转情况表

月份	商品销售额a /万元	月末库存商品额b /万元	商品流转速度c /万元
1月份	1100	210	5.4
2月份	1200	220	5.6
3月份	1300	230	5.8

解:根据表9-6的资料,按式(9.7)计算当年第一季度平均商品流转次数为

$$第一季度平均商品流转次数(\bar{c}) = \frac{第一季度平均每月商品销售额\bar{a}}{第一季度平均每月库存商品额\bar{b}}$$

$$= \frac{[1100+1200+1300] \div 3}{\left[\frac{200}{2}+210+220+\frac{230}{2}\right] \div 3} = \frac{1200}{215} \approx 5.58(次)^{[1]}$$

9.2.2 增长量和平均增长量

1. 增长量

增长量是用相减的方法计算所得的动态比较指标,它是时间数列中报告期水平与基期水平之差。其计算公式如式(9.8)所示。

$$增长量 = 报告期水平 - 基期水平 \tag{9.8}$$

由于比较时所用的基期不同,增长量可分为逐期增长量和累计增长量两种。

---

[1] $\bar{c} \neq \dfrac{\sum c}{n} = \dfrac{5.4+5.6+5.8}{3} = 5.6(次)$

1) 逐期增长量

逐期增长量是报告期水平减报告期的前一期水平所得的差,其计算公式如式(9.9)所示。

$$逐期增长量 = 报告期水平 - 报告期的前一期水平$$
$$= a_1 - a_0,\ a_2 - a_1,\ \cdots,\ a_n - a_{n-1} \tag{9.9}$$

2) 累计增长量

累计增长量是报告期水平减某一固定期水平(一般为最初水平)所得的差。它说明一定时期内的总增长量,其计算公式如式(9.10)所示。

$$累计增长量 = 报告期水平 - 固定期水平$$
$$= a_1 - a_0,\ a_2 - a_0,\ \cdots,\ a_n - a_0 \tag{9.10}$$

一般式为:$a_i - a_0$。

逐期增长量与累计增长量之间具有这样的关系:各个逐期增长量之和等于相应的累计增长量。

2. 平均增长量

平均增长量就是逐期增减量的平均数。它说明现象在一定时期内平均每个时间间隔增减的绝对量,可用简单算术平均数来计算。其计算公式如式(9.11)所示。

$$平均增长量 = \frac{逐期增减量之和}{逐期增减项数} = \frac{累计增减量}{时间序列项数 - 1}$$
$$= \frac{(a_1 - a_0) + (a_2 - a_1) + \cdots + (a_n - a_{n-1})}{n}$$
$$= \frac{a_n - a_0}{n} \tag{9.11}$$

式(9.11)中:n 为逐期增减量的个数,它比发展水平的个数少一个。

9.2.3 发展速度和增长速度

1. 发展速度

发展速度是时间数列中报告期水平与基期水平之比,是一种动态相对数。它可以用来说明报告期水平已发展到基期水平的百分之几或若干倍。发展速度的基本计算公式如式(9.12)所示。

$$发展速度 = \frac{报告期水平}{基期水平} \times 100\% \tag{9.12}$$

由于对比采用的基期不同,发展速度又可分为定基发展速度和环比发展速度两种。

1) 定基发展速度

定基发展速度又称总速度,是指报告期水平与某一固定基期水平之比。它说明报告期水平相当于某一固定基期水平的几倍或百分之几,反映现象在一段时期内的总变化速度。其计算公式如式(9.13)所示。

$$定基发展速度 = \frac{报告期发展水平}{某一固定基期水平} \times 100\%$$

$$= \frac{a_1}{a_0}, \frac{a_2}{a_0}, \cdots, \frac{a_n}{a_0} \qquad (9.13)$$

2) 环比发展速度

环比发展速度是报告期水平与报告期的前一期水平之比，它表明本期水平为前期的百分之几。其计算公式如式(9.14)所示。

$$环比发展速度 = \frac{报告期水平}{报告期的前一期水平} \times 100\%$$

$$= \frac{a_1}{a_0}, \frac{a_2}{a_1}, \frac{a_3}{a_2}, \cdots, \frac{a_n}{a_{n-1}} \qquad (9.14)$$

$$= \frac{a_i}{a_{i-1}}$$

定基发展速度与环比发展速度的关系为：

(1) 定基发展速度等于相应的各个环比发展速度的连乘积；

(2) 两个相邻时期的定基发展速度之商等于相应时期的环比发展速度。

2. 增长速度

增长速度是反映现象变化程度的动态相对数。它是时间数列中某一增长量与基期发展水平之比，说明报告期水平比基期究竟增长(或下降)了几倍或百分之几。其计算公式如式(9.15)所示。

$$增长速度 = \frac{增长量}{基期水平} \times 100\%$$

$$= \frac{报告期水平 - 基期水平}{基期水平} \times 100\% \qquad (9.15)$$

$$= (发展速度 - 1) \times 100\%$$

由于采用的基期和增长量不同，增长速度可分为定基增长速度和环比增长速度两种。

1) 定基增长速度

它是报告期累计增长量与某一固定基期水平之比，表明现象在一段时间内总的增长速度。其计算公式如式(9.16)所示。

$$定基增长速度 = \frac{报告期的累计增长量}{某一固定基期水平} \times 100\%$$

$$= \frac{a_n - a_0}{a_0} = \left(\frac{a_n}{a_0} - 1\right) \times 100\% \qquad (9.16)$$

$$= (定基发展速度 - 1) \times 100\%$$

2) 环比增长速度

它是报告期逐期增长量与报告期的前一期水平之比，表明现象报告期发展水平逐期增长速度。其计算公式如式(9.17)所示。

$$环比增长速度 = \frac{报告期的逐期增长量}{报告期的前一期水平} \times 100\%$$

$$= \frac{a_i - a_{i-1}}{a_{i-1}} = \left(\frac{a_i}{a_{i-1}} - 1\right) \times 100\% \qquad (9.17)$$

$$= (环比发展速度 - 1) \times 100\%$$

定基增长速度与环比增长速度之间不存在直接的数学换算关系。如果需要由环比增长速度计算定基增长速度，必须首先将环比增长速度换算为环比发展速度，再连乘求定基发展速度，最后将所得结果减100%。

9.2.4 平均发展速度与平均增长速度

1. 平均发展速度

平均发展速度用来说明现象在较长时间内发展速度变动的平均程度，以反映现象在一定发展阶段内各个时期发展变化的一般水平。

在实际工作中，平均发展速度有水平法和累计法两种计算方法。

1) 水平法

水平法又称几何平均法。它是通过对n个环比发展速度(x_i)进行连乘后，再对积求n次根或者对定基发展速度开n次方根来计算平均发展速度($\bar{x}$)的方法。求得的平均发展速度为某一现象在一定发展阶段内总的发展速度的平均数，是该计算期内环比发展速度的代表值。具体计算公式如式(9.18)所示。

$$\begin{aligned}
\bar{x} &= \sqrt[n]{x_1 \cdot x_2 \cdot x_3 \cdot \cdots \cdot x_n} \\
&= \sqrt[n]{\frac{a_1}{a_0} \times \frac{a_2}{a_1} \times \frac{a_3}{a_2} \times \cdots \times \frac{a_n}{a_{n-1}}} \\
&= \sqrt[n]{\frac{a_n}{a_0}} \\
&= \sqrt[n]{R}
\end{aligned} \qquad (9.18)$$

式(9.18)中：x_i表示各期环比发展速度；R表示定基发展速度(即总速度)；n表示环比发展速度的个数。

按水平法计算的平均发展速度，从基本计算公式看，它受一定发展阶段内各时期环比发展速度数值大小的影响，但从简化后的计算公式看，它实际上只受最初水平和最末水平数值大小的影响，从而掩盖了该发展阶段内各个时期发展速度的具体差异，因此，在应用几何平均法计算平均发展速度或运用该指标分析问题时要注意以下3点。

(1) 要注意最初水平和最末水平是否受特殊因素的影响。

(2) 如果各期环比发展速度处于特殊高低变化的情况，则需计算分段平均发展速度来补充总平均发展速度，并将平均发展速度与其相应的绝对数结合分析。

(3) 如果个别环比发展速度出现负值或零时，也需用总速度与分段平均发展速度结合使用，并根据具体问题做具体分析。

2) 累计法

累计法又称代数平均法或方程法。它是通过研究阶段内各期实际水平之和对基期水平之比所确立的代数方程来计算平均发展速度的方法。这种方法的出发点是，按这种方法计算的平均发展速度($\bar{x}$)所推算出来的各期计算水平($a_0\bar{x}^i$)的总和($\sum\limits_{i=1}^{n}a_0\bar{x}^i$)应等于各期实际水平($a_i$)的总和($\sum\limits_{i=1}^{n}a_i$)。

按照累计法计算平均发展速度，得式(9.19)。

$$a_0\bar{x}+a_0\bar{x}^2+a_0\bar{x}^3+\cdots+a_0\bar{x}^n=a_1+a_2+a_3+\cdots+a_n \tag{9.19}$$

等式两边同除以a_0，并移项得

$$\bar{x}+\bar{x}^2+\bar{x}^3+\cdots+\bar{x}^n-\frac{a_1+a_2+a_3+\cdots+a_n}{a_0}=0$$

解高次方程(9.19)得出$\bar{x}$的正根，这就是所要计算的平均发展速度。

同一资料用水平法和累计法所计算的平均发展速度数值不相等，这是由于累计法的计算特点不同于水平法。水平法实际上仅考虑最末一期发展水平，它要求根据最初水平和按水平法求得的平均发展速度推算所得的最末水平($a_0\bar{x}^n$)，应等于最末一期的实际发展水平(a_n)。而累计法需要考察整个发展阶段中各期的发展水平，即要求按累计法平均发展速度推算的各期计算水平的总和等于各期实际水平总和，累计法平均发展速度数值的大小受各期实际发展水平总和与基期发展水平百分比大小的影响。

因此，实际工作中，考察最末一年所达到的水平指标采用水平法计算平均发展速度，考察整个发展阶段总量的指标采用累计法计算平均发展速度。

2. 平均增长速度

平均增长速度是现象在各时期环比增长速度的序时平均数，说明现象在增长时期内增长的一般水平。其计算公式如式(9.20)所示。

$$平均增长速度=(平均发展速度-1)\times100\% \tag{9.20}$$

当平均发展速度大于1或100%时，平均增长速度为正值，说明现象在一定时期内增长的平均程度；当平均发展速度小于1或100%时，平均增长速度为负值，说明现象在一定时期内降低的平均程度。

9.3　时间序列的成分及其分析

9.3.1　时间序列的成分

在一个时间序列中，数据的轨迹或者行为包含几种成分。通常假定有4种独立的成分：长期趋势、季节变动、循环变动和不规则变动。时间序列的具体值就是这些独立成分综合的结果。

1. 长期趋势成分

尽管时间序列数据通常呈现随机起伏的状态，但在一段较长的时间内，它仍然呈现出相对升高或降低的运动趋势。研究社会经济现象时(以下叙述以社会经济现象为研究对象)，长期趋势(T)指社会经济现象在较长时期内沿某一方向持续发展变化的一种趋向或状态，表现为时间序列中的各项指标从长期看呈现持续上升、持续下降或平稳发展变化的总趋势。例如，随着国民经济的发展，我国的人均国内生产总值、职工平均工资呈逐年上升的趋势，而人口死亡率、文盲率呈下降趋势。

2. 季节变动成分

季节变动(S)指社会经济现象在一年内受自然季节变换和社会经济(节假日和风俗习惯)等因素影响而发生的有规律的周期性波动。例如，铁路、航空等客运量一般在春运和旅游旺季呈现高峰；农产品生产、销售及储存中的"旺季"和"淡季"等。

需要注意的是，季节变动中的"季节"是广义的，它不仅指一年中的四季，而且泛指任何一种有规律的、按一定周期(季、月、旬、周、日)重复出现的变化。

3. 循环变动成分

任何时间间隔超过一年，且围绕着趋势线上下波动的点的轨迹都可归结为时间序列的循环成分。循环变动(C)指社会经济现象在较长时间内呈现出涨落相间、峰谷交替的周期性波动。例如，经济增长一般有复苏、繁荣、衰退和萧条的周期性表现。

4. 不规则变动成分

不规则变动(I)也称为剩余变动或随机变动，它是时间序列中除了上述3种变动之外剩余的一种变动，是受各种偶然或突发性因素(如自然灾害、战争，以及无法预料和无法具体解释的随机性因素)影响的结果。

在现实的社会经济生活中，长期趋势、季节变动、循环变动和不规则变动4种变动因素往往交织在一起。我们可以认为时间序列Y是4个因素的函数。

$$Y_t = f(T_t, \ S_t, \ C_t, \ I_t)$$

9.3.2 时间序列的分解模型

为了揭示现象发展变化的各种规律性，需要对时间序列进行分解，分别测定每种因素对时间序列的影响。按照4种变动因素相互作用的方式不同，时间序列可分解为多种模型，其中常用的有加法模型和乘法模型。

加法模型：假设4种变动因素相互独立，时间序列便是各因素相加的和。

$$Y = T + S + C + I$$

式中：Y为绝对数指标的原时间序列；长期趋势T也是绝对数指标，与Y同单位；S、C、I为季节变动、循环变动和不规则变动对长期趋势所产生的偏差，或是正值，或是负值。季节性影响不管处在循环变动的哪个阶段，这种模式都是相同的。

乘法模型：假设4种变动因素是相互交错影响的关系，时间序列便是各因素的乘积。

$$Y = T \times S \times C \times I$$

式中：Y、T均为绝对数指标；S、C、I则是比率，或称为指数，是在100%上下波动、对原序列指标增加或减少的百分比。一般来说，T、S属于常态现象，$T \times S$称为常态，$C \times I$称为剩余变动。

时间序列的分解方法，因组合模型的不同而不同。

加法模型用减法分解，例如：$T = Y - (S + C + I)$或$C + I = Y - (T + S)$。

乘法模型用除法分解，例如：$T = \dfrac{Y}{S \times C \times I}$或$S \times I = \dfrac{Y}{T \times C}$。

在实际应用中，无论哪种模型，当采用年度数据时，季节影响因素就被掩盖了。事实上，有些现象的时间序列并非4种变动因素都在，或是只有T、S和I，或是只有T、C和I等。在经济统计中，主要采用乘法模型。

9.3.3 长期趋势分析

对长期趋势的分析与测定，不仅可以认识现象发展变化的基本趋势和规律性，作为预测的重要依据，而且是准确地测定其他变动因素的基础。

常用测定长期趋势的方法有时距扩大法、移动平均法、最小平方法等。前两种属于非数学模型方法类，其特点是采用加总或平均的方法，消除不规则变动和季节变动，测出长期趋势值；最小平方法属于数学模型方法类，其特点为先选择长期趋势的表现形式，即数学模型，再以时间数列为资料，求解数学模型。下面具体介绍这几种分析方法。

1. 时距扩大法

时距扩大法是将原来时间长度较短的时间序列的时期扩大，将几个时期的资料加以合并，求出时间长度较长的新的时间序列，以便消除较短时期的偶然因素、季节因素影响所引起的波动，反映社会经济现象发展的总趋势。

【例9.8】某超市28天的销售额资料如表9-7所示。

表9-7 某超市28天的销售额统计表

日期	销售额/万元	日期	销售额/万元	日期	销售额/万元	日期	销售额/万元
1	10	8	11	15	11	22	10
2	11	9	10	16	10	23	11
3	10	10	11	17	11	24	12
4	12	11	11	18	12	25	11
5	11	12	12	19	12	26	13
6	24	13	25	20	25	27	27
7	20	14	22	21	24	28	25

解：从表9-7的资料中可看出，销售额是上升的趋势，但日与日之间有升降交替的现象，上升趋势并不绝对。将各日资料合并为每周资料，即扩大时距，可整理得出新的时间序列，如表9-8所示。

表9-8 某超市每周的销售额统计表

日期	1日至7日	8日至14日	15日至21日	22日至28日
总销售额/万元	98	102	105	109

从表9-8可看出，销售额呈现出明显的上升趋势。

在运用时距扩大法时应注意以下几点。

(1) 只能用于时期数列。

(2) 扩大后各个时期的时距应该相等，这样才能相互比较，看出现象的变动趋势。

(3) 时距长短要适当，如时距扩大不够，不能消除现象变动中的周期因素、偶然因素等。反之，如时距过长，整理的新时间序列的指标太少，会掩盖现象发展的具体趋势。

2. 移动平均法

移动平均法是将时间序列的时距扩大，将时间序列的各项数值从第一项数值开始，依次逐项移动，重叠求其规定期数的系列序时平均数，从而形成一个由序时平均数构成的新的派生数列，以清除原时间序列中的不规则变动，反映现象发展趋势。

移动平均法的具体步骤如下。

第一步，选择一定的用于平均的时距项数K。

第二步，对原序列计算K项移动平均数，其计算公式如式(9.21)所示。

$$\bar{Y}_{i+(K+1)/2-1} = \frac{Y_i + Y_{i+1} + \cdots + Y_{i+K-1}}{K} \quad (i=1, 2, \cdots, n) \tag{9.21}$$

第三步，若K为奇数，则K项移动平均数即为长期趋势值；若K为偶数，则将K项移动平均数再做一次2项移动平均即可得到长期趋势值。

【例9.9】根据某地凉鞋零售资料(如表9-9的1～3列所示)，计算移动平均数。

表9-9 某地凉鞋零售量移动平均趋势表

年份	季度	零售量/万双 (1)	4项移动平均趋势值/万双 (2)	4项修正移动平均趋势值/万双 (3)	移动平均比率/% (4)=(1)/(3)
第一年	3	560			
	4	40			
第二年	1	80	270	275.0	29.1
	2	400	280	282.5	141.5
	3	600	285	287.5	208.7
	4	60	290	302.5	19.8
第三年	1	100	315	322.5	31.0
	2	500	330	332.5	150.4
	3	660	335	337.5	195.6
	4	80	340	352.5	22.7
第四年	1	120	365	382.5	31.4
	2	600	400	402.5	149.1
	3	800	405	407.5	196.3
	4	100	410	422.5	23.7
第五年	1	140	435		
	2	700			

计算结果见表9-9的第5列(带灰底色的第6列为例9.13备用)，详情如图9-2所示。

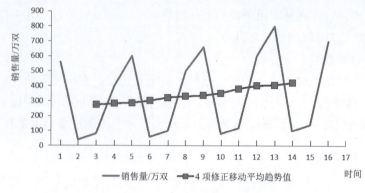

图 9-2 某地凉鞋零售量移动平均趋势

运用移动平均法分析长期趋势时,应注意以下几个问题。

(1) 移动平均后的趋势值应放在各移动项的中间位置上。采用奇数项移动平均时,一次即得趋势值;采用偶数项移动平均时,要再做一次2项移动平均。因此,除客观须采用偶数项(如一年4季或12个月)为时距的以外,一般以奇数项为时距。

(2) 移动平均后的数列比原数列项数要少。移动平均时采用的项数越多,虽能更好地进行修匀,但所得趋势值的项数就越少。移动平均项数与趋势值的项数关系为

$$趋势值项数=原数列项数-移动平均项数+1$$

(3) 移动平均法所取项数的多少,应视资料的特点而定。如果时间序列包含周期性变动,移动平均的项数K应与周期长度一致。这样才能在消除不规则变动的同时,也消除周期性波动。

3. 最小平方法

最小平方法也称为最小二乘法,是研究长期趋势最常用的方法,在第8章的内容中也有涉及。它对社会经济现象发展的趋势拟合,可以采用直线,也可以采用曲线,这视现象发展的性质和特点,即根据实际时间序列或其图形状态而定。

1) 线性趋势

线性趋势是指现象随着时间的推移而呈现出稳定增长或下降的线性变化规律,表现为时间序列的折线图大致呈直线形状,或时间序列各期的逐期增长量大致相同。

当社会经济现象的发展呈线性趋势时,可以用式(9.22)所示线性趋势方程来描述。

$$\hat{Y} = \beta_0 + \beta_1 t \tag{9.22}$$

式(9.22)中:$\hat{Y}_t$代表时间序列Y_t的趋势值;t代表时间标号;β_0代表趋势线在Y轴上的截距;β_1是趋势线的斜率。

式(9.22)中,β_0、β_1为两个待定参数,根据OLS法可解得式(9.23)。

$$\begin{cases} \beta_1 = \dfrac{n\sum tY - \sum t \sum Y}{n\sum t^2 - (\sum t)^2} \\ \beta_0 = \dfrac{\sum Y - \beta_1 \sum t}{n} \end{cases} \tag{9.23}$$

式(9.23)中:n表示时间序列的项数。

【例9.10】以某公司当年1月至10月的销售额资料为例来说明线性趋势方程的计算方法，如表9-10所示。

表9-10 某公司销售额线性趋势方程的计算表

月份t	销售额y/万元	ty	t^2	趋势值$\hat{Y}$/万元
1	9.89	9.89	1	9.69
2	10.71	21.42	4	10.53
3	10.55	31.65	9	11.36
4	12.22	48.88	16	12.20
5	13.76	68.80	25	13.03
6	13.80	82.80	36	13.86
7	14.51	101.57	49	14.70
8	15.20	121.60	64	15.53
9	16.50	148.50	81	16.37
10	17.33	173.30	100	17.20
合计	134.47	808.41	385	—

解：将表中数据代入计算公式(9.23)，可得

$$\beta_1 = \frac{n\sum tY - \sum t \sum Y}{n\sum t^2 - (\sum t)^2} = \frac{10 \times 808.41 - 55 \times 134.47}{10 \times 385 - 55 \times 55} \approx 0.83$$

$$\beta_0 = \frac{\sum Y - \beta_1 \sum t}{n} = \frac{134.47 - 0.83 \times 55}{10} \approx 8.88$$

将β_0、β_1值代入式(9.22)，得线性趋势方程

$$\hat{Y} = 8.88 + 0.83t$$

实际上，利用统计软件能够方便、快捷地求得这线性趋势方程。详见本书第11章的例11.19。

将各月的原序列与趋势值绘制成图9-3，可以看出销售额的变化趋势。

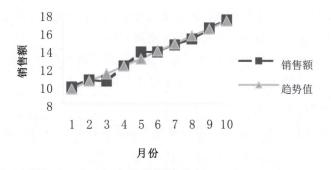

图9-3 某公司月销售额的线性趋势

2) 非线性趋势

社会经济现象发展变化的长期趋势，除表现为持续上升或下降的直线外，还表现为多种曲线，需要用适当的曲线方程来配合。常用的曲线方程有指数曲线、二次抛物线、三次

曲线等。

(1) 二次抛物线。如果社会经济现象逐期增长量的增长(即二级增长)大体相同，即二阶差分接近于常数，则可考虑用二次抛物线来拟合这一发展趋势。抛物线的一般方程为

$$Y = a + bt + ct^2 \tag{9.24}$$

式(9.24)中有3个待定参数，根据最小平方法的要求，同样用求偏微分的方法，导出下列3个标准方程式。

$$\begin{cases} \sum Y = na + b\sum t + c\sum t^2 \\ \sum tY = a\sum t + b\sum t^2 + c\sum t^3 \\ \sum t^2 Y = a\sum t^2 + b\sum t^3 + c\sum t^4 \end{cases}$$

【例9.11】 现某公司有11年的销售量资料，编制成时间序列，如表9-11的第1列与第3列数据所示，试作长期趋势分析。倒数第1列与倒数第2列数据备用于例9.17。

表9-11 某公司的销售量二次曲线趋势计算表

年份 t	序号 t'	销售量 Y_t	一次差分 $Y_t - Y_{t-1}$	二次差分 $(Y_t - Y_{t-1}) - (Y_{t-1} - Y_{t-2})$	趋势值 $\hat{Y}_t$	残差 $|Y_t - \hat{Y}_t|$	残差平方 $(Y_t - \hat{Y}_t)^2$
1	-5	200			198.94	1.06	1.1236
2	-4	225	25		224.91	0.09	0.0081
3	-3	250	25	0	252.20	2.20	4.84
4	-2	280	30	5	280.81	0.81	0.6561
5	-1	310	30	0	310.74	0.77	0.5929
6	0	345	35	5	341.99	3.01	9.0601
7	1	380	35	0	347.56	2.44	5.9536
8	2	405	25	-10	408.43	3.43	11.7649
9	3	440	35	10	443.66	3.66	13.3956
10	4	480	40	5	480.19	0.19	0.0361
11	5	520	40	0	518.04	1.96	3.8416
合计	0					22.59	51.3144

解： 分析公司11年的销售量数据，其二次差分值(表9-11的第5列数据)在±10之间，接近于常数，可决定用二次曲线拟合该公司销售量发展趋势。

根据最小平方法确定二次曲线方程。为了计算便捷，将年份中心化，得表9-11第2列数据。依据表9-11第2、3列数据，求得二次曲线趋势方程为

$$\hat{Y}_t = 341.99 + 31.90 t' + 0.66 t'^2$$

若采用Excel统计软件处理数据，可以直接依据表9-11第1、3列数据快捷地获得如下二次曲线趋势方程。

$$\hat{Y}_t = 174.45 + 23.94 t + 0.66 t^2$$

将各期趋势值及原序列绘成折线图，可以看出该公司销售量发展的趋势形态(图形略)。

(2) 指数曲线。指数曲线用于描述几何级数递增或递减的现象。当社会经济现象各期的发展速度接近相等，或者说各期的环比增长速度大致相同时，表明现象的发展呈现指数曲线型趋势。一般的自然增长及大多数经济序列都有指数变化趋势，如本章的开篇案例，1992—

2012年中国出口总额的变化趋势就呈现出指数的形态。指数曲线方程如式(9.25)所示。

$$\hat{Y}_t = ab^t \tag{9.25}$$

式(9.25)中，a，b为待定参数。若$b>1$，表示增长率随t的增加而增加；若$b<1$，表示增长率随t的增加而降低；若$a>0$，$b<1$，趋势值$\hat{Y}$逐渐降低且以0为极限。

拟合指数曲线常用的方法是先把指数曲线方程转换为对数直线形式，即两端取对数，得

$$\lg \hat{Y}_t = \lg a + t \lg b$$

然后根据最小平方法原理，按直线趋势方程的参数确定方法，得到$\lg a$和$\lg b$的标准方程如下。

$$\begin{cases} \sum \lg Y = n \lg a + \lg b \sum t \\ \sum t \lg Y = \lg a \sum t + \lg b \sum t^2 \end{cases}$$

求出$\lg a$和$\lg b$后，再取其反对数，即得参数a和b。

在实际工作中，利用统计软件能非常便捷地获得指数方程的参数与趋势图。例如，图9-1所示的中国出口总额趋势中，1992—2012年中国出口总额的折线，只要参照本书第11章例11.17第三步的操作③、④即可获得。当然，必须在图11-46所示的"设置趋势线格式"窗格中选中"指数"单选按钮和"显示公式""显示R平方值"复选框，即可获得指数方程$\hat{Y}_t = 475.39e^{0.1664t}$。

9.3.4 季节成分分析

研究季节成分的目的在于分析过去的季节变动，认识和掌握季节变动的规律性，进行各种短期预测，预测未来的季节变动。

从其是否考虑长期趋势的影响来看，测定季节成分主要有两种方法：一种是按月(季)平均法，不考虑长期趋势的影响，直接根据原始的时间数列来计算；另一种是移动平均趋势剔除法，根据剔除长期趋势影响的数列资料来计算。这两种方法都要求有不少于3年的资料作为基本数据进行计算分析，这样才能较好地消除偶然因素的影响，使季节变动的规律更切合实际。

1. 按月(季)平均法

按月(季)平均法就是通过计算季节比率的方法，测定季节变动的规律性。计算步骤如下。

第一步，用表列出现象3年以上分月(季)资料。
第二步，计算同期(月或季)的算术平均数。
第三步，计算全期的算术平均数。
第四步，计算季节指数(比率)与季节变差。其计算公式如式(9.26)与式(9.27)所示。

$$\text{季节指数(比率)} S_i = \frac{\text{同月(或同季)平均数}}{\text{全年总平均数}} \times 100\% \tag{9.26}$$

$$\text{季节变差} L_i = \text{同月(或同季)平均数} - \text{全年平均数} \tag{9.27}$$

季节比率表明各月(或季)水平比全年总水平高或低的程度，反映季节变动的一般规律。由于各月(或各季)的季节比率都以全年各月的总平均数作为计算基础，所以全年12个月份季节比率之和等于1200%，4个季度季节比率之和等于400%。12个月季节比率或4个季度季节比率的平均数均为100%。季节变动则表现为各月(或季)的季节比率围绕100%上、下波动，表明各月(或季)变量与全年平均为100%的相对关系。

季节变差是用绝对数表示的季节变动指标，表明各月(或季)变量与全年平均数的差异量。其差异量的计量单位与原时间数列的计量单位相同。

当各月季节比率之和不等于1200%或各季度季节比率之和不等于400%，或季节变差之和不等于零时，则用校正系数对季节比率加以调整或用校正值对季节变差进行修正。其计算公式如式(9.28)至(9.30)所示。

$$S_i^* = S_i \times 校正系数，\quad L_i^* = L_i + 校正值 \tag{9.28}$$

$$校正系数 = \frac{1200\%}{\sum 月季节比率} \quad 或 \quad 校正系数 = \frac{400\%}{\sum 季度季节比率} \tag{9.29}$$

$$校正值 = \frac{季节变差之和}{12} \quad 或 \quad \frac{季节变差之和}{4} \tag{9.30}$$

【例9.12】根据某市连续三年各月皮衣销售量资料，用按月平均法计算各月的季节比率与季节变差，如表9-12所示。

解： 1月份季节比率 $= \frac{22\,800}{13\,540.3} \times 100\% \approx 168.39\%$

1月份季节变差 $= 22\,800 - 13\,540.3 = 9259.7$ (件)

其余各月类推。

表9-12 某市连续三年皮衣销售季节变动表

月份	第一年/件 (1)	第二年/件 (2)	第三年/件 (3)	3年合计/件 (4)=(1)+(2)+(3)	月平均/件 (5)=(4)/3	季节比率/% (6)	季节变差/件 (7)
1	15 500	24 500	28 400	68 400	22 800.0	168.39	9 259.7
2	9 400	15 500	14 500	39 400	13 133.3	99.99	−407.0
3	4 500	7 500	8 200	20 200	6 733.3	49.73	−6 807.0
4	3 000	4 500	3 400	10 900	3 633.3	29.83	−9 907.0
5	1 500	2 500	1 800	5 800	1 933.3	14.28	−11 607.0
6	1 300	1 600	1 400	4 300	1 433.3	10.59	−12 107.0
7	1 250	3 700	3 500	8 450	2 819.7	20.80	−10 723.6
8	2 500	4 500	4 300	11 300	3 769.7	27.82	−9 773.6
9	4 000	7 500	8 700	20 200	6 733.3	49.73	−6 807.0
10	9 000	15 500	14 500	39 000	13 000.0	99.01	−540.3
11	34 500	42 500	47 500	124 500	41 500.0	309.49	27 959.7
12	35 500	48 500	51 000	135 000	45 000.0	332.34	31 459.7
合计	121 950	178 300	187 200	487 450	162 483.3	1 200.00	—
平均	10 163	14 858	15 600	40 621	13 540.3	100.00	—

上表各月季节比率所组成的时间数列明显地表明该市皮衣销售量的季节变动规律,即自1月份起逐渐下降,6月份为最低谷,7月份起逐月增长,至12月份达到高峰。

2. 移动平均趋势剔除法

移动平均趋势剔除法是采用移动平均,先把时间数列中的趋势成分、偶然因素剔除,然后再进行季节指数(比率)或季节变差测定的方法。其计算步骤如下。

第一步,用表列出现象3年以上分月(季)资料。

第二步,计算移动平均数。

第三步,以实际值除以相应的移动平均趋势值,得移动平均比率,剔除原序列的趋势成分。其计算公式如式(9.31)所示。

$$\text{移动平均比率} = \frac{\text{实际值}}{\text{移动平均趋势值}} \times 100\% \tag{9.31}$$

第四步,计算季节指数 S_i 以消除不规则变动。其计算公式为

$$\text{季节指数} S_i = \frac{\text{各年同月(季)移动平均比率的平均水平}}{\text{全年各月(季)移动平均比率的平均水平}} \times 100\%$$

若各月季节指数之和不等于1200%或各季度季节指数之和不等于400%,则用调整系数对季节指数加以调整,$S_i^* = S_i \times$ 调整系数。调整系数的算法如式(9.29)的校正系数。

【例9.13】根据某地凉鞋零售资料,用趋势剔除法计算各季的季节比率,如表9-9和表9-13所示。

表9-13 季节指数计算表

年份	第一季度	第二季度	第三季度	第四季度	合计
第二年/万双	29.1	141.5	208.7	19.8	399.1
第三年/万双	31.0	150.4	195.6	22.7	399.7
第四年/万双	31.4	149.1	196.3	23.7	400.5
三年平均/万双	30.5	147.0	200.2	22.1	399.8
季节指数/%	30.52	147.07	200.30	22.08	400.00

解:在表9-13中,根据表9-9所得3年各季度的移动比率(见表9-9的第6列)数据求均值,则全期平均季节比率合计为399.8%,小于400%,则用400%÷399.8%×100≈100.05%作为修正系数,分别乘上3年平均各季的移动平均比率,如第一季度,由30.5%×100.05%≈30.52%,则第一季节指数为30.52%,依此类推求得各季度的季节指数。计算结果表明,该地凉鞋零售呈明显季节变动,每年从第二季度进入旺季,到第三季度达到零售顶峰,第四季度迅速回落,一直维持到次年的第一季度,都是零售淡季。

对季节变动进行预测时,若现象的发展没有明显的上升或下降趋势,就可以直接利用已计算的季节比率和季节变差,如式(9.32)和式(9.33)所示。

$$\text{季节比率预测值} = \text{上年月平均值} \times \text{各月季节比率} \tag{9.32}$$

$$\text{季节变差预测值} = \text{上年月平均值} + \text{各月季节变差} \tag{9.33}$$

【例9.14】 根据例9.12中表9-12某市第三年皮衣销售量资料,预测第四年各月的皮衣销售量。

解: 第四年1月份的皮衣销售量为

季节比率预测销售量= 15 600×168.39%=26 268.8 (件)

季节变差预测销售量= 15 600×9259.7%=24 859.7 (件)

其余各月类推。

如果时间数列存在明显的增长或下降趋势,就需要把增长或下降的趋势考虑进去。方法是先根据平行数列中各个年度资料的合计数,用测定与分析长期趋势的方法,计算预测年度的趋势值,再根据预测年度平均月/季趋势值乘基年的各月季节比率(或加基年的各月/季节变差)进行预测。

9.3.5 循环成分与不规则成分分析

循环成分归因于时间序列的多年循环,它与季节变动类似。但是,由于其所涉及的时间太长,使得获得比较恰当的数据进行循环成分分析比较困难。通常循环的周期是变化的,因此循环成分比季节成分分析要困难得多。

循环成分的测定最常用的方法是剩余法,即从时间序列中分别消除长期趋势和季节变动,然后再消除不规则变动,剩余部分便是循环变动。其具体步骤如下。

第一步,消除季节变动。根据原时间序列Y计算季节指数,然后求得无季节性资料,用公式表示如式(9.34)所示。

$$\frac{Y}{S} = \frac{T \times S \times C \times I}{S} = T \times C \times I \tag{9.34}$$

第二步,剔除长期趋势。根据$T \times C \times I$序列计算趋势值T,然后求得含有循环变动及不规则变动的序列,用公式表示如式(9.35)所示。

$$\frac{T \times C \times I}{T} = C \times I \tag{9.35}$$

第三步,消除不规则变动。对$C \times I$序列进行移动平均(MA),即得循环变动值C,用公式表示如式(9.36)所示。

$$C = \mathrm{MA}(C \times I) \tag{9.36}$$

不规则变动的测定也采用剩余法,即从时间序列中注意将长期趋势、季节变动和循环变动分离出来,其剩余部分归结为不规则变动。其具体步骤的第一步、第二步和第三步同循环变动的测定,第四步是从$C \times I$序列中消除循环变动C,即可求得不规则变动,用公式表示如式(9.37)所示。

$$\frac{C \times I}{C} = I \tag{9.37}$$

9.4 时间序列的预测方法

时间序列预测是指将所研究现象发展变化的趋势和规律进行类推或延伸,借以预测下一段时间或以后若干年内可能达到的水平。

进行时间序列预测一般要经过以下几个步骤。

第一步，收集和整理历史资料，编制时间序列，并根据时间序列汇成统计图表。

第二步，分析时间序列，通常是把各种可能发生作用的因素进行分类，一般分为四大类，即长期趋势、季节变动、循环变动和不规则变动。

第三步，构建预测模型。在审核分析资料的基础上，按照资料所反映事物的本质特征及相互制约关系建立适当的预测模型。

第四步，利用时间序列资料求出长期趋势的变动模型后，就可将其用来预测长期趋势。

第五步，计算季节因素和循环因素对预测值的影响。

由于季节变动规律比较稳定，实际预测中一般假定未来的季节指数不变，即直接利用所测定的季节指数作为未来的季节变动的预测值。循环变动很难测定和预测，不规则变动是无法预测的，都可以不予考虑。所以，最主要的是长期趋势的预测。本节介绍几种常用的长期趋势预测方法。

9.4.1 趋势外推法

当研究对象依时间变化呈现某种上升或下降趋势，没有明显季节波动，且能找到一个合适的函数曲线反映这种变化趋势时，就可以用时间t为自变量，时间序列数值y为因变量，建立趋势模型：$y = f(t)$。如果有理由认为现象发展的过程中没有跳跃式变化，且影响现象长期趋势的基本因素在预测期仍然起着同样的作用，那么赋予变量t所需要的值，就能得到相应的时间序列未来值，这就是趋势外推法。实际应用中，必须先分析影响长期趋势的各种因素是否会出现变化，而且外推的时间不宜太远。

1. 趋势外推模型的选择

趋势外推法主要利用图形识别法和差分法计算来进行模型的选择。

1) 图形识别法

图形识别法就是将时间序列的数据绘制在以时间t为横轴，时序观察值为纵轴的坐标平面上，观察散点的分布并将其形状与各类函数曲线模型的图形进行比较，以选择较为适宜的模型。

2) 差分法

由于模型种类很多，为了根据历史数据正确选择模型，常常利用差分法把时间序列的数据修匀，使非平稳序列成为平稳序列。

当时间序列各期数值的一阶差分$y'_t = y_t - y_{t-1}$大致相等时，就可以适配一次(线性)模型。

当时间序列各期数值的二阶差分$y''_t = y'_t - y'_{t-1}$大致相等时，就可以适配二次(抛物线)模型。

当时间序列各期数值的一阶比率$\dfrac{y_t}{y_{t-1}}$大致相等时，就可以适配指数曲线模型。

当时间序列各项数值一阶差分的一阶比率大致相等时，就可以适配修正指数曲线模型。

2. 用趋势外推法进行预测

1) 多项式曲线模型的趋势外推预测法

多项式曲线模型的一般形式为：$\hat{y}_t = a_0 + a_1 t + a_2 t^2 + \cdots + a_k t^k$。

当$k=1$时，为直线模型：$\hat{y}_t = a_0 + a_1 t$，利用相应参数估计方法(最小平方法)计算参数a_0和a_1的估计值，获得线性趋势方程。如根据表9-10某公司当年1月至10月的销售额资料利用最小平方法获得趋势方程：$\hat{Y} = 8.88 + 0.83t$。若预测其当年11月份的销售额$\hat{Y}_{11}$，只要将$t=11$代入方程即可得：$\hat{Y}_{11} = 8.88 + 0.83 \times 11 = 18.01$(万元)。

当$k=2$时，为二次多项式模型：$\hat{y}_t = a_0 + a_1 t + a_2 t^2$，利用最小平方法可计算得参数$a_0$、$a_1$和$a_2$的估计值。如例9.11根据表9-11中公司的销售量资料，获得二次曲线趋势方程：$\hat{Y}_t = 341.99 + 31.90 t' + 0.66 t'^2$或$\hat{Y}_t = 174.45 + 23.94 t + 0.66 t^2$。

若预测该公司第12年的销售量，只要将$t' = 6$或$t = 12$代入方程，即得$\hat{Y}_{12} = 341.99 + 31.90 \times 6 + 0.66 \times 6^2 = 557.15$，或$\hat{Y}_{12} = 174.45 + 23.94 \times 12 + 0.66 \times 12^2 = 556.77$。

2) 指数曲线模型的趋势外推预测法

指数曲线模型：$\hat{y}_t = a \times e^{bt}(a>0)$，对模型两边取对数变换得：$\lg y_t = \lg a + bt$，令$Y_t = \lg y_t$，$A = \lg a$，则指数曲线模型就转化为直线模型$Y_t = A + bt$，再进行参数估计，以获得趋势模型，然后利用趋势模型进行预测。

3) 修正的指数曲线模型的趋势外推预测法

修正的指数曲线模型：$\hat{y}_t = a + bc^t (0<c<1)$。式中，$a$、$b$和$c$为待定参数。

将时间序列按时间先后顺序分为三组，设各组序列项数为n，第一组序列总和为$\sum_{i=1}^{n} y_{1i}$，第二组序列总和为$\sum_{i=1}^{n} y_{2i}$，第三组变量总和为$\sum_{i=1}^{n} y_{3i}$，则

$$c = \left[\frac{\sum_{i=1}^{n} y_{3i} - \sum_{i=1}^{n} y_{2i}}{\sum_{i=1}^{n} y_{2i} - \sum_{i=1}^{n} y_{1i}}\right]^{1/n}, \quad b = (\sum_{i=1}^{n} y_{2i} - \sum_{i=1}^{n} y_{1i}) \times \frac{c-1}{(c^n - 1)^2}, \quad a = \frac{1}{n}\left[\sum_{i=1}^{n} y_{1i} - b(\frac{c^n - 1}{c - 1})\right]$$

可计算得到各参数估计值，从而获得修正指数曲线趋势模型。

4) 龚珀兹曲线模型的趋势外推预测法

对龚珀兹曲线模型$\hat{y}_t = k \times a^{b^t}$，可先取对数变换得：$\lg y_t = \lg k + b^t \times \lg a$。令$Y_t = \lg y_t$，$A = \lg k$，$B = \lg a$，则模型转换为修正的指数曲线模性：$Y_t = A + B \times b^t$，再进行参数估计，以获得趋势模型。

9.4.2 移动平均预测

移动平均预测就是用移动平均值作为下一期的预测值。与用于测定长期的移动平均法不同的是，每个k期移动平均值不是代表观测值中间一期的趋势值，而是第$(i+k)$期的预测值；移动平均值的位置不再是居中放置，而是置于第$(i+k)$期。

移动平均法可分为简单移动平均预测法和加权移动平均预测法。下面将具体介绍这两种移动平均预测方法。

1. 简单移动平均预测法

简单移动平均预测法就是在时间序列中选择包括本期在内的最近k个时期的观察值，计算其序时平均数作为下一个时期的预测值。随着预测时期向前推移，相邻的k个时期也向前移动，故称移动平均预测法。预测公式如式(9.38)所示。

$$\hat{y}_{t+1} = \frac{y_t + y_{t-1} + \cdots + y_{t-(k-1)}}{k} \tag{9.38}$$

式(9.38)中：$\hat{y}_{t+1}$为$(t+1)$时期的预测值；y_t，y_{t-1}，$\cdots$，$y_{t-(k-1)}$为以前连续k个时期的实际值；k为预测依据的时期数。

2. 加权移动平均预测法

加权移动平均预测法是在时间序列中选择包括本期在内的最近k个时期的观察值，并根据各观察值对预测值影响程度的高低，分别给予不同的权数，计算其加权平均数作为下一期预测值，且随着预测时期向前推移，相邻的k个时期也向前移动。

简单移动平均数假定以前各个时期的实际值对预测值的影响程度相同。实际上，距离预测期近的数据对预测值的影响较大，反之，距离预测期远的数据对预测值的影响较小。这样，应该给不同时期的数据以不同的权数，计算加权移动平均数作为预测值。各期权数的大小，可根据实际情况确定。如需加重近期数据对预测值的影响，则给近期数据以大一些的权数；反之，权数的差别可小些。各权数的级差可相等，也可不等。加权移动平均预测公式如式(9.39)所示。

$$\hat{y}_{t+1} = w_t y_t + w_{t-1} y_{t-1} + \cdots + w_{t-(k-1)} y_{t-(k-1)} \tag{9.39}$$

式(9.39)中：$w_{t+1-i}(i=1，2，\cdots，k)$为各期的权数；$\sum_{i=1}^{k} w_{t+1-i} = 1$。

【例9.15】某银行股票连续18个工作日的收盘价格如表9-14第2列所示，试用三期移动平均预测法(k=3日)和加权移动平均法(权数分别为w_t=0.5，w_{t-1}=0.3，w_{t-2}=0.2)进行预测，并将原序列与预测序列绘制成图进行比较(见图9-4)。

表9-14 某股票价格的移动平均值

时间/日	价格/元	价格的预测值/元	
		移动平均值	加权移动平均值
1	3.11		
2	3.10		
3	3.09		
4	3.08	3.100	3.097
5	3.09	3.090	3.087
6	3.05	3.087	3.087
7	3.06	3.073	3.068
8	3.05	3.067	3.063
9	3.03	3.053	3.053
10	3.08	3.047	3.042
11	3.05	3.053	3.059

(续表)

时间/日	价格/元	价格的预测值/元	
		移动平均值	加权移动平均值
12	3.03	3.053	3.055
13	3.02	3.053	3.046
14	3.03	3.033	3.029
15	2.99	3.027	3.027
16	2.93	3.013	3.008
17	2.94	2.983	2.968
18	2.95	2.953	2.947
19	—	2.940	2.943

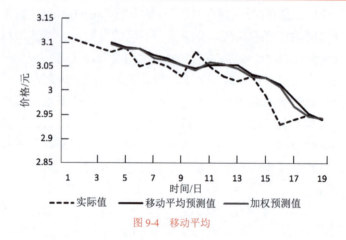

图 9-4　移动平均

用加权移动平均法求预测值，对近期的趋势反映较敏感，但如果一组数据有明显的季节性影响时，用加权移动平均法所得到的预测值可能会出现偏差。因此，有明显的季节性变化因素存在时，最好不要加权。

9.4.3　指数平滑预测

1. 指数平滑法原理

为了将历史统计数据中的随机因素加以过滤，消除统计数据的起伏波动状况，以便把握事物发展的主流，突出事物发展的方向和趋势，可以采用指数平滑法加以分析处理。指数平滑预测是在移动平均法基础上发展起来的一种时间序列分析预测方法，它通过计算指数平滑值，配合一定的时间序列预测模型对现象的未来进行预测。其原理是任一期的指数平滑值都是本期实际观察值与前一期指数平滑值的加权平均。指数平滑的公式如式(9.40)所示。

$$S_{t+1} = \alpha y_t + (1-\alpha) S_t \tag{9.40}$$

式(9.40)中：S_{t+1} 和 S_t 分别表示 $(t+1)$ 期和 t 期的指数平滑值；y_t 为第 t 期的实际观察值；α 称为平滑系数，且 $0<\alpha<1$。式(9.40)也可改写成式(9.41)。

$$S_{t+1} = S_t + \alpha(y_t - S_t) \tag{9.41}$$

即，下期预测数=本期预测数+平滑系数×(本期实际数-本期预测数)。

指数平滑法与移动平均法相比具有较大的改进。首先，用移动平均数预测，当时期k确定以后，预测值就只受预测期以前连续k个时期实际值的影响，再远的时期，就与预测值无关，把实际值对预测值的影响按时期截然分开。事实上，事物的发展是一个连续渐变的过程，只能说较近时期的实际值对预测值的影响较大，较远时期的实际值对预测值的影响较小，不能把较远时期的实际值对预测值的影响完全抹杀。指数平滑法正好弥补了移动平均法的这一缺点，承认了以前所有时期的实际值对预测值都有影响，将指数平滑公式展开：

$$S_{t+1} = \alpha y_t + (1-\alpha)S_t$$
$$= \alpha y_t + (1-\alpha)\times(\alpha y_{t-1} + (1-\alpha)S_{t-1})$$
$$= \alpha y_t + \alpha(1-\alpha)y_{t-1} + (1-\alpha)^2 S_{t-1}$$
$$\vdots$$
$$= \alpha y_t + \alpha(1-\alpha)y_{t-1} + \alpha(1-\alpha)^2 y_{t-2} + \cdots + \alpha(1-\alpha)^{t-1} y_1 + (1-\alpha)^t S_1$$

式中：S_1称为初始值，通常将时间序列的最初水平y_1作为初始值S_1。可见，指数平滑值S_{t+1}实质上是以前各期实际值的加权算术平均数，且由权数呈指数形式递减可知，各期的影响程度是由近至远按指数曲线规律下降的。

其次，指数平滑预测法需要掌握的数据，被简化到最低限度，只要有本期预测值和实际值两个数据，就可对下一期做出预测。因此，指数平滑法是实际工作中被广泛应用的一种短期预测方法。

应用指数平滑法的关键是平滑系数α的选择。α取值越大，近期值的权数愈大，它对预测值的影响也越大；α取值越小，近期值与远期值对预测值的影响趋于一致。在实际应用中平滑系数α的取值可以根据经验确定，如果预测值受近期数的影响较大，则α取值应大些；反之，如果事物的变动没有明显规律，各时期的影响程度相差不大，则α取值可小些。如果缺乏经验，可以根据前几期的实际值，测算一下α不同取值的预测误差，取误差小的α值为适宜。

2. 指数平滑的预测公式

根据平滑次数不同，指数平滑法可分为一次指数平滑法、二次指数平滑法和三次指数平滑法。

当时间序列没有明显的趋势变化，可直接用一次指数平滑法计算结果作为下期的预测值。其预测公式如式(9.42)所示。

$$\hat{y}_{t+1} = \alpha y_t + (1-\alpha)\hat{y}_t \qquad (9.42)$$

式(9.42)中：$\hat{y}_{t+1}$为$(t+1)$期的预测值，即$(t+1)$期的平滑值S_{t+1}；y_t是t期的实际值；$\hat{y}_t$是t期的预测值，即t期的平滑值S_t。式(9.42)也可改写成式(9.43)。

$$\hat{y}_{t+1} = \hat{y}_t + \alpha(y_t - \hat{y}_t) \qquad (9.43)$$

即，下期预测值又是本期预测值与以α为权数的本期实际值与预测值误差之和。

【例9.16】某旅馆过去10个月的营业额数据见表9-15第2列，采用一次指数平滑法，分别用平滑系数$\alpha=0.3$，$\alpha=0.4$和$\alpha=0.5$来预测各月的营业额。

解：若平滑系数$\alpha=0.3$，$\hat{y}_1$即初始值S_1，$S_1=\hat{y}_1=203.8$(万元)

$$\hat{y}_2 = \alpha y_1 + (1-\alpha) \times \hat{y}_1 = 0.3 \times 203.8 + (1-0.3) \times 203.8 = 203.8(万元)$$
$$\hat{y}_3 = \alpha y_2 + (1-\alpha) \times \hat{y}_2 = 0.3 \times 214.1 + (1-0.3) \times 203.8 = 206.9(万元)$$
其余类推。

表9-15 某旅馆营业额的指数平滑值

时间/月	营业额/万元	营业额指数平滑值/万元		
		$\alpha=0.3$	$\alpha=0.4$	$\alpha=0.5$
1	203.8	—	—	—
2	214.1	203.8	203.8	203.8
3	229.9	206.9	207.9	209.0
4	223.7	213.8	216.7	219.4
5	220.7	216.8	219.5	221.6
6	198.4	217.9	220.0	221.1
7	207.8	212.1	211.4	209.8
8	228.5	210.8	209.9	208.8
9	206.5	216.1	217.4	218.6
10	226.8	213.2	213.0	212.6
11	—	217.3	218.5	219.7

当时间序列具有较明显的线性趋势变化时，一次指数平滑预测值总会落后于实际值的变动，此时需要使用二次指数平滑法。

二次指数平滑是在一次指数平滑基础上的再一次平滑，其二次指数平滑值的计算公式如式(9.44)所示。

$$\hat{y}_{t+1}^{(2)} = \alpha \hat{y}_t^{(1)} + (1-\alpha) \hat{y}_t^{(2)} \tag{9.44}$$

式(9.44)中：$\hat{y}_t^{(1)}$表示一次指数平滑值；$\hat{y}_{t+1}^{(2)}$和$\hat{y}_t^{(2)}$表示二次指数平滑值。

然后建立二次指数平滑的预测模型，如式(9.45)所示。

$$\hat{y}_{t+T} = a_t + b_t T \tag{9.45}$$

式(9.45)中：$a_t = 2\hat{y}_t^{(1)} - \hat{y}_t^{(2)}$；$b_t = \dfrac{\alpha}{1-\alpha}(\hat{y}_t^{(1)} - \hat{y}_t^{(2)})$，$T$表示未来的第$T$期。

当时间序列具有较明显的非线性增长趋势时，一次指数平滑和二次指数平滑都将失去有效性，此时需要使用三次指数平滑法。

三次指数平滑是在二次指数平滑基础上的再一次平滑，求取三次指数平滑值，然后建立预测模型，并根据一次、二次、三次指数平滑值求解模型参数。

三次指数平滑值的计算公式如式(9.46)所示。

$$\hat{y}_{t+1}^{(3)} = \alpha \hat{y}_t^{(2)} + (1-\alpha) \hat{y}_t^{(3)} \tag{9.46}$$

式(9.46)中：$\hat{y}_t^{(2)}$表示二次指数平滑值；$\hat{y}_{t+1}^{(3)}$和$\hat{y}_t^{(3)}$表示三次指数平滑值。

三次指数平滑法的预测模型如式(9.47)所示。

$$\hat{y}_{t+T} = a_t + b_t T + c_t T^2 \tag{9.47}$$

式(9.47)中：$a_t = 3\hat{y}_t^{(1)} - 3\hat{y}_t^{(2)} + \hat{y}_t^{(3)}$；$b_t = \dfrac{\alpha}{2(1-\alpha)^2}[(6-5\alpha)\hat{y}_t^{(1)} - 2(5-4\alpha)\hat{y}_t^{(2)} + (4-3\alpha)\hat{y}_t^{(3)}]$；

$c_t = \dfrac{\alpha}{2(1-\alpha)^2}[\hat{y}_t^{(1)} - 2\hat{y}_t^{(2)} + \hat{y}_t^{(3)}]$。

需要注意的是，预测值只反映现象的发展趋势，即使是很准确的预测模型获得的趋势线，其本质也只是平均数的作用，实际值总是在预测值的上下波动。由于指数平滑预测公式既定，可能与实际情况存在偏差，随着预测超前期数T增大，预测误差越大，预测结果的精度越小。因此，指数平滑预测法主要适用于进行时间序列的短期预测。

9.4.4 预测误差

由于预测模型或方法的选择不当、参数估计不准确或不规则变动等因素的影响，预测结果总是存在偏差。现象的实际值与预测值之差称为预测误差，可用于衡量预测模型或方法的优劣。预测误差小，预测结果的精度就高。

以y_t表示t期的实际值，$\hat{y}_t$表示t期的预测值，n表示预测值个数。衡量预测误差大小的常用指标有以下5个，如式(9.48)至式(9.52)所示。

1) 平均绝对误差(MAE)

$$\text{MAE} = \frac{1}{n}\sum_{t=1}^{n}|y_t - \hat{y}_t| \tag{9.48}$$

2) 平均相对误差(MPE)

$$\text{MPE} = \frac{1}{n}\sum_{t=1}^{n}\left|\frac{y_t - \hat{y}_t}{y_t}\right| \tag{9.49}$$

3) 均方误差(MSE)

$$\text{MSE} = \frac{1}{n}\sum_{t=1}^{n}(y_t - \hat{y}_t)^2 \tag{9.50}$$

4) 均方根误差(RMSE)

$$\text{RMSE} = \sqrt{\text{MSE}} = \sqrt{\frac{1}{n}\sum_{t=1}^{n}(y_t - \hat{y}_t)^2} \tag{9.51}$$

5) 估计标准误差(S_y)

$$S_y = \sqrt{\frac{1}{n-m}\sum_{t=1}^{n}(y_t - \hat{y}_t)^2} \tag{9.52}$$

式(9.52)中：m为趋势方程中未知参数的个数。

【例9.17】续例9.11，求该公司销售量趋势方程测算误差。

解：由于例9.11是根据最小平方法确定二次曲线方程的，因此根据表9-11的倒数第1列数据，计算该公司销售量趋势方程的测算误差。

$$\text{RMSE} = \sqrt{\frac{1}{n}\sum_{t=1}^{n}(Y_t - \hat{Y}_t)^2} = \sqrt{\frac{51.3144}{11}} \approx 2.1598$$

均方根误差约为2.16，可见误差很小，模型：$\hat{Y}_t = 341.99 + 31.90t' + 0.66t'^2$可用。

根据表9-11的倒数第2列数据，可方便地观察到平均绝对误差(MAE)约为2.05，也可见到误差很小，从而判断模型是可用的。

以上衡量预测误差大小的指标中，平均绝对误差和平均相对误差受异常值的影响较小，而均方误差和均方根误差受异常值的影响较大。在对多个模型的预测误差进行比较时，采用平均相对误差可以避免绝对水平和计量单位不同的影响。估计标准误差用于衡量趋势外推预测模型的预测误差大小。

本章小结

时间序列是指将某种现象的某一个统计指标在不同时间上的各个数值，按时间先后顺序排列而形成的序列。它是研究现象发展变化趋势、规律和对未来状态进行预测的重要依据。时间序列按其观察值的表现形式不同分为：绝对数时间序列、相对数时间序列和平均数时间序列。编制时间序列应遵循的原则是保证时间序列中各项指标数值的可比性。

时间序列的变化受到长期趋势、季节变动、周期变动和不规则变动4个因素的影响。对时间序列进行四因素分解的方法有很多，较常用的模型有加法模型和乘法模型。长期趋势常用的测定与分析方法有时距扩大法、移动平均法、最小平方法等。季节变动较常用的测定方法是按月(季)平均法和移动平均趋势剔除法。循环变动测定最常用的方法是剩余法。

对时间数列中各统计指标加以对比或平均计算，从而得到的一系列动态分析指标，是研究事物发展变化的趋势和规律的常用方法。根据计算方法的不同，可分为动态比较指标和序时平均指标。通常动态比较指标有发展水平、增长量、发展速度和增长速度；序时平均指标对应的有平均发展水平、平均增长量、平均发展速度和平均增长速度等。

时间序列预测是指将现象在过去和现在所呈现出来的趋势和规律进行类推或衍生，借以预测现象在未来时间上可能达到的水平。预测方法有趋势外推法、移动平均预测和指数平滑预测。预测误差是指现象的实际值与预测值之差，用于衡量预测模型或方法的优劣。衡量预测误差大小的常用指标有平均绝对误差、平均相对误差、均方误差、均方根误差和估计标准误差。

练习题

一、思考题

1. 编制时间序列应遵守哪些原则？
2. 怎样由相对数时间序列、平均数时间序列计算序时平均数？
3. 运用几何平均数计算速度应注意哪些问题？
4. 如何判断长期趋势的类型？
5. 什么是季节变动？怎样测定季节变动？

二、选择题

1. 反映同类现象在不同时期发展变化一般水平的指标是(　　)。
   A. 算术平均数　　　　B. 调和平均数　　　　C. 众数　　　　D. 序时平均数

2. 如果每年的增长量大于1，则各年环比发展速度将( )。
   A. 上升　　　　B. 下降　　　　C. 不变　　　　D. 无法判断
3. 如果每年的发展速度小于1，则各年逐期增长量将( )。
   A. 增加　　　　B. 减少　　　　C. 不变　　　　D. 无法判断
4. 用移动平均法修匀时间序列，移动的时距长短必须( )。
   A. 是奇数
   B. 是偶数
   C. 是无名数
   D. 考虑现象有无周期变动
5. 平均发展水平的计算只适用于( )。
   A. 总量指标时间序列
   B. 时期序列
   C. 时点序列
   D. 总量指标、平均指标和相对指标时间序列
6. 某工业企业今年的利润额为1000万元，去年为800万元，则( )。
   A. 今年比去年增长125%
   B. 今年是去年的1.25倍
   C. 今年比去年增长25%
   D. 今年比去年增加200万元
   E. 今年为去年的125%
7. 下列选项中，属于时期序列的是( )。
   A. 历年旅客周转数
   B. 某地区2010—2020年的工业总产值
   C. 某企业每年年末的在册人数
   D. 某农场每年年末的耕地面积
   E. 某企业每年利润额
8. 定基发展速度与环比发展速度之间( )。
   A. 反映的经济内容不同
   B. 对比的基期不同
   C. 计算方法不同
   D. 速度指标相同
   E. 环比发展速度的连乘积等于定基发展速度
9. 发展水平、增长量、发展速度、增长速度间的关系是( )。
   A. 发展速度=基期水平+报告期水平
   B. 增长速度=增长水平+基期水平
   C. 增长量=报告期水平-基期水平
   D. 增长速度=发展速度-1
   E. 发展水平=增长量之和
10. 平均增长量( )。
    A. 是逐期增长量的序时平均数
    B. 是累计增长量的序时平均数
    C. 是环比速度的序时平均数
    D. 可用累计增长量除以逐期增长量的项数
    E. 可用累计增长量之和除以其项数

三、计算题

1. 某企业工人人数资料如表9-16所示。

表9-16　某企业工人的人数

月份	1月	2月	3月	4月	5月	6月	7月
月初人数/人	200	210	220	208	230	240	212

试计算该企业第一季度和第二季度，以及上半年的平均人数。

2. 某校年平均毕业生人数如表9-17所示。

表9-17　某校年平均毕业生人数

年份	1950—1960年	1961—1965年	1966—1969年	1970—1976年	1977—1982年	1983—1992年	1993—2002年	2003—2015年	2016—2024年
年平均毕业生人数/人	600	800	750	800	900	4 000	10 000	20 000	22 000

试计算该校75年来平均每年的毕业生人数。

3. 某企业工人数和产值资料如表9-18所示。

表9-18　某企业工人数和产值

月份	6月	7月	8月	9月	10月	11月	12月
月末人数/人	120	—	—	112	—	130	140
月产值/百元	380	385	374	390	400	410	370

试计算该企业下半年平均每月人均产值。

4. 某厂上半年总产值及平均每个工人产值资料如表9-19所示。

表9-19　某厂上半年总产值及人均产值

月份	1月	2月	3月	4月	5月	6月
总产值/万元	60.0	69.0	68.0	70.5	70.4	70.0
人均产值/元	2000	2100	2200	2250	2200	3000

试计算该厂第二季度平均月劳动生产率和上半年平均劳动生产率。

5. 计算表9-20中空缺的指标值。

表9-20　2010—2023年的各项指标值

年份	发展水平	增减量		平均增减量	发展速度/%		增长速度/%	
		累计	逐期		定基	环比	定基	环比
2018年	285	—	—	—	—	—	—	—
2019年				42.5				
2020年		109.2						
2021年							45.2	
2022年						139.0		
2023年								3.2

6. 在"十二五"规划中首次明确收入增长要超过GDP的增速，而2010年我国居民人均可支配收入为12 520元，城镇居民人均可支配收入为18 779元，农村居民人均可支配收入为6272元，这仅相当于美国20世纪60年代末期的水平。请收集2010年至今历年相关统计数据，观察居民收入增长与GDP的增速情况，分析若以2010年至今我国的GDP与居民人均可支配收入的平均增长速度发展，"十五五"末(2030年)我国人均可支配收入能达到多少？需要经过多少年才能使人均可支配收入达到40 000元？若以2010年以来的平均速度增长，需要经过多少年才能使人均可支配收入达到美国2024年的水平？

7. 表9-21是某加工企业连续5年的加工量数据。

表9-21　某加工企业连续5年的加工量

月	第一年	第二年	第三年	第四年	第五年
1	78.8	91.9	90.4	66.8	99.5
2	78.1	92.1	100.1	73.3	80.0
3	84.0	80.9	114.1	85.3	108.4
4	94.3	94.5	108.2	94.6	118.3
5	97.6	101.4	125.7	74.1	126.8
6	102.8	111.7	118.3	100.8	123.3
7	92.7	92.9	89.1	106.7	117.3
8	41.6	43.6	46.1	44.0	42.0
9	109.8	117.5	132.1	132.1	150.6
10	127.3	153.1	173.9	162.5	176.6
11	210.3	229.4	273.3	249.0	249.2
12	242.8	286.7	352.1	330.8	320.6

试对上述时间序列进行分解，计算季节指数和剔除季节变动。

四、案例分析题

表9-22是客乐饭店近3年各月饮料的营业额资料。

表9-22　客乐饭店近3年各月饮料的营业额

单位：千元

时间	1月	2月	3月	4月	5月	6月	7月	8月	9月	10月	11月	12月
近3年	242	235	232	178	184	140	145	152	110	130	152	206
近2年	263	238	247	193	193	149	157	161	122	130	167	230
近1年	281	255	265	205	210	160	166	174	126	148	173	235

客乐饭店要建立一个系统以提前1年预测来年各月饮料的营业额，以便安排来年的进货。

对客乐饭店饮料的营业额数据进行分析。请为客乐商场发展部准备一份囊括你的发现、预测和建议的总报告，其中包括：

(1) 时间序列的图形；

(2) 数据的季节分析。计算出每个月的季节指数，并评论每个月的营业额季节影响的高低。季节指数是否有直观上的意义？对此加以讨论；

(3) 预测来年各月饮料的营业额；

(4) 提出建议，说明你的系统在面对新的销售数据时需要进行的更新；

(5) 在你的报告中，给出你所分析的详细计算结果。

假设来年1月饮料的营业额为295 000元，则你的预测误差是多少？若此误差使客乐商场发展部对你的预测产生疑惑，你将作何解释？

第 10 章

统计指数

【案例】 国家统计局一般在月后11日左右，季度、年度则延至月后20日左右发布居民消费价格指数(CPI)、工业品出厂价格指数(PPI)等各类指数。这些指数一则是为宏观经济分析与决策提供支持，再则是为了帮助居民了解当前的商业和经济状况。例如，2024年2月份，CPI同比上涨0.7个百分点，环比上涨1.0个百分点；PPI同比下降2.7个百分点……

CPI为100.7%，意味着报告期比基期的消费价格整体上提高了0.7%。尽管只有少数居民确切理解这个数据的含义，但人们的确知道该数值大于100%，意味着价格的上涨。一般来说，CPI的高低直接影响着国家的宏观经济调控措施的出台与力度，如央行是否调息、是否调整存款准备金率等。同时，CPI的高低也间接影响资本市场(如股票市场)的变化。PPI的下降需要进一步分析生产资料价格与生活资料价格变化的情况，观察生产端与需求端的恢复动能及其关系，决定未来面临深层次结构性调整的需求。

虽然国家统计局发布的居民消费价格指数可能是最著名的指数，但是还有许多政府和私人机构的指数，它们也可以帮助我们理解某一时期我国(或地区)的经济状况和另一时期我国(或地区)的经济状况的比较分析。同时，指数分析法是利用指数体系进行因素分析。为了有助于理解指数的计算与指数分析法，本章从统计指数的概念与总指数的编制开始介绍。

10.1 统计指数的概念和类别

10.1.1 统计指数的概念

统计指数简称指数。从指数产生和发展的历史来看，最早的指数是物价指数，随着统计指数的应用和理论的不断发展，逐步扩展到工业生产、进出口贸易、铁路运输、工资、成本、生活费用、股票证券等各个方面，从而使得指数的定义不仅仅局限于物价指数，而是把所有反映经济现象动态变化的相对数都称为指数。到了现代，指数的应用不仅突破了动态对比的范畴，而且应用于经济现象在不同地区、不同部门和不同国家之间的对比，认为相对数都是指数。由于指数的方法论问题主要是针对综合反映某类现象的变动展开讨论的，为了将指数与相对数相区别，人们又将指数的概念分为广义和狭义两种。广义的指数是指一切说明社会经济现象数量变动或差异程度的相对数。狭义的指数是一种特殊的相对数，也专指说明不能直接相加的复杂社会经济现象综合变动的相对数。

指数作为相对数看，和其他一般相对数比，既有共同性，又有特殊性。指数的内涵大于一般相对数，外延小于一般相对数，且指数已形成了一种与一般相对数统计分析方法相异的、自身独特的统计分析方法体系。因此，本章对指数定义如下。

指数包括指数的概念和指数分析法两层含义：一是指数的概念有广义和狭义两种；二是指数分析法，即通过计算各种指数来反映某一经济现象的数量总变动及其组成要素对总变动影响程度的统计分析方法。

指数有相对性、综合性和平均性三大基本特性。相对性是指指数的结果不是一个绝对水平，而是一个相对水平，是两个数值比较的结果。综合性是指它综合反映了现象总体的数量变化关系。比如，一类商品包括许多种不同的商品，把它们综合起来，计算其价格变动的类指数，这种类指数反映了多种不同的商品价格的总变动情况，具有综合性。平均性是指它反映了现象总体中各单位变动的平均水平。比如，生活用品有成千上万种，有些生活消费品的价格上升，另外一些生活消费品的价格则下降，也会有一些生活消费品的价格持平，计算生活费用价格指数，既不集中在价格上升的生活消费品上，也不集中在价格下降的生活消费品上，当然也不集中在价格持平的生活消费品上，而是从平均的意义上测定所有生活消费品的价格总变动。

10.1.2 统计指数的分类

从不同的角度，可以对统计指数进行不同的分类。

1. 按计入指数的项目数量不同，指数可分为个体指数和总指数

个体指数是说明单个事物或现象在不同时期上的变动程度。例如，一种商品的价格指数、一种产品的产量指数和一种商品的成本指数等，都是个体指数。它属于在广义的指数范畴内。

总指数是说明多种事物或现象在不同时期上的综合变动程度。例如，几种产品综合的产量指数、全部商品的物价指数等，都是总指数。

2. 按计算形式不同，指数可分为简单指数和加权指数

简单指数是指不用权数编制总指数的方法。简单指数对每一种具体的个体指数在整体中所居的地位不加考虑，直接简单地相加平均。

加权指数不但考虑每一种具体的个体指数的数值大小，而且在对各个体指数进行综合，形成综合指数时，还要根据每一种具体的个体指数在整体中所处的地位，赋予权数，再进行相加平均。

3. 按所反映现象的特征不同，指数可分为数量指标指数和质量指标指数

数量指标指数简称数量指数，它反映现象的总规模、水平或工作总量的变化程度。例如，产品产量指数、商品销售量指数等，这些指数都是根据产量、销售量等数量指标变动计算的。若把所研究的特性称为指数化因素，则数量指数的特点是其指数化因素为数量指标。

质量指标指数简称质量指数，可以反映工作质量的变动状况。例如，劳动生产率指数、价格指数、成本指数等，它们是根据劳动生产率、价格和成本等质量指标变动计算的。质量指数的特点是其指数化因素为质量指标。

4. 按比较的指标是否属于同一时间，指数可分为静态指数和动态指数

动态指数又称时间指数，它是将不同时间上的同类现象水平进行比较的结果，可以反映现象在时间上的变化程度，常见的动态指数有零售物价指数、消费价格指数、股价指数、工业生产指数等。动态指数按比较时采用的基期不同，又可分为定基指数和环比指数两种。在一个动态指数数列中，如果各期指数都是以某一固定时期作为基期的，就称为定基指数；而环比指数的基期是随报告期的变化而变化的，可以报告期的上一期或上一年的同期作为基期。

静态指数包括空间指数与计划静态指数，它们分别反映同类现象的数量在相同时间内不同空间或实际对计划的差异程度，如不同地区、不同单位的工资水平相互比较的相对数，以及企业的产量计划完成程度等。

10.2 总指数的编制

10.2.1 个体指数与总指数性质及其关系

按照经济统计学的观点，个体指数是一个变量。该变量表现了总体中各种商品从基期到报告期价格(物量)变化的所有结果。由于各种商品价格(物量)的变化受人的行为因素的干扰有不同程度变化，而人的行为因素又因时间、地点、经济环境等的不同而变化，所以，商品价格(物量)的变化具有随机性。

为了解和掌握经济发展的进程，分析社会商品生产和销售的动态变化，需要对社会商品总体进行调查，掌握社会商品在不同时期的价格和物量数据资料。但由于社会商品众多，受到人力、物力、财力、时间等多种因素的限制，不可能将所需资料一个不漏地全部收集到。因此，世界各国都用代表品集团的数据资料来对社会商品总体性质进行统计推断，即将代表品集团的数量特征看作社会商品总体的数量特征。

令 x、y、z 分别为社会商品个体价格指数、个体物量指数和个体价值指数，则 $z=xy$。现实生活中，可以把随机变量 x、y 和 z 看成连续型的。根据总指数的性质，社会商品的价格指数、物量指数和价值指数分别是社会商品个体价格指数、个体物量指数和个体价值指数的平均。社会商品千差万别，每种商品的价格指数及物量指数均不相同。即使是同种类产

品，不同厂家生产的商品价格指数和物量指数也不尽相同，从而价值指数也就不同。从全社会来看，可以认为社会商品价值指数是社会商品价格指数与物量指数的函数，也就是以社会商品个体价格指数x及个体物量指数y为自变量的函数。设随机变量x和y的边际概率密度函数分别为$f(x)$、$f(y)$，联合密度函数为$f(x, y)$，则社会商品价格指数(E_x)、物量指数(E_y)和价值指数(E_z)分别如式(10.1)、式(10.2)、式(10.3)所示。

$$E_x = \int_0^1 x f(x) \mathrm{d}x \tag{10.1}$$

$$E_y = \int_0^1 y f(y) \mathrm{d}y \tag{10.2}$$

$$E_z = E_{xy} = \int_0^1 \int_0^1 xy f(x, y) \mathrm{d}xy \tag{10.3}$$

对于社会中任一商品的个体价格指数x，不论该商品的物量指数值如何变化，该商品个体价格指数对社会价值总额的影响作用始终是$f(x)$。E_x是不考虑物量的变动，单纯研究商品价格变化状况的量化模式。同理，E_y是不考虑物价变化带动物量随机变化的部分，单纯研究商品物量变动状况时得到的社会商品物量指数值。E_z是综合考虑商品价格与物量共同变化时的社会商品价值指数值。

我国选择代表品集团的具体做法是，把社会商品首先划分成几个大类，大类下划分中类，中类下划分小类，然后在每个小类中选取代表品。如果把社会商品按一定标志分成n层，从每一层中随机抽取一种类(对于不同厂家生产的同一产品，同一厂家生产的不同质量、规格、等级等产品都归为一种类，使种类与现实生活中的观念及实际操作相吻合)，这样所抽到的商品就构成一个分层样本，这些众多的分层样本中必然包含代表品集团。如果代表品集团是随机抽样获得的，那么代表品集团是所有样本中最能代表总体、能说明总体数量特征的样本。尽管实际中代表品集团是有意识抽选的，但是将它作为一个分层随机样本处理并不失一般性。

10.2.2 总指数的编制方法

由于统计研究的对象是总体，而且个体指数编制比较简单，可以视为总体指数的特例，因此，统计指数编制方法都是针对总指数而言的。编制方法分为两类：一是简单指数法；二是加权指数法。加权指数法按综合方法的不同，又分为加权综合指数法和加权平均数指数法。

本节在介绍这些基本方法时，用商品价格和数量为例说明总指数的编制，并统一规定：p表示价格；q表示物量；下标0表示基期的取值；下角标1表示报告期的取值；下角标s表示特定期的取值；k表示个体指数；$\overline{K}$表示总指数。

1. 简单指数法

简单指数法是指不用权数编制总指数的方法。简单指数法的实质是排除所反映对象各自不同的重要性和影响力(也即权数)，而单独研究其某一特性变化的方法。简单指数法的主要表现形式有简单综合法、简单算术平均法、简单调和平均法、简单几何平均法、简单中位数法和简单众数法等。

1) 简单综合法

简单综合法又称简单总和法，该方法是将指数化因素报告期取值的总和，与其基期的取值总和进行比较。简单综合法的物价指数计算如式(10.4)所示。

$$\overline{K} = \frac{\sum p_1}{\sum p_0} \tag{10.4}$$

【例10.1】设某商店3种商品报告期和基期销售价格如表10-1所示，试用简单综合法计算物价总指数。

表10-1 某商店商品销售价格

商品名称	计量单位	基期价格/元 p_0	报告期价格/元 p_1
甲	件	4.2	4.0
乙	米	3.6	3.0
丙	台	9.6	12.0

解：简单综合法计算的物价总指数为

$$\overline{K} = \frac{\sum p_1}{\sum p_0} = \frac{4.0+3.0+12}{4.2+3.6+9.6} = \frac{19.0}{17.4} \approx 1.0920 \text{ 或 } 109.20\%$$

说明3种商品报告期价格较基期价格上涨了9.20%。

该计算方法存在的缺陷主要表现在以下几个方面。

(1) 计算的结果受计量单位的影响。如例10.1中，乙商品的计量单位如果不是米而是尺，那么计算的指数值就有较大差异。

(2) 即使在计算物价指数时保持计量单位相同，但由于各种商品的价值不同，使计算结果受价值高的商品价格影响，存在着隐伏加权。即个别高价商品的价格变动能够支配与左右总指数的高低，掩盖了一些低价商品价格变动对总指数的影响。如例10.1中，甲、乙两种商品的价格都下降，但由于高价商品丙的价格上涨，使总指数趋向仍表现为上涨。

2) 简单算术平均法

简单算术平均法是个体指数之和的简单算术平均。简单算术平均法的物价指数计算如式(10.5)所示。

$$\overline{K} = \frac{\sum p_1/p_0}{N} \tag{10.5}$$

式中，N表示个体指数的个数。

将例10.1表10-1中的数据代入式(10.5)，求得3种商品的价格总指数为

$$\overline{K} = \frac{\sum p_1/p_0}{N} = \frac{(4.0/4.2)+(3.0/3.6)+(12.0/9.6)}{3} \approx 1.0119 \text{ 或 } 101.19\%$$

可见，用该方法计算的价格总指数表明，3种商品的平均价格上升了1.19%，这与用简单综合法计算的结果有差异。这种过渡到以相对指标为基础的计算方法，克服了简单综合法所有的缺陷，但这种方法是在各指标的权数均为1的条件下计算的，这显然与商品的重要

性和价格变动的实际影响不符。

当实际中由于种种客观条件的限制而无法取得权数资料时，简单指数不失为测算指数的一种手段。但是从简单指数的编制方法来看，简单指数法没有结合商品的重要性和影响力，明显存在一种缺陷，利用简单指数法计算的结果只是粗略的概况，不是编制指数的完美方法。在指数编制实践中，现已很少使用，因此，对简单调和平均法、简单几何平均法、简单中位数法和简单众数法等就不在此赘述。

2. 加权指数法

1) 加权综合指数法

综合指数法是将不可同度量的诸经济变量通过另一个有关的称为同度量因素的变量转换成可相加的总量指标，然后以总量指标对比所得到的相对数来说明复杂现象量的综合变动的一种指数编制方法。其主要特点是先综合而后对比。下面以物量指数和物价指数为例，说明总指数的综合编制法。

设某商店3种商品报告期和基期销售量和价格等资料如表10-2所示。根据该表资料，可以编制3个总指数，即销售额总指数($\bar{K}_{pq}$)、销售量总指数($\bar{K}_q$)和销售价格总指数($\bar{K}_p$)。

表10-2 某商店商品销售统计表

商品名称	计量单位	销售量		价格/元		销售额/元			
		基期	报告期	基期	报告期	基期	报告期	假定值	
		q_0	q_1	p_0	p_1	p_0q_0	p_1q_1	p_0q_1	p_1q_0
甲	件	200	250	4.2	4.0	840	1000	1050	800
乙	米	750	800	3.6	3.0	2700	2400	2880	2250
丙	台	50	46	9.6	12.0	480	552	441.6	600
合计	—	—	—	—	—	4020	3952	4371.6	3650

销售额总指数的计算是很容易的，将报告期的销售额和基期的销售额相比即可。总指数公式如式(10.6)所示。

$$\bar{K}_{pq} = \sum p_1q_1 / \sum p_0q_0 \tag{10.6}$$

由式(10.6)与表10-2的数据求得$\bar{K}_{pq}$=3952/4020≈0.9831或98.31%。

然而，销售量总指数和销售价格总指数就不那么容易计算了。

销售量总指数是反映多种商品销售量变动的总指数。不同种类的商品，由于使用价值、计量单位不同，其实物量是不能相加的。因此，就需要把各种性质不同的实物量过渡到性质相同的价值量。在编制销售量总指数的过程中，可以通过价格把不同的实物量转化为价值量，则有式(10.7)。

$$销售价格(p) \times 销售量(q) = 销售额(pq) \tag{10.7}$$

式(10.7)中，价格也是一个变量因素，它时刻都可能在变化，因此，商品销售额的总变动就不能代表商品销售量的总体变化了。只有当价格固定不变，即剔除价格变动的影响时，才能实现商品销售额的变动来综合反映各种商品销售量的总体变动的目标。

在统计学中，一般把不能直接相加的不同度量指标过渡到可以直接相加的同度量的指标所需引入的媒介因素,叫作同度量因素。考察的随时间变化的因素指标称为指数化因素。在计算销售量总指数时,销售价格便是把不可相加的各种商品销售量过渡到能够直接相加的价值量的同度量因素,而销售量就是指数化因素。

再看销售价格总指数,不同商品的价格虽然都是以货币单位计量,似乎可以直接相加,但实际上它们也是不同度量的,如甲商品是每件的价格,乙商品是每米的价格,而丙商品是每台的价格,各种产品使用价值不同,它们的价格相加也是没有意义的。因此,也要通过同度量因素使之转化为可以相加的价值量指标。

一般而言,复杂现象的总体中包括两个或两个以上互有联系的因素,编制综合指数时,就将其中的一个或几个因素固定下来,只测定其中未固定的一个因素的变动。

综上所述,编制综合指数要解决好以下两个问题。

第一,正确选择同度量因素,使得本来不能直接相加的指标转化为可直接相加的指标。

第二,确定同度量因素的固定期,使计算结果不受同度量因素变动的影响。

然而,从表10-2资料中可以看出,同度量因素所属的时期有报告期、基期等,不同期的同度量因素数值不同,对应计算的总指数数值不等。那么,同度量因素究竟应该固定在哪个时期为好呢?对于这个问题,统计学界一直有不同的主张,因而也就产生了采用不同期同度量因素的各种综合指数公式。

(1) 拉斯贝尔指数。拉斯贝尔指数编制公式是由德国经济学家埃蒂恩·拉斯贝尔(Etienne Laspeyres,1834—1913)在1864年提出的,故也称为拉斯贝尔指数公式,编制的指数简称拉氏指数,该指数的主要特点就是将同度量因素的时期固定在基期。

从经济意义上来看,拉氏指数将同度量因素固定在基期,是为了单纯地反映指数化因素的综合变动。用拉氏指数公式编制的销售量指数和销售价格指数分别如式(10.8)与(10.9)所示。

① 拉氏物量指数:

$$\bar{K}_q = \sum q_1 p_0 / \sum q_0 p_0 \tag{10.8}$$

例如,将表10-2资料代入式(10.8),得到该商店销售量总指数为$\bar{K}_q$=4371.6÷4020≈1.0875或108.75%。

计算结果表明,3种商品销售量报告期比基期平均增长了8.75%。因为在公式(10.8)中,基期与报告期的价格水平保持不变,即108.75%,只反映了销售量的变动程度,不包括销售价格变动的因素。

② 拉氏物价指数:

$$\bar{K}_p = \sum p_1 q_0 / \sum p_0 q_0 \tag{10.9}$$

例如,将表10-2资料代入式(10.9),可得到该商店物价总指数为$\bar{K}_p$=3650÷4020≈0.9080或90.80%。

在式(10.9)中,分子是按基期销售量乘以报告期销售价格计算的假定销售额,分母是基期的销售额,两者对比说明由于销售价格变化对销售额的影响程度。

(2) 派许指数。派许指数编制公式是由德国经济学家哈曼·派许(Hermann Paasche,1985—1925)在1874年提出的,也称派氏指数公式,编制的指数简称派氏指数,该指数的主要特点就是将同度量因素的时期固定在报告期。从经济意义上来看，派氏指数将同度量因素固定在报告期是为了反映在报告期同度量因素条件下，指数化因素的综合变动。用派氏指数公式编制的销售量指数和销售价格指数分别如式(10.10)与(10.11)所示。

① 派氏物量指数：

$$\bar{K}_q = \sum q_1 p_1 / \sum q_0 p_1 \tag{10.10}$$

例如，将表10-2资料代入式(10.10)，可得出该商店销售量总指数为 $\bar{K}_q$=3952÷3650≈1.0827或108.27%。

在式(10.10)中，分子是报告期的销售额，分母是基期销售量按报告期销售价格计算的假定销售额。它旨在说明在价格保持不变的条件下，销售量对销售额的影响程度。然而，这个指数由于采用了报告期的销售价格作为同度量因素，因此，它不但反映了销售量变动的影响，而且包括了销售价格和销售量同时变动的交互影响。

② 派氏物价指数：

$$\bar{K}_p = \sum p_1 q_1 / \sum p_0 q_1 \tag{10.11}$$

例如，将表10-1资料代入式(10.11)，可得出该商店销售价格总指数为 $\bar{K}_p$=3952÷4371.6≈0.9040或90.40%。

在式(10.11)中，分子是报告期的销售额，分母是以报告期销售量按基期价格计算的假定销售额，目的在于说明销售量不变的情况下，销售价格水平的变动方向和变动程度。由于这个指数把销售量固定在报告期，因此，它不但反映了价格变动的影响，而且反映了销售价格和销售量同时变动的影响。

(3) 固定权数指数。拉氏指数和派氏指数都是以实际资料为权数的综合指数，而固定权数指数则是以同度量因素在某一特定时期的取值为权数。用该公式计算的物量指数和物价指数分别如式(10.12)与式(10.13)所示。

① 固定权数物量指数：

$$\bar{K}_q = \sum q_1 p_s / \sum q_0 p_s \tag{10.12}$$

② 固定权数物价指数：

$$\bar{K}_p = \sum p_1 q_s / \sum p_0 q_s \tag{10.13}$$

我国的工业产品产量指数就曾经采用公式(10.12)这种形式。如20世纪80年代各年的产量指数都以1980年的产品价格为同度量因素。其优点是可以事先编制不变价格详细目录，编制指数时操作方便，也便于前后动态比较。但该指数也存在着明显的缺陷：编制不变价格目录工作浩繁；固定价格不能确切地反映日新月异的新产品出现的影响，特别是当市场价格变动很大时，固定价格背离实际，据此计算的动态指数就不能真实反映工业生产的增长。

综上所述，综合指数的编制需要注意以下两点。

第一，表10-2所列举的销售额指标是由销售价格和销售量两个因素构成的，要计算其中一个因素的报告期相对于基期的变动程度(即这个因素的指数)，就要把另一个因素固定起来。同理，若一个总量指标由3个因素构成，在运用综合指数法计算其中一个因素的指数时，就要把其他因素都作为同度量因素固定起来，以便反映要考察的那个因素报告期相对于基期的变动程度。

第二，通过上述分析可以看出，运用不同的指数公式计算结果有所不同。这里由于综合指数都要假定同度量因素不随基期或报告期的变动而变动，而这是不符合实际情况的。因此，计算结果带有近似的性质，这是指数方法的局限性。从形式上看，拉氏指数与派氏指数的区别只是权数的差异，因此将两者的差叫作"权偏误"，并认为拉氏指数存在上偏，派氏指数存在下偏等。在实际编制总指数时，究竟采用哪一个时期的同度量因素，要根据不同的研究对象、目的，以及资料取得的难易程度来选用相应的计算公式。

2) 加权平均数指数法

在运用综合指数法编制总指数时，无论选择哪一种同度量因素，当把不同度量因素的变量转化为可相加的总量指标时，在指数公式中，或是分子，或是分母，都存在一种假定。如果研究的范围很大，包括的对象种类很多，要取得两个时期的指标取值及其权重是相当烦琐的，这就给实际应用带来了困难。因此，编制总指数还经常采用另一种形式——平均数指数。平均数指数是对个体指数加权平均计算的。平均数指数的编制特点是先求得个体指数，后对个体指数平均得到总指数。人们常根据抽样调查取得的代表商品的资料，运用此方法计算物量或价格总指数。

按指数化因素指标的性质和平均方法不同，平均数指数分为加权算术平均数指数和加权调和平均数指数两种。

(1) 加权算术平均数指数。加权算术平均数指数是对个体指数采用加权算术平均法计算的总指数。该方法通常用于计算物量指数，也可用于计算物价指数。以物量指数为例，计算公式如式(10.14)所示。

$$\overline{K_q} = \sum k_q p_0 q_0 / \sum p_0 q_0 = \sum k_q \left(p_0 q_0 / \sum p_0 q_0 \right) \tag{10.14}$$

式(10.14)中，k_q为个体物量指数(q_1/q_0)。该指数的权数就是基期各商品的价值在所有商品的价值中的比重。

仍用表10-2的数据说明加权算术平均数的计算。

$$\overline{K_q} = \sum k_q \left(p_0 q_0 / \sum p_0 q_0 \right)$$
$$= \frac{250}{200} \times \frac{840}{4020} + \frac{800}{750} \times \frac{2700}{4020} + \frac{46}{50} \times \frac{480}{4020}$$
$$\approx 1.0875 \text{或} 108.75\%$$

计算结果表明，3种商品销售量报告期比基期平均增长8.75%，这与根据拉氏物量指数式(10.8)的计算结果相同。在资料完全相同的情况下，以基期价值总量指标为权数的加权算术平均数指数同拉氏物量指数是一致的。推理见式(10.15)。

$$\overline{K_q} = \sum k_q \left(p_0 q_0 / \sum p_0 q_0 \right) = \sum \frac{q_1}{q_0} \left(p_0 q_0 / \sum p_0 q_0 \right) = \sum q_1 p_0 / \sum q_0 p_0 \tag{10.15}$$

但需要注意的是，实际工作中用这两种方法计算的指数是不一致的。因为，加权综合指数通常采用全面资料，而加权平均数指数则采用抽样资料。此外，如果上列公式中权数不是用基期资料，而是用报告期资料，结果会不同。

(2) 加权调和平均数指数。加权调和平均数指数是对个体指数用加权调和平均法计算的总指数。通常用于计算物价指数。计算公式如式(10.16)所示。

$$\bar{K}_p = \sum p_1 q_1 / \sum \frac{1}{k_p} p_1 q_1 = 1 / \left(\sum \frac{1}{k_p} p_1 q_1 / \sum p_1 q_1 \right) \quad (10.16)$$

式中，k_p 为个体价格指数 $\frac{p_1}{p_0}$。

该指数的权数就是报告期各商品的价值在所有商品的价值中的比重。

例如，对表10-2的数据计算加权调和平均数物价指数如下。

$$\bar{K}_p = \sum p_1 q_1 / \sum \frac{1}{k_p} p_1 q_1$$

$$= 3952 / \left(\frac{4.2}{4} \times 1000 + \frac{3.6}{3} \times 2400 + \frac{9.6}{12} \times 552 \right)$$

$$\approx 0.9040 \text{ 或 } 90.40\%$$

计算结果表明，3种商品价格报告期比基期平均下降9.60%，这与根据派氏物价指数公式(10.11)的计算结果相同。从公式(10.17)的推导中也不难看出，在资料完全相同的情况下，以报告期价值总量指标为权数的加权调和平均数物价指数同派氏物价指数是一致的。

$$\bar{K}_p = \sum p_1 q_1 / \sum \frac{1}{k_p} p_1 q_1 = \sum p_1 q_1 / \sum \frac{p_0}{p_1} p_1 q_1 = \sum p_1 q_1 / \sum p_0 q_1 \quad (10.17)$$

亦须注意，实际工作中用这两种方法计算的指数是不一致的。因为，综合指数通常采用全面资料，而加权平均数指数则采用抽样资料。此外，如果公式(10.17)中权数不是用报告期数据，而是用基期数据，结果也会不同。

(3) 固定权数指数。和加权综合指数法一样，加权平均数指数法也可采用固定权数计算。在实际工作中，往往采用经济发展比较稳定的某一时期的价值总量结构作为固定的权数，一经确定便沿用5年乃至10年不变。固定权数的比重形式，如 $pq/\Sigma pq$，用 w 表示，则加权算术平均数指数的公式如式(10.18))所示。

$$\bar{K}_q = \sum k_q w / \sum w \quad (10.18)$$

加权调和平均指数的公式如式(10.19)所示。

$$\bar{K}_p = \sum w / \sum \frac{1}{k_p} w \quad (10.19)$$

采用固定权数的加权平均数指数，不仅可以避免每次编制指数权数资料来源的困难，而且也便于前后不同时期的比较。

平均数指数和综合指数的经济内容是一致的。它们的区别，除了计算方法不同(综合指数是先综合后对比，平均数指数是先对比后综合)、资料来源不同(综合指数通常采用全面资料，平均数指数则是采用抽样资料)外，综合指数的分子分母之差具有一定的现实意义，而平均数指数的分子分母之差却不具有这一功能，特别是采用固定权数的平均数指数，只具有相对数的意义。

10.2.3 直接影响统计指数功能发挥的基本要素

实际工作中，编制一个统计指数要考虑4个基本要素，即代表规格品、权重、基期和计算公式。这4个要素的选择，将直接影响到指数功能的发挥。

1. 代表规格品的选择

统计指数的本质是从研究对象总体中挑选出具有代表性的样本，以反映总体某一属性的综合动态演变。比如，在编制物价指数时，由于市场上的商品成千上万，等级、规格、品牌、花色、样式纷繁复杂，若要将全部商品价格都包含在内，显然是不可能的，因此，要科学地选择部分具有代表性的商品，用这些商品的价格来编制物价指数，以反映价格的实际变动情况。这些具有代表性的商品就称为物价指数的代表规格品。

在选择代表规格品时，应遵循以下基本原则。

(1) 要针对统计指数编制的目的。
(2) 要有科学的选择方法，使样本能充分反映总体的性质。
(3) 要遵循统一的选择标准。
(4) 要有必要的、适当的数量。
(5) 要定期审查，及时调整更新。

2. 权数的选择

指数的权数是利用加权指数法测算指数时必须考虑的重要因素，它是权衡各项代表规格品指数化因素的变动对总指数变动影响作用的统计指标，关系到指数的代表性和准确性。在指数编制的实践中，选择权数应注意以下3个问题。

(1) 权数内容的选择要服从研究目的。
(2) 权数形式的选择要取决于客观具备的资料条件，贯穿需要与可能相结合的原则，着眼于实际权数。
(3) 权数时期的选择要考虑到计算结果的实际经济意义。

3. 基期的选择

指数是反映研究对象某一属性变动的相对数，计算时就存在着作为比较基础时期(也即基期)的选择问题。

为使所编制的指数具有丰富的经济意义，指数基期的选择需注意以下3点。

(1) 根据指数编制的具体目的和要求，选择一个正常时期或典型时期作为基期。
(2) 根据研究对象的波动程度，决定基期的长短。
(3) 在观测研究对象的长期变动趋势和规律时，要以研究对象比较稳定的时期为基础。

4. 计算公式的选择

统计指数编制有简单指数法、加权综合指数法和加权平均指数法等形式。每种指数的编制方法又包括若干计算公式。因此，选择哪种形式，以及选择哪个计算公式使编制的统计指数保持好的质量，既是统计指数理论的基本问题，也是统计指数编制实践的现实问题。以下4点可供参考。

(1) 应以加权指数公式为基本形式。

(2) 应以有关统计资料占有情况为基础。

(3) 应力求使计算的结果具有充分的经济意义。

(4) 应力求计算简明和结果的敏感性。

10.3 几种重要的常用指数

世界各国的政府统计，基本上都是根据上述的指数方法原理编制各种各样的质量指数和数量指数的。下面介绍经济研究和经济管理中常用的若干重要的指数：零售价格指数、消费价格指数、股价指数。

10.3.1 零售价格指数

商品零售价格(retail price indices)是商品在流通过程最后一个环节的价格。零售价格指数是反映城乡商品零售价格变动趋势的一种经济指数。

1. 商品零售价格指数的主要分类

(1) 按城乡居民的收入水平和消费构成的不同，商品零售价格指数可分为城市商品零售价格指数和农村商品零售价格指数。

(2) 按商品用途的不同，商品零售价格指数可分为食品、饮料烟酒、服装鞋帽、纺织品、中西药品、化妆品、书报杂志、文化体育用品、日用品、家用电器、首饰、燃料、建筑装潢材料、机电产品共14大类零售价格指数。每个大类可分为许多中类，每个中类又可分为许多小类。

(3) 按产品部门的不同，商品零售价格指数可分为工业品零售价格指数、农产品零售价格指数、饮食业零售价格指数等。

(4) 按消费性质的不同，商品零售价格指数可分为生产资料零售价格指数和生活资料零售价格指数。

2. 商品零售价格指数在编制中存在的主要问题

(1) 代表商品和代表规格品的选择。

(2) 典型地区的选择。

(3) 商品价格的调查与确定。

(4) 权数的确定。

3. 商品零售价格指数的计算公式

商品零售价格指数采用加权算术平均公式计算。其公式为

$$\bar{K}_p = \frac{\sum kw}{\sum w}$$

式中，k 为商品个体价格指数；w 为权数。

市县商品零售价格指数根据各调查商品的基期和报告期平均价格加权计算，而后按"选中市县—省—全国"的顺序分级编制计算各单项商品的零售价格指数和类别指数。这种自下而上的分层计算价格指数，脉络清楚，可以提供多种层次与类别的价格指数，满足不同层次管理部门的需要。

零售物价的调整变动直接影响到城乡居民的生活支出和国家的财政收入，影响居民购买力和市场供需平衡，影响消费与积累的比例。因此，计算零售价格指数，可以从一个侧面对上述经济活动进行观察与分析，同时还可以在此基础上编制其他各种派生价格指数，如价格弹性系数等。

10.3.2 消费价格指数

消费价格指数(consumer price index，CPI)是世界各国普遍编制的一种指数，不同国家对这一指数赋予的名称并不一致，我国称之为居民消费价格指数。它是度量一组代表性消费商品及服务项目价格水平随着时间而变动的相对数，反映居民家庭购买的消费品及服务价格水平的变动情况。

编制消费价格指数时，不可能将所有的消费项目价格变动都包括在内，只能从千千万万的消费项目中选择一定数量的消费项目作为代表品，俗称"一揽子"(或"一篮子")商品。这"一揽子"商品一般按以下程序确定：首先将消费支出进行层层分类，如分为大类、中类和小类，然后再从每个小类中选择代表品。代表品的多少，根据各国国情而定，少则几十种，多则几百种。权数根据各类别消费支出占总支出的比重确定。与代表品类似，一般情况下，权数一经确定就相对稳定。

消费价格指数一般采用加权算术平均法。其计算公式为

$$\bar{K}_p = \frac{\sum kw}{\sum w}$$

消费价格指数的计算步骤为：首先计算各代表品的个体指数，并用各代表品所代表的该类商品的消费支出额占小类支出比重进行加权平均，得到各小类的类指数；然后对各小类指数用各小类支出比重占中类支出比重进行加权平均，得到各中类的类指数；接着对各中类指数用各中类消费支出占各大类支出比重加权平均，得到各大类的类指数；最后对各大类指数用各大类消费支出占所有消费支出的比重加权平均，得到消费价格指数。如我国目前的居民消费价格指数，反映的是城乡居民所购买的生活消费品价格和服务项目价格的综合变动程度。包含的调查内容分为食品、烟酒及用品、衣着、家庭设备用品及服务、医疗保健及个人用品、交通和通信、娱乐教育文化用品及服务、居住共八大类，共263个基本分类(国际分类标准)，约700种商品和服务项目。居民消费价格指数(CPI)的编制主要是根据我国城乡居民的消费习惯、消费结构，参照抽样调查原理选中的近12万户(城市5万户，农村7万户)城乡居民家庭的消费支出数据，采用国际上通行的方法计算居民消费价格指数。我国居民消费价格指数是综合了城市居民消费价格指数与农村居民消费价格指数计算取得的。

消费价格指数除了反映生活消费品价格和服务价格的变动趋势和程度的作用外，还常用来反映通货膨胀状况、货币购买力变动、职工实质收入水平等。

反映通货膨胀状况：

$$通货膨胀率 = \frac{(报告期消费价格指数 - 基期消费价格指数)}{基期消费价格指数}$$

反映货币购买力变动：

$$货币购买力指数 = \frac{1}{居民消费价格指数}$$

反映对职工实质工资的影响：

$$实质工资 = \frac{实际工资}{消费价格指数}$$

实质工资比实际工资更能测量购买力。若当我们的工资收入额没有增加，而CPI大于100%，则表明我们的购买力是在下降的。因此，评价工资水平，或通过价值总量评价数量的总变动，往往需要进行时间数列的缩减，以消除价格上涨的影响。

消费价格指数是宏观经济分析和决策、价格总水平监测和调控，以及国民经济核算的重要指标。其按年度计算的变动率通常被用来作为反映通货膨胀(或紧缩)程度的指标。这一指标影响着政府制定货币、财政、消费、价格、工资、社会保障等政策，同时也直接影响居民的生活水平评价。

10.3.3 股票价格指数

股票价格指数(stock price index)简称股价指数，也称股票指数。它是反映不同时期股价变动情况的相对指标，也就是将第一时期的股价平均数作为另一时期股价平均数的基准的相对数。通过股票指数，人们可以了解计算期的股价比基期的股价上升或下降的程度。

股价指数的计算公式为

$$I_p = \frac{\sum p_1 q_1}{\sum p_0 q_1}$$

股价指数的形成过程如下所示。

首先，选出列入指数计算过程的样本股。样本股的选定主要依据股票的市值、活跃程度、行业代表性等。一般入选的样本股，其流通市值应在交易所的全部上市交易股票品种中举足轻重，这类股票是市场价格总水平的平衡力量。同时，入选的股票还应与市场总的价格波动有较高相关度，这类股票的价格变动能够反映出市场股价总水平的变动程度和方向。另外，股票入选还应考虑到行业的代表性，如我国上海和深圳两个证券交易所的成分股指数。若将全部上市股票作为指数计算的采样股，自然也就不存在选择样本股的问题，如我国上海和深圳两个证券交易所的综合指数。

然后，计算基期股票价格的平均数。确定某一时点为编制指数的基期，采用一种方法计算这一天的采样股的平均股价，如算术平均数就是以该日采样股收盘价之和除以采样股股数，而加权平均数则还要以采样股的发行量、流通量或成交量为权数。将计算出的结果作为编制股价指数的基期数据。如果以全部上市公司的股票为采样股,也可以不采取平均股价的方法,直接以总市值进行计算。

最后,进行指数化。以基期统计数据为分母,以计算期统计数据为分子,再乘一个固定乘数,就完成了指数化的全过程。这个固定乘数一般是100、1000等,表示基期为100、1000的情况下,现在是多少。计算结果就是股价指数,其单位称为"点"。股价指数的"点"不是百分点,也不是货币单位,而是统计单位。上海证券交易所股价综合指数,是以1990年12月19日为基日(基日为100点),以现有所有上市的股票(包括A股和B股)为样本,以报告期股票发行量为权数进行编制的。

各国的主要证券交易所都有自己的股价指数。国际市场上比较著名的指数有道•琼斯股价指数和标准普尔股价指数、伦敦金融时报FTSE指数、法兰克福DAX指数、法国巴黎CAC40指数、瑞士的苏黎世SMI指数、日本的日经指数等。我国上海和深圳两个证券交易所联合发布300指数,上海证券交易所、深圳证券交易所分别发布综合指数和成分股指数,如上证180指数、深证100指数。证券交易所股价指数的发布几乎与股票行情的变化同步。股价指数是反映股市行情的指示器,是表明股市变动的重要指标。

10.4 指数分析法

指数分析法是利用指数体系进行因素分析。那么何为指数体系?如何利用指数体系进行因素分析?

10.4.1 指数体系及其作用

1. 指数体系的概念

以统计指标表现的社会经济现象之间的内在经济联系是多种多样的。这些相互依存的现象,其指标间的内在联系有的表现为数量上的累加关系,如企业职工工资总额是企业所有职工个体工资的总和;有的表现为数量上的相乘关系,如产品产值为产品产量与产品价格两个因素的乘积;还有的表现为相乘后再累加的复合关系,如产品总成本是每一产品产量与其单位产品成本乘积之和。上述数量关系以公式表示如式(10.20)~式(10.22)所示。

累加关系为

$$\text{企业工资总额} = \sum \text{企业每一位职工的工资额} \tag{10.20}$$

相乘关系为

$$\text{商品销售收入} = \text{商品销售量}(q) \times \text{商品销售价格}(p) \tag{10.21}$$

复合关系为

$$\text{产品总成本} = \sum [\text{产品产量}(q) \times \text{单位产品成本}(z)] \tag{10.22}$$

以上相乘关系、复合关系的各个指标指数化后,相应的各指数之间同样存在这种对应关系,如式(10.23)和式(10.24)所示。

商品销售收入指数$\left(\dfrac{q_1p_1}{q_0p_0}\right)$＝商品销售量指数$\dfrac{q_1p_0}{q_0p_0}$×商品销售价格指数$\dfrac{q_1p_1}{q_1p_0}$ (10.23)

产品总成本指数$\left(\dfrac{\sum q_1z_1}{\sum q_0z_0}\right)$＝产品产量指数$\dfrac{\sum q_1z_0}{\sum q_0z_0}$×产品单位成本指数$\dfrac{\sum q_1z_1}{\sum q_1z_0}$ (10.24)

社会经济现象之间固有的相互依存的经济联系，使得3个或更多有联系的指数在数量上构成一定的对等关系，这种相互联系的指数的对等关系组成的整体，就称为指数体系，它从形式上看表现为一种经济方程式。

2. 指数体系的作用

在指数体系中，指数之间存在着数量上的对应关系，其使指数体系具有以下3方面的作用。

(1) 利用指数体系进行指数之间的相互换算。例如，已知某企业报告期产品产量比基期增长了20%，总产值增长了14%，借此就可推算出报告期的产品价格比基期下降了5%。

(2) 利用指数体系进行因素分析。分析现象总变动中各因素发生作用的方向和程度，从而探寻现象变动的具体原因。

(3) 利用指数体系，分析现象发展变化趋势的内在原因。

10.4.2 因素分析法

指数分析法是利用指数体系进行因素分析，通常直接称为因素分析法。它就是依据指数体系原理从数量方面研究经济现象总变动中各因素变动对总变动的影响，包括两个方面：一是测定经济现象总量指标受各因素变动的影响；二是测定平均指标(或相对指标)受各因素变动的影响。

1. 总量指标变动的因素影响分析

总量指标往往可以分解为两个或两个以上因素指标的乘积。通常，把总量指标分解为两个因素指标的乘积，从相对数分析和绝对数分析两方面，分析各因素的变动对总变动的影响，称为总量指标的两因素分析。对分解为两个以上因素的这种分析称为总量指标的多因素分析。就分析方法来说，多因素分析是以两因素分析为基础的。

1) 总量指标的两因素分析

总量指标的两因素分析有简单的两因素分析与加权的两因素分析两种。

(1) 总量指标简单两因素分析。总量指标简单两因素分析，是把总量指标分解为两个因素指标，分解的两个因素指标中必定是一个为数量指标，另一个为质量指标。被分析的总量指标指数等于各因素指标个体指数的乘积。

总量指标的简单两因素分析与总量指标的加权两因素分析的分析方法一样，都是依据指数体系原理经过6个分析步骤完成。只是总量指标简单两因素分析是依据相乘关系的经济方程，而总量指标加权两因素分析是依据复合关系的经济方程，因此总量指标简单两因素分析的计算更为简单。在此就省略总量指标简单两因素分析的演算。

(2) 总量指标加权两因素分析。总量指标加权两因素分析，是对由许多性质有差异，但又有联系的单个现象所组成的复杂现象进行的分析。

以工资总额分解为职工人数和工资水平两个因素的分析为例，说明总量指标加权两因素的分析过程。

【例10.2】根据表10-3的资料研究工资总额的变动及各因素变动对工资的影响。

表10-3 工资总额变动因素分析计算表

工资级别	月工资水平/元/人		职工人数/人		工资总额/元		
	基期	报告期	基期	报告期	基期	报告期	假定
甲	3000	3200	120	240	360 000	768 000	720 000
乙	3800	4200	160	210	608 000	882 000	798 000
丙	4500	5400	120	150	540 000	810 000	675 000
合计	—	—	400	600	1 508 000	2 460 000	2 193 000

解： 第一步，分析经济现象内在的联系，列出经济方程式。

经分析可知，工资总额与职工人数和工资水平两因素存在如下经济关系：

工资总额 $=\sum$ 组职工人数$(f) \times$ 工资水平(x)

第二步，根据经济方程式列出指数体系。

$$\frac{\sum f_1 x_1}{\sum f_0 x_0} = \frac{\sum f_1 x_0}{\sum f_0 x_0} \times \frac{\sum f_1 x_1}{\sum f_1 x_0}$$

$$\sum f_1 x_1 - \sum f_0 x_0 = \left(\sum f_1 x_0 - \sum f_0 x_0\right) + \left(\sum f_1 x_1 - \sum f_1 x_0\right)$$

第三步，测定工资总额的总变动。

工资总额指数 $= \dfrac{\sum f_1 x_1}{\sum f_0 x_0} \times 100\% = \dfrac{2\,460\,000}{1\,508\,000} \times 100\% \approx 163.13\%$

工资总额的绝对增加额 $= \sum f_1 x_1 - \sum f_0 x_0 = 2\,460\,000 - 1\,508\,000 = 952\,000$(元)

第四步，测定各因素变动对工资总额的影响。

① 职工人数增加对工资总额的影响。

影响程度：$\dfrac{\sum f_1 x_0}{\sum f_0 x_0} \times 100\% = \dfrac{2\,193\,000}{1\,508\,000} \times 100\% \approx 145.42\%$

影响的绝对额：$\sum f_1 x_0 - \sum f_0 x_0 = 2\,193\,000 - 1\,508\,000 = 685\,000$(元)

② 职工工资水平提高对工资总额的影响。

影响程度：$\dfrac{\sum f_1 x_1}{\sum f_1 x_0} = \dfrac{2\,460\,000}{2\,193\,000} \times 100\% \approx 112.18\%$

影响的绝对额：$\sum f_1 x_1 - \sum f_1 x_0 = 246\,000 - 2\,193\,000 = 267\,000$(元)

第五步，依据指数体系原理，综合以上分析，应有：

工资总额变动程度等于职工人数影响程度与工资水平影响程度的积。

$163.13\% = 145.42\% \times 112.18\%$

工资总额增加等于职工人数影响与工资水平提高影响的工资总额之和。

952 000元 = 685 000元 + 267 000元

第六步，分析评价。上述计算说明，该企业报告期的工资总额比其基期增长了63.13%，增加额为952 000元。其中，报告期比基期职工人数增加使工资总额增长了45.42%，增加额为685 000元；工资水平提高使工资总额增长了12.18%，增加额为267 000元。

2) 总量指标的多因素分析

利用指数体系原理进行总量指标的多因素分析，其方法与两因素分析法基本相同。由于其包括的因素多，运用综合指数编制通则，确定同度量因素固定期就不如两因素分析那样简单。因为因素多了，就难以直观地论断数量指标和质量指标。

为了使多因素现象指数体系编制时，同度量因素固定期的选择不发生混乱，在分析列示经济现象的关系方程式时，需要对各个因素指标的衔接顺序加以合理排列。

各因素指标排列的顺序为：第一个因素指标为数量指标，其后各因素指标的排列应能使相邻两因素结合后仍具有一定经济意义的关系。即当被分析的指标为总量指标时，该总量指标无论分解成多少个因素指标，其中必有一个，而且仅有一个因素指标为数量指标。将这唯一的数量指标排列在第一位，并使相邻两因素指标两两合并仍有经济意义。这是由于相邻两指标两两可以合并，就可以将多个因素化简为较少的因素，直至两因素。从而可以简单地判断在多因素分析过程中，综合指数编制通则的遵循情况。

例如，对原材料消耗额进行因素分析，原材料消耗额可分解为产品产量、单位产品原材料消耗量、原材料单价3个因素指标。其中，只有产品产量为数量指标，其余两个都是质量指标。而产品产量与单位产品原材料消耗量相乘即为原材料消耗量指标，即两指标可合并，合并后仍有经济意义；单位产品原材料消耗量与原材料单价相乘即为单位产品原材料消耗额，该两指标亦可合并，合并后亦有经济意义。因而，其经济方程式如式(10.25)所示。

$$\text{原材料消耗额}(qmp) = \text{产品产量}(q) \times \overbrace{\text{单位产品原材料消耗量}(m) \times \underbrace{\text{原材料单价}(p)}_{}}^{\text{原材料消耗量}} \tag{10.25}$$

（大括号标注：产品产量与单位产品原材料消耗量合为"原材料消耗量"；单位产品原材料消耗量与原材料单价合为"单位产品原材料消耗额"）

运用指数体系原理，按照综合指数编制通则，分析产品产量(q)这一数量指标变动对原材料消耗额总量指标影响时，要将单位产品原材料消耗量(m)与原材料单价(p)两个质量指标固定在基期；分析单位产品原材料消耗量变动对原材料消耗额影响时，应将产品产量指标(数量指标)固定在报告期，原材料单价(质量指标)固定在基期；反映原材料单价变动对原材料消耗量影响时，要将原材料消耗量(产品产量与单位产品原材料消耗量的乘积)(数量指标)固定在报告期。

根据以上分析，可得指数体系公式，如式(10.26)与式(10.27)所示。

简单的指数体系计算公式为

$$\frac{q_1 m_1 p_1}{q_0 m_0 p_0} = \frac{q_1 m_0 p_0}{q_0 m_0 p_0} \times \frac{q_1 m_1 p_0}{q_1 m_0 p_0} \times \frac{q_1 m_1 p_1}{q_1 m_1 p_0} \tag{10.26}$$

加权的指数体系计算公式为

$$\frac{\sum q_1 m_1 p_1}{\sum q_0 m_0 p_0} = \frac{\sum q_1 m_0 p_0}{\sum q_0 m_0 p_0} \times \frac{\sum q_1 m_1 p_0}{\sum q_1 m_0 p_0} \times \frac{\sum q_1 m_1 p_1}{\sum q_1 m_1 p_0} \tag{10.27}$$

上述两种指数体系中的分子分母差额,都表明各个因素变动对原材料消耗额变动影响的绝对额,即

$$q_1 m_1 p_1 - q_0 m_0 p_0 = (q_1 m_0 p_0 - q_0 m_0 p_0) + (q_1 m_1 p_0 - q_1 m_0 p_0) + (q_1 m_1 p_1 - q_1 m_1 p_0)$$

$$\sum q_1 m_1 p_1 - \sum q_0 m_0 p_0 = (\sum q_1 m_0 p_0 - \sum q_0 m_0 p_0) + (\sum q_1 m_1 p_0 - \sum q_1 m_0 p_0) + (\sum q_1 m_1 p_1 - \sum q_1 m_1 p_0)$$

三个因素以上的多因素分析可以此类推。

然而,随着因素的增多,按指数体系原理进行同度量因素固定期的确定,显得繁杂而易弄错。所以,对于多因素分析,在实际工作中,往往采用连锁替代法。

连锁替代法是在被分析指标所包含的各因素指标构成的经济方程式中,将各因素的基期数字顺次以报告期数字来替代,有多少因素就替代多少次。每次替代后所得结果与替代前所得结果对比,就是该因素对被分析指标的影响程度;二者的差额就是被替代因素的变动对被分析指标影响的绝对值。

运用连锁替代法进行多因素分析,关键在于合理地排列各因素指标的顺序。因为各因素变动的先后顺序不同,替代后计算所得的各因素影响的结果不一样。运用连锁替代法对多因素进行分析的各因素,正确的排列顺序的标准为:连锁替代法结果应符合综合指数编制通则的要求。

从上述原材料消耗额的指数体系可见,其各指数的同度量因素的固定正好为连锁替代形式。因此,可以得出这样一个结论,运用连锁替代法对多因素进行分析的各因素正确排列顺序为:当被分析指标为总量指标时,其分解的因素指标中唯一的数量指标排在第一位,并使相邻两指标两两合并仍有经济意义。

仍以上述原材料消耗额的三因素分析为例,说明运用连锁替代法进行多因素分析的步骤。

第一步,确定各因素间的排序。根据上述分析可知,其三因素的排序为:$q \rightarrow m \rightarrow p$。

第二步,确定替代顺序。根据连锁替代法可知以下几个方面。

基期状态:$q_0 m_0 p_0$。

第一次替代q:$q_1 m_0 p_0$,q因素变动对被分析指标的影响。

第二次替代m:$q_1 m_1 p_0$,m因素变动对被分析指标的影响。

第三次替代p:$q_1 m_1 p_1$,p因素变动对被分析指标的影响。

第三步,根据替代结果,运用指数体系原理,计算各因素变动对被分析指标的影响程度和影响的绝对量。

第四步,写出分析结论。

下面结合实例,运用连锁替代法进行多因素分析。

【例10.3】某企业利润净额的变动资料列示于表10-4中,试分析各因素变动对企业利润净额的影响。

表10-4 某企业利润净额的变动有关指标

指标	单位	符号	基期	报告期
利润净额	万元	Y	153.60	211.20
职工平均人数	人	N	1000	1200
全员劳动生产率	万元/人·年	T	3.20	3.52
产销比率	%	R	80.00	100.00
销售收入利润率	%	η	6.00	5.00

注：产销比率=产品销售收入÷产品总产值×100%。

解： 第一步，根据表10-4资料，该企业的利润净额可分解为职工平均人数、全员劳动生产率、产销比率、销售收入利润率4个因素指标。其经济方程为

产品销售收入：

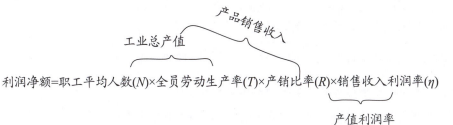

利润净额=职工平均人数(N)×全员劳动生产率(T)×产销比率(R)×销售收入利润率(η)

第二步，各因素指标之间正确的连乘顺序应为：$N \times T \times R \times \eta$。
根据连锁替代法，各因素的依次变动顺序为

$$N_0 T_0 R_0 \eta_0 \rightarrow N_1 T_0 R_0 \eta_0 \rightarrow N_1 T_1 R_0 \eta_0 \rightarrow N_1 T_1 R_1 \eta_0 \rightarrow N_1 T_1 R_1 \eta_1$$

经以上分析后，可得该多因素分析的相对数平衡式和绝对数平衡式。

多因素分析的相对平衡式：

$$\frac{N_1 T_1 R_1 \eta_1}{N_0 T_0 R_0 \eta_0} = \frac{N_1 T_0 R_0 \eta_0}{N_0 T_0 R_0 \eta_0} \times \frac{N_1 T_1 R_0 \eta_0}{N_1 T_0 R_0 \eta_0} \times \frac{N_1 T_1 R_1 \eta_0}{N_1 T_1 R_0 \eta_0} \times \frac{N_1 T_1 R_1 \eta_1}{N_1 T_1 R_1 \eta_0}$$

多因素分析的绝对平衡式：

$$N_1 T_1 R_1 \eta_1 - N_0 T_0 R_0 \eta_0 = (N_1 T_0 R_0 \eta_0 - N_0 T_0 R_0 \eta_0) + (N_1 T_1 R_0 \eta_0 - N_1 T_0 R_0 \eta_0)$$
$$+ (N_1 T_1 R_1 \eta_0 - N_1 T_1 R_0 \eta_0) + (N_1 T_1 R_1 \eta_1 - N_1 T_1 R_1 \eta_0)$$

第三步，计算变动的程度和绝对量。

① 利润净额的总变动：

$$\text{利润净额指数} = \frac{N_1 T_1 R_1 \eta_1}{N_0 T_0 R_0 \eta_0} \times 100\% = \frac{211.20}{153.60} \times 100\% = 137.50\%$$

利润净额增加额为

$$N_1 T_1 R_1 \eta_1 - N_0 T_0 R_0 \eta_0 = 211.20 - 153.60 = 57.60(\text{万元})$$

② 各因素变动对利润净额的影响。
A. 职工平均人数变动的影响：

$$\text{职工人数指数} = \frac{N_1 T_0 R_0 \eta_0}{N_0 T_0 R_0 \eta_0} \times 100\% = \frac{1200}{1000} \times 100\% = 120\%$$

由于职工人数变动而增加的净利润额为

$N_1T_0R_0\eta_0 - N_0T_0R_0\eta_0 = (1200-1000) \times 3.20 \times 80\% \times 6\% = 30.72(万元)$

B. 全员劳动生产率变动的影响：

全员劳动生产率指数 $= \dfrac{N_1T_1R_0\eta_0}{N_1T_0R_0\eta_0} \times 100\% = \dfrac{3.52}{3.20} \times 100\% = 110\%$

由于全员劳动生产率变动而增加的净利润额为

$N_1T_1R_0\eta_0 - N_1T_0R_0\eta_0 = 1200 \times (3.52-3.20) \times 80\% \times 6\% = 18.432(万元)$

C. 产销比率变动的影响：

产销比率指数 $= \dfrac{N_1T_1R_1\eta_0}{N_1T_1R_0\eta_0} \times 100\% = \dfrac{100\%}{80\%} \times 100\% = 125\%$

由于产销比率变动而增加的净利润额为

$N_1T_1R_1\eta_0 - N_1T_1R_0\eta_0 = 1200 \times 3.52 \times (100\%-80\%) \times 6\% = 50.688(万元)$

D. 产品销售收入净利润率变动的影响：

产品销售收入净利率指数 $= \dfrac{N_1T_1R_1\eta_1}{N_1T_1R_1\eta_0} \times 100\% = \dfrac{5\%}{6\%} \times 100\% \approx 83.33\%$

由于产品销售收入净利润率变动而增加的净利润额为

$N_1T_1R_1\eta_1 - N_1T_1R_1\eta_0 = 1200 \times 3.52 \times 100\% \times (5\%-6\%) = -42.24(万元)$

以上各指数之间的关系为

$137.5\% = 120\% \times 110\% \times 125\% \times 83.33\%$

各因素变动影响的绝对额之间的关系为

57.6万元 = 30.72万元 + 18.432万元 + 50.688万元 + (−42.24)万元

第四步，分析评价。以上分析表明，该企业报告期与基期相比利润净额增长了37.5%，是由于职工人数增长了20%，全员劳动生产率增长了10%，产销比率增长了25%，以及产品销售收入的净利润率下降了16.67%这4个因素共同作用的结果。从影响的绝对额来看，该企业报告期比基期利润净额增加了57.6万元，其中职工人数增加了200人，使利润净额增加了30.72万元；全员劳动生产率提高了0.32万元/人·年，使利润净额增加了18.432万元；产销比率提高了20%，使利润净额增加了50.688万元；每百元产品销售收入净利润降低了1%，使利润净额减少42.24万元。可见，该企业报告年采取了薄利多销的经营方针，扭转了基年产品积压的状况，并将扩大生产和提高效率一起抓，使企业净利润有较大幅度提高。

2. 平均指标变动的因素影响分析

与总量指标一样，平均指标的变动也受各种因素影响。对平均指标变动的影响因素进行分析，亦需运用指数体系原理。根据影响因素之多少，平均指标变动的因素分析亦可分为两因素分析和多因素分析。

1) 平均指标变动的两因素分析

由于平均指标有加权算术平均数这一特征，平均指标变动的两因素分析有两种：一是总平均指标变动分解为变量和权数两因素的分析；二是平均指标分解为其他两因素的分析。通常第一种分析方法更受人们关注。

(1) 加权算术平均指标变动的两因素分析。加权平均数的水平由变量和权数两个因素决定。在分组条件下，总平均指标的变动，受组平均指标(即变量)和各组单位数在总体中所占比重(即权数)两个因素的影响。例如，职工平均工资是各类职工工资水平的加权算术平均数，职工平均工资($\bar{x}$)的变动就受各类职工工资水平(x)的变动和各类职工占职工总数的比重($f/\sum f$)变动的影响。即有式(10.28)。

总平均工资=[∑(组平均工资×该组职工人数)]÷组职工人数

$$\bar{x} = \frac{\sum x \cdot f}{\sum f} = \sum x \cdot \left(\frac{f}{\sum f}\right) \tag{10.28}$$

根据指数体系原理可知，总平均指标($\bar{x}$)与组平均指标(x)和各组职工比重($f/\sum f$)可构成平均指标指数体系，如式(10.29)所示。

平均指标可变指数=平均指标结构影响指数×平均指标固定结构指数　　(10.29)

① 平均指标可变指数。平均指标可变指数是反映组职工比重(结构)和组平均工资(变量值)同时变动的平均指标指数。其计算公式如式(10.30)所示。

平均指标可变指数=报告期总平均指标÷基期总平均指标×100%　　(10.30)

$$= \frac{\bar{x}_1}{\bar{x}_0} = \frac{\sum f_1 x_1 / \sum f_1}{\sum f_0 x_0 / \sum f_0} \times 100\%$$

$$= \frac{\sum x_1 (f_1/\sum f_1)}{\sum x_0 (f_0/\sum f_0)} \times 100\%$$

② 平均指标结构影响指数。平均指标结构影响指数是反映结构变动而变量值不变的综合指数。变量值应固定在基期还是报告期呢？

根据综合指数编制通则可以推得，变量值应固定在基期。因为总平均指标为两个总量指标相除，即总体标志总量(总量指标)除以总体单位数(总量指标)。按照总量指标多因素分析的因素排序可得

总体标志总量指标=总体单位数指标×结构指标×组平均指标

按照确定固定期的规律(连锁替代)可知，当反映结构指标($f/\sum f$)变动时，组平均指标(x)应固定不变，固定在基期。当分析组平均指标(x)变动时，结构指标($f/\sum f$)应固定不变，固定在报告期。

平均指标结构影响指数的计算公式如式(10.31)所示。

$$\text{平均指标结构影响指数} = \frac{\sum x_0 (f_1/\sum f_1)}{\sum x_0 (f_0/\sum f_0)} \times 100\% \tag{10.31}$$

③ 平均指标固定结构指数。平均指标固定结构指数是反映结构不变，变量值变动的综合指数。其计算公式如式(10.32)所示。

$$\text{平均指标固定结构指数} = \frac{\sum x_1 (f_1/\sum f_1)}{\sum x_0 (f_1/\sum f_1)} \times 100\% \tag{10.32}$$

平均指标的可变指数、结构影响指数、固定结构指数构成的指数体系，存在下列方程关系。

$$\frac{\sum x_1(f_1/\sum f_1)}{\sum x_0(f_0/\sum f_0)} = \frac{\sum x_0(f_1/\sum f_1)}{\sum x_0(f_0/\sum f_0)} \times \frac{\sum x_1(f_1/\sum f_1)}{\sum x_0(f_1/\sum f_1)}$$

$$\frac{\sum x_1 \cdot f_1}{\sum f_1} - \sum x_0 \cdot \left(\frac{f_0}{\sum f_0}\right) = \left[\sum x_0 \cdot \left(\frac{f_1}{\sum f_1}\right) - \sum x_0 \cdot \left(\frac{f_0}{\sum f_0}\right)\right] + \left[\sum x_1 \cdot \left(\frac{f_1}{\sum f_1}\right) - \sum x_0 \cdot \left(\frac{f_1}{\sum f_1}\right)\right]$$

【例10.4】 以例10.2中表10-3的资料为例，分析总平均指标受组平均指标与职工结构变动影响的情况。

解：报告期职工月平均工资 $= \dfrac{\sum x_1 \cdot f_1}{\sum f_1} = \dfrac{2\,460\,000}{600} = 4100(元)$

基期职工月平均工资 $= \dfrac{\sum x_0 \cdot f_0}{\sum f_0} = \dfrac{1\,508\,000}{400} = 3770(元)$

假定的平均工资 $= \dfrac{\sum x_0 \cdot f_1}{\sum f_1} = \dfrac{2\,193\,000}{600} = 3655(元)$

报告期比基期职工月平均工资变动情况：

总平均工资指数 $= \dfrac{\sum x_1(f_1/\sum f_1)}{\sum x_0(f_0/\sum f_0)} \times 100\% = \dfrac{4010}{3770} \approx 106.37\%$

人均工资增加额 $= \dfrac{\sum x_1 \cdot f_1}{\sum f_1} - \sum x_0 \cdot \left(\dfrac{f_0}{\sum f_0}\right) = 4100 - 3770 = 330(元)$

其中，由于职工总体结构变化，使职工平均工资的变动情况为

结构影响指数 $= \dfrac{\sum x_0(f_1/\sum f_1)}{\sum x_0(f_0/\sum f_0)} \times 100\% = 3655 \div 3770 \times 100\% \approx 96.95\%$

结构影响使人均工资增加，增加额 $= 3655 - 3770 = -115(元)$

由于总工资水平变化，使职工平均工资的变动情况为

固定结构指数 $= \dfrac{\sum x_1(f_1/\sum f_1)}{\sum x_0(f_1/\sum f_1)} \times 100\% = 4100 \div 3655 \times 100\% \approx 112.18\%$

组平均工资变动使总平均工资增加，增加额 $= \sum x_1 \cdot \left(\dfrac{f_1}{\sum f_1}\right) - \sum x_0 \cdot \left(\dfrac{f_1}{\sum f_1}\right) = 4100 - 3655 = 445(元)$

各因素变化存在下列平衡关系。

108.75% = 96.95% × 112.18%

330元 = (−115元) + 445元

以上的计算结果表明，报告期职工月平均工资比基期提高了6.37%，人均每月增加了330元。这是由于各组月工资都提高了，使月平均工资提高了12.18%，平均每人增加了445元。而同时不同工资水平的各组职工构成发生了变化(低工资组的职工比重明显提高)，使总平均工资下降了3.05%，平均每人减少了115元。两个影响因素共同作用的结果表明，人均月工资提高的445元中，有115元被职工构成变化所抵销。

通过加权算术平均指标变动的两因素分析可以发现：在总量指标加权两因素分析中，因素指标中的数量指标变动对总量指标变动的影响包括了数量指标总数变动和结构变动两因素的共同作用。换句话说，在总量指标加权两因素分析中，实际上数量指标的影响涵盖着其总数变动与总数的内部结构变动，若将可变指数引入总量指标加权两因素分析，就是三因素分析。

仍以例10.2中表10-3工资总额变动因素分析为例，说明如下。

$$\frac{\sum f_1 x_1}{\sum f_0 x_0} = \frac{\sum f_1 x_0}{\sum f_0 x_0} \times \frac{\sum f_1 x_1}{\sum f_1 x_0} = \frac{\bar{x}_0 \sum f_1}{\bar{x}_0 \sum f_0} \times \frac{\sum f_1 x_0}{\bar{x}_0 \sum f_1} \times \frac{\sum f_1 x_1}{\sum f_1 x_0}$$

$$\sum f_1 x_0 - \sum f_0 x_0 = (\bar{x}_0 \sum f_1 - \bar{x}_0 \sum f_0) + (\sum f_1 x_0 - \bar{x}_0 \sum f_1) + (\sum f_1 x_1 - \sum f_1 x_0)$$

由表10-3数据可算得下列数量关系。

163.13%=150.00%×96.95%×112.18%

952 000元=754 000元+(−69 000元)+267 000元

可见，该企业的工资总额报告期比基期增长了63.13%，增加额为952 000元。其中，职工人数增加200人，使工资总额增长了50%，增加的绝对额为754 000元；职工构成发生变化，使工资总额下降了3.05%，减少的工资额为69 000元；工资水平提高使工资总额增长了12.18%，增加绝对额为267 000元。

(2) 平均指标的其他两因素分析。平均指标的其他两因素分析的方法与加权算术平均指标变动的两因素分析相同。只要将平均指标适当地分解为两个因素指标的乘积，然后按照综合指数编制通则，正确选择同度量因素的固定期，平均指标的其他两因素分析就迎刃而解。

2) 平均指标变动的多因素分析

平均指标变动也会受两个以上因素影响，如人均净利润受全员劳动生产率、产销比率、产品销售收入净利率变动的影响。再如全员劳动生产率受工业生产人员在全员职工中的比重、工人在工业生产人员中的比重、工人劳动生产率的影响，而工人劳动生产率又受平均工作月(季、年)长度、平均工作日长度、工人劳动生产率等因素的影响等。利用指数体系原理，可以对这些因素的影响程度和影响绝对量一一加以测定。

具体测定的方法和步骤如下。

第一步，对经济现象进行分析，寻找被分析的平均指标与各因素指标之间的关系。

第二步，确定各因素指标的排序。将被分析平均指标的分母(总体单位数为数量指标)移项到等式的右边第一位，使相邻的两个指标两两结合有经济意义，以确定各因素指标的排序；然后将被分析平均指标的分母转回，复原等式左边被分析的平均指标，即得平均指标多因素分析的各因素指标正确排序的经济方程式。

第三步，运用连锁替代法进行平均指标的多因素分析。

例如，经以上分析可知：

全员劳动生产率=工业生产人员占全部职工比重(a)×工人占工业生产人员比重(b)×
　　　　　　　工人劳动生产率(c)

全员劳动生产率=产品产量÷全部职工人数

产品产量=全部职工人数×工业生产人员占全部职工比重(a)×
　　　　　工人占工业生产人员比重(b)×工人劳动生产率(c)

可见以上影响全员劳动生产率的三因素的排序正确的是：$a \to b \to c$。

运用连锁替代法，得如下指数体系。

$$\frac{a_1b_1c_1}{a_0b_0c_0} = \frac{a_1b_0c_0}{a_0b_0c_0} \times \frac{a_1b_1c_0}{a_1b_0c_0} \times \frac{a_1b_1c_1}{a_1b_1c_0}$$

$$a_1b_1c_1 - a_0b_0c_0 = (a_1b_0c_0 - a_0b_0c_0) + (a_1b_1c_0 - a_1b_0c_0) + (a_1b_1c_1 - a_1b_1c_0)$$

计算指数体系中各因素的数值，即可得全员劳动生产率的总变动与各因素变动对全员劳动生产率变动的影响程度和影响绝对额。

本章小结

指数是反映现象变化的相对数。在商业与经济环境中，物价指数和物量指数是测量价格和数量变动的重要尺度。综合物价指数是对一组商品或产品的全部价格变动进行复合测量，通常加权综合物价指数中的权数由商品项目的使用数量确定。根据商品项目的使用数量，对指数中每个项目的个体物价指数进行加权，也可以计算加权综合物价指数。物量指数亦同理。

通常编制数量指标综合指数时，取基期的质量指标为同度量因素；编制质量指标综合指数时，取报告期的数量指标为同度量因素。当按上述一般通则编制的综合指数在经济意义上出现不符合实际情况的时候，应遵循同度量因素的确定取决于研究事物的本身的总原则。

指数本质是从研究对象总体中挑选出的具有代表性的样本，以反映总体某一属性的综合动态演变。因此，在实际统计工作中，代表规格品、权重、基期和计算公式是编制指数时应该考虑的4个基本要素，它们将直接影响到指数功能的发挥。

居民消费价格指数是最为著名的指数，此外还介绍了零售价格指数、股价指数等几种常用的指数，并提及物价指数经常用于缩减一些随时间推移而变动的经济数列。

指数分析法是利用指数体系，对现象的综合变动从数量上分析其受各因素影响的方向程度及绝对数量。当观察其中一个因素的变动时，其他因素(一个或一个以上)必须固定不变。通常分析数量指标变动时，相应作为权数的质量指标固定在基期；而分析质量指标变动时，相应作为权数的数量指标固定在报告期。连环替代法能大大简化多因素分析。运用连环替代法对多因素进行分析的关键是各因素的排列顺序。各因素正确排列顺序为：当被分析指标为总量指标时，其分解的因素指标中唯一的数量指标排在第一位，并使相邻两指标两两合并仍然有经济意义。以此为基础，就能方便地确定相对指标、平均指标的因素分析中分解因素指标的正确排序。

练习题

一、思考题

1.如何正确理解统计指数的概念？它与相对数是什么关系？

2. 什么是加权指数？加权指数的基本形式有几种？试就经济现象举几个例子来说明。

3. 什么是同度量因素？它有什么作用？在综合指数编制中，怎样确定同度量因素及其时期？

4. 何为GDP缩减指数？它有什么作用？

5. 在物价上涨的历史时期，分别用拉氏公式与派氏公式计算价格指数，哪个更接近于实际情况？为什么？目前世界上大多数国家都采用哪个公式计算价格指数？为什么？

6. 何为沪深300指数？如何运用各种股票指数评判股票市场行情？

7. 什么是可变指数、固定构成指数和结构影响指数？它们的计算公式如何组成？

8. 指数体系和指标体系有什么联系和区别？

二、选择题

1. 统计指数划分为个体指数和总指数的依据是( )。
   A. 包括的范围是否相同　　　　　B. 同度量因素是否相同
   C. 指数化因素是否相同　　　　　D. 计算时是否加权

2. 综合指数包括( )。
   A. 个体指数和总指数　　　　　　B. 质量指标指数和数量指标指数
   C. 平均数指数和平均指标指数　　D. 定基指数和环比指数

3. 若物价上涨，销售额持平，则销售量指数将( )。
   A. 为零　　　　　　　　　　　　B. 降低
   C. 增长　　　　　　　　　　　　D. 不变

4. 物价上涨后，同样多的人民币少购买商品8%，物价指数约等于( )。
   A. 92%　　　　　　　　　　　　B. 192.6%
   C. 108%　　　　　　　　　　　　D. 108.7%

5. 某工业企业生产甲、乙、丙3种产品，2020年比2019年总产值增长10%，出厂价格不变，则产品产量指数为( )。
   A. 110%　　　　　　　　　　　　B. 100%
   C. 120%　　　　　　　　　　　　D. 101%

6. 同度量因素的作用有( )。
   A. 媒介作用　　B. 权数作用　　C. 比较作用
   D. 平衡作用　　E. 稳定作用

7. 在由两个因素构成的加权综合指数体系中，为使总量指数等于各因素指数的乘积，则( )。
   A. 两个因素指数必须都是数量指数
   B. 两个因素指数必须都是质量指数
   C. 两个因素指数一个是数量指数，另一个是质量指数
   D. 两个因素指数中的权数必须是同一时期的
   E. 两个因素指数中的权数必须是不同时期的

8. 在一般情况下，商品销售量指数和工资水平指数中的同度量因素分别是(　　)。
   A. 商品销售量　　　　　　　　B. 平均工资水平
   C. 商品销售单价　　　　　　　D. 职工人数
   E. 商品销售额

9. 甲企业某年有两种不同产品的实际产量为计划产量的105%，这个指数是(　　)。
   A. 个体指数　　B. 总指数　　C. 数量指标指数
   D. 质量指标指数　　E. 静态指数　　F. 动态指数

10. 指数体系中，指数之间的数量对等关系表现在(　　)。
    A. 相对数之间的数量对等关系
    B. 绝对数之间的数量对等关系
    C. 相对数和绝对数之间都存在数量对等关系
    D. 总量指数等于它的因素指数的乘积
    E. 总量指数等于它的因素指数的代数和

三、计算题

1. 已知某工业企业3种商品的价格和销售量资料如表10-5所示。

表10-5　某工业企业3种商品的价格和销售量

商品	计量单位	价格/元		销售量	
		基期	报告期	基期	报告期
甲	双	250	280	5000	5500
乙	件	1400	1600	800	1000
丙	双	60	60	1000	600

要求计算：

(1) 各商品物价和销售量个体指数；

(2) 3种商品的销售额指数与增加额；

(3) 3种商品物价综合指数和由于物价变动对销售额绝对值的影响；

(4) 3种商品的销售量综合指数和由于销售量变动对销售额绝对值的影响。

2. 如果3种商品报告期价格分别比基期上涨5%、10%、2%，报告期3种商品销售额分别为100万元、400万元、250万元。试问，3种商品的综合物价指数为多少？

3. 如果报告期价格计划降低5%，而销售额计划增长10%。问销售量应增长多少？

4. 某地区今年和去年相比，同样多的人民币只能购买原来商品的89%。问物价指数是多少？

5. 已知某市基期社会商品零售额为8600万元，报告期增加为12 890万元。零售物价上涨11.5%。试推算该市零售总额变动中零售量和零售价格两因素变动的影响程度和影响绝对值。

6. 我国某年社会商品零售总额为5820亿元，比上年增长了17.6%，扣除零售物价上涨因素，实际增长9.6%。

要求计算：

(1) 零售物价上涨了多少？

(2) 由于零售物价上涨消费者多支出的金额是多少？

(3) 由于零售量增长而增加的零售总额是多少？

7. 根据某副食品商场提供的数据，其2020年销售额为2418.06万元，比上年增加784.08万元，价格总指数为126.78%，问增加的784.08万元之中两个因素(销售量与价格)的影响各占多少万元？

8. 某地区3种水果的销售情况如表10-6所示。

表10-6　某地区3种水果的销售情况

水果品种	本月销售额/万元	本月比上月价格升降/%
苹果	68	−10
草莓	12	12
橘子	50	2

试计算该地区三种水果的价格指数及由于价格变动对居民开支的影响。

9. 某公司下属甲、乙两企业生产某产品，其基期和报告期的单位产品成本和产量资料如表10-7所示。

表10-7　甲、乙两企业基期和报告期的单位成本和产量

企业	基期		报告期	
	单位成本/元	产量/件	单位成本/元	产量/件
甲	50	520	45	600
乙	55	200	52	500

试计算该公司产品的总平均成本指数。从相对数和绝对数两方面分析甲、乙两企业的单位成本和产量结构的变动对总平均成本的影响，并做出评价。

10. 某企业报告期与基期的工业增加值及职工人数的资料如表10-8所示。

表10-8　某企业报告期与基期的工业增加值及职工人数

年份	基期	报告期
工业增加值/万元	400	600
职工平均人数/人	600	650
其中：生产工人平均人数/人	540	600

要求：

(1) 分别从相对数和绝对数两方面分析工人人数及工人劳动率变动对工业增加值的影响；

(2) 分别从相对数和绝对数两方面分析职工人数、生产工人人数占职工人数比重及工人劳动生产率变动对工业增加值的影响。

四、案例分析题

访问国家统计局网站，查询城镇单位就业人员平均劳动报酬，用消费者价格指数缩减名义工资收入数列，并据此讨论城镇单位就业人员实质的人均劳动报酬变化趋势。联系经济(用GDP表征)增长(用GDP缩减指数处理)、收入分配情况，讨论城镇单位就业人员的人均劳动报酬的合理性。

第 11 章

Excel 在统计学中的应用

在计算机时代，烦琐的数据处理工作离不开先进而实用的数据处理软件。本章用实例操作的形式介绍Excel在统计学中的应用。由于微软终止了Excel 2010的服务支持，而Excel 2016没有终止，且比Excel 2010具有更强大的功能与更完美的界面，虽然Excel 2019、Excel 2021、Excel 2024比Excel 2016的版本更新，更具有强大的功能，但考虑到当前我国用户的实际使用情况和接受度，故本章仍酌情选用Excel 2016作为实例操作软件进行介绍。

11.1 Excel统计功能介绍

在统计工作中需要对各种数据进行制表、绘图、分组整理、分析和管理等。利用Excel进行统计分析主要是利用Excel中的统计函数、数据分析工具和图表等的统计功能。

11.1.1 统计函数

在Excel中大约有200个工作表函数，分为常用函数、财务函数、日期与时间函数、数学和三角函数、统计函数等11个模块。其中，统计函数模块中有76个统计函数，这些函数覆盖了统计基本理论与分析方法。常用的统计函数参见章末的附表1。相较于Excel 2010，Excel 2016中增加了IFS、MINIFS、MAXIFS、TEXTJOIN和CONCAT等多个函数，它们都可以在一定范围内根据条件自行计算。特别是文本函数TEXTJOIN和CONCAT给我们的工作带来了极大的方便，如将多个姓名用逗号连接起来形成一个字符串。

实际操作中我们只要在工作表中插入这些函数即可得到相应统计指标或估计量的数值，其操作方法在本章下面各节的相关内容中阐述，并以具体例题的形式给出操作步骤。

11.1.2 数据分析工具

Excel提供了一组可直接使用的数据分析工具，称为"分析工具库"，为统计分析提供了极大的方便。使用这些工具的方法是，选择Excel菜单栏中的"数据"→"数据分析"命令，在弹出的"数据分析"对话框中选择所需的分析工具。在所选工具的对话框中填写必要的数据或参数的信息后单击"确定"按钮，即可得到所需的输出结果——表格或统计图。各种分析工具的使用方法将在后面各节中具体说明。如果Excel的"数据"菜单中没有出现"数据分析"命令选项，说明用户安装Excel不完整，必须在Excel中重新安装"分析工具库"内容。具体安装方法如下。

（1）如图11-1所示，单击向下按钮，弹出快捷菜单，选择"其他命令"选项，弹出"Excel选项"对话框。

图11-1　弹出快捷菜单

（2）在"Excel选项"对话框中选择"加载项"选项卡，在"管理"下拉列表中选择"Excel加载项"，然后单击"转到"按钮，如图11-2所示，打开"加载项"对话框。

（3）在"加载项"对话框中选中"可用加载宏"中的"分析工具库"复选框，单击"确定"按钮，如图11-3所示，则工具栏中会出现数据分析选项。

图11-2　"加载项"选项卡

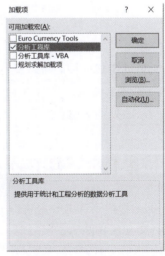

图11-3　"加载项"对话框

11.1.3 统计图表

Excel具有强大而灵活的图表功能,使枯燥乏味的数据形象化。利用Excel的图表工具可以轻松地创建图表,其路径是,菜单栏中的"插入"→"图表",如图11-4所示。单击图表右下角的箭头图标 ,在弹出的"插入图表"对话框中可以找到所需的图表类型,Excel 2016提供了柱形图、条形图等15种标准类型,同时我们还可以自定义图表类型,如图11-5所示。

图11-4 插入图表

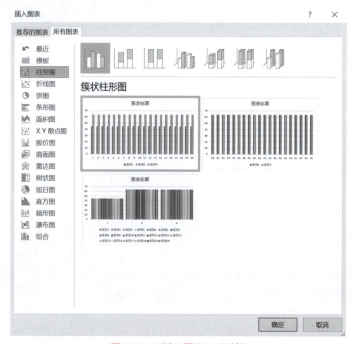

图11-5 "插入图表"对话框

对自动生成的图表可以进行缩放、移动、复制和删除等操作,也可以单击图表的任一部分(如标题、图例、坐标轴、绘图区等)对其进行修改或美化。具体操作在后续的例题中有所涉及,此处不赘述。

11.2 用Excel进行统计数据的整理与显示

Excel提供了许多数据整理工具,如创建数据整理公式、数据排序、频数分布函数、数据透视表和统计图等。

11.2.1 数据排序

Excel可以根据用户的要求对数据清单的行或列数据进行排序。排序时，Excel将根据指定的排序顺序重新排列行、列或各单元格，从而使现象的规则性更加简洁地表现出来。

数据排序的操作步骤如下。

(1) 选中需要排序的数据列中任一单元格。

(2) 选择"数据"选项卡，选择"排序和筛选"组中的"排序"按钮，打开"排序"对话框。

(3) 在"主要关键字"下拉列表中选择相应选项，并选择是降序还是升序。

(4) 在"次要关键字"下拉列表中选择相应选项，并选择是降序还是升序。

(5) 单击"确定"按钮，即可得到排序的结果。

11.2.2 频数分布函数

排序后，经分类汇总可展示每个数值所出现的次数，但仍然不能很好地描述数据分布状态。频数分布函数是Excel的一个工作表函数，是编制次数分布的主要工具。它可以对数据进行分组与归类，建立频数分布表，作频数分布图(如直方图)，不仅能较好地描述数据的结构特征，而且能使数据的分布形态直观、清楚、形象地表现出来。

频数分布函数(FREQUENCY)是Excel统计函数模块中的一个统计函数，它可以让一列垂直数组返回某个区域中数据的频数分布。

建立频数分布的步骤是，先对数据进行排序，以了解全部数据的变动范围，然后选择全部数据的分组组数，再确定分组的组限，最后对各组数值所出现的频数进行计数。

11.2.3 数据透视表

数据透视表是一种交互式工作表，是用于对已有数据清单、表和数据库中的数据进行汇总和分析的一种工具，可用于单向表、双向表的制作，能够非常容易地展现数据的分布状况。

利用透视表进行数据整理可分为单变量表格与双变量表格，前者称为单向表，后者称为交叉表。交叉表用于表示两个用文字表示的品质变量之间的关系，大多用于市场研究，进行市场机会、市场细分分析等。下面举例说明利用Excel的数据透视表进行数据整理。

【例11.1】某通信科技股份有限公司为制订新一年的产品开发计划，需要向市场了解相关通信产品的需求情况。经过问卷设计，在某地区抽取了1000个单位组成样本，然后对该样本进行问卷调查，获得了相关通信产品的一些数据资料，试根据这些数据分析该地区相关通信产品的需求情况。

解：其具体操作步骤如下。

① 打开Excel 2016，选择或制作一个想要的表格，根据收回的调查问卷，建立"数据整理.xlsx"工作簿(见上机实验数据)。

② 打开"11.2数据整理.xlsx"工作簿，选定"相关产品调查"工作表。

③ 选中数据区域中的任意单元格，单击"插入"，选择"数据透视表"选项，如图11-6所示。

④ 确定数据区域，本例中数据所覆盖区域为A1:D1001单元格，如图11-7所示。

图11-6 选择"数据透视表"选项

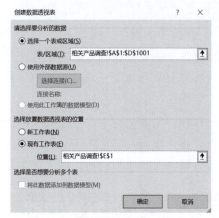

图11-7 "创建数据透视表"对话框

⑤ 确定数据透视表的位置。选择现有工作表，并利用鼠标将数据透视表的位置确定在E1单元格中，单击"确定"按钮，即得不同类型移动电话统计汇总结果，如图11-8所示。

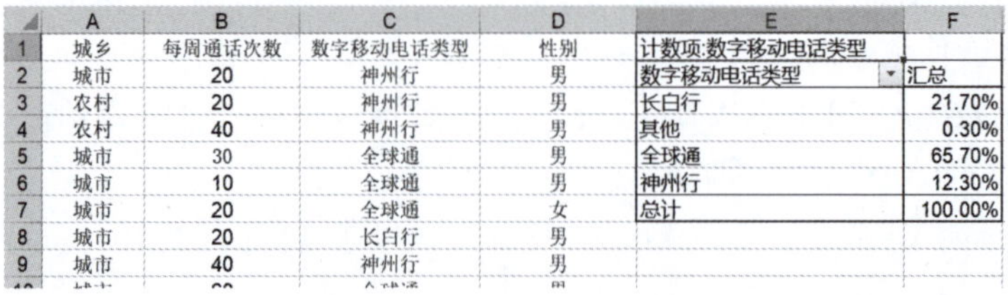

图11-8 相关产品的市场需求情况

综上所述，单向表描述了各移动电话用户对移动电话类型偏好的分布情况。从图11-8中可以看出"全球通"是该地区的主要消费特征，其次是"长白行"，因而该公司应当注重这两种电话类型的开发与服务。

11.2.4 统计图

Excel可以绘制许多图表，其中大部分是统计图，各种类型的统计图能恰当、直观、形象地描述各种现象的数量规律性。

Excel提供图表工具，帮助创建适合于数据分析的各种图表。操作步骤如下。

步骤1，选择"图表类型"。在"插入"选项卡"图表"组中选择图表类型，单击图表右下角的箭头图标，在弹出的"插入图表"对话框中可以找到更多的图表类型。每种类型的图表都有两种以上的子类型，选中所需要的图形及它的子图形。

步骤2，选取"图表数据源"。选定图表类型后，出现图表画布，激活画布后单击鼠标右键，在弹出的快捷菜单中选择"选择数据"命令，打开"选择数据源"对话框，如图11-9所示，在"图表数据区域"文本框中输入数据所在区域。每一行(或每一列)数据作为一个系列，如果有多个系列，则可在"图例项(系列)"选项中添加(或删除)、命名、指定相应数据区域，并指定分类轴。然后根据提示填写标题、分类轴和数值轴的名称等，即可生成所需的统计图。

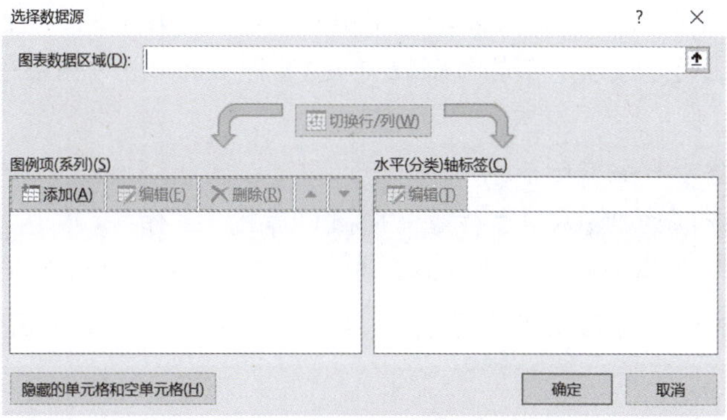

图 11-9 "选择数据源"对话框

下面举例说明利用Excel进行数据显示，制作饼形图与直方图。

【例11.2】2008年美国金融危机爆发以来，全球经济态势日趋紧张，中国为积极应对金融危机紧锣密鼓地出台了一揽子政策措施。国人如何看待这场危机？由人民论坛杂志社联合人民网等进行的题为"危机悬疑调查：中国人信心有几何？"的调查显示：在回答"你对中国成功应对此次金融危机是否有信心？"这一问题时，70.34%的受调查者表示有信心，其中表示"有一定信心"的占受调查者的48.11%，"很有信心"的占受调查者的22.23%，17.34%的调查者没有表态，12.32%的调查者没有信心。试用饼形图对以上调查结果进行描述，以直观地反映中国人应对此次金融危机信心的状况。

解：其具体操作步骤如下所示。

① 打开"11.2数据整理.xlsx"工作簿，选择"金融危机"工作表。

② 打开"插入"选项卡，然后单击"图表"组中的"饼图"→"三维饼图"选项，Excel启动图表画布。

③ 选择"设计"→"数据"→"选择数据"选项，在图表数据区域中输入A3:B6单元格，形成需要的三维饼图。

④ 通过"设计"→"图表布局"组设计饼图样式、数据标志以及标题位置，单击标题位置编辑标题"中国人看金融危机"。

其结果如图11-10所示。

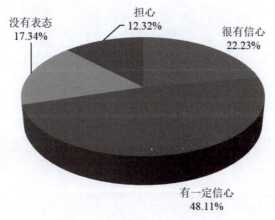

图 11-10 "中国人看金融危机"饼图

【例11.3】 21世纪我国中小企业得到飞速发展。某杂志2019年发表了企业的相关数据。这些企业的年销售收入在500万元和35 000万元之间。按前5年的平均投资回报率进行排序,得到60家企业的总经理的年龄与薪酬(千元)资料。试用直方图描述这60家企业的总经理的薪酬分布情况。

解: 其具体操作步骤如下所示。

① 打开"11.2数据整理.xlsx"工作簿,选择"薪酬"工作表。

② 打开"数据"选项卡,选择"数据分析"选项,打开"数据分析"对话框。

③ 在"数据分析"对话框的"分析工具"列表中选择"直方图",打开直方图对话框。

④ 在"输入区域"文本框中输入C2:C61,然后选定标志,并在输出区域中输入单元格D2:D8,选定图表输出,表示需要直方图与频数表。

⑤ 单击"确定"按钮,直方图分析工具便生成薪酬直方图,如图11-11所示。

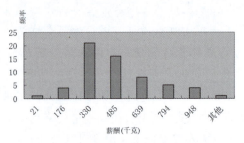

图11-11 薪酬直方图

为了使图形更清楚、美观,使图表更容易理解,需要将各个柱形连接起来。具体操作步骤如下。

① 在默认的直方图中,柱形彼此是分开的,现将其连接起来。单击某个柱形后再单击鼠标右键,在弹出的快捷菜单中选择"设置数据系列格式"选项,弹出"设置数据系列格式"窗格。

② 在"设置数据系列格式"窗格中,打开"系列选项"选项卡,将分类间距从150拖至0。单击"关闭"按钮,得到分布形态更加清楚、美观的直方图,如图11-12所示。

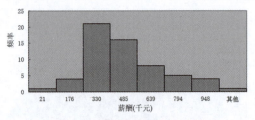

图11-12 连接各柱行后的直方图

11.3 用Excel工作表函数描述统计量

在统计分析与决策中,我们需要将数据概括为几个数量特征,即现象的集中趋势、离中趋势和分布形态,以便能够对现象总体的数量规律性给予精确、简洁的描述。可以通过统计图表来粗略地描述这些数量特征，也可以使用均值、标准差、偏度与峰度这些测定指标来对总体的数量特征进行描述与分析。

Excel描述统计工具提供了计算与数据的集中趋势、离中趋势、偏度等有关的描述性统计指标，并能通过统计图表描述这些数量特征。

在Excel中单击"数据"选项卡，然后选择"数据分析"选项，打开"数据分析"对话框，在该对话框的"分析工具"列表中选择"描述性统计"选项，弹出的"描述统计"对话框如图11-13所示。

图 11-13　"描述统计"对话框

"描述统计"对话框中选项的主要内容包括以下几个方面。

(1) 输入区域。在该文本框中输入待分析数据区域的单元格引用。该引用必须由两个或两个以上按列或行组织的相邻数据区域组成。

(2) 分组方式。如果需要指出输入区域的数据是按行还是按列排列，请选中"逐行"或"逐列"单选按钮。

(3) 标志位于第一行。如果输入区域的第一行中包含标志项，请选中"标志位于第一行"复选框。如果输入区域没有标志项，则不选，Excel将在输出表中自动生成数据标志。

(4) 输出区域。在该文本框中输入对输出表左上角单元格的引用。此工具将为每个数据集产生两列信息：左边一列包含统计标志项，右边一列包含统计值。根据所选择的"分组方式"选项的不同，Excel将为输入表中的每一行或每一列生成一个两列的统计表。

(5) 新工作表组。选中该单选按钮，可在当前工作簿中插入新工作表，并由新工作表的A1单元格开始粘贴计算结果。如果需要给新工作表命名，请在右侧编辑框中输入名称。

(6) 新工作簿。选中该单选按钮，可创建一个新工作簿，并在新工作簿的工作表中粘贴计算结果。

(7) 汇总统计。如果需要Excel在输出表中生成下列统计结果，请选中此项。这些统计结果有均值、标准差、中位数、众数、标准误差、方差、峰值、偏度、全距、最小值、最大值、总和、总个数、第K个最大值、第K个最小值和平均数置信度。

(8) 平均数置信度。如果需要在输出表的某一行中包含均值的置信度，请选中此项，然后在右侧的编辑框中输入所要使用的置信度。例如，数值95%可用来计算在显著性水平为

5%时的均值置信度。

(9) 第K个最大值。如果需要在输出表的某一行中包含每个区域数据的第K个最大值，请选中该复选框，然后在右侧的编辑框中输入K的数值。如果输入1，则这一行将包含数据集中的最大数值。

(10) 第K个最小值。如果需要在输出表的某一行中包含每个区域数据的第K个最小值，请选中该复选框，然后在右侧的编辑框中输入K的数值。如果输入1，则这一行将包含数据集中的最小数值。

11.3.1 用Excel工作表函数描述集中趋势

在Excel中既可手工创建公式计算各种平均数，也可利用Excel中的统计函数进行计算。在"统计函数"类别中用于集中趋势测定的常用函数有以下几种：均值函数(AVERAGE)、中位数函数(MEDIAN)、众数函数(MODE)和切尾均值函数(TRIMMEAN)。下面举例说明利用Excel进行集中趋势的测定与分析。

【例11.4】越来越多的人热衷于上网，因为上网能够打破空间的界限，带给人许多新的知识。现随机抽取一些上网者进行调查，得知其年龄(单位：岁)数据如下：22，58，24，50，29，52，57，31，30，41，44，40，46，29，31，37，32，44，49，29。试根据此样本资料对上网者的年龄水平给予描述。

解： 其具体操作步骤如下所示。

① 打开"11.3描述统计量.xlsx"工作簿(见上机实验数据)，选择"网站用户"工作表。

② 在数据下面单元格中分别输入"均值""中位数""众数"和"切尾平均数"。

③ 在单元格均值中输入公式"=AVERAGE(B2:B21)"，计算其均值。

④ 在单元格中位数中输入公式"=MEDIAN(B2:B21)"，计算其中位数。

⑤ 在单元格众数中输入公式"=MODE(B2:B21)"，计算其众数。

⑥ 在单元格切尾平均数中输入公式"=TRIMMEAN(B2:B21,0.05)"，便在两端各切掉5%，得出其平均值为38.75。

其计算结果如图11-14所示。

	A	B	C
19		52	
20		57	
21		58	
22	均值	38.75	=AVERAGE(B2:B21)
23	中位数	38.5	=MEDIAN(B2:B21)
24	众数	29	=MODE(B2:B21)
25	切尾平均数	38.75	=TRIMMEAN(B2:B21,0.05)

图11-14 网站用户的年龄均值

11.3.2 用Excel工作表函数描述离中趋势

Excel函数可用于计算标准差、四分位数与四分位距等描述离中趋势的指标。标准差的测定既可以利用Excel创建公式进行计算，也可以利用Excel中的工作表函数直接进行计算。在Excel中，用于计算标准差的函数有总体标准差函数(STDEVP)和样本标准差函数(STDEV)

两个。对于四分位数和四分位距等离中趋势指标更可方便计算。下面举例说明利用Excel进行离中趋势的测定与分析。

【例11.5】以例11.4网站用户年龄为例，进行离中趋势的分析，并计算数据的最小值、第一四分位数、第二四分位数、第三四分位数和四分位距。

解：在已建立的"网站用户"工作表中进行操作，具体步骤如下。

① 单击工具栏中的"函数"快捷按钮，弹出"插入函数"对话框。在"选择类别"列表中选择"统计"选项，在"选择函数"列表中选择总体标准差函数STDEVP，打开函数对话框。

② 在数据区域中输入数据所在的列号，则计算结果便显示在对话框下方，其值为10.615 436 87，单击"确定"按钮结束。样本标准差的计算方法与其相同。

③ 在单元格中分别输入"最小值""第一四分位数""第二四分位数""第三四分位数""最大值"和"四分位数"。

④ 在"最小值"单元格中打开"插入函数"对话框，在"选择类别"列表中选择"统计"选项，在"选择函数"列表中选择四分位数函数QUARTILE，单击"确定"按钮，进入四分位数函数对话框。

⑤ 在四分位数函数QUARTILE的对话框中，在Array中输入数据区域；在Quart中输入0，表示计算最小值或第0四分位数；单击"确定"按钮，其值便显示在单元格中。

⑥ 在单元格"第一四分位数"中输入"=QUARTILE(B2:B21,1)"，计算第一四分位数，显示29.75；在单元格"第二四分位数"中输入"=QUARTILE(B2:B21,2)"，计算第二四分位数，显示38.5；在单元格"第三四分位数"中输入"=QUARTILE(B2:B21,3)"，计算第三四分位数，显示46.75；在单元格"最大值"中输入"=QUARTILE(B2:B21,4)"，计算最大值，显示58。

⑦ 在单元格"四分位距"中输入"=B30-B28"，计算四分位距，显示17。

四分位距表明整个总体中位于29.75和46.75之间的数值有50%。换句话说，即从29.75到46.75这17岁范围内可包括总体的50%。

11.3.3 用Excel工作表函数描述分布形态

Excel提供了计算偏度与峰度的工作表函数。

【例11.6】仍以例11.4"网站用户"年龄为例，计算其偏态与峰度。

解：在已建立的"网站用户"工作表上进行操作，其具体操作步骤如下。

① 在单元格中输入"偏态"，并输入"=SKEW(B2:B21)"，其显示值为0.277 013 22。

② 在单元格中输入"峰度"，并输入"=KURT(B2:B21)"，其显示值为–1.081 195 3。

从偏度与峰度的计算结果可以看出，偏度0.277 013 22，说明其分布形态呈轻微右偏态，基本接近于对称分布。峰度系数为–1.081 195 22，小于0，说明其分布形态趋于平坦。这主要是由于观察数据过少，不能表现其应有的峰度。

11.4 抽样推断

Excel在抽样推断中有着广泛的应用，主要包括抽样与抽样分布、参数估计和假设检验。

11.4.1 抽样与抽样分布

抽样与抽样分布的概念不易理解，使人感到有些深奥，借助Excel可以具体地描述抽样及抽样过程，从而得到一个形象认识。

【例11.7】使用Excel建立抽样分布。

解：利用Excel建立抽样分布，首先要编制频数分布。编制频数分布的具体操作步骤如下。

① 打开"11.4抽样分布.xlsx"工作簿(见上机实验数据)，选择"总体"工作表。

② 在单元格区域B1:B10中，分别填入10，20，…，100，作为想要分的区段，此段统计为10及10以下，10(不包含)至20(包含20)，以此类推。

③ 用鼠标选定C1:C10单元格区域作为频，选择插入函数快捷按钮 f_x ，打开"插入函数"对话框。

④ 在"选择类别"列表中选择"统计"选项，在"选择函数"列表中选择频数函数FREQUENCY，单击"确定"按钮，打开频数分布函数对话框。

⑤ 在Data_array中输入A1:A200，在Bin_array中输入B1:B10。

⑥ 由于这是数组操作，因此按Ctrl+Shift组合键，同时按回车键，则得到总体数据的频数分布。C1:C10单元格区域中每个单元格都应显示"20"，表明各统计区段数据量都为20个。

⑦ 在单元格C11中单击自动求和∑按钮，在编辑栏中确认显示SUM(C1:C10)后，按回车键，则自动求和为200。

然后，建立柱形图。具体操作步骤如下。

① 在"插入"选项卡中，单击"图表"右下角的箭头图标 ，打开"图表类型"对话框。

② 在"图表类型"列表中选择"柱形图"，单击"确定"按钮，出现图表区，右击图表区，在打开的快捷菜单中选择"选择数据"命令，打开"选择数据源"对话框。

③ 在"选择数据源"对话框的"图表数据区域"输入B1:C10，如图11-15所示。

④ 在"图例项(系列)"列表中删除"系列1"，保留"系列2"，则对话框中显示10个等高柱，但X轴为1，2，3等。

⑤ 在"水平轴(分类)标签"文本框中输入B1:B10，这时画布柱形图的X轴为10，20，30等。单击"确定"按钮，得柱形图。

之后，计算均匀分布总体的均值和标准差。具体的操作步骤如下。

① 在单元格B13中输入"均值"，在单元格C13中输入公式"=AVERAGE (A1:A200)"，按回车键后显示值为50.25。

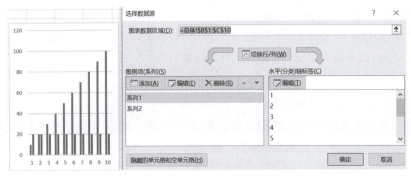

图 11-15 "选择数据源"对话框

② 在单元格B14中输入"标准差",在单元格C14中输入公式"=STDEVP(A1:A200)",按回车键后显示数值为28.867 15。

最后,从均匀分布总体中进行抽样。具体的操作步骤如下。

① 打开"抽样分布.xlsx"工作簿,选择"样本"工作表。

② 选定A1:AD1单元格区域,从"公式"选项卡中选择"插入函数"选项。

③ 在"插入函数"对话框的"选择函数"列表中选择"INDEX"(在"插入函数"对话框的搜索函数栏中输入array,row_num,column_num,单击"转到"按钮,可快速查找"选择函数"列表中的"INDEX"),单击"确定"按钮,打开"选定参数"对话框,选择第一行数组(array,row_num, column_num),单击"确定"按钮,打开索引函数(INDEX)的"函数参数"对话框。

④ 在"Array"中输入"总体!$A$1:$A$200"。

⑤ 在"Row_num"中输入嵌套公式"CEILING(200*RAND(),1)",按住Ctrl+Shift组合键,单击"确定"按钮。

⑥ 在单元格AE1中输入"均值"。

⑦ 选定单元格AF1,输入公式"=AVERAGE(A1:AD1)",按回车键。

⑧ 按F9键。AF1单元格中出现的值应接近50。重复按这个键,数值虽有所变化,但AF1单元格中显示的值大多数应在40和60之间。

11.4.2 参数估计

参数估计的方法有两种,即点估计与区间估计。用Excel的"统计函数"工具可以直接进行抽样推断中的点估计和区间估计测算。下面举例说明使用Excel进行参数的区间估计。

【例11.8】某厂准备上市一种新产品,并配以相应的广告宣传,企业想通过调查人们对其品牌的认知情况来评估广告的效用,以制订下一步的市场推广计划。他们在该地区随机抽取350人作为访问对象,进行消费者行为与消费习惯调查,其中有一个问句是"你听说过这个牌子吗"。在350人中,有112人的回答是"听说过"。根据这个问句,可以分析这一消费群体对该品牌的认知情况。所以,该厂市场部经理要求,根据这些样本,给定95%的置信度,估计该地区顾客认知该品牌的比例。

解:其具体操作步骤如下。

① 打开"11.4参数估计.xlsx"工作簿(见上机实验数据),建立"比例估计"工作表。

② 在单元格B2中输入n值为350。

③ 在单元格B3中输入公式"=112/350"，用Excel来计算抽样比例Pi值为0.32。

④ 在单元格B4中输入公式"=SQRT(B3*(1-B3)/B2)"计算比例标准误差。其显示值为0.024 9 34。

⑤ 在单元格E2中输入置信度0.95。

单元格E3中的Z值是与单元格E2中的置信度所对应的标准正态分布的区间点，它是位于中间部分的临界值。正如图11-16所示，中间阴影部分相当于置信水平，两边临界值用Z和−Z来表示。

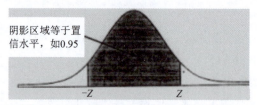

图 11-16　95% 置信水平相应的正态分布临界值

使用函数NORMSINV可以确定Z值。确定与中心区域概率对应的Z值时有两种方法：一种是输入Z值左侧的"概率"，即0.025，函数将计算E2单元格中左侧部分的Z值，即返回的是−Z。这意味着在E2单元格中须用绝对值的方法将标准正态分布函数NORMSINV返回的Z值改为正数。另一种方法是把中间区域的概率与Z值左侧的概率相加，即(0.95+0.025)，所计算的是从左侧起一直到Z值区域的概率，通过这部分概率的计算也可确定Z值。

⑥ 选定E3单元格，输入公式"=ABS(NORMSINV(0.025))"或"=NORMSINV(E2+(1-E2)/2)"，便可确定Z值，单元格E3中将显示1.959 961。

⑦ 在E4单元格中输入公式"=E3*B4"，计算极限误差，其结果显示为0.048 87。

⑧ 在单元格E5中输入"=B3-E4"计算估计下限，在E6单元格中输入"=B3+E4"计算估计上限。结果分别显示为0.271 13和0.368 87。

问题的答案是顾客认知新品牌的比例在0.271 13和0.368 87之间的置信度是95%。也就是说，品牌认知度位于27%～37%，这对于食品消费来讲，并不是一个满意的数值。因此企业应当考虑市场推广方面的问题，研究其原因是广告诉求对象不对，还是目标市场有偏差。

11.4.3　假设检验

假设检验是推断统计中的一项重要内容，它与参数估计都是抽样分布的一种应用。本节通过实例说明使用Excel进行假设检验。

【例11.9】某公司市场部非常重视调查顾客对其品牌的满意情况，并通过加强质量和提高服务，一直使消费者对其品牌的满意程度保持在0.65的水平上。最近，市场部经理接到一些消费者的抱怨，也得到一些消费者的表扬，这使他对目前的顾客满意程度产生了怀疑，为了掌握市场情况，了解本品牌在市场中的位置，他委托一家市场调查公司在该地区随机抽取了315个有效样本，其中有214人对其品牌表示满意。以0.05为显著性水平，能否证明顾客满意度有所变化呢？

解： 根据题意，分析如下。

① 提出假设。原假设为 $H_0: \tau = 0.65$；备择假设为 $H_1: \tau \neq 0.65$。

② 选择统计量。由于总体比例已知且为大样本，选择Z为统计量。本题中只关心顾客满意度是否有变化，因而是双侧检验。

③ 确定显著性水平。根据题意可知，显著性水平为 $\alpha = 0.05$。

④ 决策规则。根据显著性水平可得图11-17。从图11-17中可以看出，临界值的绝对值为1.65，所以，统计量绝对值如果大于1.65，则落入拒绝区域，拒绝原假设。同样，如果统计量的P值小于0.05，则落入拒绝区域，拒绝原假设。

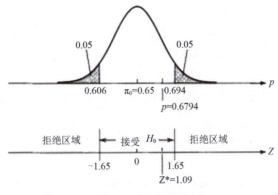

图11-17 比例检验

其具体操作步骤如下所示。

第一步，数据计算。其具体操作如下。

① 打开"11.4假设检验.xlsx"工作簿(见上机实验数据)，选择"比例检验"工作表，如图11-18所示。

	A	B	C	D	E	F	G	H
1	总体比例双侧检验							
2								
3	已知数据							
4	总体比例	0.65		样本比例	0.679365	=214/315		
5	标准误差	0.026874	=SQRT((B4*(1-B4))/E5)	样本容量n	315			
6								
7								
8	决策标准			检验统计量				
9	显著水平	0.05		双侧P值	0.274531	=2*(NORMSDIST(-ABS(E10)))		
10	临界双侧	1.959961	=ABS(NORMSINV(B9/2))	统计量Z值	1.092687	=ABS((E4-B4)/B5)		
11								
12	决策判断							
13	P值法	不能拒绝	=IF(E9<B9,"拒绝","不能拒绝")					
14	Z值法	不能拒绝	=IF(E10>B10,"拒绝","不能拒绝")					

图11-18 总体比例假设检验

确定样本比例是否与原假设一致，就是确定顾客满意度是否等于0.65。样本比例 $P = 214/315 = 0.6794$，与原假设比例不一致。所以需要确认样本比例是否是由于随机原因形成的。与总体均值假设检验一样，需要回答下面的问题："当原假设为真时，样本比例不等于期望比例的概率有多大？"如果该比例P值低于显著性水平，则可认为它不能用随机因素解释，与总体比例具有显著差异，须拒绝原假设；反之，则认为它是随机因素影响的结果，不能拒绝原假设。

② 在单元格B4中输入总体比例值0.65。

③ 在单元格B9中输入显著性水平0.05。

④ 在单元格E4中输入样本比例的公式"=214/315"。

⑤ 在单元格E5中输入样本容量n为315。

⑥ 在单元格B5中输入标准误差公式"=SQRT((B4*(1-B4))/E5)",B5中显示0.026 874。

⑦ 在单元格E10中输入公式"=ABS((E4-B4)/B5)",以计算样本比例Z值,结果显示为1.092687。

第二步,确定临界值。其具体操作如下。

确定临界值,需要通过NORMSINV函数将显著性水平转换成Z值。在单元格B10中输入公式"=ABS(NORMSINV(B9/2))",结果显示值为1.959 961。

第三步,计算样本统计量及相应的P值。其具体操作如下。

在单元格E9中输入公式"=2*(NORMSDIST(-ABS(E10)))",得值0.274 531。

第四步,决策规则。其具体操作如下。

① 在单元格B13中输入公式"=IF(E9<B9,"拒绝","不能拒绝")",按回车键,单元格B13中显示"不能拒绝"。

② 在单元格B14中输入公式"=IF(E10>B10,"拒绝","不能拒绝")",按回车键,单元格B14中显示"不能拒绝"。

由于检验结果为不能拒绝,所以尽管顾客存在不同反馈,但不足以影响该公司品牌的整体顾客满意水平。

11.5 方差分析

方差分析包括单因素方差分析和双因素方差分析。

11.5.1 单因素方差分析

用Excel进行单因素方差分析,操作步骤比较简单,下面用一个例子予以说明。

【例11.10】某公司想对新销售人员进行不同的销售培训,为了比较它们的有效性,随机选择了三组销售人员,每组五人。一组接受A课程的销售训练,一组接受B课程的销售训练,还有一组没有参与任何训练。当前两组的训练课程结束时,收集训练后两个星期内的各组销售人员的销售记录列于表11-1,请说明具体的操作步骤。

表11-1 各组销售人员的销售记录统计表

课程A	课程B	无课程
2058	3339	2228
2176	2777	2578
3449	3020	1227
2517	2437	2044
944	3067	1681

解:其具体操作步骤如下。

① 打开上机实验数据"11.5方差分析.xlsx"工作表，选择"销售课程"工作表，如图11-19所示。

	A	B	C	D
1		课程A	课程B	无课程
2		2058.0	3339.0	2228.0
3		2176.0	2777.0	2578.0
4		3449.0	3020.0	1227.0
5		2517.0	2437.0	2044.0
6		944.0	3067.0	1681.0
7	样本均值	2228.8	2928.0	1951.6
8	总体均值			2369.5

图 11-19　方差分析数据

② 选择"数据"选项卡中的"数据分析"选项，弹出"数据分析"对话框，如图11-20所示。

③ 在"分析工具"列表中选择"方差分析：单因素方差分析"选项，单击"确定"按钮，打开"方差分析：单因素方差分析"对话框，如图11-21所示。

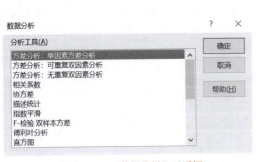

图 11-20　"数据分析"对话框

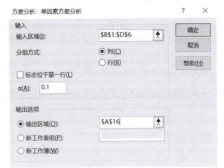

图 11-21　"方差分析：单因素方差分析"对话框

④ "输入区域"选择B1:D6单元格区域，选中"标志位于第一行"复选框，在α文本框中输入"0.1"，表明显著性水平。

⑤ "输出区域"选单元格A16，表明以A16为起点放置方差分析结果。

⑥ 单击"确定"按钮，输出结果，如图11-22所示。

	A	B	C	D	E		G
16	方差分析：单因素方差分析						
17							
18	SUMMARY						
19	组	计数	求和	平均	方差		
20	课程A	5	11144	2228.8	813654.7		
21	课程B	5	14640	2928	115147		
22	无课程	5	9758	1951.6	268895.3		
23							
24							
25	方差分析						
26	差异源	SS	df	MS	F	P-value	F crit
27	组间	2531795.7	2	1265897.867	3.17083002	0.078425201	2.80679302
28	组内	4790788	12	399232.3333			
29							
30	总计	7322583.7	14				

图 11-22　单因素方差分析输出结果

因为F=3.170 83>F crit=2.806 793，或P-value=0.078 425<α=0.10，拒绝原假设，所以接受培训的销售人员的销售业绩与没有接受培训的销售人员的销售业绩是具有显著差异的。

11.5.2 双因素方差分析

如果两个因素对数据的影响是相互独立的，这样的分析则称为无交互作用的双因素方差分析；如果除了两个因素对数据的独立影响外，这两个因素的共同作用还可能对数据产生显著影响，这样的分析则称为有交互作用的双因素方差分析。

1. 无交互作用的双因素方差分析

【例11.11】 某企业管理部门想研究生产设备与操作工艺方法的不同对生产量有无显著性影响，随机抽取了3台同类机器(A1，A2，A3)，和4种操作工艺(B1，B2，B3，B4)，具体资料见图11-23。

解：其具体操作如下。

① 打开上机实验数据"11.5方差分析.xlsx"工作表，选择"机器与操作工艺"工作表，选择"数据"→"数据分析"命令，打开"数据分析"对话框，选择"方差分析：无重复双因素分析"分析工具，单击"确定"按钮，打开"方差分析：无重复双因素分析"对话框。

② "输入区域"选择B4到E6单元格；"标志"复选框不勾选；α默认系数为0.05；"输出区域"选A10单元格，如图11-24所示。

图11-23 方差分析数据

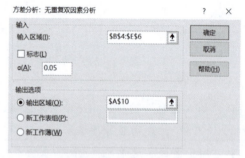

图11-24 "方差分析：无重复双因素分析"对话框

③ 单击"确定"按钮，返回结果，如图11-25所示。

	A	B	C	D	E	F	G
10	方差分析：无重复双因素分析						
11							
12	SUMMARY	观测数	求和	平均	方差		
13	行 1	4	65	16.25	2.25		
14	行 2	4	67	16.75	4.25		
15	行 3	4	70	17.5	1.666667		
16							
17	列 1	3	50	16.66667	4.333333		
18	列 2	3	51	17	4		
19	列 3	3	51	17	3		
20	列 4	3	50	16.66667	2.333333		
21							
22							
23	方差分析						
24	差异源	SS	df	MS	F	P-value	F crit
25	行	3.166667	2	1.583333	0.393103	0.69115	5.143253
26	列	0.333333	3	0.111111	0.027586	0.99317	4.757063
27	误差	24.16667	6	4.027778			
28							
29	总计	27.66667	11				

图11-25 无重复作用双因素方差分析输出结果

结果显示，行因素F=0.3931 < F crit=5.1433，行因素P-value 0.6912 >α false=0.05，所以不能拒绝原假设，即认为不同机器设备对生产量没有显著影响；列因素F=0.0276 < F crit=4.7571，列因素P-value =0.9932 >α false=0.05，所以也不能拒绝原假设，即认为不同工艺方法对生产量也无显著影响。

2. 有交互作用的双因素方差分析

【例11.12】以第7章例7.4的数据为例，某营销公司为了研究不同的广告媒体和广告方案对产品销售量的影响，对3种广告方案和两种广告媒体的组合进行了试验，所获得的销售量数据如图11-26所示(见上机实验数据)。试分析广告方案、广告媒体或其交互作用对销售量的影响是否显著。(α=0.05)

	表11-4 不同广告媒体和广告方案的销售		
		广告媒体B	
		电视B1	报纸B2
	A1	12	8
		9	10
		15	9
	A2	24	18
		29	15
		25	21
	A3	15	12
		17	18
A广告方案		13	15

图11-26 销售量数据

解：其具体操作步骤如下。

① 打开上机实验数据"11.5方差分析.xlsx"，选择"媒体与广告销售"工作表，选择"数据"→"数据分析"命令，打开"数据分析"对话框，选择"方差分析：可重复双因素分析"分析工具，单击"确定"按钮，打开"方差分析：可重复双因素分析"对话框。

② "输入区域"选择B3到D12单元格；在"每一样本的行数"文本框中输入3(每个行因素重复试验次数为3)；α默认系数为0.05；"输出区域"选A15单元格，如图11-27所示。

图11-27 "方差分析：可重复双因素分析"对话框

③ 单击"确定"按钮，返回结果，如图11-28所示。

其结果显示，FA=31>falseF crit=3.885 294，或P-value=1.82E-05<false α false=0.05，拒绝原假设，即不同的广告方案对销售量有显著影响；FB=9.307 692>falseF crit=4.747 225，或P-value= 0.010 069<false α =0.05，拒绝原假设，即不同的广告媒体对销售量有显著影响；FA×Bfalse=3.769 231<false F crit=3.885 294，或P-value=0.053 672>false α =0.05，不拒绝原假设，即没有证据表明广告方案和广告媒体的交互作用对销售量有显著影响。

	A	B	C	D	E	F	G
15	方差分析：可重复双因素分析						
16							
17	SUMMARY	电视B1	报纸B2	总计			
18	A1						
19	观测数	3	3	6			
20	求和	36	27	63			
21	平均	12	9	10.5			
22	方差	9	1	6.7			
23							
24	A2						
25	观测数	3	3	6			
26	求和	78	54	132			
27	平均	26	18	22			
28	方差	7	9	25.6			
29							
30	A3						
31	观测数	3	3	6			
32	求和	45	45	90			
33	平均	15	15	15			
34	方差	4	9	5.2			
35							
36	总计						
37	观测数	9	9				
38	求和	159	126				
39	平均	17.66667	14				
40	方差	45.75	20.5				
41							
42							
43	方差分析						
44	差异源	SS	df	MS	F	P-value	F crit
45	样本	403	2	201.5	31	1.82E-05	3.885294
46	列	60.5	1	60.5	9.307692	0.010069	4.747225
47	交互	49	2	24.5	3.769231	0.053672	3.885294
48	内部	78	12	6.5			
49							
50	总计	590.5	17				

图 11-28　可重复作用双因素方差分析输出结果

11.6　用Excel进行相关与回归分析

Excel为回归分析提供了工作表函数，利用这些函数可以很容易地进行相关与回归分析。这些函数是截距函数INTERCEPT、斜率函数SLOPE、测定系数函数RSQ与估计标准误差函数STEYX。

回归分析工具是通过对一组观察值使用"最小平方法"进行直线拟合，以分析一个或几个自变量对单个因变量的影响方向与影响程度的方法。回归分析是Excel中数据分析工具的一个内容。"回归"对话框如图11-29所示。

Excel的回归分析工具计算简便，但内容丰富，计算结果共分为3个模块：回归统计表、方差分析表和回归参数，图11-30所示是"11.6回归分析.xlsx"工作簿的"住房"工作表中住房面积与房价的回归分析计算结果(见上机实验数据)。

图 11-29　"回归"对话框

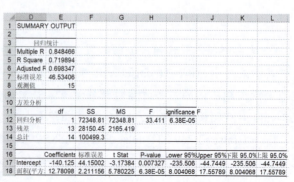

图 11-30　回归分析计算结果

1) 回归统计表包括的内容

(1) Multiple R(复相关系数R)指R^2的平方根，又称为相关系数，它用来衡量变量x和y之间相关程度的大小。

(2) R Square(判定系数R^2)用来说明用自变量解释因变量变差的程度，以测量同因变量y的拟合效果。

(3) Adjusted R Square (调整判定系数R^2)仅用于多元回归才有意义，它用于衡量加入独立变量后模型的拟合程度。当有新的独立变量加入后，即使这一变量同因变量之间不相关，未经修正的R^2也要增大，为了避免高估自变量解释因变量变差的程度，许多分析学家提出用自变量的数目去修正R^2的值。修正多元判定系数的计算公式为

$$R_a^2 = 1-(1-R^2)\frac{n-1}{n-p-1}$$

式中，n代表观察值数目；p代表自变量数目。

(4) 标准误差又称为标准回归误差或估计标准误差，它用来衡量拟合程度的大小，也用于计算与回归有关的其他统计量，此值越小，说明拟合程度越好。观测值是指用于估计回归方程的数据的观测值个数。

在图11-30中，"回归统计"给出：相关系数R为0.848 466，表示二者之间的关系是高度正相关；判定系数R^2为0.719 894，表明用自变量可解释因变量变差的71.99%；此外还给出了调整后的R^2为0.698 347、回归估计标准误差为46.534 06等。

2) 方差分析表的主要作用是通过F检验来判断回归模型的回归效果

在图11-30中，"方差分析"给出：回归平方和SSR、残差平方和SSE、总离差平方和SST分别为72 348.81、28 150.45、100 499.3，F统计量服从第一自由度为1，第二自由度为13的F分布，它的值为33.411，33.411>$F_{0.05}(1, 13)$=4.67，表明x与y的线性相关关系是显著，即回归方程是显著的；也可以用Significance F判断，Significance F=6.38E-05，即P值为6.38×10^{-5}，小于显著水平0.05，表明回归方程是显著的。

3) 回归参数表是表中最后一个部分

在图11-30中，"回归参数"$\hat{\beta}_0$=-140.125，$\hat{\beta}_1$=12.780 98，则其回归方程为$\hat{y}$=-140.125+12.780 98x；参数$\hat{\beta}_0$的标准差为44.150 02，其t检验的统计量为-3.173 84、P值为0.007 327；参数$\hat{\beta}_1$的标准差为2.211 156，其t检验的统计量为5.780 225，5.780 225>$t_{0.025}(13)$=2.16，说明因变量y对自变量x的一元线性相关关系显著，即表明回归方程是显著的，可以用自变量的变化来解释与说明因变量的变化；也可以用P值判断，P-value=6.38E-05 < 0.05，表明回归方程效果显著，可以用自变量的变化来解释与说明因变量的变化；下限95%和上限95%给出了参数$\hat{\beta}_0$、$\hat{\beta}_1$置信区间，表明有95%的把握确信，$\hat{\beta}_0$在-235.506和-44.7449之间，$\hat{\beta}_1$在8.004 068和17.557 89之间。

除表中输出的结果外，我们还可以根据需要给出残差图、线性拟合图等。

11.6.1 用Excel进行相关分析

用Excel进行相关分析有两种方法，一种是利用相关系数函数计算，如"CORREL函数"和"PERSON函数"；另一种是利用"数据分析"功能的相关分析宏计算。这里主要介绍后者。

【例11.13】有10个同类企业的生产性固定资产年均价值和工业增加值资料如"11.6回归分析.xlsx"工作簿中"相关分析"工作表所示(见上机实验数据)。要求根据资料计算相关系数，并说明两个变量的方向和程度。

解： 其具体操作步骤如下。

① 打开"11.6回归分析.xlsx"工作簿，选择"相关分析"工作表。
② 在"数据"选项卡中选择"数据分析"选项，打开"数据分析"对话框。
③ 在"分析工具"列表中选择"相关系数"选项，单击"确定"按钮。
④ 在"输入区域"文本框中输入B2:C11，在"输出选项"文本框中选择输出区域(在此我们选择"新工作表")。
⑤ 单击"确定"按钮，得到如图11-31所示的相关系数矩阵。

	A	B	C
1		列 1	列 2
2	列 1	1	
3	列 2	0.947757	1

图 11-31　相关分析计算结果

在图11-31中，列出了两个变量之间的相关系数，如"生产性固定资产价值(万元)"与"工业增加值(万元)"的相关系数为0.947 757，属于高度正相关。

11.6.2 用Excel进行回归分析

Excel提供了许多回归分析的方法与工具，它们可用于不同的分析目的，这里主要介绍以下三种方法：利用图表进行回归分析；利用Excel工作表函数进行回归分析；利用Excel分析工具进行回归分析。

1. 利用图表进行回归分析

【例11.14】近年来教育部决定将各高校的后勤社会化。某从事饮食业的企业家认为这是一个很好的投资机会，他得到10组高校人数与周边饭店的季销售额的数据资料后，想根据高校的数据决策其投资规模。请利用图表进行回归分析。

解： 具体操作步骤如下。

① 打开"11.6回归分析.xlsx"工作簿，选择"饭店"工作表，如图11-32所示。
② 从"插入"选项卡中选择"图表"选项，在"图表类型"列表中选择XY散点图，如图11-33所示。

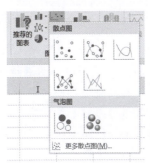

图 11-32 "饭店"工作表　　　　　　　图 11-33 选择图表类型

③ 在图表画布中右击，弹出快捷菜单，选择"选择数据"命令，弹出"选择数据源"对话框，在"图表数据区域"中输入B2:C11，单击"确定"按钮，便得到XY散点图，如图11-34所示。

④ 用鼠标激活散点图，把鼠标放在任一数据点上右击，在打开的快捷菜单中选择"添加趋势线"命令，如图11-35所示，打开"设置趋势线格式"窗格。

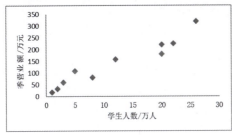
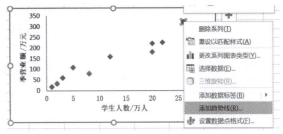

图 11-34　XY散点图　　　　　　　图 11-35　给散点图添加趋势线

⑤ 选中图11-36所示"趋势线选项"中的"线性"单选按钮，Excel将显示一条拟合数据点的直线。在窗格下方选中"显示公式"和"显示R平方值"复选框，然后单击"关闭"按钮。

最终得到如图11-37所示的结果。

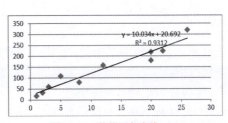

图 11-36　"设置趋势线格式"窗格　　　　　图 11-37　趋势回归直线

2. 利用 Excel 工作表函数进行回归分析

【例11.15】某企业希望确定其产品制造过程中每月成本支出与产量之间的关系,以制订生产计划。试根据该企业选择历年的产量(吨)和成本支出(千元)的样本,计算4个函数值,利用工作表函数进行回归分析。

解:具体操作步骤如下。

① 打开"11.6回归分析.xlsx"工作簿,选择"成本产量"工作表。

② 在单元格A19、A20、A21和A22中分别输入"截距b0""斜率b1""估计标准误差"和"测定系数"。

③ 在单元格B19中输入公式:"=INTERCEPT(C2:C15,B2:B15)",按回车键。

④ 在单元格B20中输入公式:"=SLOPE(C2:C15,B2:B15)",按回车键。

⑤ 在单元格B21中输入公式:"=STEYX(C2:C15,B2:B15)",按回车键。

⑥ 在单元格B22中输入公式:"=RSQ(C2:C15,B2:B15)",按回车键。

最终得到如图11-38所示的结果。其表述的回归方程为:$\hat{y}=1.26+2.94x$。

	A	B	C
1		产量(x)	成本(y)
2		1.05	1.52
3		4.21	13.73
4		5.10	13.07
5		6.20	22.81
6		8.75	30.58
7		2.38	9.32
8		1.49	5.52
9		4.71	15.23
10		7.21	22.33
11		4.86	18.96
12		9.98	27.66
13		9.20	27.06
14		8.33	24.28
15		2.86	9.90
16	合计	76.33	241.97
17			
18	用函数计算		
19	截距 b0	1.261978	=INTERCEPT(C2:C15,B2:B15)
20	斜率 b1	2.938587	=SLOPE(C2:C15,B2:B15)
21	估计标准误	2.368808	=STEYX(C2:C15,B2:B15)
22	测定系数	0.934449	=RSQ(C2:C15,B2:B15)
23			

图11-38 "成本产量"工作表

3. 利用 Excel 分析工具进行回归分析

【例11.16】续例11.14,利用Excel分析工具进行回归分析。

解:具体的操作步骤如下。

① 打开"11.6回归分析.xlsx"工作簿,选择"饭店"工作表。

② 在"数据"选项卡中选择"数据分析"选项,打开"数据分析"对话框,如图11-39所示。

③ 在"分析工具"列表中选择"回归"选项,单击"确定"按钮,打开"回归"对话框,如图11-40所示。

④ 在Y值输入区域中输入$C$2:$C$11。

⑤ 在X值输入区域中输入$B$2:$B$11。

⑥ 选中"置信度"复选框,置信度设置为95%。

⑦ 在"输出选项"选项组中选中"输出区域"单选按钮,在其右侧的文本框中输入

$K$1，单击“确定”按钮。

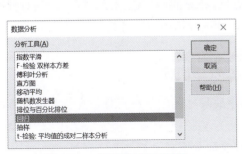

图 11-39 “数据分析”对话框

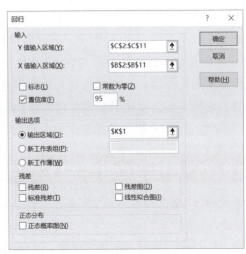

图 11-40 “回归”对话框

最后得到如图11-41所示的结果。

	K	L	M	N	O	P	Q	R	S
1	SUMMARY OUTPUT								
2									
3	回归统计								
4	Multiple R	0.964962							
5	R Square	0.931152							
6	Adjusted R S	0.922546							
7	标准误差	27.12925							
8	观测值	10							
9									
10	方差分析								
11		df	SS	MS	F	ignificance F			
12	回归分析	1	79632.93	79632.93	108.1974	6.32E-06			
13	残差	8	5887.971	735.9964					
14	总计	9	85520.9						
15									
16		Coefficient	标准误差	t Stat	P-value	Lower 95%	Upper 95%	下限 95.0%	上限 95.0%
17	Intercept	20.69225	14.33106	1.443875	0.186769	-12.3552	53.73973	-12.3552	53.73973
18	X Variable 1	10.03426	0.964666	10.4018	6.32E-06	7.80974	12.25879	7.80974	12.25879

图 11-41 回归分析计算结果

回归分析工具的输出结果见图11-41回归分析计算结果。解释：R为0.964 962，表示二者之间的关系是高度正相关。判定系数R^2为0.922 546，表明用自变量可解释因变量变差的92.25%。P-value为6.32E-06，小于显著水平0.01，所以说回归方程效果显著，可以用自变量的变化来解释与说明因变量的变化。根据回归参数表，可以写出回归方程：$\hat{y}=20.69+10.03x$。

11.7 时间数列分析

时间数列分解模型一般分为乘法模型和加法模型两类，经常使用的是乘法模型。乘法模型中，长期趋势(T)的测定方法主要介绍移动平均法、指数平滑法和回归法。移动平均法在Excel中的实现可以用趋势图直接预测，也可以利用公式预测，还可以利用移动平均分析工具预测。回归分析法与移动平均法相似，可以直接输入回归函数公式进行预测，也可以利用数据分析工具库中的回归分析工具进行分析预测。

Excel提供的回归分析预测函数主要有：FORECAST预测函数、TREND趋势函数、GROWTH增长函数、LINEST线性拟合函数和LOGEST函数。

指数平滑法在Excel中的实现，可以用直接输入公式法和利用指数平滑分析工具法。在用Excel进行指数平滑计算时，可以不指定初始预测值，此时计算机将把第一个实际值作为初始预测值进行预测，也可以指定初始预测值，即令它等于前几期(如前3期或前12期等)实际值的平均数。是否指定初始预测值对用Excel进行计算的操作过程没有影响，只对预测结果产生影响。Excel所提供的指数平滑分析工具，为进行指数平滑分析与预测提供了方便。

11.7.1　用Excel作趋势图直接预测

【例11.17】已知当年第1季度到近4年第4季度某地区的季度销售额资料，试对来年的销售额进行预测。

解：第一步，产生"年季"变量。具体操作步骤如下。

① 打开"11.7时间数列分析.xlsx"工作簿(见上机实验数据)，选择"移动平均"工作表。

② 在C列选定任意一个单元格，选择"插入"选项卡中的"列"选项，则原来C列的内容被移到D列。

③ 在C1单元格中输入标志"年季"，在C2单元格中输入公式"=A2&B2"，再把单元格C2中的公式复制到C3:C21。结果如图11-42所示。

第二步，根据图中资料绘制销售额趋势图。具体操作步骤如下。

① 选中数据区域"C1:D21"，选择"插入"选项卡中的"图表"选项，选择折线图—带数据标记的折线图。

② 单击"设计"选项，在"图表布局"组中选择想要的图的布局，在横纵"坐标轴标题"中分别填入"年季"和"销售额(万元)"，得到趋势图，如图11-43所示。

	A	B	C	D
1	年份	季度	年季	销售额（万元）
2	近4年(5)	1	近4年(5)1	254.0
3		2	2	292.4
4		3	3	297.8
5		4	4	330.3
6	近3年(4)	1	近3年(4)1	291.1
7		2	2	327.6
8		3	3	321.2
9		4	4	354.3
10	近2年(3)	1	近2年(3)1	304.6
11		2	2	348.4
12		3	3	350.8
13		4	4	374.2
14	近1年(2)	1	近1年(2)1	319.5
15		2	2	361.5
16		3	3	369.4
17		4	4	395.2
18	当年(1)	1	当年(1)1	332.6
19		2	2	383.5
20		3	3	383.8
21		4	4	407.4
22	来年	1		
23		2		

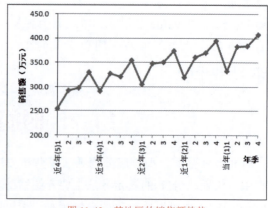

图 11-42　在"移动平均"工作表中产生"年季"变量　　图 11-43　某地区的销售额趋势

第三步，在图表中插入趋势线进行预测。具体操作步骤如下。

① 单击图表以激活它，选取垂直轴，双击或单击鼠标右键并从快捷菜单中选择"设置坐标轴格式"命令，打开"设置坐标轴格式"窗格，如图11-44所示。设定坐标轴选项，获得想要的纵坐标轴格式。

② 选取水平轴，双击或单击鼠标右键并从快捷菜单中选择"坐标轴格式"命令，打开"设置坐标轴格式"窗格，如图11-45所示。设定坐标轴选项，获得想要的横坐标轴格式。

图11-44 "设置坐标轴格式"窗格 (1)

图11-45 "设置坐标轴格式"窗格 (2)

③ 选取图中的折线，单击鼠标右键并从快捷菜单中选择"添加趋势线"命令，打开"设置趋势线格式"窗格，如图11-46所示。在"趋势线选项"选项组中选中"移动平均"单选按钮，设置"周期"为4。

④ 单击"关闭"按钮。

最后，得到如图11-47所示的结果。

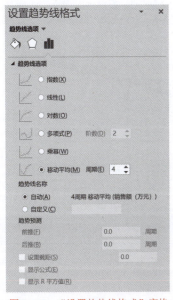

图11-46 "设置趋势线格式"窗格

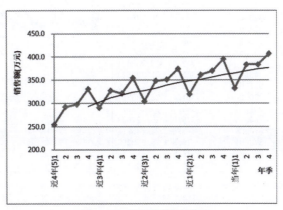

图11-47 某地区销售额趋势

11.7.2 利用移动平均分析工具进行预测

【例11.18】 续例11.17,试对来年的零售额进行预测。

解: 其具体操作步骤如下。

① 打开"11.7时间数列分析.xlsx"工作簿(见上机实验数据),选择"移动平均"工作表。

② 在单元格F1、G1中分别输入"分析工具预测值"和"预测标准误差"。

③ 从"数据"选项卡中选择"数据分析"选项,在弹出的"数据分析"对话框中选中"移动平均"选项,并单击"确定"按钮,此时将出现"移动平均"对话框,如图11-48所示。

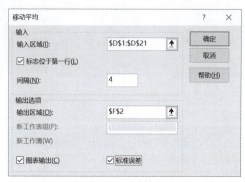

图11-48 "移动平均"对话框

④ 在"输入区域"中输入$D$1:$D$21,选中"标志位于第一行"复选框,"间隔"设置为4,在"输出区域"中输入$F$2,即输出区域左上角的绝对引用,选中"图表输出"和"标准误差"复选框,然后单击"确定"按钮。

最后,得到如图11-49所示的结果。

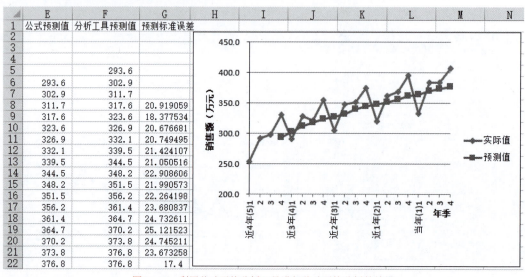

图11-49 利用移动平均分析工具进行移动平均分析的结果

使用移动平均分析工具需要注意以下几点。

(1) 移动平均分析工具自动将公式放在工作表中。

(2) 上例中单元格G8中含有的公式为SQRT(SUMXMY2(D5:D8,F5:F8)/4)。

(3) 请注意图11-49中用两种方法所得出的输出结果的差异：用移动平均分析工具得到的移动平均值较直接输入公式法输出结果上移了一个单元格。这意味着用数据分析工具所计算的第一个值(即293.6)，是对近4年第4季度的预测。

11.7.3 使用直线函数LINEST和趋势函数TREND进行线性预测

1. 使用 LINEST 函数计算回归统计值

【例11.19】有某公司当年1—10月的销售量资料，试用最小平方法进行趋势预测，并预测11月和12月的销售量。

解：其具体操作步骤如下。

① 打开"11.7时间数列分析.xlsx"工作簿(见上机实验数据)，选择"趋势"工作表。

② 在E1单元格中输入"回归统计量"。

③ 选择E2:F6单元格区域，单击"插入函数"按钮 f_x，弹出"插入函数"对话框，如图11-50所示。

④ 在"或选择类别"中选择"统计"，在"选择函数"中选择LINEST函数，单击"确定"按钮，则打开LINEST函数对话框。

⑤ 在Known_y's、Known_x's和Stats文本框中分别输入B2:B11、A2:A11和1。按住Ctrl+Shift组合键，单击"确定"按钮。

得出如图11-51所示的结果。

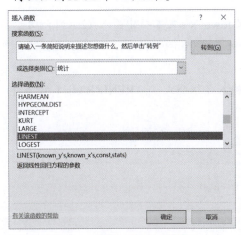

图11-50 "插入函数"对话框

图11-51 用 LINEST 函数计算回归统计值的结果

	A	B	C	D	E	F
1	月份	销售量	拟合值		回归统计量	
2	1	9.89	9.69		0.834242	8.858667
3	2	10.71	10.53		0.046854	0.290719
4	3	10.55	11.36		0.975387	0.425569
5	4	12.22	12.20		317.0279	8
6	5	13.76	13.03		57.41673	1.448875
7	6	13.8	13.86			
8	7	14.51	14.70			
9	8	15.2	15.53			
10	9	16.5	16.37			
11	10	17.33	17.20			

根据图 11-51 中的计算结果可以写出如下估计方程：$\hat{y}=8.86+0.83t$。据此方程计算预测值：

① 在 D1 单元格中输入"预测值"；

② 在 D2 单元格中输入公式"=$F$2+$E$2*B2"；

③ 将 D2 单元格中的公式复制到 D3:D11 各单元格。

2. 使用趋势函数 TREND 求预测值

【例 11.20】以例 11.19 的数据为基础，试用趋势函数 TREND 求预测值。

解：其具体操作步骤如下。

① 在单元格 C1 中输入"拟合值"。

② 选择 C2:C11 单元格区域，单击"插入函数"按钮 f_x，将打开"插入函数"对话框。

③ 在"或选择类别"中选择"统计"，在"选择函数"中选择 TREND 函数，单击"确定"按钮，则打开 TREND 函数对话框，如图 11-52 所示。

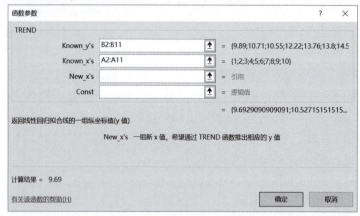

图 11-52　TREND 函数对话框

④ 在 Known_y's 文本框中输入 B2:B11；在 Known_x's 文本框中输入 A2:A11；由于不需预测，故忽略 New_x's；本题意在保留常数项，故忽略 Const。按住 Ctrl+Shift 组合键，单击"确定"按钮。

也可以在选定单元格区域 C2:C11 的情况下，输入数组公式"=TREND(B2:B11,A2:A11)"，按住 Ctrl+Shift 组合键，按回车键。

其结果如图 11-53 所示。

	A	B	C
1	月份	销售量	拟合值
2	1	9.89	9.69
3	2	10.71	10.53
4	3	10.55	11.36
5	4	12.22	12.20
6	5	13.76	13.03
7	6	13.8	13.86
8	7	14.51	14.70
9	8	15.2	15.53
10	9	16.5	16.37
11	10	17.33	17.20
12			

图 11-53　趋势拟合值

3. 趋势预测

仍使用图11-53中的数据进行趋势预测,其操作步骤如下。

(1) 在单元格A12中输入11。

(2) 在单元格C12中输入公式:"=TREND(B2:B11,A2:A11,A12)"(该公式的含义是,找到适合选定数组B2:B11所表示的y变量和数组A2:A11所表示的x变量之间的直线关系,并返回指定数组A12,即x值为11在直线上对应的y值)。

(3) 按回车键,在单元格C12即得预测结果。

11.7.4 指数平滑法与预测

【例11.21】冬天即将来临,某从事汽车租赁业务的经理着手调查客户对防雪汽车的需求情况。经过监测后,一场初冬的暴风雪席卷了整个地区,正如其所料,防雪汽车每天的需求量都有显著增长。这时,该经理可能想知道第10天应该储备多少辆防雪汽车以备第11天使用。

解: 第一步,计算预测值。具体操作步骤如下。

① 打开"11.7时间数列分析.xlsx"工作簿(见上机实验数据),选择"指数平滑"工作表。

② 在单元格C2中输入公式"=AVERAGE(B2:B6)"。

③ 在单元格C3中输入公式"=0.3*B2+0.7*C2"。

④ 将单元格C3中的公式复制到区域C4:C12中,结果如图11-54所示。

	A	B	C	D	E	F
1	天数	租赁数	拟合值		平滑常数	0.3
2	1	10	10.6			
3	2	11	10.4		平均误差	3.9607
4	3	10	10.6		标准误差	3.251635
5	4	12	10.4		RMSPE	5.124478
6	5	10	10.9	预测误差		
7	6	12	10.6	1.4		
8	7	11	11.0	0.0		
9	8	19	11.0	8.0		
10	9	19	13.4	5.6		
11	10	20	15.1	4.9		
12	11		16.6			

图11-54 "指数平滑"工作表

第二步,绘制实际值与拟合值的折线图。具体操作步骤如下。

① 选择"图表类型"下的"折线图",在"子图表类型"中选择"带数据标记的折线图"。

② 单击"设计"选项卡中的"选择数据"按钮,弹出"选择数据源"对话框。

③ 输入图表数据区域:Sheet指数平滑!$A$2:$C$12,在"图表布局"栏下设置标题与坐标等,完善统计图。

得到如图11-55所示的折线图。

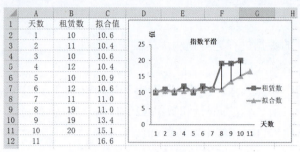

图 11-55　指数平滑预测值及图表

【例11.22】以例11.21的数据为基础，试用指数平滑分析工具求预测值。

解：具体步骤如下。

① 打开"指数平滑"工作表。

② 把区域Ａ２:Ｂ１１内容下移一行，在空白的单元格Ｂ２中输入公式"=AVERAGE(B3:B7)"。

③ 选择"数据"选项卡中的"数据分析"选项，弹出"数据分析"对话框，在"分析工具"列表中选择"指数平滑"选项，单击"确定"按钮，打开"指数平滑"对话框。

④ 在"输入区域"输入B2:B12，"阻尼系数"设置为0.7，"输出区域"中输入C2，选中"图表输出"复选框，单击"确定"按钮。

⑤ 除单元格C2中显示的公式为"=B2"外，单元格区域C3:C12中显示的公式均为平滑公式形式，这些是拟合值，要求预测值，需要把单元格C12中的公式复制到C13中。

经过以上操作步骤，即可得到指数平滑结果，如图11-56所示。"C3:C12"对应的数据即为指数平滑的预测值。

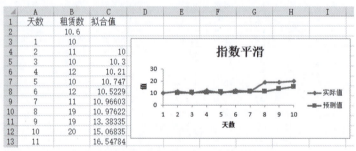

图 11-56　指数平滑分析工具输出结果

本章小结

本章运用实例介绍了Excel 2016在统计中的应用，主要包括以下内容。

(1) Excel的基本统计功能及其运用。

(2) 用Excel进行统计数据的整理及图表的制作。

(3) 用Excel的统计描述函数计算和反映统计数据分布的特征，以及描述统计工具的使用。

(4) 用Excel进行随机抽样、样本统计量的计算，以及总体参数的区间估计。

(5) 用Excel进行总体参数的假设检验。

(6) 用Excel进行单因素和双因素的方差分析。

(7) 用Excel进行相关和回归分析。

(8) 用Excel进行时间序列的预测。

练习题

1. 根据抽样调查，某月某市50户居民购买消费品支出(单位：元)资料如图11-57所示。请对其按800～900、900～1000、1000～1100、1100～1200、1200～1300、1300～1400、1400～1500、1500～1600、1600以上用频数分布函数进行统计分组。

	A	B	C	D	E
1	830	880	1230	1100	1180
2	1580	1210	1460	1170	1080
3	1050	1100	1070	1370	1200
4	1630	1250	1360	1270	1420
5	1180	1030	870	1150	1410
6	1170	1260	1230	1380	1510
7	1010	860	810	1130	1140
8	1190	1260	1350	930	1420
9	1080	1010	1050	1250	1160
10	1320	1380	1310	1270	1250

图 11-57　某月某市 50 户居民购买消费品支出资料

2. 图11-58中列出了学生两门功课的评定结果，请利用数据透视表进行数据整理。

	A	B	C
1	学号	语文	数学
2	1001	优	差
3	1002	良	中
4	1003	中	中
5	1004	差	中
6	1006	差	差
7	1006	中	良
8	1007	中	优
9	1008	差	良
10	1009	良	中

图 11-58　学生两门功课的评定结构

3. 某灯泡厂抽取的80只灯泡的寿命如表11-2所示。

表11-2　80只灯泡的寿命

单位：小时

800	914	991	827	909	904	891	996
999	946	950	864	1049	927	949	852
948	867	988	849	958	934	1000	878
978	816	1001	918	1040	854	1098	900
869	949	890	1038	927	878	1050	924
905	954	890	1006	926	900	999	886
907	956	900	963	838	961	948	950
900	937	864	919	863	981	916	878
891	870	986	913	850	911	886	950
926	967	921	978	821	924	951	850

要求：

(1) 用MIN和MAX函数找出最小值和最大值，以50为组距，确定每组范围。

(2) 用"数据分析"中的"直方图"作为直方图。

(3) 用"数据分析"中的"描述统计"计算80只灯泡的平均数、样本方差、中位数、众数和全距。

4. 如图11-59所示，已知10个象征性的样本数据，请从中随机抽取5个数据。

图11-59　10个象征性的样本数

5. 已知样本数据如下：28.5，26.4，33.5，34.3，35.9，29.6，31.3，31.1，30.9，32.5，请根据样本推断总体。

6. 请对第5题的样本进行假设检验。

7. 利用Excel来描述t分布与正态分布之间的关系。

8. 一产品制造商雇销售人员向销售商打电话，制造商想比较4种不同电话频率计划的效率，他从销售人员中随机选出32名，将他们随机分配到4种计划中。图11-60中列出了这32名销售人员在一段时期内的销售情况，试问其中是否有一种计划会带来较高的销售水平。

	A	B	C	D
1	单因素方差分析			
2				
3	计划1	计划2	计划3	计划4
4	36	39	44	31
5	40	45	43	43
6	32	54	38	46
7	44	53	40	43
8	35	46	41	36
9	41	42	35	49
10	44	35	37	46
11	42	39	37	48

图11-60　4种计划中的销售人员的销售情况

9. 图11-61所示是某国2013—2023年的人均布产量和人均纱产量，试用线性回归分析的方法分析两组数据之间的关系。

	A	B	C	D
1		年份	人均布产量/米	人均纱产量/米
2	2	2013	16.92	4.26
3	3	2014	16.63	4.07
4	4	2015	15.79	4
5	5	2016	16.37	4.31
6	6	2017	17.23	4.26
7	7	2018	17.73	4.11
8	8	2019	21.59	4.5
9	9	2020	17.17	4.21
10	10	2021	20.23	4.55
11	11	2022	18.53	4.60
12	12	2023	19.59	4.59

图11-61　2013—2023年的人均布产量和人均纱产量

10. 登录国家统计局的网站：https://data.stats.gov.cn/easyquery.htm?cn=C01，下载近20年我国人口数据、城乡人口数据。

要求：

(1) 分别做出趋势图(折线图或XY散点图)。

(2) 采用"添加趋势线"方法，找出一个最好的方程。

(3) 预测未来几年我国人口总数、城乡人口数据，并对我国人口变化与城乡人口迁移情况，谈谈你的看法。

11. 收集我国近20年的国内生产总值数据(单位：亿元)，用移动平均法计算并预测我国国内生产总值的长期发展趋势。

12. 某啤酒厂近5年全年及分月的啤酒销售量数据如图11-62所示。结合5年分月的数据，利用Excel按月平均法测定季节变动。

	A	B	C	D	E	F	G	H	I	J	K	L	M
1	年份					啤酒拍售量		(单位	：吨)				
2		1月	2月	3月	4月	5月	6月	7月	8月	9月	10月	11月	12月
3	第一年	18	10	4	4	11	15	18	12	10	25	30	31
4	第二年	20	12	5	6	25	30	42	21	15	40	72	80
5	第三年	27	18	10	9	40	55	90	25	17	75	80	72
6	第四年	40	30	18	15	45	80	114	40	35	90	105	73
7	第五年	48	36	23	30	78	97	125	47	45	103	128	96

图 11-62　某啤酒厂近 5 年全年及分月的啤酒销售量数据

13. 根据第12题的资料采用乘法型时间数列变动测定季节变动。

14. 用表11-3中的数据做多元回归方程，并进行预测。

表11-3　参考数据

年份	粮食产量y	有机肥x_1	牲畜头数x_2
2015	24	46	15
2016	25	44	17
2017	26	46	16
2018	26	46	15
2019	25	44	15
2020	27	46	16
2021	28	45	18
2022	30	48	20
2023	31	50	19

附表

附表 1　常用 Excel 统计函数表

附表 2　常用 Excel 数学函数表

附表 3　常用 Excel 数据库工作表函数

附表 4　常用 Excel 数据分析工具

第 12 章

R 语言在统计学中的应用

在当前的大数据时代，R语言作为一种强大的数据分析工具，越来越受到重视，尤其是在财务、经济和大数据等领域。相比于传统的电子表格软件(如Excel)，R语言具备多方面的优势。首先，R语言可以与多种数据库无缝对接，支持从SQL、NoSQL等各种数据库中提取数据，还能处理如CSV、JSON、XML等多种数据格式，适合企业财务管理中的复杂数据需求。其次，R语言具备强大的大数据处理能力，能够轻松处理数百万行甚至更大规模的数据，而Excel在面对如此规模时往往会面临性能瓶颈。R语言通过并行计算和集群技术，不仅提高了数据处理速度，还能优化内存管理，满足现代企业和科研中常见的大数据分析需求。最为重要的是，R语言在统计学和计量经济学分析方面拥有强大的工具库，内置了多种高级统计模型和分析方法，像回归分析、时间序列分析和假设检验等，R语言相较于Excel而言可以处理复杂的计量经济问题。总的来说，R语言不仅在数据处理和分析能力上远远超越Excel，更重要的是它可以为我们提供更广泛的技术，帮助我们在数据驱动的环境中更好地应对未来的挑战。

12.1 R语言与RStudio初步介绍

R语言是一种免费的统计计算和绘图语言，也是一套开源的数据分析解决方案。R语言不仅提供了内容丰富的数据分析方法，而且具有强大的可视化数据功能。因为R语言具有开源、免费、功能强大、易于使用和更新速度快等优点，受到了学术界与实务界的广泛欢迎。R语言每年都有一定的版本更新，新版本可能会对旧版本中的某些函数与包进行迭代审计，请在使用前对使用的版本检查使用的函数是否已经发生变化。

RStudio是一个集成开发环境(IDE)，专门用于R语言编程，我们可以在RStudio内进行源程序文件编辑和运行。相较于R语言自身界面，RStudio将R语言的强大功能与图形化界面相结合，不仅有效降低学习R语言的难度，还可以帮助我们更高效地编写代码、分析数据、导入导出数据和生成图片。本书在介绍R语言的操作中均使用RStudio环境进行演示。

12.1.1　R语言的安装与使用

首先我们需要在使用的计算机系统中安装R语言软件,可以先进入R语言的主网站CRAN(http://cran.r-project.org/),接着从网站左侧的Mirrors处进入选择国内镜像网站,如https://mirrors.zju.edu.cn/CRAN/,然后可以依据自身的计算机系统自行选择下载R语言对应系统下的不同版本,包括Windows系统与苹果macOS系统。

以Windows系统为例,选择"Download R for Windows"后,进一步选择base,最后选"Download R-4.4.1 for Windows"链接进行下载(此处的4.4.1是版本号,依据是下载网站上给出的最新版本)。下载完成后双击带有R版本信息的安装包即可完成安装。

以macOS系统为例,选择"Download R for macOS"后,我们需要依据自身计算机硬件版本选择ARM64芯片架构或x86_64芯片架构对应的"R-4.4.1-arm64.pkg"或"R-4.4.1-x86_64.pkg"安装包进行下载(此处的4.4.1是版本号,依据是下载网站上给出的最新版本),同样下载完成后双击带有R版本信息的安装包即可完成安装。

12.1.2　RStudio的安装与使用

RStudio是功能更强的一个R图形界面,在安装好R语言的官方版本后安装RStudio,可以更方便地使用R语言。我们需要在已经安装好R语言的计算机系统中接着安装RStudio软件。首先我们可以进入RStudio的网站(https://posit.co/download/rstudio-desktop/),Windows用户在网页上选择"RStudio-2024.04.2-764.exe"链接进行下载,macOS用户在网页选择"RStudio-2024.04.2-764.dmg"链接进行下载(此处的2024.04.2-764是版本号,依据是下载网站上给出的最新版本),下载完成后双击带有版本信息的RStudio安装包即可完成安装。RStudio打开页面如图12-1所示。

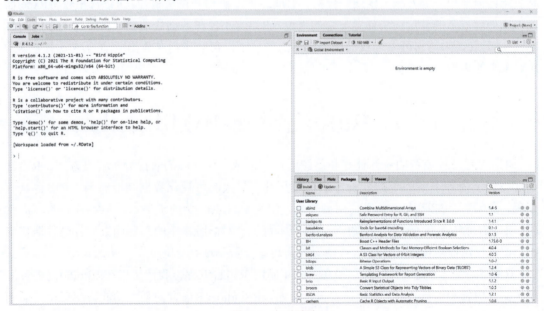

图 12-1　打开页面

12.1.3　R语言脚本文件的新建、编辑与保存

我们可以在RStudio界面中选择File→New File→R Script命令新建R脚本文件，之后可以在新建立的R脚本文件中进行编辑。

在R脚本文件中，我们可以输入如下字符：

1+4+9+16

用鼠标选中这一行后，单击脚本页面上的Run图标，即可运行这一行命令，并在RStudio的Console界面中会同时显示命令行与计算结果：

> 1+4+9+16
[1] 30

我们也可以尝试输入如下字符并运行：

print("Hello World")

用鼠标选中这一行后，单击脚本页面上的Run图标，RStudio的Console界面中会显示命令行与运行结果：

> print("Hello World")
[1] "Hello World"

当需要保存R脚本文件时，选择File→Save命令，可以根据需要将脚本文件命名，并保存到指定的文件夹。当需要再次打开该脚本文件时，选择File→Open File命令，打开地址内的R脚本文件即可。

12.1.4　在RStudio中设定工作文件夹

为了便于学习与操作，我们先在桌面上新建一个文件夹，如命名为Chap12，然后需要设定工作文件夹，在RStudio中设定工作文件夹有两种常用方式。

一种方式是输入如下代码并运行，其中~userdir为我们自身的地址路径。

setwd("~userdir/Desktop/Chap12")

这样我们就可以通过输入代码并运行的方式设定好工作文件夹为Chap12了。

另一种方式是在RStudio界面设定工作文件夹。在图12-2所示的Files选项栏中单击最右侧的…图标，在打开的Go To Folder界面中选择到所设定的Chap12文件夹内，在页面中选择Open，可以发现在Files选项栏下进入了Chap12工作文件夹中。选择图12-2所示的More选项，在下拉菜单中选择Set As Working Directory即可设定当前的Chap12文件夹为工作文件夹。

图12-2　Files项目栏

12.1.5　程序包的源设置与加载

R语言程序包是指包含数据和函数等信息的集合，R语言自带一系列丰富的程序包，用户可依据个人需求选择特定的程序包进行使用。为方便快速下载与更新程序包文件，我们可以首先在RStudio中设置包文件的源地址。

打开RStudio界面后，在界面上方选择Tools→Global Options→Packages命令，进入Management界面，如图12-3所示。我们可以依据自身偏好选择在Primary CRAN repository中选择国内源，如"China (Hangzhou) [https] - Zhejiang University"，确认后即可设定R语言包的源地址。

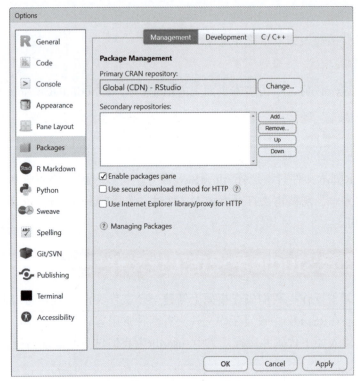

图 12-3　Management 界面

当我们需要下载其他程序包时，可以采用install.packages()函数下载程序包。如需要下载e1071程序包时，可以输入并运行如下代码：

install.packages("e1071")

当R语言运行完毕后表明已经下载成功。在R语言环境中下载好程序包文件后，可以使用library()函数调用该程序包。例如，当需要调用e1071程序包时，可以输入并运行如下代码加载e1071程序包：

library(e1071)

这样我们就可以成功加载e1071程序包并使用其中的函数了。

12.1.6 在RStudio中查看帮助文档

R语言的计算均可由R语言函数完成，这些函数来自R语言自带或下载的程序包。当我们遇到更新版本后的程序包或其他陌生的程序包时，可以参考程序包或函数的帮助文档。

当我们需要了解某个函数的使用方法时，如均值函数mean，可以采用以下几种方法进行了解。

① 方法一，运行如下命令：

help(mean)

② 方法二，运行如下命令：

?mean

这两种方法均会在RStudio的Help模块中出现有关mean函数的具体说明，包含函数的形式、参数输入，以及使用示例等相关信息，如图12-4所示。

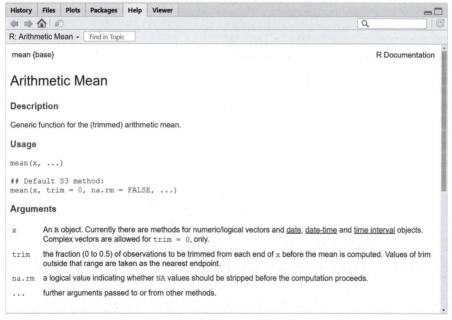

图 12-4　有关 mean 函数的信息

③ 方法三，在RStudio的界面中选择Help选项卡，如图12-5所示，在搜索文本框中输入mean字符即可查询有关mean函数的帮助文档。

图 12-5　在搜索文本框中输入 mean

当我们需要了解某个程序包的帮助文档时，如程序包e1071，可以输入并运行如下命令：

help(package="e1071")

我们可以在RStudio的Help项目栏中了解有关e1071程序包的有关信息，如图12-6所示。

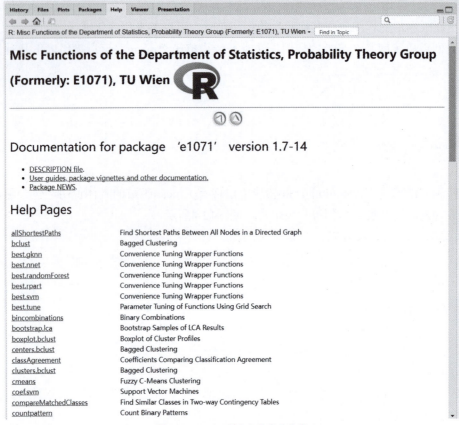

图 12-6　e1071 程序包的有关信息

12.2　用R语言进行数据的初步处理与显示

用R语言处理数据时，首先得了解R语言的变量，变量用来保存输入的数据或计算得到的值。在R语言中，变量可以保存所有的数据类型，如向量、矩阵、数据框等。

变量都有变量名，R变量名必须以字母、数字、下画线和句点组成，变量名的第一个字符不能为数字。在中文环境下，汉字也可以作为变量名使用。在R语言中，变量名是区分大小写的，a和A在R语言中是两个不同的变量名。

12.2.1　数据的读取与保存

R语言自带很多数据集，便于我们在学习和使用R语言时练习使用。R语言还可以非常灵活地输入与读取数据。当数据量较小时，可以在R语言中直接输入自身的数据。当数据量较大时，R语言也可以很方便地导入如Excel格式、TXT文本格式、SPSS格式、PDF格式与网络数据等。

1. 创建常用的 R 语言数据结构

1) 向量

向量是一个一维数组，该格式可以为数值项数据，也可以为其他格式，如逻辑值或字符数据。如果将若干个数值存储为一个向量则称为数值型向量，该向量可以采用序号进行访问。

可以用c()函数将多个元素或多个向量再次组合成一个向量，可输入并运行如下代码：

```
vec_num <- c(1,1,2,3,5,8)
vec_char <- c("制造业", "金融业", "采矿业", "软件和信息技术服务业")
vec_logi <- c("TRUE", "FALSE", "FALSE", "TRUE", "FALSE")
vec_num; vec_char; vec_logi
```

得到如下结果：

[1] 1 1 2 3 5 8
[1] "制造业"   "金融业"   "采矿业"   "软件和信息技术服务业"
[1] "TRUE"   "FALSE"   "FALSE"   "TRUE"   "FALSE"

当需要生成一些特殊的向量时，可以借助R语言中自带的函数进行生成。例如，可以生成等差数列，输入并运行如下代码：

```
vec1 <- 1:10
vec1
```

得到如下等差数列：

[1] 1 2 3 4 5 6 7 8 9 10

我们可以尝试输入并运行如下代码并总结出创建向量的方法，代码如下：

```
vec2 <- seq(from=1, to=10,by=0.5)
vec3 <- rep(1:10, times=3)
vec4 <- rep(1:10, each=3)
vec2;vec3;vec4
```

当访问某个数列中的某个位置元素时，可以用方括号[ ]访问某向量中的元素，可尝试输入如下代码：

```
a <- c(1, 1, 2, 3, 5, 8)
a[3]; a[1:4]; a[c(1,3:5)]
```

得到如下结果：

[1] 2
[1] 1 1 2 3
[1] 1 2 3 5

2) 矩阵

矩阵是一个二维数组，矩阵用matrix函数定义，根据保存的行数和列数对应到矩阵的元素，存储次序为按列存储。matrix()函数把矩阵元素以一个向量的形式输入，用nrow和ncol规定行数和列数，向量元素填入矩阵的默认模式是将数据按列填入空白矩阵，用byrow=TRUE选项可以转换成按行填入，可尝试如下代码：

```
a_mat <- matrix(1:10, nrow=2, ncol=5); a_mat
b_mat <- matrix(1:10, nrow=2, ncol=5, byrow=TRUE); b_mat
```

于是可以得到如下两个矩阵数据结果：

```
     [,1] [,2] [,3] [,4] [,5]
[1,]   1    3    5    7    9
[2,]   2    4    6    8   10

     [,1] [,2] [,3] [,4] [,5]
[1,]   1    2    3    4    5
[2,]   6    7    8    9   10
```

其中[,1]代表第一列的元素，与此对应的[2,]代表某矩阵中第二行的元素。我们可以用[i, j]来调取某矩阵数据中的第i行，第j列的元素。当i或者j为空白时，我们可以调用第i行或者第j列的所有元素。可尝试输入并运行如下代码：

```
a_mat[1,3]; b_mat[,1]; b_mat[1, c(1,3:4)]
```

于是得到如下结果：

```
[1] 5
[1] 1 6
[1] 1 3 4
```

若想给矩阵添加行名与列名，可以使用rownames()和colnames()函数。

3) 数据框

数据框是一种表格结构的数据，在统计分析中最常见的原始数据形式是类似于Excel数据表的形式。这样形式的数据在R语言中叫作数据框(data.frame)。数据框类似于一个矩阵，有j个横行、k个纵列，每一列的数据类型可以不同，如数值型向量、字符型向量、日期时间变量，但是同一列的数据类型必须相同。在R语言中数据框的每个列表元素都是一个长度相同的向量。对于小数据量的数据时，可以直接创建数据框。我们可以使用data.frame()函数创建数据框。我们采用本书第11章的例11.1中的前10行数据进行展示，如表12-1所示。

表12-1　通信科技股份有限公司统计样本的前10行数据

城乡	每周通话次数	数字移动电话类型	性别
城市	20	神州行	男
农村	20	神州行	男
农村	40	神州行	男
城市	30	全球通	男
城市	10	全球通	男
城市	20	全球通	女
城市	20	长白行	男
城市	40	神州行	男
城市	60	全球通	男
城市	20	全球通	男

表12-1就是数据框形式的数据，我们可以将数据录入R语言中，先将两列数据以向量的数据输入，再将两列数据用data.frame()函数组织为数据框。可输入并运行如下代码：

example_area <- c("城市","农村","农村","城市","城市","城市","城市","城市","城市","城市")
example_time <- c(20,20,40,30,10,20,20,40,60,20)
example_type <- c("神州行","神州行","神州行","全球通","全球通","全球通","长白行","神州行","全球通","全球通")
example_gender <- c("男","男","男","男","男","女","男","男","男","男")
table12_1 <- data.frame(城乡 = example_area, 每周通话次数 = example_time,
数字移动电话类型 = example_type, 性别 = example_gender)
table12_1

于是得到如下的数据框结果：

> table12_1
   城乡   每周通话次数   数字移动电话类型   性别
1 城市   20   神州行   男
2 农村   20   神州行   男
3 农村   40   神州行   男
4 城市   30   全球通   男
5 城市   10   全球通   男
6 城市   20   全球通   女
7 城市   20   长白行   男
8 城市   40   神州行   男
9 城市   60   全球通   男
10 城市   20   全球通   男

另外一种常用的方式是使用as.data.frame()函数将矩阵或向量转换成数据框格式。如果对象是一个向量，则转换结果是将对象转为单独一列的数据框。如果对象是一个矩阵，转换结果把矩阵的每列变成数据框的一列。

2. 从外部读取数据

当处理的数据量较大时，直接输入数据就会耗费巨大的时间与精力。我们可以直接采用读取外部数据的方式来导入R语言中。当导入外部数据时，如果数据文件就在当前的工作目录中，那就可以直接调用数据，如果数据文件没有保存在当前的工作目录中，则可以设定当前工作文件夹为工作目录，或者将数据文件转移到工作目录进行操作。如不做特别强调，本章中默认将当前工作文件夹设定为工作目录。

1) 读取文本文件

对于保存在文本文件中的电子表格数据，本章中使用的文本文件格式为csv格式与txt文本格式，对于这两种常见的文本文件，R语言可以用read.csv(), read.table()等函数读入。可输入如下代码：

temp.data.csv <- read.csv("example12.1.csv", header = T)
temp.data.txt <- read.table("example12.1.txt", header = T)

2) 读取Excel格式文件

如果导入的数据为Excel格式，那么可以先下载程序包readxl，接着调用readxl程序包，最后再使用read_excel函数来导入Excel格式文件，具体代码为

install.packages("readxl")
library(readxl)
temp.data <- read_excel("example12.1.xlsx")

除通过输入并运行代码外，RStudio软件还为我们提供了更为简单的导入数据的方法。如图12-7所示，在RStudio界面中选择Environment选项卡，单击Import Dataset图标，然后选择需要导入的数据格式进行选择，在这里导入的是Excel格式文件，则选择From Excel选项。

图 12-7　选择 Environment 选项卡

在图12-8所示的界面中，单击Browse按钮，然后在打开的对话框中选择需要导入的Excel数据文件。在Import Options模块中，在Name文本框中输入将Excel名称导入R语言后的数据框变量名，如果Excel的第一行数据为行名称则选中First Row as Names复选框，否则取消选中该复选框。选择完毕后，单击Import按钮完成导入。

图 12-8　单击 Browse 按钮

3. 保存数据

（1）直接保存为R语言格式数据。当需要保存数据时，可以采用save函数对需要保存的变量进行保存。可以输入并运行如下函数，这样temp.data变量即可在工作文件夹中被保存为tempdata文件。

save(temp.data, file="tempdata.RData")

当需要保存Environment中的所有变量时，RStudio提供了更为简单的操作方法。我们可以在图12-9中单击"保存"按钮，在打开的Save Workspace As对话框中将整个环境中所有变量选择保存地址并设定保存文件名后完成保存。

图 12-9　单击"保存"按钮图标

(2) 保存为Excel格式数据。当需要将某个变量(如temp_data)保存为Excel格式时，可以先下载程序包wrirtexl，接着调用wrirtexl程序包，最后使用write_excel函数来保存Excel格式文件，具体代码为

install.packages("wrirtexl")
library(wrirtexl)
write_excel(temp_data, "temp_data.xlsx")

这样就可将temp_data变量命名为temp_data的Excel格式，并保存在所设置的工作文件夹中。

12.2.2　数据的图形化展示

我们以第11章内容中的例11.1加以展示。导入该数据后，将其命名为example12_1。导入数据情况如图12-10所示。

	城乡	每周通话次数	数字移动电话类型	性别
1	城市	20	神州行	男
2	农村	20	神州行	男
3	农村	40	神州行	男
4	城市	30	全球通	男
5	城市	10	全球通	男
6	城市	20	全球通	女
7	城市	20	长白行	男
8	城市	40	神州行	男
9	城市	60	全球通	男
10	城市	20	全球通	男
11	城市	20	全球通	男
12	城市	20	全球通	男
13	城市	20	全球通	男
14	城市	20	长白行	男
15	城市	20	全球通	男
16	城市	25	全球通	男
17	城市	30	全球通	男
18	城市	7	全球通	女
19	城市	20	全球通	男
20	城市	10	全球通	男

图 12-10　1000份相关产品的市场需求情况问卷

1. 频数分布函数

我们可以借助R语言将每周通话次数作为直方图，直观地展现在我们面前，具体代码如下：

```
example12-1<-read_excel("example12.1.xlsx")
hist(example12_1$每周通话次数,
     main = "每周通话次数频数图",
     xlab = "通话次数",
     ylab = "频数分布")
```

如此我们就可以得到如图12-11所示的直方图。

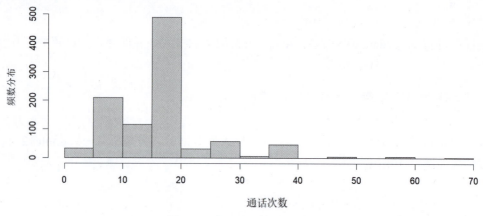

图 12-11　每周通话次数频数直方图

2. 饼状图

我们也可以使用R语言分析第11章的例11.2中的数据，用饼形图对调查结果进行描述，以直观地反映中国人应对此次金融危机信心的状况。具体代码如下：

```
example12_2 <- read_excel("example12.2.xlsx")
pie(example12_2$比例,
    labels = example12_2$态度,
    main = "中国人应对金融危机信心的状况")
```

如此就会得到图12-12所示的饼状图，也可以更加直观地观察到不同态度下的中国人占比情况。

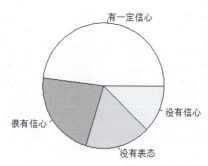

图 12-12　中国人应对金融危机信心的状况

12.3 用R语言描述统计量

12.3.1 用R语言描述集中趋势

在本节中我们将用R语言实现本书前面章节的内容。

1. 众数

我们使用例11.1，用R语言求1000个抽样样本中通话次数的众数。我们在R语言中借助DescTools程序包中的Mode ()函数对income变量求众数，具体代码如下：

```
install.packages("DescTools")
library(DescTools)
Mode(example12_1$每周通话次数)
```

我们得到如下结果，该结果表明这1000个样本的通话次数众数为20，出现的频数为461次。

```
[1] 20
attr(,"freq")
[1] 461
```

2. 中位数

我们使用例11.1，用R语言求1000个抽样样本中通话次数的中位数。我们用R语言自带的median()函数对1000个样本的通话时间求中位数，具体代码如下：

```
median(example12_1$每周通话次数)
```

结果为

```
[1] 20
```

由此可以得出结果，该结果意味着这1000个抽样样本的中位数为20。

3. 算术平均数

1) 简单算术平均数

我们继续使用例11.1，用R语言求算术平均数。

我们可以将这1000个样本的通话次数保存到R语言中，存为变量callnum，然后用mean()函数对1000个样本通话次数求算术平均数，具体代码如下：

```
callnum <- example12_1$每周通话次数
mean(callnum)
```

结果为

```
[1] 18.579
```

2) 加权算术平均数

我们使用本书第4章的例4.8，用R语言计算算术平均数。

【例12.1】根据表12-2所示的企业职工月工资资料，求算术平均数。

表12-2　企业职工月工资

职工月工资/元	组中值x	职工人数f/人
800～1000	900	10
1000～1200	1100	20
1200～1400	1300	50
1400～1600	1500	30
1600～1800	1700	10

我们可以将这5个组别的组中值和职工人数分别输入R语言中，存为变量med_salary和stuff_num，然后用weighted.mean()函数对这5个组别计算加权算术平均数，具体代码如下：

```
income <- c(900, 1100, 1300, 1500, 1700)
stuff_num <- c(10, 20, 50, 30, 10)
weighted.mean(x = income, w = stuff_num)
```

得到的加权算术平均值结果为

[1] 1316.667

4. 调和平均数

1) 简单调和平均数

我们使用本书第4章的例4.10，用R语言求简单调和平均数。

【例12.2】菜市场某种蔬菜早中晚的价格分别为0.50元/斤、0.40元/斤、0.30元/斤，某人早中晚各花1元钱购买该蔬菜，问其平均每斤花多少钱？

我们可以将这3个价格输入R语言中，存为变量price，然后借助psych程序包中的harmonic.mean()函数对这3个价格求简单调和平均数，具体代码如下：

```
install.packages("psych")
library(psych)
price <- c(0.5, 0.4, 0.3)
harmonic.mean(price)
```

得到的调和算术平均值结果为

[1] 0.3829787

2) 加权调和平均数

我们使用本书第4章的例4.11，用R语言求加权调和平均数。

【例12.3】某商品有3种不同的规格，销售单价与销售额如表12-3所示，求3种不同规格商品的平均销售单价。

表12-3　某商品3种不同规格的销售数据

商品规格	销售单价x/元/件	销售额m/元
A型	50	9 000
B型	60	9 600
C型	65	8 450
合计	—	27 050

我们可以将表格中的第2列和第3列数据输入R语言中，分别存为变量price_each和sales_each，具体代码如下：

price_each <- c(50,60,65)
sales_each <- c(9000,9600,8450)
sum(sales_each) / sum(sales_each / price_each)

注：其中sales_each / price_each是ABC产品的销售额分别除以各自的销售单价，sum()函数是对这三个数值的求和。

得到的调和算术平均值结果为

[1] 57.55319

5. 几何平均数

我们使用本书第4章的例4.12，用R语言求几何平均数。

【例12.4】某水泥生产企业2017年的水泥产量为500万吨，2018年与2017年相比增长率为6%，2019年与2018年相比增长率为9%，2020年与2019年相比增长率为16%。求各年的平均增长率。

首先将这三年的增长率输入R语言中，命名变量为grow_rate，接着将这3个增长率分别加1后，使用geometric.mean()函数求解出增长率后减1即可得到几何平均数，具体代码如下：

grow_rate <- c(0.06, 0.09, 0.16)
grow_rate <- 1+grow_rate
geometric.mean(grow_rate)-1

得到的几何平均数结果为

[1] 0.1025462

12.3.2　用R语言描述离中趋势

我们以第11章中的例11.4网站用户年龄为例，进行离中趋势分析，并计算数据的极差、最小值、第一四分位数、第二四分位数、第三四分位数和四分位距。

首先导入数据example12.3.xlsx，并保存为example12_3，具体代码如下：

example12_3 <- read_excel("example12.3.xlsx")

1. 极差

若想统计表example12_3中对应客户年龄的极差，可以先对example12_3使用range()函数求出计算数据范围,即最小值与最大值,接着使用diff()函数对最大值与最小值进行差值计算,得到样本的极差。具体代码如下:

diff(range(example12_3$Age))

得到的客户年龄极差为

[1] 36

2. 四分位差

使用示例数据中的example12_3来展示四分位差的计算方法,可以使用IQR()函数对数据中的Score变量进行四分位差的计算,具体代码如下:

IQR(example12_3$Age)

计算结果为

[1] 17

由此得出25%位次与75%位次的用户年龄差为17岁。

3. 平均差

继续使用示例数据中的example12_3来展示平均差的计算方法。首先计算该数据Age的平均值并命名为mean_value变量,然后对数据Score变量依次减去mean_value,并使用abs()函数求得这20个数据与均值差值的绝对值,保存为abs_mean_value变量。最后对abs_mean_value变量求平均值,计算出平均差的计算结果。具体代码如下:

mean_value <- mean(example12_3$Age)
abs_mean_value <- abs(example12_3$Age - mean_value)
average_deviation <- mean(abs_mean_value)
average_deviation

计算结果为

[1] 9.35

由此可以得出平均差为9.35。

4. 方差与标准差

继续使用示例数据中的example12_3来展示方差与标准差的计算方法,R语言中可以直接使用var()和sd()函数分别计算出数据的样本方差与样本标准差。具体代码如下:

var(example12_3$Age)
sd(example12_3$Age)

计算得出用户年龄的样本方差与样本标准差为如下结果:

[1] 118.6184
[1] 10.89121

5. 离散系数

继续使用示例数据中的example12_3来展示离散系数的计算方法,R语言中可以使用sd()

和mean()函数分别计算出数据的样本标准差与样本均值后，计算二者的商来得到数据的离散系数。具体代码如下：

sd(example12_3$Age) / mean(example12_3$Age)

于是得到的客户年龄离散系数为

[1] 0.2810634

12.3.3 用R语言描述分布形态

1. 矩的计算

由于R语言里没有自带计算任意阶矩的函数，因此我们首先需要下载第三方程序包"moments"，然后借助程序包中的moment函数帮助我们计算矩。在这里我们使用示例数据中的example12_3来展示离散系数的计算方法。当我们需要计算一阶原点矩时，可以输入并运行如下代码：

install.packages("moments")
library(moments)
moment(example12_3$Age, order = 1, central = FALSE)

于是得到的客户年龄一阶原点矩为如下结果：

[1] 38.75

在moment()函数中，order参数为计算的阶数；central参数为TRUE，代表计算中心距；central参数为FALSE，代表计算原点矩。基于此，当我们需要计算四阶中心距时，只需要输入如下代码：

moment(example12_3$Age, order = 4, central = TRUE)

于是得到的客户年龄四阶中心矩为如下结果：

[1] 23937.87

2. 偏度的计算

R语言中有直接计算偏度的函数，以example12_3数据为例，我们可以直接输入并运行如下代码进行计算：

skewness(example12_3$Age)

于是得到的客户年龄偏度为如下结果：

[1] 0.2557886

3. 峰度的计算

R语言中有直接计算峰度的函数，以example12_3数据为例，我们可以直接输入并运行如下代码进行计算：

kurtosis(example12_3$Age)

于是得到的客户年龄峰度为如下结果：

[1] 1.885098

值得注意的是，这个函数在计算样本数据的峰度时，没有减去正态分布的峰度常数，因此在判断某个数据峰度的尖峭程度时，基于kurtosis()函数计算出来的峰度需要与3进行对比。

12.4 抽样推断

12.4.1 抽样与抽样分布

在统计学中，抽样是从一个总体中选择部分数据以进行分析的过程。抽样是数据科学中的一个核心概念，因为我们往往无法获取整个总体的数据。通过抽样，我们可以估计总体的特征。抽样分布则是多个样本的统计量的分布，比如样本均值的分布。在本节中，我们将通过R语言演示如何从一个总体中抽取样本，并观察抽样分布的特征。

假设有一个虚拟的总体数据，它由100 000个观测值组成，符合正态分布。总体的均值为70，标准差为10。我们的任务是从这个总体中抽取多个样本，并研究样本均值的分布。在这里，我们使用rnorm()函数生成符合正态分布的总体数据。具体代码如下：

```
set.seed(1)
population <- rnorm(100000, mean = 70, sd = 10)
summary(population)
```

接下来，我们从总体中抽取多个样本。假设每次抽取50个数据点，重复抽取1000次，我们将每次样本的平均值存在sample_mean变量中。具体代码如下：

```
sample_size <- 50
num_samples <- 1000
sample_means <- numeric(num_samples)
for (i in 1:num_samples) {
    sample <- sample(population, size = sample_size, replace = TRUE)
    sample_means[i] <- mean(sample)
}
```

样本均值的分布称为抽样分布。根据中心极限定理，样本均值的分布会趋于正态分布，尤其是当样本量较大时，且均值接近总体均值，可生成图12-13所示的样本均值分布图。具体代码如下：

```
library(ggplot2)
ggplot(data.frame(sample_means), aes(x = sample_means)) +
geom_histogram(binwidth = 0.1, fill = "grey", color = "black", alpha = 0.7) +
labs(x = "样本均值",y = "频率") +
theme_minimal()
```

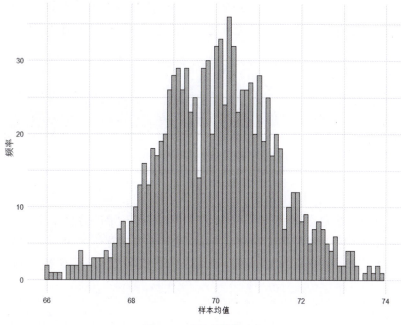

图 12-13 样本均值的分布

我们可以通过改变样本大小、抽样次数，以及总体的分布来观察抽样分布的变化。尤其是可以对比不同的样本大小对抽样分布标准误差的影响，比如设置样本量为10、50和100个，以此观察样本大小对标准误差的影响。具体代码如下：

```
sample_sizes <- c(10,50,100)
for (size in sample_sizes) {
  sample_means <- numeric(num_samples)
  for (i in 1:num_samples) {
    sample <- sample(population, size = size, replace = TRUE)
    sample_means[i] <- mean(sample)
  }
  cat("样本大小：", size, "标准误差：", sd(sample_means), "\n")
}
```

我们可以得到不同样本量下的标准差，R语言运行结果如下：

样本大小： 10   标准误差： 3.276534
样本大小： 50   标准误差： 1.45132
样本大小： 100 标准误差： 1.005757

12.4.2 参数估计

参数估计是统计学中的核心概念之一，它用于根据样本数据对总体的参数进行推断。最常见的参数估计方法有点估计和区间估计。点估计通过单个样本统计量(如样本均值或样本方差)来估计总体参数，而区间估计则通过构建置信区间，给出参数可能落在的范围。这部分内容中，我们将通过R语言演示如何进行参数估计，包括点估计和区间估计。

为了便于演示，我们将使用一个虚拟的数据集，该数据集包含某工厂生产的产品的重量信息。假设该数据集由50个样本组成，我们希望估计这批产品的总体平均重量及其置信区间。首先用R语言代码生成一个包含50个产品重量的样本数据集，假设它来自一个均值为100克、标准差为15克的总体。我们将使用这个数据进行参数估计。具体代码如下：

set.seed(123)
sample_data <- rnorm(50, mean = 100, sd = 15)

1. 均值的参数估计

样本均值和样本标准差是对总体均值和总体标准差的点估计。我们可以通过mean()和sd()函数来计算样本的均值和标准差。具体代码如下：

sample_mean <- mean(sample_data)
sample_sd <- sd(sample_data)

置信区间用于给出总体参数的区间估计，它表示在一定的置信水平下，参数可能落入的范围。常用的置信水平有95%和99%。对于总体均值的置信区间，可以使用t分布来构建。其中qt()函数可以生成t分布的临界值，以95%的置信水平为例计算置信区间，具体代码如下：

confidence_level <- 0.95
n <- length(sample_data)
t_value <- qt(1 - (1 - confidence_level) / 2, df = n - 1)
standard_error <- sample_sd / sqrt(n)
lower_bound <- sample_mean - t_value * standard_error
upper_bound <- sample_mean + t_value * standard_error
cat("95% 置信区间为：(", lower_bound, ",", upper_bound, ")\n")

这样我们可以得到如下结果：

95% 置信区间为：(96.56911 , 104.463)

接着，我们可以通过调整置信水平来观察置信区间的变化。例如，我们可以分别计算90%、95%和99%的置信区间。具体代码如下：

confidence_levels <- c(0.90, 0.95, 0.99)

for (cl in confidence_levels) {
  t_value <- qt(1 - (1 - cl) / 2, df = n - 1)
  lower_bound <- sample_mean - t_value * standard_error
  upper_bound <- sample_mean + t_value * standard_error
  cat(cl * 100, "% 置信区间为：(", lower_bound, ",", upper_bound, ")\n")
}

运行结果如下：

90 % 置信区间为：(97.2232 , 103.8089)
95 % 置信区间为：(96.56911 , 104.463)
99 % 置信区间为：(95.25245 , 105.7797)

为了展示样本量对参数估计精确度的影响，我们可以通过增加样本量到1000个，继续观察置信区间的变化。具体代码如下：

larger_sample_data <- rnorm(1000, mean = 100, sd = 15)
sample_mean_larger <- mean(larger_sample_data)
sample_sd_larger <- sd(larger_sample_data)

```
standard_error_larger <- sample_sd_larger / sqrt(100)
t_value_larger <- qt(1 - (1 - 0.95) / 2, df = 99)
lower_bound_larger <- sample_mean_larger - t_value_larger * standard_error_larger
upper_bound_larger <- sample_mean_larger + t_value_larger * standard_error_larger
cat("95%置信区间：(", lower_bound_larger, ",", upper_bound_larger, ")\n")
```

我们可以得到如下结果：

95%置信区间：(97.35785 , 103.3313)

这一结果表明，随着样本量的不断增加，相同置信水平下的置信区间会进一步减小。

2. 方差的参数估计

我们将使用前面同样的产品重量数据集，该数据集由50个产品的重量组成，服从均值为100克、标准差为15克的正态分布。具体代码如下：

```
set.seed(123)
sample_data <- rnorm(50, mean = 100, sd = 15)
```

样本方差是对总体方差的点估计。我们可以通过var()函数来计算样本方差，它是对总体方差的无偏估计。具体代码如下：

```
sample_variance <- var(sample_data)
cat("样本方差：", sample_variance, "\n")
```

对于总体方差的置信区间，可以使用卡方分布来构建。其中qchisq()函数可以生成卡方分布的临界值，以95%的置信水平为例计算置信区间，具体代码如下：

```
n <- length(sample_data)
confidence_level <- 0.95
chi_sq_lower <- qchisq((1 - confidence_level) / 2, df = n - 1)
chi_sq_upper <- qchisq(1 - (1 - confidence_level) / 2, df = n - 1)
lower_bound_var <- (n - 1) * sample_variance / chi_sq_upper
upper_bound_var <- (n - 1) * sample_variance / chi_sq_lower
cat("方差的95%置信区间为：(", lower_bound_var, ",", upper_bound_var, ")\n")
```

我们可以通过调整置信水平来观察置信区间的变化。例如，我们可以分别计算90%、95%和99%的置信区间。具体代码如下：

```
confidence_levels <- c(0.90, 0.95, 0.99)
for (cl in confidence_levels) {
  chi_sq_lower <- qchisq((1 - cl) / 2, df = n - 1)
  chi_sq_upper <- qchisq(1 - (1 - cl) / 2, df = n - 1)
  lower_bound_var <- (n - 1) * sample_variance / chi_sq_upper
  upper_bound_var <- (n - 1) * sample_variance / chi_sq_lower
  cat(cl * 100, "% 置信区间为：(", lower_bound_var, ",", upper_bound_var, ")\n")
}
```

我们可以得到如下结果：

90 % 置信区间为：(142.4662 , 278.5421)
95 % 置信区间为：(134.5869 , 299.5102)
99 % 置信区间为：(120.8096 , 346.8346)

12.4.3 假设检验

假设检验是统计推断中的核心概念之一，主要用于根据样本数据判断总体参数是否符合某个假设。假设检验包括两类错误：第一类错误是错误地拒绝了原假设，第二类错误是错误地接受了原假设。在本节中，我们将学习如何使用R语言进行均值的假设检验和方差的假设检验，理解其背后的原理和应用。我们将使用一个虚拟的数据集，假设某工厂生产的产品重量(单位：克)服从正态分布。该数据集包含50个产品的重量信息，且假设总体均值为100克，标准差为15克。通过这些数据，我们将分别进行均值和方差的假设检验。

1. 均值的假设检验

(1) 假设希望验证该工厂生产的产品重量是否与某一设定值(如100克)有显著差异。我们可以使用单样本t检验进行检验。原假设(H0)为：产品的平均重量等于100克。备择假设(H1)为：产品的平均重量不等于100克。

检验步骤如下。

设置原假设和备择假设：

H_0：产品的平均重量 = 100克

H_1：产品的平均重量 $\neq$ 100克

选择显著性水平，计算t统计量并进行假设检验，实现代码如下：

```
set.seed(1)
sample_data <- rnorm(50, mean = 100, sd = 15)
t_test_result <- t.test(sample_data, mu = 100)
print(t_test_result)
```

结果如下：

```
One Sample t-test
data:   sample_data
t = 0.85432, df = 49, p-value = 0.3971
alternative hypothesis: true mean is not equal to 100
95 percent confidence interval:
   97.96253   105.05092
sample estimates:
mean of x
101.5067
```

这一结果表明，没有足够的证据表明这个样本的均值不等于100个。

(2) 假设想比较两组产品的平均重量是否相同。我们可以使用双样本t检验来检验两个组的均值是否有显著差异，两组数据样本量均为50个，均值分别为100个和105个，标准差均为15个。我们想验证的原假设(H0)为两组的平均重量相等。具体代码如下：

```
group1 <- rnorm(50, mean = 100, sd = 15)
group2 <- rnorm(50, mean = 105, sd = 15)
t_test_two_sample <- t.test(group1, group2)
print(t_test_two_sample)
```

结果如下：

```
data: group1 and group2
t = -0.33972, df = 97.468, p-value = 0.7348
alternative hypothesis: true difference in means is not equal to 0
95 percent confidence interval:
 -6.519168   4.613525
sample estimates:
mean of x    mean of y
101.7599     102.7127
```

这一结果表明，没有足够的证据表明这两个样本之间的均值不相等。

2. 方差的假设检验

假设想验证某一组数据的方差是否等于某个已知值(如总体方差)。我们可以使用卡方检验进行检验。原假设为：样本方差等于给定值。

检验步骤如下。

设置原假设和备择假设：

H_0：样本方差 = 给定值

H_1：样本方差 ≠ 给定值

计算卡方统计量并进行假设检验方差的假设检验通常用于比较两组数据的方差是否相等。F 检验可以用来检验两个正态分布总体的方差是否相等。具体代码如下：

```
set.seed(1)
sample_data <- rnorm(50, mean = 100, sd = 15)
population_variance <- 225
sample_variance <- var(sample_data)
n <- length(sample_data)
chi_sq_stat <- (n - 1) * sample_variance / population_variance
alpha <- 0.05
chi_sq_lower <- qchisq(alpha / 2, df = n - 1)
chi_sq_upper <- qchisq(1 - alpha / 2, df = n - 1)
cat("卡方统计量：", chi_sq_stat, "\n")
cat("卡方检验的临界值区间：(", chi_sq_lower, ",", chi_sq_upper, ")\n")
```

计算结果如下，该结果显示卡方统计量没有达到临界值，这表明没有足够的证据推翻原假设。

```
卡方统计量： 33.86958
卡方检验的临界值区间：( 31.55492 , 70.22241 )
```

当我们比较两组数据的方差是否相等时，可以采用 F 检验来检验两个正态分布总体的方差是否相等。原假设为：两组数据的方差相等。具体代码如下：

```
set.seed(1)
group1 <- rnorm(50, mean = 100, sd = 15)
group2 <- rnorm(50, mean = 105, sd = 20)
var.test(group1, group2)
```

计算结果如下，该结果显示 F 分布的统计量达到临界值，这表明有足够的证据推翻原假设，即这两个样本经过检验表明方差不相等。

```
F test to compare two variances
data:   group1 and group2
F = 0.41423, num df = 49, denom df = 49, p-value = 0.002514
alternative hypothesis: true ratio of variances is not equal to 1
95 percent confidence interval:
 0.2350664  0.7299537
sample estimates:
ratio of variances
          0.4142313
```

12.5 方差分析

12.5.1 单因素方差分析

我们在这里基于第11章中的例11.10演示如何使用R语言进行单因素方差分析。

【例12.5】某公司想对新销售人员进行不同的销售培训，为了比较它们的有效性，随机选择了三组销售人员，每组五人。一组接受A课程的销售训练，一组接受B课程的销售训练，还有一组没有参与任何训练。当前两组的训练课程结束时，收集训练后两个星期内的各组销售人员的销售记录列于表12-4，请说明具体的操作步骤。

表12-4　各组销售人员的销售记录统计表

课程A	课程B	无课程
2058	3339	2228
2176	2777	2578
3449	3020	1227
2517	2437	2044
944	3067	1681

首先，导入这三种培训的销售额数据，数据为example12.4.xlsx。

example12_4 <- read_excel("example12.4.xlsx")

接着，调用reshape2程序包，并使用melt函数将原始短格式数据转为长格式数据。长格式数据共有两列，一列名称被命名为"支付方式"，另一列被命名为"销售额"，销售额对应各自的支付方式，如佣金、固定薪金和底薪加佣金。将该长格式数列命名为example12_4，具体代码如下：

library(reshape2)
example12_4 <- melt(example12_4,variable.name = "培训课程",value.name = "销售业绩")

然后，使用aov()函数对该长面板数据example12_4进行单因素方差分析，并将这个方差分析的结果命名为model_aov。

model_aov <- aov(销售额~支付方式,data = example12_4)

最后，当需要对该单因素方差进行分析时，可以使用summary()函数对方差分析的结果

model_aov进行查看。我们可以输入并运行如下代码：

summary(model_aov)

于是得到如下结果，该结果可以和前面章节中的计算结果进行检验计算。

```
             Df    Sum Sq    Mean Sq    F value    Pr(>F)
培训课程       2    2531796   1265898    3.171      0.0784 .
Residuals     12   4790788    399232
---
Signif. codes:  0 '***' 0.001 '**' 0.01 '*' 0.05 '.' 0.1 ' ' 1
```

我们也可以输入并运行如下代码：

model_aov$coefficients

得到如下分析结果，我们可以尝试分析出这一结果的经济含义，研究不同支付方式下的销售额差距。

```
  (Intercept)    培训课程课程B    培训课程无课程
    2228.8          699.2           -277.2
```

为了能够直观地看出三种不同支付方式下的销售额，我们也可以输入如下代码并画出图12-14所示三种支付方式的销售额均值图。画图时需要先下载并调用gplots程序包，然后使用plotmeans()函数进行画图。

```
install.packages("gplots")
library(gplots)
plotmeans(销售业绩~培训课程,data = example12_4)
```

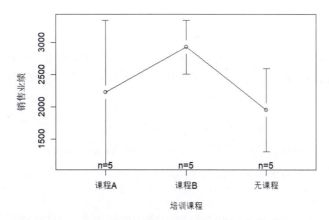

图 12-14　培训课程与销售业绩关系图

为了研究三种支付方式之间的两两差异，我们可以用LSD法进行进一步的分析。首先需要下载并调用DescTools程序包，然后借助程序包中的PostHocTest()函数对三种支付方式的两两差距进行对比，同时在函数中设置method="lsd"以确保函数使用LSD方法进行计算，具体代码如下：

```
install.packages("DescTools")
library(DescTools)
PostHocTest(model_aov, method ="lsd")
```

我们可以得到如下的检验结果：

```
Posthoc multiple comparisons of means : Fisher LSD
    95% family-wise confidence level
$培训课程
              diff       lwr.ci      upr.ci      pval
课程B-课程A    699.2     -171.4884   1569.8884   0.1057
无课程-课程A   -277.2    -1147.8884  593.4884    0.5011
无课程-课程B   -976.4    -1847.0884  -105.7116   0.0310 *
---
Signif. codes:  0 '***' 0.001 '**' 0.01 '*' 0.05 '.' 0.1 ' ' 1
```

12.5.2 双因素方差分析

1. 无交互作用的双因素方差分析

我们在这里基于第11章中的例11.11演示如何使用R语言进行有交互作用的双因素方差分析。

首先导入这三种机器设备与四种工艺下的生产量数据，数据为example12.5.xlsx。

example12_5 <- read_excel("example12.5.xlsx")

接着调用reshape2程序包，并使用melt函数将原始短格式数据转为长格式数据，长格式数据共有两列，一列名称被命名为"广告媒体"，另一列被命名为"销售量"，销售量对应各自的广告方案与广告媒体，将该长格式数列命名为example12_5，具体代码如下：

```
library(reshape2)
example12_5 <- melt(example12_5, id.vars = "机器设备",
              variable.name = "操作工艺", value.name = "产量")
```

然后使用aov()函数，对该长面板数据example12_5进行双因素方差分析，并将这个方差分析的结果命名为model_aov2，其中aov函数中"广告方案+广告媒体"的设定意味着该模型为双因素方差分析。

model_aov2<-aov(销售量~广告方案+广告媒体,data = example12_5)

最后，当需要对该单因素方差进行分析时，可以用summary()函数对方差分析的结果model_aov2进行查看。可以输入并运行如下代码：

summary(model_aov2)

于是得到如下结果，该结果可以和第11章中的计算结果进行对比检验：

```
          Df    Sum Sq    Mean Sq    F value    Pr(>F)
机器设备   2     3.167     1.583      0.393      0.691
操作工艺   3     0.333     0.111      0.028      0.993
Residuals  6     24.167    4.028
```

2. 有交互作用的双因素方差分析

我们在这里基于第11章中的例11.12演示如何使用R语言进行有交互作用的双因素方差分析。

首先导入这3种机器设备与4种工艺下的生产量数据，数据为example12.6.xlsx。

example12_6 <- read_excel("example12.6.xlsx")

接着调用reshape2程序包，并使用melt函数将原始短格式数据转为长格式数据，长格式数据共有两列，一列名称被命名为"广告媒体"，另一列被命名为"销售量"，销售量对应各自的广告方案与广告媒体，将该长格式数列命名为example12_6，具体代码如下：

library(reshape2)
example12_6 <- melt(example12_6, id.vars = "方案选择",
                    variable.name = "媒体方式", value.name = "产量")

当需要对该数据进行有交互作用的方差分析时，依旧采用aov()函数，对该长面板数据example12_6进行有交互作用的双因素方差分析，并将这个方差分析的结果命名为model_aov3，其中aov函数中"方案选择+媒体方式+方案选择:媒体方式"的设定意味着该模型为广告方案与广告媒体方式存在交互作用的双因素方差分析模型。具体代码如下：

model_aov3<-aov(产量~方案选择+媒体方式+方案选择:媒体方式,data = example12_6)

最后，当需要对该双因素方差进行分析时，可以用summary()函数对方差分析的结果model_aov3进行查看。可以输入并运行如下代码：

summary(model_aov3)

于是得到如下结果，该结果可以和前面章节中的计算结果进行对比检验：

```
                  Df    Sum Sq   Mean Sq   F value   Pr(>F)
方案选择           2     403.0    201.5     31.000    1.82e-05 ***
媒体方式           1     60.5     60.5      9.308     0.0101 *
方案选择:媒体方式  2     49.0     24.5      3.769     0.0537 .
Residuals         12    78.0     6.5
---
Signif. codes:   0 '***' 0.001 '**' 0.01 '*' 0.05 '.' 0.1 ' ' 1
```

12.6 用R语言进行相关与回归分析

12.6.1 用R语言进行相关分析

我们在这里基于第11章的例11.14演示如何使用R语言进行相关分析。

【例12.6】当教育部决定将各高校的后勤社会化时，某从事饮食业的企业家认为这是一个很好的投资机会，他得到10组高校人数与周边饭店的季营业额的数据资料(如表12-5所示)，并想根据数据决策其投资规模。

表12-5 高校人数和周边饭店的季营业额

饭店	学生人数x/万人	季营业额y/万元	饭店	学生人数x/万人	季营业额y/万元
1	1	18	6	12	158
2	2	32	7	20	180
3	3	60	8	20	220
4	5	108	9	22	225
5	8	80	10	26	320

首先导入高校人数和周边饭店的季营业额数据，数据名称为example12.7.xlsx。

corr_data <- read_excel("example12.7.xlsx")

然后将高校人数与周边饭店的季营业额数据制为散点图并使用abline()函数给散点图添加趋势线，具体代码如下：

plot(corr_data$季营业额~corr_data$学生人数,main="学生人数和季营业额相关图")
abline(lm(corr_data$季营业额~corr_data$学生人数))

由此做出如图12-15所示的散点图，并添加如下趋势线。

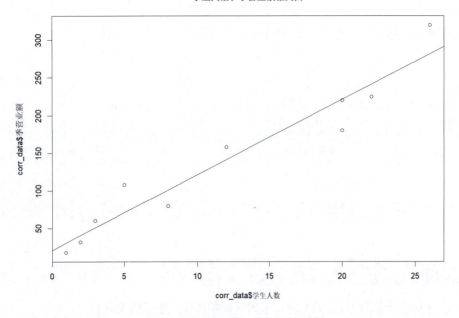

图 12-15 学生人数和季营业额相关图

最后，可以直接采用R语言中的cor()函数计算相关系数，具体代码如下：

cor(corr_data$季营业额,corr_data$学生人数)

于是可以直接得出季营业额与学生人数的相关系数为0.96。对于相关系数的显著性检验，可以使用cor.test()函数进行检验，具体代码如下：

cor.test(corr_data$季营业额,corr_data$学生人数)

可以得到如下结果：

Pearson's product-moment correlation
data: corr_data$季营业额 and corr_data$学生人数
t = 10.402, df = 8, p-value = 6.321e-06
alternative hypothesis: true correlation is not equal to 0
95 percent confidence interval:
 0.8545010 0.9919274
sample estimates:
     cor
0.964962

由此可以发现，相关分析的检验结果如下：t值为10.402，与前面章节计算出的结果保持一致，同时R语言也基于自由度和t分布值计算出对应的p值很小，拒绝原假设H_0，说明高校学生人数与周边饭店季营业额之间存在着显著的正线性相关关系。

12.6.2 用R语言进行回归分析

1. 一元线性回归模型

我们使用第8章例8.1演示如何使用R语言进行回归分析。首先导入高校人数和周边饭店的季营业额数据，采用lm()函数对高校人数与饭店的季营业额构建线性回归模型，并将回归模型命名为model1，具体代码如下：

```
lm_data <- read_excel("example12.7.xlsx")
model1 <- lm(季营业额~学生人数,data = lm_data)
```

接着使用summary()函数对回归模型model1进行分析，具体代码如下：

```
summary(model1)
```

由此可以得到如下回归结果：

Call:
lm(formula = 季营业额 ~ 学生人数, data = lm_data)
Residuals:
Min   1Q   Median   3Q   Max
-41.378   -15.516   -5.069   14.974   38.417
Coefficients:
             Estimate   Std. Error t value   Pr(>|t|)
(Intercept) 20.6922   14.3311   1.444   0.187
学生人数   10.0343   0.9647   10.402   6.32e-06 ***

Signif. codes: 0 '***' 0.001 '**' 0.01 '*' 0.05 '.' 0.1 ' ' 1
Residual standard error: 27.13 on 8 degrees of freedom
Multiple R-squared: 0.9312,   Adjusted R-squared: 0.9225
F-statistic: 108.2 on 1 and 8 DF,   p-value: 6.321e-06

从该结果可以得出结论：截距项为20.69，学生人数的系数项为10.03，模型的F值在该模型的自由度下为108.2，R^2与调整R^2分别为0.9312和0.9225。

若想分别了解在0.01、0.05和0.1的置信水平下系数的置信区间,可以使用confint函数对model1结果中的系数进行计算,具体代码如下:

confint(model1,level = 0.99)
confint(model1,level = 0.95)
confint(model1,level = 0.90)

2. 多元线性回归模型

我们在这里使用第8章中的例8.7展示如何使用R语言进行多元线性回归分析,数据为example12.8.xlsx。

【例12.7】根据某服装店15家分店的规模、年销售额和年促销费用的数据(如表12-6)所示,试计算年销售额与规模、年促销费用的相关程度。

表12-6 某服装店15家分店的规模、年销售额和年促销费用数据

商店	年销售额y/万元	规模大小x_1/平方米	年促销费用x_2/万元
1	368	172	20
2	389	164	20
3	665	281	55
4	854	355	25
5	341	129	30
6	556	220	40
7	366	113	45
8	469	350	25
9	546	315	40
10	288	151	20
11	1067	516	55
12	758	456	30
13	1170	584	50
14	408	350	25
15	650	405	30
合计	8895	4561	510

导入服装店的规模、年销售额和年促销费用数据后,采用lm()函数对因变量与两个自变量构建线性回归模型,并将回归模型命名为model2,具体代码如下:

reg_data <- read_excel("example12.8.xlsx")
model2 <- lm(model2 <- lm(年销售额~规模大小+年促销费用,data = reg_data))

接下来使用summary()函数对回归模型model2进行分析,具体代码如下:

summary(model2)

由此得到如下回归结果:

Call:
lm(formula = 年销售额 ~ 规模大小 + 年促销费用, data = reg_data)
Residuals:

```
             Min       1Q      Median    3Q      Max
         -199.019   -34.012   -7.021   49.367  240.197
Coefficients:
                Estimate    Std. Error    t value    Pr(>|t|)
(Intercept)     -0.8532     31.1747       -0.027     0.9786
规模大小         1.3566      0.2023        6.706     1.46e-05 ***
年促销费用       5.3219      1.8156        2.931      0.0117 *
---
Signif. codes:  0 '***' 0.001 '**' 0.01 '*' 0.05 '.' 0.1 ' ' 1
Residual standard error: 109.2 on 13 degrees of freedom
Multiple R-squared: 0.9976, Adjusted R-squared: 0.9973
F-statistic: 2744 on 2 and 13 DF,  p-value: < 2.2e-16
```

从该结果中可以得出结论，截距项为-0.8532，规模大小的系数项为10.03，年促销费用的系数项为10.03，模型的F值在该模型的自由度下为2744，R^2与调整R^2分别为0.9976和0.9973。

若想分别了解在0.01、0.05和0.1的置信水平下的系数置信区间，我们可以使用confint函数对model2结果中的系数进行计算，具体代码如下：

```
confint(model2,level = 0.99)
confint(model2,level = 0.95)
confint(model2,level = 0.90)
```

12.6.3 用R语言进行回归预测

我们继续使用第8章中的例8.7展示如何使用R语言进行回归预测，在R语言中我们一般使用predict()函数对因变量进行预测。当使用原始数据对回归模型的结果进行预测时，我们使用如下代码进行操作：

```
pre_point <- predict(model2)
```

若想要原始的自变量数据，在输出一定置信水平的预测区间时，我们只需要在predict函数中设定level参数为想要的置信水平。以95%的置信水平为例，输入并运行如下代码即可：

```
pre_intvl <- predict(model2, interval="prediction",level = 0.95)
```

当需要输入新的自变量数据时，首先需要设定好新的数据，并将该数据放置于predict函数的newdata参数中。需要注意的是，当我们输入新数据时，必须将自变量的数量和名称注意匹配，以规模大小为200、年促销费用为50的新自变量作为输入数据，分别看在这一回归模型model2下的点预测值与95%置信水平下的区间预测值。具体代码如下：

```
x_new <- data.frame(规模大小 = 200,年促销费用 = 50)
predict(model2, newdata = x_new)
predict(model2, interval="prediction", newdata = x_new, level = 0.95)
```

12.6.4 用R语言进一步检验分析

1. 多重共线性的识别

在面对现实环境时,某些自变量可能存在相关关系,当这些自变量在回归分析时出现多重共线性时,会使得模型结果解释不清甚至得到相反的结论。因此在进行线性回归分析时,我们需要对自变量进行多重共线性的检测。目前计量经济学中对识别多重共线性的方法有很多种,本书中介绍两种最为常见的检验方法。

一种常用的方法是各变量之间的相关系数检验,如果一个变量或多个变量之间的相关系数都是显著相关的,则表明模型中自变量之间可能存在多重共线性。另一种常用的方法是方差膨胀因子检测,方差膨胀因子越大,多重共线性越严重。这两种方法均可以在R语言中实现。在这里我们使用的数据名称为example12.9.xlsx。

我们可以导入数据并命名为reg_data2,然后对数据的第2列至第6列使用cor()函数用皮尔逊方法求出其相关系数矩阵,具体代码如下:

```
reg_data2 <- read_excel("example12.9.xlsx")
cor(reg_data2[,2:6],method = "pearson")
```

当需要使用方差膨胀因子检验时,首先将所有自变量纳入线性回归模型中,然后调用car程序包,最后使用vif()函数对模型的自变量进行检测。具体代码如下:

```
library(car)
model3 <- lm(年销售额~规模大小+年促销费用+员工数量+街区人口,data = reg_data2)
vif(model3)
```

于是可以得到如下结果:

规模大小	年促销费用	员工数量	街区人口
1.424112	1.372834	758.864208	762.778284

从该结果可以发现,员工数量和街区人口的VIF值很大,这一结果表明这两个自变量存在比较严重的共线性问题。

2. 变量的选择与逐步回归

在建立多元线性回归时,如果引入过多的自变量可能会导致过拟合或者无法解释的回归结果,因此我们需要谨慎地选择与添加自变量。在变量的选择方法上,我们在R语言中可以轻松地使用向前回归、向后回归和双向逐步回归的方法。在此我们使用的数据名称为多元线性回归example12.10.xlsx。

我们将数据导入并命名为reg_data3后,所有自变量x_1,x_2,x_3,x_4和x_5对y进行回归,并将回归模型命名为model4,接着使用step()函数对该模型进行逐步回归。具体代码如下:

```
reg_data3 <- read_excel ("example12.10.xlsx")
model4 <- lm(y~x1+x2+x3+x4+x5,data = reg_data3)
step(model4)
```

我们可以得到如下结果：

```
Start:    AIC=123.39
y ~ x1 + x2 + x3 + x4 + x5
          Df       Sum of Sq     RSS        AIC
- x3      1        35.96         2189.0     121.81
- x4      1        79.17         2232.2     122.30
<none>             2153.0        123.39
- x1      1        199.42        2352.4     123.61
- x5      1        392.54        2545.6     125.58
- x2      1        942.22        3095.2     130.47

Step:    AIC=121.81
y ~ x1 + x2 + x4 + x5
          Df       Sum of Sq     RSS        AIC
- x4      1        78.22         2267.2     120.69
<none>             2189.0        121.81
- x5      1        445.69        2634.7     124.44
- x2      1        925.88        3114.9     128.63
- x1      1        1133.27       3322.3     130.24

Step:    AIC=120.69
y ~ x1 + x2 + x5
          Df       Sum of Sq     RSS        AIC
<none>             2267.2        120.69
- x5      1        404.28        2671.5     122.79
- x2      1        1050.90       3318.1     128.21
- x1      1        1661.83       3929.0     132.43

Call:
lm(formula = y ~ x1 + x2 + x5, data = reg_data3)
Coefficients:
(Intercept)    x1         x2         x5
-1.6893        0.1902     0.1576     -0.5698
```

由此可以发现，R语言根据AIC准则对回归模型model4进行了逐步回归，并在最后给出了依据AIC准则下回归模型自变量保留了$x1$，$x2$和$x5$，并显示了这一回归模型下的回归系数。

12.7 时间数列分析

12.7.1 用R语言绘制趋势图直接进行预测

在分析时间序列数据时，趋势图是一种重要的工具。通过绘制趋势图，我们可以直观地观察数据的变化趋势，进而预测未来的走势。在这一小节中，我们将学习如何使用R语言绘制趋势图并利用线性回归模型进行简单的预测。我们有以下销售额数据，表示过去12个月的销售情况，数据名称为example12_11.xlsx。

```
install.packages("ggplot2")
library(ggplot2)
sales_data <- read_excel("example12.11.xlsx")

ggplot(sales_data, aes(x = 月份, y = 销售额)) +
  geom_line(color = "blue", size = 1) +
  geom_point(color = "red", size = 3) +
  labs(x = "月份", y = "销售额(万元)") +
  theme_minimal()
```

这样我们就可以画出图12-16所示的趋势图，可以发现随着日期的递增，销售额与月份有着比较明显的正向线性关系。

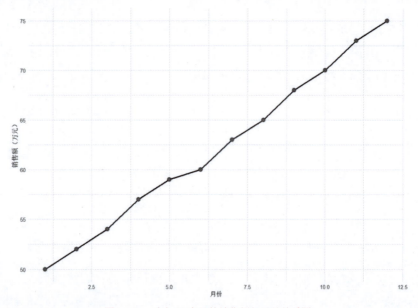

图12-16 过去12个月的销售额与月份关系图

接下来我们就可以进行简单的预测了。首先依据线性回归模型，构建回归模型model5，接着将想要预测的月份(如第13个月到第15个月)输入模型中，进而预测未来3个月的销售额数据，保存在predicted_sales变量中，最后可以将未来3个月的销售额数据生成如图12-17所示的新趋势图，该图中第12个月有竖线表示分割。具体的代码如下：

```
model5 <- lm(销售额~月份, data = sales_data)
summary(model5)
future_months <- data.frame(月份 = 13:15)
predicted_sales <- predict(model5,future_months)
future_sales <- data.frame(月份 = 13:15, 销售额 = predicted_sales)
combined_data <- rbind(sales_data, future_sales)
ggplot(combined_data, aes(x = 月份, y = 销售额)) +
  geom_line(color = "blue", size = 1) +
  geom_point(color = "red", size = 3) +
  geom_vline(xintercept = 12, linetype = "dashed", color = "gray") +
  labs(x = "月份", y = "销售额(万元)") +
  theme_minimal()
```

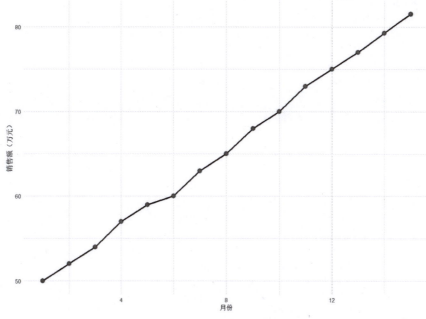

图 12-17 预测未来 3 个月的销售额数据

12.7.2 利用移动平均分析工具进行预测

移动平均分析是一种常见的平滑技术,特别适用于时间序列分析。通过计算一段时间内的平均值,移动平均法可以减少数据中的波动,揭示出更清晰的趋势。我们将学习如何使用R语言中的移动平均方法分析数据,并基于这一方法进行预测。我们在此仍然使用以下过去12个月的销售额数据example12_11.xlsx。

首先需要下载zoo程序包,使用其中的rollmean()函数来生成移动平均数,将函数中的移动平均值设定为3,具体代码如下:

```
install.packages("ggplot2")
install.packages("zoo")
library(zoo)
library(ggplot2)
sales_data$moving_avg <- rollmean(sales_data$sales, k = 3, fill = NA, align = "right")
```

这样就可以依据移动平均得出数据,接着可以生成之后3个月的预测值。然后就可以进行简单的预测了。我们可以先依据移动平均模型,将想要预测的第13个月到第15个月输入模型中,进而预测未来3个月的销售额数据,保存在future_months变量中,最终可以将未来3个月的销售额数据生成如图12-18所示的新趋势图。具体的代码如下:

```
last_moving_avg <- tail(sales_data$moving_avg, 1)
future_months <- data.frame(月份 = 13:15, 销售额 = rep(last_moving_avg, 3))
future_months$moving_avg <- NA
combined_data <- rbind(sales_data, future_months)
ggplot(combined_data, aes(x = 月份)) +
  geom_line(aes(y = 销售额), color = "blue", size = 1, linetype = "dashed") +
  geom_line(aes(y = moving_avg), color = "red", size = 1.2) +
```

```
geom_point(aes(y = 销售额), color = "blue", size = 2) +
geom_point(aes(y = moving_avg), color = "red", size = 2) +
geom_point(data = future_months, aes(x = 月份, y = 销售额), size = 3, shape = 17) +
geom_vline(xintercept = 12, linetype = "dashed", color = "gray") +
labs( x = "月份",y = "销售额(万元)") +
theme_minimal()
```

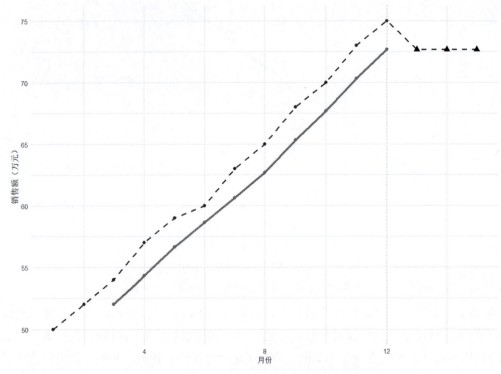

图 12-18　依据移动平均预测未来 3 个月的销售额数据

12.7.3　利用自回归分析工具进行预测

自回归是一种用于时间序列数据的统计模型，它基于过去的观测值来预测未来的数值。自回归模型假设当前的数值可以用之前时间点的数值来表示，因此模型的自回归阶数(通常记作 p)决定了预测依赖于多少个先前的时刻。我们在此仍然使用以下过去12个月的销售额数据example12_11.xlsx。

首先将数据导入后，将数据列转为时间序列数据结构，接着需要下载并加载forecast程序包，使用程序包中的auto.arima()函数构造自回归分析模型。由于不考虑差分，因此函数中的 d 参数设置为0。我们可以使用summary()函数观察自回归模型的结果。具体代码如下：

```
example12_11 <- read_excel("example12.11.xlsx")
sales_ts <- ts(example12_11$销售额, frequency = 12)
install.packages("forecast")
library(forecast)
model6 <- auto.arima(sales_ts, d = 0, seasonal = FALSE)
summary(model6)
```

最后可以使用forecast()函数直接对模型进行后三期的预测并生成新的趋势图，具体代码如下：

```
forecast_values <- forecast(model6, h = 3)
predicted_sales <- as.numeric(forecast_values$mean)
future_months <- 13:15
combined_data <- data.frame( month = 1:15,
sales = c(example12_11$销售额, predicted_sales) )
ggplot(combined_data, aes(x = month, y = sales)) +
  geom_line(color = "blue", size = 1) +
  geom_point(color = "blue", size = 2) +
  labs(x = "月份",y = "销售额(万元)") +
  geom_vline(xintercept = 12, linetype = "dashed", color = "red") +
  theme_minimal()
```

于是可以得到如图12-19所示的新趋势图。

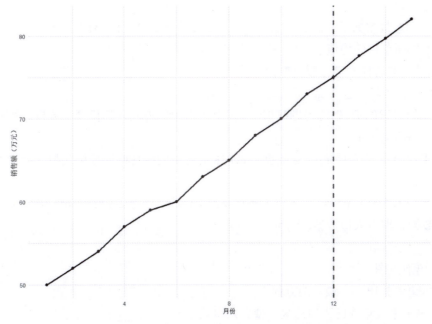

图 12-19　利用自回归预测未来3个月的销售额数据

本章小结

本章运用实例介绍了R语言和RStudio在统计中的应用，主要包括以下内容。
(1) 展示R语言与RStudio下载、安装与源地址设置。
(2) 用R语言进行数据的初步处理与显示。
(3) 用R语言描述统计量。
(4) 用R语言进行随机抽样以及总体参数的区间估计。
(5) 用R语言进行总体参数的假设检验。
(6) 用R语言进行单因素和双因素的方差分析。

(7) 用R语言进行相关和回归分析。

(8) 用R语言进行时间序列的预测。

练习题

1. 参考第11章练习题的第3题，用R语言对某灯泡厂抽取的80只灯泡的寿命进行如下分析。

要求：

(1) 导入这80只灯泡寿命的数据。

(2) 用R语言中的hist()函数绘制直方图。

(3) 计算这80只灯泡寿命的最小值、最大值、平均数、样本方差、中位数、众数、分位数与四分位差。

2. 已知样本数据如下：28.5，26.4，33.5，34.3，35.9，29.6，31.3，31.1，30.9，32.5，请根据样本推断总体的均值。

3. 请对第2题的样本进行假设检验。

4. 利用R语言来描述t分布与正态分布之间的关系。

5. 利用第11章的第8题练习题数据，试用R语言中的方差分析模型，分析是否有一种计划会带来较高的销售水平。

6. 利用第11章的第9题练习题数据，试用R语言中的线性回归分析模型，分析两组数据之间的关系。

7. 登录国家统计局的网站：https://data.stats.gov.cn/easyquery.htm?cn=C01，下载近20年我国人口数据、城乡人口数据。

要求：

(1) 做出散点图。

(2) 用R语言找出一个最好的方程。

(3) 预测未来几年我国人口总数、城乡人口数据。

8. 利用第11章的第11题练习题数据，用移动平均法计算并预测我国国内生产总值的长期发展趋势。

9. 利用第11章的第14题练习题数据，进行多元线性回归模型分析。

要求：

(1) 检验两个变量之间的共线性。

(2) 用向前回归法回归，检验模型的有效性。

(3) 预测之后5年的粮食产量。

参考文献

[1] 贾俊平. 统计学[M]. 2版. 北京：清华大学出版社，2006.

[2] 李金昌，苏为华. 统计学[M]. 北京：机械工业出版社，2007.

[3] David R.Anderson, Dennis J.Sweeney, Thomas A.Williams. 商务与经济统计[M]. 9版. 张建华，王健，冯燕奇，译. 北京：机械工业出版社，2006.

[4] 贾俊平，郝静，等. 统计学案例分析[M]. 北京：中国人民大学出版社，2010.

[5] 李心愉. 应用经济统计学[M]. 北京：北京大学出版社，1999.

[6] 马庆国. 管理统计——数据获取、统计原理、SPSS工具与应用研究[M]. 北京：科学出版社，2002.

[7] 徐国祥. 统计指数理论及应用[M]. 北京：中国统计出版社，2004.

[8] 李洁明. 统计学精品课程[M]. 上海：复旦大学出版社，2005.

[9] 孙炎，陈平，孙长国. 应用统计学[M]. 北京：机械工业出版社，2007.

[10] 卢冶飞. 统计学[M]. 杭州：杭州大学出版社，1997.

[11] 孙宪华. 次级统计数据的应用[M]. 天津：天津大学出版社，2007.

[12] 伍德里奇. 计量经济学导论：现代观点[M]. 7版. 北京：中国人民大学出版社. 2023.

[13] 李高荣. 统计学习(R语言版)[M]. 北京：高等教育出版社. 2024.

[14] 贾俊平. 统计学：基于R[M]. 5版. 北京：中国人民大学出版社. 2023.

附录A 标准正态分布表

附录B χ^2 分布表

附录C t 分布表

附录D F 分布表